ΚΟΙΝΩΝΙΚΗ ΨΥΧΟΛΟΓΙΑ - ΠΡΟΣΩΠΙΚΟΤΗΤΑ/7

ΝΑ ΚΙΝΕΙΣ ΤΑ ΔΙΚΑ ΣΟΥ ΝΗΜΑΤΑ

Εκδόσεις Γλάρος/166
Κοινωνική ψυχολογία
Προσωπικότητα/7
DR. WAYNE W. DYER
Pulling your own strings
Copyright © 1987 by Wayne W. Dyer
Copyright © 1987, Εκδόσεις Γλάρος
για την ελληνική γλώσσα
Published by arrangement with
GERD PLESSL AGENCY

ISBN 960-275-166-5
ΕΚΔΟΣΕΙΣ ΓΛΑΡΟΣ
Κεντρική διάθεση:
Γραβιάς 9-13, Αθήνα 106 78, τηλ. 380.76.89

Ο *Δρ. Γουαίην Ντύερ* είναι ψυχολόγος-ψυχοθεραπευτής και συγγραφέας των πολυδιαβασμένων βιβλίων: *Οι περιοχές των σφαλμάτων σας, Να κινείς τα δικά σου νήματα, Τα όρια του ουρανού* και *Πίστεψέ το και θα το δεις.* Το πιο πρόσφατο βιβλίο του είναι το *Τι θέλετε αλήθεια για τα παιδιά σας,* που προτείνει μια τολμηρή παιδαγωγική μέθοδο για το παιδί χωρίς-όρια (No-limit child). Μεγάλη επιτυχία σημειώνει και το βιβλίο του *Δώρα από την Ευχή* (μια ιστορία αυτο-ανακάλυψης), όπως και ο πρωτότυπος οδηγός του *Ανακαλύψτε τις Γιορτές.* Ακολουθώντας τα δικά του ενδιαφέροντα και τη συνεργασία του με τα μέσα μαζικής ενημέρωσης, ο Ντύερ είναι ήδη μια διασημότητα τόσο στην τηλεόραση, όσο και στον ημερήσιο και περιοδικό τύπο. Μέχρι πρόσφατα δίδασκε στη Σχολή Αποφοίτων Σαιν Τζων του Πανεπιστημίου της Νέας Υόρκης, ενώ συνεχίζει να δίνει διαλέξεις και να οργανώνει σεμινάρια σε πανεπιστήμια και άλλα εκπαιδευτικά ιδρύματα. Ο ίδιος αυτοβιογραφείται στο βιβλίο του *Πίστεψέ το και θα το δεις,* ένα βιβλίο που σύμφωνα με την επιθεώρηση Book Review, «σπάει το φράγμα της ψυχολογίας που ξέραμε μέχρι σήμερα».

Άλλα βιβλία του
Δρ. Γουαίην Ντύερ

Από τις εκδόσεις Γλάρος

ΟΙ ΠΕΡΙΟΧΕΣ ΤΩΝ ΣΦΑΛΜΑΤΩΝ ΣΑΣ
ΠΙΣΤΕΨΕ ΤΟ ΚΑΙ ΘΑ ΤΟ ΔΕΙΣ
ΤΑ ΟΡΙΑ ΤΟΥ ΟΥΡΑΝΟΥ
ΔΩΡΑ ΑΠΟ ΤΗΝ ΕΥΧΗ
ΤΙ ΘΕΛΕΤΕ ΑΛΗΘΕΙΑ ΓΙΑ ΤΑ ΠΑΙΔΙΑ ΣΑΣ
ΑΝΑΚΑΛΥΨΤΕ ΤΙΣ ΓΙΟΡΤΕΣ

ΓΟΥΑΙΗΝ ΝΤΥΕΡ

Να κινείς
τα δικά σου νήματα

ΨΥΧΟΛΟΓΙΑ ΚΑΘΗΜΕΡΙΝΗΣ ΣΥΜΠΕΡΙΦΟΡΑΣ

Μετάφραση:
Μαρίνα Λώμη

Εκδόσεις Γλάρος

Περιεχόμενα

● Τεστ δώδεκα ερωτήσεων ● Δύο λόγια για την προσωπική ζωή ● Δε γίνεται να σε καταλαβαίνουν πάντα ● Ο παραλογισμός της αποδεικτικής συμπεριφοράς ● Συντροφιά στη δυστυχία ● Άρνηση κατανόησης ● Στρατηγικές αντιμετώπισής της ● Συμπερασματικά

στην
Σούζαν Ελίζαμπεθ Ντύερ

μπροστά σου μπορώ
να σκέφτομαι φωναχτά

Δυο λόγια
για το βιβλίο

Το ΝΑ ΚΙΝΕΙΣ ΤΑ ΔΙΚΑ ΣΟΥ ΝΗΜΑΤΑ *δεν είναι ένα πακέτο από θεραπείες που θα σου γιατρέψει όλους τους πόνους σου. Ούτε σου υπόσχεται πλούτο, επιτυχία ή τη μαγική λύση των προβλημάτων σου. Ακόμα, μην περιμένεις μέσα από το βιβλίο αυτό να εκπαιδευτείς σε παιχνίδια δύναμης και υπεροχής.*

Εκείνο που πραγματικά κάνει το ΝΑ ΚΙΝΕΙΣ ΤΑ ΔΙΚΑ ΣΟΥ ΝΗΜΑΤΑ *είναι να προσφέρει νέες πρακτικές και μεθόδους, κάποτε εκπληκτικά αντισυμβατικές, που σε απελευθερώνουν από τις πιέσεις και τις χειραγωγήσεις που δέχεσαι στην καθημερινή σου ζωή, μέσα από τους γραφειοκρατικούς μηχανισμούς της και την τυραννία που φέρνει η αδιάκοπη τριβή με τους εργοδότες, τους συγγενείς ή τους φίλους. Προπαντός, αυτό το βιβλίο θα σε διδάξει πώς να σταματήσεις να γίνεσαι θύμα και θα σε βοηθήσει να μάθεις πώς ν' αλλάξεις την τεχνική της καθημερινής σου ζωής για να ζήσεις με τον τρόπο που θέλεις.*

Μη νομίζετε, ωστόσο, ότι όλα είναι εύκολα. Η στρατηγική και οι προτάσεις που παρουσιάζονται στο βιβλίο αυτό χρειάζονται τόλμη και μια ειλικρινή επιθυμία για την εφαρμογή τους, για να σταματήσεις να είσαι μαριονέτα στα χέρια και τις επιδιώξεις κάποιου άλλου – ακόμα κι όταν αυτός ο άλλος έχει σημασία για τη σταδιοδρομία σου, την κοινωνική ή την οικογενειακή ζωή σου. Αν πραγματικά μπορείς να μαζέψεις μέσα σου λίγα ψήγματα επαναστατικότητας και αποφασιστικότητας να ριψοκινδυνέψεις λίγο, τότε το βιβλίο αυτό θα σου προσφέρει τρόπους να κρατάς τα ηνία του ελέγχου στα δικά σου χέρια και να ξεμπερδεύεις τις κλωστές της δικής σου ζωής.

Αν αποδέχεσαι την πρόκληση, το ΝΑ ΚΙΝΕΙΣ ΤΑ ΔΙΚΑ ΣΟΥ ΝΗΜΑΤΑ *μπορεί να σε βοηθήσει να ξεκινήσεις μια ικανοποιητική, ευχάριστη και γεμάτη ανταμοιβές ζωή.*

W.D.

Πρόλογος

από την Σούζαν Ντύερ

Πολλά απ' αυτά που θα διαβάσετε εδώ μέσα αναφέρονται στην προσωπική μου πορεία ανάπτυξης, μέσα σε μια προσπάθεια να γίνω ένα ενήλικο άτομο, που αποφασίζει μόνο του και είναι προσανατολισμένο στην πράξη.

Σαν καθηγήτρια και σύμβουλος κωφών έχω δουλέψει με πολλούς νέους ανθρώπους, που βασανίζονται πιο πολύ από την έλλειψη αυτοπεποίθησης, παρά από τις φυσικές τους αναπηρίες· πιστεύω, λοιπόν, ότι είναι πολύ σημαντικό να νιώσεις ικανός να «κατευθύνεις» τον εαυτό σου, πριν αντιμετωπίσεις μια κατάσταση. Αργότερα, οι μαθητές μου προσεγγίζουν τη δύσκολη εμπειρία τού να αποτολμάνε κάτι μόνοι τους, ξεκινώντας από πρακτικά πράγματα, όπως το να παραγγέλνουν στο εστιατόριο, αντί να περιμένουν να παραγγείλει γι' αυτούς ένας σύντροφος που ακούει. Συχνά προχωρούν ακόμη περισσότερο, δηλαδή στα εσωτερικά ψυχολογικά γεγονότα, όπως είναι η απόφαση ενός τελειόφοιτου λυκείου να μπει στο πανεπιστήμιο, όταν είναι το πρώτο μέλος στην οικογένειά του που έχει τέτοιες φιλοδοξίες. Εδώ η δυσκολία είναι μεγάλη· το ίδιο, όμως, μεγάλη είναι και η αυτοπεποίθηση που χαρίζει.

Πολλοί από μας, με φυσιολογικές ικανότητες, ακρωτηριαζόμαστε ψυχικά και θυματοποιούμε τον εαυτό μας, μέσα από διάφορα συστήματα πεποιθήσεων. Περιορίζουμε τον εαυτό μας με γνώμονα την ασφάλεια, χωρίς ποτέ να συνειδητοποιούμε πόσο διευκολύνουμε τους άλλους να μας περιορίσουν ακόμη περισσότερο, χρησιμοποιώντας τους ίδιους περιορισμούς εναντίον μας. Ένα δικό μου παράδειγμα ήταν ο τρόπος που κατάφερα να νικήσω τις αλλεργίες μου.

Η επιμονή μου να είμαι αλλεργική, σήμαινε τη διαιώνιση μιας

παιδικής ετικέτας, που έλεγε «ευαίσθητη» και που μου είχε εξασφαλίσει αρκετές ειδικές φροντίδες, σε μια πολυάσχολη οικογένεια. Το ακατάσχετο φτάρνισμα μ' έβγαλε από πολλές δύσκολες καταστάσεις, όπως ήταν τα υπαίθρια σπορ (γρασίδι, δέντρα, γύρη), όπου αισθανόμουν ανεπαρκής. Άλλες πάλι φορές, σε μεγάλα πάρτι, η αλλεργική μου αντίδραση στον καπνό του τσιγάρου ήταν, στην πραγματικότητα, μία έκφραση της κοινωνικής μου αδεξιότητας. Ο αλλεργιολόγος μου δε σκέφτηκε ούτε μια στιγμή να ελέγξει τα ψυχολογικά μου συστήματα. Ήταν ικανοποιημένος με το πρόγραμμα των εβδομαδιαίων επισκέψεών μου στο γραφείο του.

Όταν άρχισα να καταλαβαίνω ότι το να είμαι ανεξάρτητη σήμαινε να μην είμαι υπερευαίσθητη, ούτε θύμα του φόβου της απόρριψης, γλίτωσα από τις ενέσεις και άρχισα να παίζω μπάλα και ν' αποκτώ φίλους.

Η αναμέτρησή μου με τον έξω κόσμο είναι καθημερινή. Άλλοτε έχω να κάνω με διευθυντές δημόσιων σχολείων, από τους οποίους προσπαθώ να αποσπάσω καλές θέσεις για τα κωφά παιδιά· άλλοτε πρέπει να συγκρουστώ με τους διάφορους εμπόρους, που δε μ' εξυπηρετούν σωστά. Είναι, ακόμη, οι συγγενείς, που έχουν για μένα άλλες προσδοκίες από τις δικές μου· αλλά, κύρια, είναι η αναμέτρησή μου με τον *εαυτό μου που είμαι*, προκειμένου να γίνω ο *εαυτός μου που θέλω*.

Το βιβλίο αυτό είναι αφιερωμένο σ' εμένα και πολλά από τα παραδείγματά του προέρχονται από εμένα. Όλα τα μηνύματά του απευθύνονται σ' εμένα – αλλά και σ' εσένα! Διάβασε, προχώρα, απόλαυσε.

Εισαγωγή:
Η Φιλοσοφία
της Αποθυματοποίησης

Ένα μικρό αγόρι ρώτησε τη μητέρα του, γυρίζοντας απ' το σχολείο: «Μαμά, τι σημαίνει *θαλασσοποιός*;».

Η μητέρα του απόρησε και θέλησε να μάθει γιατί της κάνει αυτή την ερώτηση.

Ο μικρός Τόμι της απάντησε: «Άκουσα τη δασκάλα μου να λέει στο διευθυντή πως είμαι ο *θαλασσοποιός* της τάξης».

Η μητέρα του Τόμι τηλεφώνησε στο σχολείο και ζήτησε εξηγήσεις. Ο διευθυντής έβαλε τα γέλια. – «Όχι, βέβαια. Η δασκάλα τού Τόμι μού είπε μετά το μάθημα πως ο Τόμι ήταν ο *ταραχοποιός* της τάξης».

Το βιβλίο αυτό γράφτηκε για τους ανθρώπους που θα ήθελαν να πάρουν τη ζωή τους στα χέρια τους – και σ' αυτούς περιλαμβάνονται οι αντάρτες, οι επαναστάτες και οι «θαλασσοποιοί» αυτού του κόσμου. Απευθύνεται σε όλους όσους δεν είναι πρόθυμοι να εφαρμόσουν άμεσα τα σχέδια των άλλων.

Για να ζήσεις τη ζωή σου όπως τη θέλεις εσύ, πρέπει να είσαι λίγο ανυπότακτος. Πρέπει να είσαι πρόθυμος να αντισταθείς. Αυτό μπορεί να ενοχλήσει όσους έχουν ισχυρά συμφέροντα να

15

κατευθύνουν τη συμπεριφορά σου – αν, όμως, αποφασίσεις να το κάνεις, θα δεις ότι το να είσαι κύριος του εαυτού σου, το να μην αφήνεις τους άλλους να σκέφτονται για σένα, γεμίζει τη ζωή σου με χαρά, αξία και ολοκλήρωση.

Δε χρειάζεται να γίνεις επαναστάτης· γίνε, απλά, ένας άνθρωπος που λέει στον κόσμο: «Θα γίνω κύριος του εαυτού μου και θ' αντισταθώ σ' όποιον θέλει να μ' εμποδίσει».

Ένα πολύ γνωστό λαϊκό τραγουδάκι μάς λέει:

    Η ζωή είναι όμορφη...
    Όσο κρατάω το τιμόνι εγώ
    Θα ήμουν απίστευτα κουτός...
    Αν ποτέ τ' άφηνα απ' τα χέρια μου...

Το βιβλίο αυτό σας λέει πώς να μην αφήνετε το τιμόνι από τα χέρια σας. Είναι γι' αυτούς, που ενοχλούνται τόσο πολύ όταν τους χειραγωγούν οι άλλοι, ώστε είναι πρόθυμοι να βάλουν τέλος σ' αυτή την κατάσταση. Γι' αυτούς, που θέλουν την ελευθερία τους πιο πολύ απ' οτιδήποτε. Και, πιο ειδικά, είναι ένα βιβλίο γι' αυτούς που έχουν ανήσυχη ψυχή, που θέλουν να τριγυρίζουν στον πλανήτη με την αίσθηση ότι δεν τους εμποδίζει κανένας.

Πολλοί άνθρωποι προτιμούν να ρυθμίζουν άλλοι τη ζωή τους, κι όχι να την πάρουν οι ίδιοι στα χέρια τους. Αν δε σε πειράζει να κινούν άλλοι τα νήματά σου, το βιβλίο αυτό δεν είναι για σένα. Είναι ένας οδηγός αλλαγής. Σου λέει πώς μπορείς να προκαλέσεις αυτή την αλλαγή και διατυπώνει μερικές πολύ ανατρεπτικές και προκλητικές ιδέες.

Ίσως πολλοί να τις θεωρήσουν αντιπαραγωγικές και να με κατηγορήσουν ότι ενθαρρύνω τον κόσμο να αντισταθεί και να περιφρονήσει την «καθεστηκυία τάξη». Δεν το αρνούμαι απόλυτα: πιστεύω πως για να αποφύγεις να γίνεις θύμα, πρέπει συχνά να είσαι ανυποχώρητος ή και μαχητικός.

Ναι, αυτό είναι αλήθεια... Πιστεύω πως συχνά πρέπει να είσαι παράλογα «απείθαρχος», απέναντι στους ανθρώπους που θέλουν να σε χειραγωγήσουν. Αν δεν το κάνεις θα γίνεις θύμα, γιατί ο κόσμος είναι γεμάτος από ανθρώπους που θάθελαν πολύ να φέρεσαι με τον τρόπο που τους βολεύει.

Σου προσφέρεται ένα ιδιαίτερο είδος ελευθερίας – αν είσαι διατεθειμένος να κινδυνέψεις για να το αποκτήσεις: είναι η ελευθερία να κινείσαι όπως θέλεις στο πεδίο της ζωής, να παίρνεις μόνος σου *όλες* τις αποφάσεις που σε αφορούν. Το κεντρικό μήνυμα είναι ότι κάθε άνθρωπος έχει το *δικαίωμα* να αποφασίζει πώς θα ζήσει τη ζωή του και (όσο η άσκηση αυτού του δικαιώματος δεν εμποδίζει τα ανάλογα δικαιώματα των άλλων) κανένας άνθρωπος ή εξουσία δε δικαιολογείται να λειτουργεί σαν «θυματοποιός». Το βιβλίο αυτό απευθύνεται σ' εκείνους, που νιώθουν ότι η προσωπική τους ζωή ελέγχεται υπερβολικά από δυνάμεις, πάνω στις οποίες οι ίδιοι ασκούν ελάχιστο έλεγχο.

Η ζωή τού κάθε ανθρώπου είναι μοναδική και βιώνεται εντελώς ξεχωριστά από οποιαδήποτε άλλη. Κανένας άλλος δεν μπορεί να ζήσει τη ζωή σου, να νιώσει αυτό που νιώθεις, να μπει στο πετσί σου και να βιώσει τον κόσμο σαν κι εσένα. Αυτή είναι η μία και μοναδική ζωή σου και έχει τόση αξία για σένα, που δεν είναι δυνατό ν' αφήσεις τους άλλους να την κατευθύνουν. Είναι αυτονόητο ότι *εσύ* και μόνο πρέπει να αποφασίζεις πώς θα λειτουργήσεις· και η λειτουργία αυτή πρέπει να σου χαρίζει τη χαρά και την ικανοποίηση της αυτόνομης κίνησής σου, και όχι τον πόνο και την ταπείνωση της θυματοποίησης. Το βιβλίο αυτό έχει σαν στόχο να βοηθήσει τον κάθε αναγνώστη να αποκτήσει ένα τέτοιο απόλυτο έλεγχο πάνω στη ζωή του.

Ίσως δεν υπάρχει κανείς από εμάς που να μην υφίσταται, σε κάποιο επίπεδο, μια ξένη επιβολή, που είναι δυσάρεστη και που, σίγουρα, δεν αξίζει να τη συντηρούμε και, ακόμη λιγότερο, να την υποστηρίζουμε – όπως κάνουμε πολλοί. Οι περισσότεροι άνθρωποι ξέρουν πολύ καλά τι σημαίνει να σε εκμεταλλεύονται, να σε χειραγωγούν και να σε εξωθούν σε συμπεριφορές και πεποιθήσεις, παρά τη θέλησή σου. Το πρόβλημα της θυματοποίησης έχει γίνει τόσο οξύ και διαδεδομένο, ώστε οι εφημερίδες όλης της χώρας έχουν γεμίσει με άρθρα, που συμβουλεύουν τον κόσμο πώς να την αποφύγει. Τα «σχήματα δράσης», η «άμεση επικοινωνία» και διάφορες τέτοιες «κοινωνικές υπηρεσίες» έχουν σαν στόχο τη διάσπαση του γραφειοκρατικού κλοιού, που προκαλεί τόσο μεγάλο ποσοστό θυματοποίησης, και προσπαθούν να φέρουν κάποιο αποτέλεσμα. Τα τοπικά τηλεοπτικά προγράμματα προσλαμβάνουν συμβούλους καταναλωτή και κοινοτικούς επιθεωρητές, για να βγάλουν τα κάστανα απ' τη φωτιά. Η κυβέρνηση έχει συστήσει οργανισμούς προστασίας και πολλές κοινότητες έχουν δημιουργήσει δικές τους επιτροπές, προσπαθώντας να καταπολεμήσουν τις τοπικές μορφές θυματοποίησης.

Όσο, όμως, κι αν είναι όλα αυτά αξιέπαινα και καλοπροαίρετα, δεν αποτελούν παρά ελαφρές γρατσουνιές στην επιφάνεια της θυματοποίησης και είναι ελάχιστα αποτελεσματικά, γιατί δίνουν – κυρίως – *έμφαση στην καταδίκη των θυματοποιών* ή βρίσκουν κάποιον άλλο να παίξει το θύμα. Παραβλέπουν την ουσιαστική αλήθεια: ο κόσμος γίνεται θύμα, γιατί, απλούστατα, το *περιμένει* ότι θα τον εξαπατήσουν – κι όταν συμβαίνει αυτό δεν απορεί καθόλου.

Είναι σχεδόν αδύνατο να θυματοποιήσεις ανθρώπους που δεν το θεωρούν φυσικό, που είναι έτοιμοι να αντισταθούν σ' όποιον θελήσει να τους υποτάξει, με οποιοδήποτε τρόπο. Το πρόβλημα της θυματοποίησης βρίσκεται *μέσα σου*, ανεξάρτητα από το ποιος ή ποιοί έμαθαν να κινούν τα νήματά σου. Το βιβλίο αυτό εστιάζεται σ' εσένα, στο άτομο δηλαδή, που πρέπει να αντισταθεί και να μην περιμένει ότι κάποιος άλλος θα αντισταθεί για λογαριασμό του. Γράφτηκε για ένα σκοπό και μόνο: να είναι χρήσιμο στον αναγνώστη του. Καθώς το έγραφα, έλεγα: «Αν δεν μπορούν να το χρησιμοποιήσουν αυτό, βγάλτο». Περιέλαβα ιστορικά περιπτώσεων, για να πάρετε μια πιο συγκεκριμένη ιδέα γύρω από το πώς θ' αποφεύγετε τις διάφορες παγίδες θυματοποίησης. Σας προτείνω, επίσης, μερικές ειδικές τακτικές και τεχνικές, που θα σας βοηθήσουν να απαλλαγείτε από τις βαθιά ριζωμένες θυματικές συνήθειές σας. Μερικά ερωτηματολόγια θα σας βοηθήσουν να εκτιμήσετε τη θυματική συμπεριφορά σας. Περιέλαβα, τέλος, και ένα κατάλογο 100 θυματικών συμπεριφορών, στον οποίο μπορείτε να αναφερόσαστε για να ελέγξετε και να κατευθύνετε την πρόοδό σας.

Κάθε κεφάλαιο, μετά από το εισαγωγικό, αναφέρεται σε μια βασική αρχή ή έναν οδηγό αποφυγής της θυματοποίησης. Καθένα περιέχει αντιθυματοποιητικές συμβουλές, παραδείγματα για το πώς ενεργούν οι θυματοποιοί αυτού του κόσμου, ώστε να τους αναγνωρίζετε και να αποφεύγετε να σας «χρησιμοποιούν» και, στη συνέχεια, ειδικά παραδείγματα και τακτικές, που θα σας επιτρέψουν να βοηθήσετε τον εαυτό σας.

Έτσι, κάθε κεφάλαιο θα σας οδηγήσει, με συγκεκριμένα βήματα, στην ενίσχυση της αντιθυματικής συμπεριφοράς σας.

Πιστεύω πως θα κερδίσετε πολλά διαβάζοντας αυτό το βιβλίο. Αν, όμως, πιστεύετε πως είναι από μόνο του ικανό να σας απελευθερώσει, τότε είσαστε θύμα των ψευδαισθήσεών σας, πριν α- κόμη αρχίσετε να το διαβάζετε. Εσείς και μόνο εσείς μπορείτε να αποφασίσετε να μετατρέψετε αυτές τις συμβουλές σε θετική και αυτοεκπληρωτική συμπεριφορά.

Ζήτησα από ένα καλό φίλο και ιδιαίτερα προικισμένο ποιητή να γράψει ένα ποίημα ειδικά για την αντιθυματοποίηση, όπως την παρουσιάζω σ' αυτό το βιβλίο. Ο Gayle Spanier Rawlings συνοψίζει το αντιθυματικό μήνυμα στο «Κίνησε μόνος σου τα νήματά σου».

> Κίνησε μόνος σου τα νήματά σου
> Αόρατα νήματα
> Μας δένουν
> Με τους φόβους μας.
> Είμαστε η μαριονέτα
> Κι ο αφέντης της μαζί,
> Θύματα της
> Προσδοκίας μας.
> Μεταξωτά νήματα τραβούν,
> Χέρια και πόδια
> Τινάζονται, πηδούν.
> Χορεύουμε όπως προστάζει η μουσική
> των φόβων μας
> Σώματα ζαρωμένα
> Παιδιά κρυμμένα, παίζοντας θέατρο
> Κάτω απ' αυτό το βράχο
> Πίσω απ' αυτό το δέντρο
> Κάπου, παντού
> Τίποτε δεν ελέγχουμε.
>
> Κίνησε μόνος σου τα νήματά σου
> Μπες μέσα στο σώμα σου
> Και στο ρυθμό της ζωής
> Κόψε τα δεσμά σου
> Άπλωσε το χέρι σου στο
> Άγνωστο

Περπάτησε στο σκοτάδι
Άνοιξε τα χέρια σου
Στο αγκάλιασμα του ανέμου,
Κάνε τα φτερά
Για να πετάξεις.

GAYLE SPANIER RAWLINGS

Τα λόγια τού Gayle φέρνουν στα μάτια μας την ομορφιά της ελευθερίας. Σου εύχομαι να μάθεις να διαλέγεις την υγεία και την ευτυχία σου και να γνωρίσεις αυτό το υπέροχο πέταγμα.

Η πείρα έχει αποδείξει ότι το ανθρώπινο είδος είναι περισσότερο πρόθυμο να υποφέρει, όταν πρόκειται για δεινά υποφερτά, παρά να διορθώσει την κατάσταση, καταργώντας τις μορφές που έχει συνηθίσει.

ΔΙΑΚΗΡΥΞΗ ΤΗΣ ΑΝΕΞΑΡΤΗΣΙΑΣ
4 ΙΟΥΛΙΟΥ 1776

1

Αρνήσου
την Ταυτότητα
του Θύματος

Δεν υπάρχουν
ευτυχισμένοι δούλοι.

Μπορείς να μην ξαναγίνεις θύμα ποτέ πια. Ποτέ! Για να λειτουργήσεις, όμως, σαν ένα μη-θύμα πρέπει να κοιτάξεις προσεκτικά τον εαυτό σου και να μάθεις ν' αναγνωρίζεις τις διάφορες καταστάσεις, που δίνουν στους άλλους την ευκαιρία να κινούν τα νήματά σου.

Η αντιθυματική σου στάση θα απαιτήσει περισσότερα πράγματα από την απλή απομνημόνευση κάποιων μαχητικών τεχνικών. Πρέπει ν' αποτολμήσεις κάποια αντίσταση, όταν οι άλλοι προσπαθούν να σε χειραγωγήσουν ή να κατευθύνουν τη συμπεριφορά σου. Θα έχεις, ίσως, παρατηρήσει ήδη πως η Γη είναι ένας πλανήτης, όπου όλοι σχεδόν οι άνθρωποι κάνουν τακτικές απόπειρες να κατευθύνουν ο ένας τον άλλον. Και, βέβαια, έχουν αναπτύξει μοναδικούς θεσμούς, που προωθούν αυτή την κατάσταση. Αν είσαι, όμως, ένας απ' αυτούς, που κατευθύνονται παρά τη θέληση ή την κρίση τους, τότε είσαι θύμα.

Είναι δυνατό να αποφύγει κανείς τις θυματικές παγίδες, χωρίς να καταφύγει ο ίδιος σε θυματοποίηση των άλλων. Για να το πετύχεις αυτό, αρχίζεις πρώτα απ' όλα με τον επανακαθορισμό τού τι περιμένεις από τον εαυτό σου, στο σύντομο πέρασμά σου απ' αυτή τη γη. Σου συνιστώ, λοιπόν, να αρχίσεις ξεκαθαρίζοντας ότι δε θέλεις να είσαι θύμα και εξετάζοντας προσεκτικά πώς συμπεριφέρεσαι σαν θύμα.

ΤΙ ΕΙΝΑΙ ΤΟ ΘΥΜΑ;

Θύμα είσαι κάθε φορά που ο έλεγχος της ζωής σου δε βρίσκεται στα χέρια σου. Αυτή είναι η λέξη κλειδί: ΕΛΕΓΧΟΣ. Αν δεν κινείς εσύ τα νήματά σου, τότε κατευθύνεσαι από κάποιον ή από κάτι. Η θυματοποίηση γίνεται με αμέτρητους τρόπους.

Ένα θύμα, όπως το βλέπουμε εδώ, δεν είναι «κατά κύριο λόγο» κάποιος που τον εκμεταλλεύονται, μέσα από μια εγκληματική δραστηριότητα. Μπορείς να γίνεις θύμα κλοπής ή απάτης, με πολύ πιο καταστροφικούς τρόπους, όταν έχεις συνηθίσει να μην ελέγχεις εσύ τα συναισθήματα και τη συμπεριφορά σου, στην καθημερινή σου ζωή.

Τα θύματα είναι, πρώτα απ' όλα, άνθρωποι που ζουν τη ζωή τους όπως το υπαγορεύουν οι άλλοι. Βρίσκονται να κάνουν πράγματα που δεν τους αρέσουν, ή ωθούνται σε δραστηριότητες, που απαιτούν περιττές προσωπικές θυσίες, πράγμα που γεννάει την κρυφή τους αγανάκτηση. Θυματοποίηση, όπως την εννοώ εδώ, σημαίνει να κατευθύνεσαι και να ελέγχεσαι από δυνάμεις ξένες προς τον εαυτό σου· και ενώ, βέβαια, οι δυνάμεις αυτές οπωσδήποτε αφθονούν στον πολιτισμό μας, ΣΠΑΝΙΑ ΘΑ ΓΙΝΕΙΣ ΘΥΜΑ, ΑΝ ΔΕΝ ΕΙΣΑΙ ΔΙΑΤΕΘΕΙΜΕΝΟΣ ΝΑ ΤΟ ΕΠΙΤΡΕΨΕΙΣ. Ναι, οι άνθρωποι θυματοποιούν τον *εαυτό* τους με χίλιους τρόπους, μέσα στην καθημερινή ζωή τους.

Τα θύματα λειτουργούν σχεδόν πάντα από μια θέση αδυναμίας. Αφήνουν τους άλλους να τους διατάζουν και να τους καταπιέζουν, γιατί συχνά αισθάνονται πως δεν είναι αρκετά έξυπνοι ή αρκετά δυνατοί για να αναλάβουν τη ζωή τους. Έτσι παραδίδουν τα ηνία σε κάποιον «εξυπνότερο» ή «δυνατότερο», αντί να διατρέξουν τους κινδύνους που περικλείει η αυτοδιακυβέρνηση.

Είσαι θύμα, όταν η ζωή σου δε δουλεύει για σένα. Αν φέρεσai με τρόπους αυτομειωτικούς, αν είσαι δυστυχισμένος, ανήσυχος, πληγωμένος, αν έχεις άγχος, αν φοβάσαι να είσαι ο εαυτός σου, αν βρίσκεσαι, γενικά, σε καταστάσεις που σε ακινητοποιούν, αν δε λειτουργείς με τρόπο που να σε ανεβάζει ή αν αισθάνεσαι ότι σε ελέγχουν δυνάμεις έξω από σένα – τότε είσαι θύμα και η άποψή μου είναι πως η θυματοποίηση, που επιβάλλεις στον εαυτό σου, δεν αξίζει πραγματικά να τη διαιωνίζεις. Αν συμφωνείς, τότε θα ρωτήσεις: Πώς απαλλάσσεται κανείς από τη θυματοποίηση; Πώς γίνεται ελεύθερος;

ΤΙ ΕΙΝΑΙ Η ΕΛΕΥΘΕΡΙΑ;

Η ελευθερία δεν προσφέρεται έτοιμη, στο πιάτο. Πρέπει να φτιά-ξεις μόνος σου την ελευθερία σου. Αν στη χαρίσει ένας άλλος, τότε δεν είναι ελευθερία, αλλά η ελεημοσύνη κάποιου ευεργέτη, που κάποτε θα ζητήσει ασφαλώς το αντίτιμο για τη χάρη που σου έκανε.

Ελευθερία σημαίνει να διευθύνεις ανεμπόδιστα τη ζωή σου, ό-πως τη θέλεις. Οτιδήποτε λιγότερο είναι μια μορφή δουλείας. Αν δεν μπορείς να είσαι ανεπηρέαστος στις επιλογές σου, στη διαμόρ-φωση της ζωής σου, σύμφωνα με τις *δικές σου* υπαγορεύσεις, αν δεν μπορείς να κάνεις το σώμα σου ό,τι θέλεις (φτάνει να μην εμποδίζει η ευχαρίστησή σου την ελευθερία κάποιου άλλου), τότε δεν κρατάς εσύ το τιμόνι και, ουσιαστικά, είσαι θύμα.

Ελευθερία δε σημαίνει να αρνείσαι τις ευθύνες σου απέναντι στα αγαπημένα σου πρόσωπα και στους συνανθρώπους σου. Αντί-θετα, στην έννοια της ελευθερίας περιλαμβάνεται και η απόφαση να είσαι υπεύθυνος. Πουθενά, όμως, δεν είναι γραμμένο πως πρέ-πει να γίνεις αυτό που θέλουν οι άλλοι, όταν οι επιθυμίες τους έρχονται σε σύγκρουση μ' αυτό που θέλεις εσύ. Μπορείς να είσαι *και* υπεύθυνος *και* ελεύθερος. Πολλοί από τους ανθρώπους, που θα προσπαθήσουν να σου πουν ότι δεν έχεις αυτό το δικαίωμα, που θα χαρακτηρίσουν τη λαχτάρα σου για ελευθερία σαν «εγωι-σμό», στην πραγματικότητα δυναστεύουν κατά κάποιο τρόπο τη ζωή σου και νιώθουν να απειλείται η εξουσία, που τους επέτρεψες να έχουν μέχρι τώρα πάνω σου. Αν καταφέρουν να σε κάνουν να αισθάνεσαι εγωιστής, τότε θα σε γεμίσουν ενοχή και θα σε ακινη-τοποιήσουν και πάλι.

Ο αρχαίος φιλόσοφος Επίκτητος έγραψε στο Εγχειρίδιό του για την ελευθερία: «Κανένας άνθρωπος δεν είναι ελεύθερος, αν δεν είναι κύριος του εαυτού του».

Ξαναδιάβασε αυτή τη φράση προσεκτικά. Αν δεν είσαι κύριος του εαυτού σου, τότε δεν είσαι ελεύθερος. Δε χρειάζεται να είναι κανείς υπερβολικά δυνατός και να ασκεί επιρροή στους άλλους, για να είναι ελεύθερος. Ούτε και είναι απαραίτητο να εμπνέει κανείς φόβο στους άλλους και να τους υποχρεώνει σε υποταγή, για να αποδείξει την αυτοκυριαρχία του.

Ο πιο ελεύθερος άνθρωπος στον κόσμο είναι εκείνος που έχει μέσα του μια αίσθηση ειρηνικής βεβαιότητας: αρνείται να παρασυρθεί από τις επιθυμίες των άλλων και ζει τη ζωή του με αθόρυβη αποτελεσματικότητα. Τέτοιοι άνθρωποι ζουν απαλλαγμένοι από τους καθορισμούς ρόλων, που υπαγορεύουν συγκεκριμένους τρόπους συμπεριφοράς για το γονιό, τον υπάλληλο, τον Αμερικανό ή, απλώς, τον ενήλικο. Αισθάνονται ελεύθεροι ν' ανασάνουν όποιον αέρα διάλεξαν, σ' οποιοδήποτε τόπο, χωρίς να ανησυχούν για το τι πιστεύουν οι άλλοι σχετικά με την επιλογή τους. Είναι άνθρωποι υπεύθυνοι, που δεν υποδουλώνονται όμως στις εγωιστικές ερμηνείες των άλλων, γύρω από το τι είναι ευθύνη.

Η ελευθερία είναι κάτι στο οποίο πρέπει να επιμείνετε. Καθώς θα προχωρείτε στο διάβασμα του βιβλίου, θα συνειδητοποιήσετε ορισμένες διαδικασίες θυματοποίησής σας από τους άλλους, που –αρχικά– θα σας φανούν πολύ ανώδυνες, αλλά, στην πραγματικότητα, δείχνουν την επιθυμία των άλλων να πιάσουν τα νήματά σας και να τα τραβήξουν προς εκείνη την κατεύθυνση, που θα καταργήσει την ελευθερία σας, όσο ταχυδακτυλουργικά και επιδέξια κι αν γίνει αυτό.

Την ελευθερία του την κερδίζει κανείς, όταν αρχίζει να αναπτύσσει ένα σύστημα μη-θυματικών στάσεων και συμπεριφορών, σ' ολόκληρο το φάσμα της ζωής του. Στην πραγματικότητα, η απελευθέρωση θα αντικαταστήσει την υποδούλωση και θα γίνει μια εσωτερική έξη, όταν ασκηθείτε σε συμπεριφορές ελευθερίας.

Ίσως ο καλύτερος τρόπος να κερδίσετε την ελευθερία στη ζωή σας, είναι να θυμόσαστε αυτή τη συμβουλή: Ποτέ μη στηριζόσαστε ΑΠΟΛΥΤΑ σε κανέναν άλλο, εκτός από τον εαυτό σας, σ' ό,τι αφορά την κατεύθυνση της ζωής της. Ή, όπως το είπε ο Έμερσον στην *Αυτοπεποίθηση*, «Τίποτα δεν μπορεί να σου δώσει τη γαλήνη, εκτός από τον εαυτό σου».

Όλα αυτά τα χρόνια, που εργάζομαι στη συμβουλευτική θεραπεία, έχω ακούσει πολλές φορές τα παρακάτω παράπονα: «Μα, μου υποσχέθηκε πως θα τόκανε και με παράτησε!», «Ήξερα πως δεν έπρεπε να τον αφήσω να χειριστεί αυτός το ζήτημα, αφού, άλλωστε, γι' αυτόν δε σήμαινε τίποτα, ενώ για μένα σήμαινε τόσα πολλά», «Με ξεγέλασαν και πάλι. Πότε θα μάθω;». Αυτά είναι τα θλιβερά παράπονα των ανθρώπων, που επέτρεψαν στους άλλους να τους θυματοποιήσουν, με τον ένα ή τον άλλο τρόπο, και να καταπατήσουν την ελευθερία τους. Όλα αυτά που λέμε για την ελευθερία δε σημαίνουν πως θάπρεπε να απομονωθείτε από τους άλλους. Αντίθετα! Ο μη-θυματικός άνθρωπος ευχαριστιέται και διασκεδάζει με τους άλλους. Έχει άνετους και κοινωνικούς τρόπους και είναι πιο ασφαλής στις σχέσεις του, ακριβώς *επειδή* αρνείται να επιτρέψει στους επιτήδειους να κατευθύνουν τη ζωή του. Δε χρειάζεται να φέρεται κακότροπα ή επιθετικά, γιατί έχει μάθει να νιώθει από *μέσα του* ότι «αυτή είναι η ζωή μου, τη βιώνω μόνος μου κι ο χρόνος μου πάνω στη γη είναι πολύ περιορισμένος· δεν είμαι στην κατοχή κανενός· πρέπει να επαγρυπνώ πάντα και να εντοπίζω τις απόπειρες των άλλων να μου αφαιρέσουν το δικαίωμα να είμαι ο εαυτός μου· αν μ' αγαπάς, μ' αγαπάς γι' αυτό που είμαι κι όχι γι' αυτό που θέλεις να γίνω».

Πώς είναι, όμως, δυνατό να αντλήσει κανείς αυτή την «υγιή ελευθερία», μέσα από ένα ολόκληρο παρελθόν θυματικών συνηθειών, που καλλιεργούνται από τις ίδιες τις θυματοποιητικές τάσεις της κοινωνίας και της ζωής μας;

Η ΑΠΑΛΛΑΓΗ ΑΠΟ ΤΙΣ ΘΥΜΑΤΙΚΕΣ ΣΥΝΗΘΕΙΕΣ

Όταν ήσουν παιδί, η θυματοποίησή σου ήταν φυσική συνέπεια της θέσης σου μέσα στην οικογένεια. Όλοι τραβούσαν τα νήματά σου κι εσύ, ενώ τα έβαζες με τον εαυτό σου, ήξερες πολύ καλά πως είχες ελάχιστες πιθανότητες να πάρεις τα πράγματα στα χέρια σου. Ήξερες πως δεν μπορούσες να ζήσεις μόνος σου και πως, αν δε συμμορφωνόσουν με το πρόγραμμα που σου είχαν καταστρώσει οι μεγάλοι, οι εναλλακτικές λύσεις που σου προσφέρονταν ήταν ελάχιστες. Έφτανε να φύγεις από το σπίτι για είκοσι λεπτά, για να καταλάβεις πόσο ανίσχυρος ήσουν. Έτσι έσκυβες το κεφάλι και μάθαινες να δέχεσαι την πραγματικότητά σου. Άλλωστε, η αποδοχή των ξένων υπαγορεύσεων ήταν, τελικά, ένας φρόνιμος συμβιβασμός, δεδομένου ότι στην πραγματικότητα ήσουν ανίκανος να πραγματοποιήσεις τις διαδοχικές «μανίες» σου. Και ενώ, βέβαια, αγωνιζόσουν να αποκτήσεις κάποια ανεξαρτη-

29

*σία, συχνά σε ικανοποιούσε να αφήνεις τους άλλους να σκέφτο-
νται και να οργανώνουν τη ζωή σου, αντί για σένα.*

Σαν ενήλικος, μπορεί να κουβαλάς ακόμη διάφορες συνήθειες
των παιδικών σου χρόνων, που είχαν τότε, ίσως, κάποια πρακτική
χρησιμότητα, αλλά που σήμερα σε κάνουν ένα εύκολο θύμα. Μπο-
ρεί ν' αφήνεις, για παράδειγμα, να σε δυναστεύει κάποιος «μεγά-
λος» και να έχεις συνηθίσει τόσο πολύ σ' αυτή τη συμπεριφορά,
ώστε να την αφήνεις να επαναλαμβάνεται έτσι, από συνήθεια.

Για να γλιτώσεις από τις θυματικές παγίδες χρειάζεται, πάνω
απ' όλα, να αποκτήσεις νέες συνήθειες. Οι υγιείς συνήθειες μα-
θαίνονται, όπως ακριβώς και οι νοσηρές, με την πρακτική εξάσκη-
ση – αφού, βέβαια, συνειδητοποιήσεις σε τι θα εξασκηθείς.

Μπορεί να μην καταφέρεις να γίνει σε όλα τα πράγματα αυτό
που θέλεις, τουλάχιστον, όμως, θα πρέπει να πάψεις να ταράζε-
σαι, να αδρανοποιείσαι και να αγχώνεσαι από οτιδήποτε συμβαί-
νει στη ζωή σου. Κάνοντας μια προσπάθεια να απαλλαγείς από τα
εσωτερικά σου άγχη, θα εξαλείψεις μια πολύ βασική αυτοθυματο-
ποιητική συνήθεια.

Για να εξουδετερώσεις τις θυματικές παγίδες, που χρησιμοποι-
ούν οι άλλοι για να σε ακινητοποιήσουν και να σε ελέγξουν και για
να αντιμετωπίσεις τις καταστάσεις, όπου νιώθεις αδικαιολόγητα
απογοητευμένος με την έκβαση των αποφάσεών σου, απαιτείται
ένα πρόγραμμα τεσσάρων σημείων: (1) να μάθεις να ζυγίζεις σω-
στά τις καταστάσεις της ζωής σου, (2) να αναπτύξεις ένα στέρεο
εξοπλισμό μη-θυματικών επιδιώξεων και στάσεων, (3) να συνειδη-
τοποιήσεις τις κύριες μορφές που παίρνει η θυματοποίηση στη
ζωή σου και στον πολιτισμό μας και (4) να δημιουργήσεις μια
σειρά αρχών, που θα σε οδηγήσουν, μέσα από συγκεκριμένες
στρατηγικές, στην εφαρμογή μιας βιοφιλοσοφίας, βασισμένης
στην ανυποχώρητη απόφαση να μην επιτρέπεις να γίνεσαι θύμα.
Τα (1), (2) και (3) εξετάζονται συνοπτικά σ' αυτό το προεισαγωγι-
κό κεφάλαιο. Το (4) θα το εξετάσουμε στα επόμενα κεφάλαια, που
περιλαμβάνουν μια σειρά από οδηγίες για την εφαρμογή της νέας
σου μη-θυματικής στάσης.

Η ΣΩΣΤΗ ΕΚΤΙΜΗΣΗ ΤΩΝ ΚΑΤΑΣΤΑΣΕΩΝ

Για να πάψει κανείς να είναι θύμα, έχει μεγάλη σημασία να ξέρει να εκτιμήσει σωστά μια δυνητικά θυματοποιητική κατάσταση, πριν αποφασίσει τι θα κάνει. Κάθε φορά που πρόκειται να αρχίσεις μια κοινωνική συναλλαγή, πρέπει να προσέχεις πολύ, για ν' αποφύγεις να την πάθεις, πριν ακόμα παιχτεί το πιθανό σενάριο της θυματοποίησης.

Σωστή εκτίμηση της κατάστασης, σημαίνει να έχεις τα μάτια σου ανοιχτά και να αναπτύξεις ένα νέο είδος νοημοσύνης, που θα σε προστατεύει εντελώς φυσικά από την εκμετάλλευση. Σημαίνει να ζυγίζεις τις ανάγκες των ανθρώπων, με τους οποίους θα έρθεις σε συναλλαγή και να προδιαγράψεις το είδος της δράσης, που θα σε βοηθήσει περισσότερο να επιτύχεις τους στόχους σου – ένας από τους οποίους, θα πρέπει να είναι, το να τα πας καλά με τους ανθρώπους, που είναι πρόθυμοι να σεβαστούν τη θέση σου. Πριν ακόμη ανοίξεις το στόμα σου ή πριν πλησιάσεις κάποιον, κάτω από συνθήκες που θα μπορούσαν να σε θυματοποιήσουν, μπορείς να προβλέψεις τις θυματοποιητικές συμπεριφορές, που ενδέχεται να συναντήσεις. Η αποτελεσματική «εκτίμηση» είναι αποφασιστικός παράγοντας αποφυγής περιστάσεων, που θα σε παγίδευαν σε αυτο-υπονομευτικές πράξεις.

Ένα παράδειγμα. Ο Τζόρτζ επιστρέφει ένα ελαττωματικό παντελόνι στο κατάστημα νεωτερισμών. Ο υπάλληλος του δίνει την εντύπωση κακότροπου και εκνευρισμένου ανθρώπου. Ο Τζόρτζ ενδιαφέρεται απλώς να πάρει πίσω τα λεφτά του κι όχι να τσακωθεί μ' ένα κουρασμένο ή θυμωμένο υπάλληλο. Ξέρει ότι αν η επαφή του με τον υπάλληλο είναι δυσάρεστη ή, ακόμη χειρότερο, ανεπιτυχής, θα δυσκολευτεί ακόμη περισσότερο να πείσει το διευθυντή του τμήματος, που δε θα θέλει να διαψεύσει τον υπάλληλο, δεδομένου ότι αυτός έχει αναλάβει να εφαρμόζει την πολιτική της «μη-επιστροφής». Ο υπάλληλος, με τη σειρά του, μπορεί να είναι κι ο ίδιος ένα θύμα, που δεν κάνει τίποτε άλλο από το να εφαρμόζει την άποψη του καταστήματος, σχετικά με μια τακτική, που πληρώνεται για να την ακολουθεί.

Έτσι ο Τζόρτζ πάει κατευθείαν στο διευθυντή, που έχει το δικαίωμα να κάνει εξαιρέσεις, όταν είναι αναγκασμένος. Μπορεί να διαλέξει τη λύση να ρωτήσει δυνατά και ρητορικά αν η πολιτική του καταστήματος είναι να ταλαιπωρεί τους πελάτες του· αν, όμως, παίξει σωστά το παιχνίδι του, κατά πάσα πιθανότητα θα πάρει πίσω τα λεφτά του, χωρίς να χρειαστεί να καταφύγει σε χυδαία συμπεριφορά.

Το τελευταίο κεφάλαιο του βιβλίου παρουσιάζει διάφορες τυπικές, καθημερινές καταστάσεις, σαν κι αυτή, δείχνοντας τόσο τις θυματικές όσο και τις μη-θυματικές προσεγγίσεις σ' αυτές.

Σωστή εκτίμηση των καταστάσεων της ζωής, σημαίνει όχι μόνο να κρατάς τα μάτια σου ανοιχτά, αλλά να διαθέτεις και μια σειρά σχεδίων, που θα εφαρμόζεις προσεκτικά. Αν το αρχικό σου σχέδιο, το σχέδιο Α, αποτύχει, πρέπει να είσαι ικανός να περάσεις άνετα στο σχέδιο Β, Γ κ.λπ. Στην παραπάνω περίπτωση, αν ο διευθυντής αρνιόταν να επιστρέψει τα χρήματα στον Τζόρτζ, θα έμπαινε σε εφαρμογή το σχέδιο Β, που μπορεί να περιλάμβανε μια απ' ευθείας συζήτηση με τον ιδιοκτήτη ή μια επιστολή στα ανώτερα διευθυντικά κλιμάκια ή, ακόμη, και τη λύση να βάλει τις φωνές (χωρίς ν' αφήσει να τον αχρηστέψει ο θυμός), να κάνει το φοβερά εξοργισμένο, να πάθει κρίση νεύρων επί τόπου, να το ρίξει στα παρακάλια ή οτιδήποτε άλλο.

Όποιο και να είναι το σχέδιο που καταστρώνετε, ποτέ δεν πρέπει να εξαρτάτε την προσωπική αξία σας από την επιτυχία ή την αποτυχία του. Απλώς αλλάζετε σκηνή, όταν είναι απαραίτητο. Ο σκοπός του Τζόρτζ ήταν απλώς να πάρει πίσω τα λεφτά του. Ο δικός σας μπορεί να είναι να πάρετε κάποιο εισιτήριο ή να φάτε το μπιφτέκι σας όπως σας αρέσει. Όποιος και νάναι ο στόχος σας, πρόκειται απλώς για κάτι που θέλετε ν' αποκτήσετε· και το γεγονός ότι πετυχαίνετε ή αποτυχαίνετε στη δεδομένη στιγμή δεν αποτελεί ένδειξη για την προσωπική σας αξία ή ευτυχία.

Η εκτίμηση των περιστάσεων της ζωής θα είναι ευκολότερη, αν προσέχετε τον τρόπο που χρησιμοποιείτε τις δικές σας λέξεις και φράσεις, είτε στη σκέψη είτε στην ομιλία σας, έτσι ώστε να μη δείχνετε ότι ζητάτε τη θυματοποίηση. Νά μερικοί τρόποι σκέψης, που πρέπει να τους αντικαταστήσετε, αν θέλετε στ' αλήθεια να σβήσετε το όνομά σας από τον κατάλογο των θυμάτων.

● *Ξέρω πως θα χάσω. Αυτή τη ψυχική στάση σάς εξασφαλίζει πάντοτε την πρώτη θέση στη λίστα των διαθέσιμων θυμάτων.* Όταν αποφασίσετε να πιστέψετε πως θα «κερδίσετε» αυτό που σας αξίζει, η ιδέα της ήττας θα σας γίνει ανυπόφορη.

● *Ταράζομαι κάθε φορά που χρειάζεται να συγκρουστώ με κάποιον.* Αν το βρίσκετε φυσικό να ταράζεστε, ο εαυτός σας θα φροντίσει να μη σας απογοητεύσει. Μετατρέψτε τη φράση αυτή σε «Δεν πρόκειται να επιτρέψω σε κανένα να με ταράξει και δε θα ταραχτώ μόνος μου».

● *Οι «μικροί» έχουν πολύ λίγες ευκαιρίες.* Δεν είσαστε «μικροί», παρά μόνο αν το πιστεύετε. Αυτό το είδος της σκέψης δείχνει ότι βάλατε τον εαυτό σας στη θέση του χαμένου, απέναντι σε κάποιους που θεωρείτε «μεγάλους». Πρέπει να μπαίνετε στην κάθε κατάσταση επιζητώντας να πετύχετε τους στόχους σας.

● *Θα δείξω σ' αυτούς τους μπάσταρδους ότι δεν μπορούν να μου τη φέρουν.* Αυτή η κουβέντα φαίνεται πολύ δυναμική, αλλά οδηγεί σε σίγουρη ήττα. Ο σκοπός σας δεν είναι να δείξετε τίποτα σε κανέναν, αλλά, απλά, να πετύχετε το οποιοδήποτε συγκεκριμένο κέρδος προσπαθεί να σας αφαιρέσει ο θυματοποιός. Όταν κάνετε σκοπό σας το να «τους δείξετε», τους ανοίγετε το δρόμο να σας ελέγχουν. (Βλ. Κεφάλαιο 5, για την αθόρυβη αποτελεσματικότητα).

● *Ελπίζω να μη θυμώσουν μαζί μου που το ζήτησα.* Η ανησυχία σας μήπως «θυμώσουν» δείχνει πως βρίσκεστε, για άλλη μια φορά, κάτω από τον έλεγχό τους. Μόλις καταλάβουν οι άλλοι πως ο θυμός τους σας αναστατώνει, θα τον χρησιμοποιήσουν για να σας κάνουν θύμα, όποτε είναι δυνατό.

● *Σίγουρα θα σκεφτούν ότι είμαι βλάκας, αν τους πω τι έκανα.* Εδώ τοποθετείτε τη γνώμη των άλλων για σας πιο ψηλά από τη δική σας γνώμη για τον εαυτό σας. Αν καταλάβουν οι άλλοι πως δεν αντέχετε να σας θεωρήσουν κουτό, είναι σίγουρο πως θα χρησιμοποιήσουν συχνά το επιχείρημα «είσαι κουτός», προκειμένου να σας θυματοποιήσουν.

● *Φοβάμαι πως θα τους πληγώσω, αν κάνω αυτό που θέλω.* Άλλο ένα μονοπάτι, που, αν το ακολουθήσετε, θα κολλήσετε στη λάσπη. Όταν οι άλλοι ξέρουν ότι μπορούν να σας ελέγχουν, χάρη στα πληγωμένα τους αισθήματα, θα φροντίζουν να «πληγώνονται» κάθε φορά που τους ξεφεύγετε ή διακηρύσσετε την ανεξαρτησία σας. Το ενενήντα πέντε τοις εκατό των πληγωμένων αισθημάτων είναι κόλπο, από την πλευρά του «πληγωμένου». Οι άγ-

θρωποι χρησιμοποιούν ξανά και ξανά τη στρατηγική των πληγω-
μένων αισθημάτων, όταν καταλάβουν ότι είσαστε αρκετά εύπι-
στοι, ώστε να την καταπίνετε. Μόνο τα θύματα ζουν τη ζωή τους
προσέχοντας συνέχεια μήπως πληγώσουν κάποιον άλλον. Αυτό δε
σας δίνει την άδεια να γίνετε κατ' επάγγελμα αναίσθητος· σας
παρακινεί, απλώς, να παρατηρήσετε ότι οι άλλοι παύουν συνήθως
να πληγώνονται, όταν αντιληφθούν ότι τα πληγωμένα τους αισθή-
ματα δεν έχουν πια πέραση.

● *Δεν μπορώ να το αντιμετωπίσω μόνος μου. Θα βρω κάποιον,
που δε φοβάται να το κάνει αντί για μένα.* Αντιδράσεις σαν κι
αυτή δε σας διδάσκουν τίποτα και σας εμποδίζουν σίγουρα να
χτίσετε τη μη-θυματική προσωπικότητά σας. Αν αφήνετε τους άλ-
λους να πολεμούν στη θέση σας, μαθαίνετε να λιποτακτείτε και
ενισχύετε το φόβο σας να είστε ο εαυτός σας. Επιπλέον, αν οι
άνθρωποι που σας θυματοποιούν ανακαλύψουν ότι φοβάστε να
αντιμε...τίσετε τις προκλήσεις μόνοι σας, την επόμενη φορά δε θα
παίξουν καν το «μεγάλο αδελφό», αλλά θα σας επιβληθούν ωμά.

● *Αυτό δεν έπρεπε να το κάνουν, δεν είναι δίκαιο.* Εδώ κρίνετε
τα πράγματα με γνώμονα το πώς θα θέλατε να είναι ο κόσμος και
όχι με το πώς αληθινά είναι. Ο κόσμος ενεργεί άδικα, και το ότι
αυτό δε σας αρέσει και διαμαρτύρεστε, δεν τον σταματάει καθό-
λου. Ξεχάστε τις ηθικολογικές σας κρίσεις πάνω στο τι θα έπρεπε
να κάνουν και πέστε καλύτερα: «Αυτοί κάνουν *αυτό* κι εγώ θα
τους αντιμετωπίσω μ' αυτόν τον τρόπο, προκειμένου να μην τους
περάσει σήμερα και να μην το επαναλάβουν αύριο».

Οι παραπάνω είναι μερικές από τις πιο συνηθισμένες αυτο-
θυματοποιητικές σκέψεις, που σας οδηγούν στο μονοπάτι της προ-
σωπικής καταστροφής.

Ζυγίζοντας σωστά τον εαυτό σας και τον πολιτισμό, μέσα στον
οποίο ζείτε, μπορείτε, (1) να προβλέπετε αποτελεσματικά, (2) να
απομακρύνετε τις αμφιβολίες για τον εαυτό σας, (3) να οργανώ-
σετε σειρά σχεδίων Α, Β, Γ κ.λπ., (4) να αρνηθείτε κατηγορηματι-
κά να στενοχωρηθείτε ή να αδρανοποιηθείτε κατά τη διαδικασία
εφαρμογής τους και (5) να επιμείνετε ώσπου να πετύχετε αυτό
που ζητάτε. Να είσαστε βέβαιοι ότι με την τακτική αυτή θα προ-
χωρήσετε αποτελεσματικά στην απομάκρυνση του εβδομήντα πέ-
ντε τοις εκατό, τουλάχιστο, της θυματικότητάς σας και, τον υπό-
λοιπο χρόνο, όταν δεν μπορείτε να πετύχετε τους στόχους σας,

τουλάχιστο θα διδάσκεστε από την ίδια τη συμπεριφορά σας και θα μαθαίνετε να αποφεύγετε τις ανέφικτες καταστάσεις στο μέλλον. Σε καμιά περίπτωση δε θα πρέπει να πληγώνεστε, να αγχώνεστε ή να στενοχωριέστε, όταν τα πράγματα δεν παίρνουν το δρόμο που επιθυμείτε, γιατί αυτή είναι η χαρακτηριστικότερη θυματική αντίδραση.

ΜΗ-ΘΥΜΑΤΙΚΕΣ ΠΡΟΣΔΟΚΙΕΣ

Κατά γενικό κανόνα, γινόμαστε αυτό που προσδοκούμε να γίνουμε· έτσι, θα γίνεις μη-θύμα όταν πάψεις να πιστεύεις ότι είσαι θύμα. Για να το πετύχεις αυτό, πρέπει να αναπτύξεις μέσα σου την απαίτηση να είσαι ευτυχισμένος, υγιής, να λειτουργείς καλά, χωρίς να σε εκμεταλλεύονται – όλα αυτά, πάνω στη βάση των πραγματικών σου δυνατοτήτων και όχι πάνω σε κάποια ιδανική εκτίμηση του δυναμικού σου, που σου την έχουν σερβίρει τα θυματοποιητικά πρόσωπα ή ιδεολογίες. Μια καλή αρχή είναι να εξετάσεις προσεχτικά τέσσερις μεγάλους και κρίσιμους τομείς, στους οποίους πιθανόν διδάχτηκες να υποτιμάς τις ικανότητές σου.

ΣΩΜΑΤΙΚΕΣ ΙΚΑΝΟΤΗΤΕΣ   Αν πιστεύεις, σαν ενήλικος με σωστή κρίση, ότι μπορείς να κατορθώσεις κάτι με το σώμα σου ή μέσω αυτού, σχεδόν τίποτε δεν μπορεί να σ' εμποδίσει· πέρα απ' αυτό, σε ακραίες καταστάσεις, το σώμα σου μπορεί να παρουσιάσει ικανότητες που πλησιάζουν το «υπεράνθρωπο». Ο δρ. Μάικλ Φίλιπς γράφει στο βιβλίο του *Οι Κρυφές σας Δυνάμεις* για «μια ηλικιωμένη κυρία, που ταξίδευε με το γιο της, διασχίζοντας την πολιτεία με το αυτοκίνητο. Κάποια στιγμή, ενώ βρίσκονταν σε μια πολύ απομονωμένη ερημική περιοχή, το αυτοκίνητο παρουσίασε κάποιο πρόβλημα και ο γιος της το σήκωσε με το γρύλο και χώθηκε από κάτω. Ο γρύλος, όμως, γλίστρησε και το αυτοκίνητο έπεσε, ακινητοποιώντας το γιο της πάνω στην καυτή άσφαλτο. Η γυναίκα κατάλαβε πως αν δε σηκωνόταν το αυτοκίνητο, ο γιος της θα πέθαινε από ασφυξία μέσα σε ελάχιστα λεπτά». Η γυναίκα αυτή δεν είχε καιρό να σκεφτεί ότι ήταν αδύναμη ή γριά και, όπως διηγείται ο δρ. Φίλιπς, «χωρίς καν να το σκεφτεί, έπιασε τον προφυλακτήρα και κράτησε σηκωμένο το αυτοκίνητο, όση ώρα χρειαζόταν για να συρθεί έξω ο γιος της. Μόλις αυτός απομακρύνθηκε από το αυτοκίνητο, η δύναμή της την εγκατέλειψε και το άφησε να ξαναπέσει στο δρόμο. Το κατόρθωμά της αυτό σημαίνει ότι, για δέκα τουλάχιστο δευτερόλεπτα, αυτή η γυναίκα σήκωσε ένα βάρος πολλών εκατοντάδων κιλών, πράγμα πολύ δύσκολο γι' αυτήν, εφ' όσον δεν ζύγιζε η ίδια παραπάνω από 60 κιλά». Υπάρχουν αμέτρητες ιστορίες για τέτοια κατορθώματα. Το κλειδί, όμως, για την κατανόησή τους είναι απλό: μπορεί να εκτελέσει κανείς φαινομενικά υπεράνθρωπα έργα όταν το πιστεύει ή όταν δεν έχει τον καιρό να σκεφτεί ότι δεν μπορεί.

Είναι δυνατό να αποφύγετε τη θυματοποίηση, που προκαλούν οι στάσεις ή οι προσδοκίες σας σχετικά με τη σωματική σας υγεία. Είναι δυνατό να καταφέρει κανείς να απαλλαγεί από τα κρυολογήματα, τη γρίπη, την υψηλή πίεση, τους πόνους της μέσης, τους πονοκεφάλους, τις αλλεργίες, τις δερματίτιδες, τις κράμπες, ακόμη και τις πιο σοβαρές αρρώστιες, όπως είναι η καρδιοπάθεια, το έλκος ή η αρθρίτιδα. Βέβαια, μπορεί, διαβάζοντας αυτή την παράγραφο, να πείτε πως κάνω λάθος και πως δεν μπορείτε να εμποδίσετε την αρρώστια. Εγώ, όμως, θα σας ρωτήσω: Ποιον προστατεύετε; Γιατί συνεχίζετε να υποστηρίζετε πως τα πράγματα αυτά είναι φυσικά, όταν το ίδιο σας το *αμυντικό σύστημα* καταλήγει να σας αρρωσταίνει ή να σας αδρανοποιεί;

Ποιο είναι το κέρδος σας, όταν υποστηρίζετε τέτοιες στάσεις; Αρχίστε απλώς να σκέφτεστε πως, αν παύατε να περιμένετε τις αρρώστιες στη ζωή σας, αν αποφασίζατε σοβαρά να μεταβάλετε τις προσδοκίες σας, ίσως –λέω, ίσως–, κάποιες απ' τις αρρώστιες να εξαφανίζονταν. Και, αν αυτό δε γίνει, τότε, το μόνο που θα πάθετε, είναι να μείνετε μ' αυτό που έχετε τώρα – αδιαθεσίες, πονοκεφάλους, κρυώματα κ.λπ. Όπως είπε κάποτε ένας πολύ σοφός άνθρωπος, «Αντί να δαγκώνεις το δάχτυλό μου, κοίτα καλύτερα πού δείχνει». Οι ίδιες οι στάσεις σας μπορούν να γίνουν το καλύτερο γιατρικό σας, αν μάθετε να τις κάνετε να δουλεύουν για σας και όχι για την αυτο-υπονόμευσή σας, πράγμα που χαρακτηρίζει τόσο πολύ τον πολιτισμό μας.

Ο δρ. Φραντς Αλεξάντερ, στο έργο του *Ψυχοσωματική Ιατρική, Αρχές και Εφαρμογή* μιλάει για τη δύναμη του πνεύματος: «Το γεγονός ότι το πνεύμα κυβερνάει το σώμα είναι, παρά τη λίγη σημασία που του δίνεται στη βιολογία και την ιατρική, το πιο θεμελιακό δεδομένο που γνωρίζουμε, γύρω από τη διαδικασία της ζωής».

ΔΙΑΝΟΗΤΙΚΕΣ ΙΚΑΝΟΤΗΤΕΣ Ένα από τα πιο ανησυχητικά ερευνητικά προγράμματα, που εφαρμόστηκαν ποτέ στη δημόσια εκπαίδευση, δείχνει πόσο είναι επικίνδυνο το να αφήνει κανείς τις εξωτερικές δυνάμεις να περιορίζουν τις προσδοκίες του, στο επίπεδο της μάθησης. Το 1960, δόθηκε σ' ένα δάσκαλο ένας κατάλογος, που έδειχνε τους Δείκτες Νοημοσύνης των μαθητών μιας τάξης· για μιαν άλλη τάξη τού δόθηκε ένας κατάλογος, στον οποίο η στήλη των Δ.Ν. είχε συμπληρωθεί με τα νούμερα των ντουλαπιών των παιδιών. Ο δάσκαλος υπέθεσε ότι τα νούμερα των ντουλαπιών ήταν οι Δ.Ν. των παιδιών της δεύτερης τάξης. Το ίδιο νόμισαν και οι μαθητές, όταν τοιχοκολλήθηκαν οι κατάλογοι, στην αρχή του εξαμήνου. Ένα χρόνο αργότερα διαπιστώθηκε ότι οι μαθητές της πρώτης τάξης, με τον πραγματικά υψηλότερο Δ.Ν., είχαν εργαστεί καλύτερα από εκείνους με το χαμηλό δείκτη. Αλλά και στη δεύτερη τάξη, οι μαθητές με τα μεγαλύτερα νούμερα ντουλαπιών είχαν γίνει πολύ καλύτεροι, απ' αυτούς με τα μικρότερα νούμερα ντουλαπιών.

Αν σας πούν ότι είσαστε κουτοί και αφήσετε τον εαυτό σας να το πιστέψει, θα αποδώσετε ανάλογα. Θα θυματοποιηθείτε, μέσα από τις ίδιες σας τις χαμηλές προσδοκίες και, αν πείσετε και τους άλλους, τότε κινδυνεύετε διπλά.

Μέσα σας κατοικεί μια μεγαλοφυΐα, που μπορείτε να πιστέψετε ότι θα έρθει κάποια στιγμή στην επιφάνεια. Μπορείτε, όμως, και να φανταστείτε ότι είσαστε.... «λειψοί» στον τομέα της φαιάς ουσίας. Και εδώ, όπως και αλλού, σημασία έχει το τι περιμένετε εσείς από τον εαυτό σας. Μπορεί να πιστεύετε πως είναι δύσκολο να μάθετε κάτι καινούριο· τότε, θα αντιμετωπίσετε τη δυσκολία που προβλέψατε. Μπορεί, για παράδειγμα, να θεωρείτε αδύνατο να μάθετε μια ξένη γλώσσα· και σίγουρα θα είναι έτσι.

Στην πραγματικότητα, όμως, η ικανότητα αποθήκευσης του εγκεφάλου σας είναι εντυπωσιακή – υπολογίζεται, συντηρητικά, γύρω στα δέκα δισεκατομμύρια μονάδες πληροφοριών. Αν θέλετε να δείτε τι πραγματικά ξέρετε, ο Μάικλ Φίλιπς σας προτείνει αυτή τη μικρή άσκηση. «Δοκιμάστε να καθίσετε κάτω, με μολύβι και χαρτί, και να γράψετε ό,τι θυμόσαστε: τα ονόματα των ανθρώπων που ξέρετε ή έχετε ακούσει, βιώματα από την παιδική σας ηλικία, ιστορίες από βιβλία και ταινίες, περιγραφές από δουλειές που κάνατε, τα χόμπι σας και ούτω καθεξής». Φροντίστε, όμως, να έχετε απεριόριστο χρόνο για να το αποδείξετε αυτό στον εαυτό σας, γιατί, όπως συμπληρώνει ο Φίλιπς, «Αν γράφατε επί 24 ώρες το εικοσιτετράωρο, θα χρειαζόσαστε περίπου δύο χιλιάδες χρόνια».

Το δυναμικό της μνήμης σας και μόνο είναι αφάνταστο. Μπορείτε να εκπαιδεύσετε το μυαλό σας, χωρίς υπερβολική κούραση, να θυμάται όλα τα τηλέφωνα που χρησιμοποιείτε μια συγκεκριμένη χρονιά ή τα εκατό ονόματα αγνώστων, που σας σύστησαν σ' ένα πάρτι. Το μυαλό σας μπορεί, ακόμη, να περιγράψει λεπτομερώς οτιδήποτε σας συνέβη την περασμένη βδομάδα, να καταγράψει όλα τα αντικείμενα ενός δωματίου, ύστερα από μια πεντάλεπτη επίσκεψη, καθώς και να απομνημονεύσει ένα μακρύ κατάλογο τυχαίων στοιχείων. Είσαστε, στην πραγματικότητα, ένα πολύ δυνατό άτομο, όταν χρησιμοποιείτε το μυαλό σας και τις διανοητικές δυνάμεις σας. Μπορεί, όμως, να έχετε διαφορετικές προσδοκίες από τον εαυτό σας, που εκφράζονται με διάφορους θυματοποιητικούς τρόπους: «Δεν είμαι και πολύ έξυπνος», «Ποτέ δεν καταφέρνω να θυμηθώ ονόματα, νούμερα, γλώσσες ή οτιδήποτε άλλο», «Δεν είμαι καλός στα μαθηματικά», «Διαβάζω αργά», «Ποτέ δεν τα κατάφερνα στα σταυρόλεξα».

Όλες οι παραπάνω δηλώσεις καθρεφτίζουν μια στάση, που θα σας εμποδίσει να κατορθώσετε οτιδήποτε επιθυμήσετε να κάνετε. Αν φροντίσετε να αντικαταστήσετε τις δηλώσεις αυτές με εκφράσεις αυτοπεποίθησης και την πίστη πως μπορείτε να μάθετε, να κάνετε οτιδήποτε διαλέξετε, δε θα καταλήξετε να γίνετε θύμα στο οδυνηρό παιχνίδι του «κορόιδου» με τον εαυτό σας.

ΣΥΓΚΙΝΗΣΙΑΚΕΣ ΙΚΑΝΟΤΗΤΕΣ   Και στο συγκινησιακό επίπεδο έχετε εξαιρετικές έμφυτες ικανότητες, όπως στο σωματικό και διανοητικό. Γι' άλλη μια φορά όλα εξαρτώνται από το είδος των προσδοκιών, που τρέφετε για τον εαυτό σας. Αν το βρίσκετε φυσικό να νιώθετε κατάθλιψη, άγχος, φόβο, θυμό, ενοχή, ανησυχία ή να υποφέρετε από τις διάφορες άλλες νευρωτικές συμπεριφορές, που περιέγραψα λεπτομερώς στις *Περιοχές των Σφαλμάτων Σας,* τότε θα τοποθετήσετε τις καταστάσεις αυτές στο κέντρο της ζωής σας. Θα τις δικαιολογήσετε με φράσεις αυτο-καταδίκης, όπως: «Είναι φυσικό να νιώθει κανείς κατάθλιψη» ή «Ο θυμός είναι ανθρώπινος». Κι όμως, δεν είναι ανθρώπινος· είναι, απλώς, ένας νευρωτικός τρόπος να βαραίνετε τη ζωή σας με ένα συγκινησιακό τραύμα, ενώ μπορείτε να πάψετε να προσδοκάτε από τον εαυτό σας τις αντιδράσεις αυτές. *Δεν είσαστε υποχρεωμένοι να έχετε αυτές τις περιοχές σφαλμάτων στη ζωή σας· φτάνει να αποφασίσετε να ζείτε, λεπτό το λεπτό, και να αμφισβητήσετε πολλές από τις ανοησίες, που διαιωνίζουν συχνά οι εργαζόμενοι στην ψυχική υγιεινή.* Είσαστε αυτό που διαλέγετε να είσαστε και, αν πάψετε να θεωρείτε φυσική την συγκινησιακή αστάθεια και διαταραχή, θα αρχίσετε να αποκτάτε τα χαρακτηριστικά ενός ατόμου με σωστή λειτουργία.

ΚΟΙΝΩΝΙΚΕΣ ΙΚΑΝΟΤΗΤΕΣ   Αν θεωρείτε τον εαυτό σας αδέξιο, κακό ομιλητή, άχαρο, ντροπαλό, εσωστρεφή κ.λπ., αυτό σημαίνει ότι έχετε αντικοινωνικές προσδοκίες, που εκφράζονται με την ανάλογη αντικοινωνική συμπεριφορά. Κατά παρόμοιο τρόπο, αν τοποθετείτε τον εαυτό σας στην κατώτερη, μεσαία ή ανώτερη τάξη, τότε θα υιοθετήσετε τον τρόπο ζωής μιας συγκεκριμένης τάξης, ίσως για όλη σας τη ζωή. Αν πιστεύετε ότι τα χρήματα έρχονται δύσκολα, η στάση σας είναι πολύ πιθανό να σας αποκρύψει την ενδεχόμενη πιθανότητα μεταβολής της οικονομικής σας κατάστασης. Θα περιορίζεστε να βλέπετε τους άλλους να βελτιώνουν τη δική τους θέση και θα τους θεωρείτε τυχερούς. Αν πιστεύετε πως δε θα βρείτε θέση για παρκάρισμα μέσα στην πόλη, τότε δε θα ψάχνετε πραγματικά και θα έχετε κάθε δικαίωμα να πείτε: «Σου το 'χα πει πως δεν έπρεπε να βγούμε απόψε». Οι προσδοκίες σας, γύρω από το πώς θα λειτουργήσετε μέσα στην κοινωνική σας δομή, θα καθορίσουν –σε μεγάλο βαθμό– το πώς θα είναι η ζωή σας. Αισθανθείτε πλούσιοι, αν αυτό που θέλετε είναι τα λεφτά. Αρχίστε να φαντάζεστε τον εαυτό σας σαν λαμπρό ομιλητή, δημιουργικό ή οτιδήποτε άλλο θέλετε να είσαστε. Μη χάνετε το θάρρος σας με μερικές αρχικές αποτυχίες. Δέστε τες απλά σαν διδακτικές εμπειρίες και συνεχίστε να ζείτε. Το χειρότερο πράγμα που μπορεί να σας συμβεί με τις καινούριες κοινωνικές σας προσδοκίες, είναι να μείνετε εκεί που είσαστε – και, αν είσαστε ήδη εκεί, γιατί να μην επιθυμήσετε κάτι καλύτερο;

ΜΕΡΙΚΟΙ ΧΑΡΑΚΤΗΡΙΣΤΙΚΟΙ ΘΥΜΑΤΟΠΟΙΟΙ

Όταν αρχίσετε να τροποποιείτε τις προσδοκίες σας, έτσι που να ταιριάζουν στις πραγματικές σας ικανότητες, πρέπει να αντιμετωπίσετε τους θυματοποιούς, που σας εμποδίζουν να τις υλοποιήσετε. Σε κάθε κοινωνικό περιβάλλον κινδυνεύει κανείς να αφήσει τον εαυτό του να γίνει θύμα οποιουδήποτε· μερικά στοιχεία της κουλτούρας μας, όμως, είναι ιδιαίτερα επικίνδυνα. Οι έξι κατηγορίες θυματοποιών, που περιγράφουμε παρακάτω, θα χρησιμοποιηθούν σαν παραδείγματα σ' ολόκληρο το βιβλίο – σαν προβλήματα, που εμφανίζονται στην καθημερινή ζωή.

1. Η ΟΙΚΟΓΕΝΕΙΑ   Σε μια πρόσφατη διάλεξη ζήτησα από τα 800 άτομα του ακροατηρίου να σημειώσουν τις *πέντε* πιο συνηθισμένες περιπτώσεις, που, κατά τη γνώμη τους, τους θυματοποιούσαν. Έλαβα 4.000 παραδείγματα τυπικών θυματοποιητικών καταστάσεων. Το ογδόντα τρία τοις εκατό είχε σχέση με τις οικογένειες των θυμάτων. Φανταστείτε τι σημαίνει αυτό! Το 83% της θυματοποίησής σας οφείλεται στην ανικανότητά σας να τα βγάλετε πέρα με τα μέλη της οικογένειάς σας, που, στο τέλος, καταλήγουν να σας ελέγχουν ή να σας χειραγωγούν. Και το ίδιο τους κάνετε κι εσείς.

Οι πιο χαρακτηριστικές οικογενειακές καταπιέσεις είναι: να σε αναγκάζουν να επισκέπτεσαι συγγενείς, να κάνεις τηλεφωνήματα, να πηγαίνεις τους άλλους με το αυτοκίνητο, να υποφέρεις τις προσβολές των γονιών, των παιδιών, των πεθερικών και των θυμωμένων συγγενών, να συμμαζεύεις τα πράγματα των άλλων· γενικά, δηλαδή, να κάνεις τον υπηρέτη, να μη σε σέβονται ή να μη σε λογαριάζουν τα υπόλοιπα μέλη, να χάνεις τον καιρό σου με άχαρα πράγματα, να μην έχεις δική σου ζωή, εξαιτίας των οικογενειακών απαιτήσεων και άλλα τέτοια.

Το οικογενειακό κύτταρο είναι, σίγουρα, ο ακρογωνιαίος λίθος της αμερικανικής οικονομικής ανάπτυξης, ο βασικός θεσμός που διδάσκει αξίες και στάσεις· είναι, όμως, και ο θεσμός, μέσα στους

κόλπους του οποίου μαθαίνεται και εκφράζεται η μεγαλύτερη ε-
χθρότητα, το άγχος, το στρες και η κατάθλιψη. Αν επισκεφτείτε
ένα ψυχιατρικό ίδρυμα και μιλήσετε με τους αρρώστους, θα δείτε
ότι όλοι σχεδόν έχουν προβλήματα με τα διάφορα μέλη της οικο-
γένειάς τους. Δεν είναι οι γείτονες, οι εργοδότες, οι δάσκαλοι ή
οι φίλοι αυτοί *που δημιουργούν προβλήματα στα διαταραγμένα
άτομα, σε σημείο που να απαιτείται το κλείσιμό τους στο νοσοκο-
μείο. Σχεδόν πάντα είναι τα μέλη της οικογένειάς τους.*
    Διαβάστε ένα εύστοχο μικρό απόσπασμα από το τελευταίο βι-
βλίο του Σέλντον Μπ. Κόπ, *Αν συναντήσετε το Βούδα στο Δρό-
μο, Σκοτώστε τον! Το προσκύνημα της Ψυχοθεραπείας.*

Τα μέλη της οικογένειας του Δον Κιχώτη, καθώς και το χωριό
του, έπαθαν μεγάλη ταραχή όταν έμαθαν πως αποφάσισε να
πιστέψει στον εαυτό του. Αντιμετώπισαν με περιφρόνηση την
επιθυμία του να ακολουθήσει το όνειρό του. Δε συνέδεσαν κα-
θόλου την εμφάνιση της ιπποτικής παράνοιάς του με τη θανά-
σιμη μονοτονία της ζωής του μέσα στο θρησκόληπτο περιβάλ-
λον του. Η γεροντοκόρη ανηψιά του, η πολύξερη νοικοκυρά
του, ο κουτός κουρέας του και ο φαφλατάς παπάς του χωριού,
όλοι, πίστευαν πως τα επικίνδυνα βιβλία του ήταν αυτά που
γέμισαν το μυαλό τού Δον Κιχώτη με παράλογες ιδέες και τον
τρέλαναν.

Στη συνέχεια, ο Κοπ κάνει μια σύγκριση ανάμεσα στο Δον Κι-
χώτη και την επίδραση της σύγχρονης οικογένειας πάνω στα σο-
βαρά διαταραγμένα άτομα.

Το σπιτικό τους μου θυμίζει τις οικογένειες των νεαρών σχιζο-
φρενών. Τέτοιες οικογένειες δίνουν συχνά την εντύπωση μιας
υπερ-φυσιολογικής σταθερότητας και μιας ηθικολογικής καλο-
σύνης. Η πραγματικότητα είναι ότι έχουν αναπτύξει ένα περί-
πλοκο σύστημα προειδοποιήσεων, προκειμένου να αποτρέψουν
οποιοδήποτε μέλος να κάνει κάποια αυθόρμητη κίνηση, κάτι
που θα ανέτρεπε την εύθραυστη οικογενειακή ισορροπία και θα
ξεσκέπαζε την υποκριτικότητα της υπερελεγχόμενης ψευδοστα-
θερότητάς της.

Η οικογένειά σας μπορεί να είναι ένα πολύ ευεργετικό στοιχείο της ζωής σας· και θα είναι, αν φροντίσετε να γίνει έτσι. Η άλλη όψη του νομίσματος, όμως, μπορεί να είναι καταστροφική. Αν επιτρέψετε στην οικογένειά σας (ή στις οικογένειες) να κινούν τα νήματά σας, θα τραβήξουν τόσο δυνατά και, συχνά, από τόσο διαφορετικές κατευθύνσεις, που θα σας κάνουν κομμάτια.

Η προσπάθεια αποθυματοποίησης σας οδηγεί να εφαρμόσετε τις συμβουλές του βιβλίου αυτού, κυρίως στα πιο κοντινά μέλη της οικογένειάς σας. Τα μέλη της οικογένειας, που πιστεύουν ότι σας κατέχουν, και που εσείς θεωρείτε τον εαυτό σας υποχρεωμένο να τα υποστηρίζει, μόνο και μόνο επειδή είναι συγγενείς. Τα μέλη, που πιστεύουν ότι έχουν το ΔΙΚΑΙΩΜΑ να σας υποδεικνύουν πώς θα ζήσετε εσείς τη ζωή σας, επειδή τυχαίνει να έχετε το ίδιο αίμα. Αυτά τα μέλη, λοιπόν, πρέπει ν' αλλάξουν ιδέες!

Δε σας ενθαρρύνω να επαναστατήσετε· σας παρακινώ, όμως, να καταβάλετε κάθε προσπάθεια για να εφαρμόσετε τις α-θυματικές στάσεις απέναντι σ' αυτούς ειδικά, που είναι λιγότερο πρόθυμοι να δεχτούν την ανεξαρτησία σας, δηλαδή τους συγγενείς σας, όποιοι και αν είναι αυτοί: η (ο) σύζυγό σας, τωρινός ή πρώην, τα παιδιά, οι γονείς, οι παππούδες, τα πεθερικά και οι κάθε είδους μακρινότεροι συγγενείς, από τους θειούς και τα ξαδέλφια ώς τα θετά μέλη. Η α-θυματική στάση σας στη ζωή θα δοκιμαστεί πολύ σοβαρά σ' αυτή την ευρεία ομάδα των συγγενών και, αν νικήσετε εδώ, τα υπόλοιπα θα είναι παιχνιδάκι. Οι οικογένειες είναι δύσκολη υπόθεση, γιατί τα μέλη τους, συχνά, πιστεύουν ότι "κατέχουν" το ένα το άλλο, σαν να είχαν επενδύσει όλες τους τις οικονομίες πάνω στον άλλον – κι αυτό τους επιτρέπει να χρησιμοποιούν την παντοδύναμη ΕΝΟΧΗ, όταν θέλουν να σωφρονίσουν ανυπότακτα μέλη, που κινδυνεύουν να αποδειχτούν «κακές επενδύσεις». Αν έχετε επιτρέψει στην οικογένειά σας να σας θυματοποιεί, ψάξτε να δείτε αν είναι η ενοχή ο μοχλός που χρησιμοποιεί, για να σας κάνει να φερόσαστε σωστά, δηλαδή «όπως κι οι υπόλοιποι».

Πολλά παραδείγματα α-θυματικής οικογενειακής συμπεριφοράς δίνονται σ' ολόκληρο το βιβλίο. Πρέπει να οπλιστείτε με την απόφαση να μην είσαστε κτήμα κανενός, αν θέλετε να διδάξετε στην οικογένειά σας πώς πρέπει να σας αντιμετωπίζει. Όσο κι αν σας φαίνεται απίθανο, θ' αρχίσουν να λαβαίνουν το μήνυμα, ότι πρέπει να σας αφήνουν ήσυχους και –το πιο απίστευτο– θα σας σέβονται για την ανεξάρτητη στάση σας. Έχε υπόψη σου, όμως, αγαπητέ φίλε, πως πριν γίνει αυτό, θα δοκιμάσουν κάθε δυνατό κόλπο, προκειμένου να συνεχίσεις να είσαι θύμα.

2. Η ΔΟΥΛΕΙΑ   Πέρα από τον κλοιό της οικογένειας, ένα άλλο θυματοποιητικό περιβάλλον είναι η δουλειά. Οι εργοδότες και τ' αφεντικά πιστεύουν, συχνά, πως οι άνθρωποι που δουλεύουν γι' αυτούς παραιτούνται αυτομάτως από κάθε ανθρώπινο δικαίωμα και γίνονται υποζύγια. Έτσι, μπορεί να αισθανθείτε ότι σας χειραγωγούν στη δουλειά σας και ότι το ανώτερο προσωπικό, καθώς και οι εσωτερικοί κανονισμοί και οι ρυθμίσεις, προσπαθούν να σας συμμορφώσουν με τη βία.

Μπορεί η ίδια η δουλειά να σας προκαλεί αποστροφή και να αισθάνεστε θύμα, επειδή την κάνετε οκτώ ώρες την ημέρα. Ίσως η δουλειά να σας υποχρεώνει να είσαστε μακριά απ' αυτούς που αγαπάτε. Ίσως, ακόμη, να συμβιβάζεστε και να φέρεστε με τρόπους που δε σας εκφράζουν – κάτι που δε θα κάνατε, αν μπορούσατε να διαλέξετε μια άλλη δουλειά. Ίσως έχετε δυσκολίες στις σχέσεις σας με τους ανωτέρους και τους συναδέλφους σας, με τους οποίους διαφωνείτε. Η υπερβολική αφοσίωση στη δουλειά –παραίτηση από πράγματα, όπως η προσωπική ελευθερία και οι οικογενειακές υποχρεώσεις για χάρη της– είναι ένα άλλο σημαντικό κανάλι προς τη θυματοποίηση.

Αν έχετε απογοητευτεί στις προσδοκίες σας από τη δουλειά σας, αν νιώθετε θύμα της δουλειάς σας και των ευθυνών της, ρωτήστε τον εαυτό σας τι ρόλο παίζετε σε μια *δουλειά*, που σας εξευτελίζει σαν *άτομο*.

Μια σειρά από αδιάσειστους μύθους της αμερικανικής ηθικής συνωμοτούν για τη θυματοποίησή σας στη δουλειά. Ο ένας είναι πως δεν πρέπει ν' αφήσετε τη δουλειά σας με τίποτε, γιατί, αν σας απολύσουν, δε θα βρείτε άλλη. Ένας άλλος μύθος είναι ότι αποτελεί ένδειξη εργασιακής ανωριμότητας η συχνή αλλαγή εργασιών – κι ακόμη περισσότερο καριέρας.

Προσέξτε πολύ αυτές τις παράλογες πεποιθήσεις. Αν τις πιστέψετε, θα σας οδηγήσουν κατευθείαν στη θυματοποίηση από τη δουλειά σας. Το χρυσό ρολόι, στο τέλος μιας πενηνταπεντάχρονης καριέρας στην ίδια εταιρεία, είναι ελάχιστη ανταμοιβή, αν όλα αυτά τα χρόνια σιχαινόσασταν τη δουλειά – και τον εαυτό σας μαζί.

Μπορείτε να είσαστε χρήσιμοι σε εκατοντάδες επαγγέλματα. Για να είσαστε αποτελεσματικοί θα πρέπει να μην *περιοριζόσαστε σε μια συγκεκριμένη πείρα ή εκπαίδευση, αλλά να ξέρετε ότι μπορείτε να κάνετε ένα σωρό δουλειές, απλώς και μόνο επειδή είσαστε ευέλικτοι, ενθουσιώδεις και πρόθυμοι να μάθετε.* (Βλ. Κεφάλαιο 7, για πληρέστερη αντιμετώπιση της θυματοποίησης στη δουλειά).

3. ΕΠΑΓΓΕΛΜΑΤΙΕΣ ΚΑΙ ΕΚΠΡΟΣΩΠΟΙ ΕΞΟΥΣΙΑΣ   Οι άνθρωποι με τους εντυπωσιακούς τίτλους και τις θέσεις εξουσίας διευκολύνουν την τάση σας να θυματοποιείτε τον εαυτό σας. Γιατροί, δικηγόροι, καθηγητές, διευθυντές, πολιτικοί, προσωπικότητες του θεάματος και των σπορ έχουν αποκτήσει μια υπερβολική θέση στην κοινωνία μας. Συχνά αισθάνεται κανείς αμήχανος μπροστά σ' αυτούς τους «υπερανθρώπους», που προσπαθούν να σε θυματοποιήσουν, όταν ζητήσεις τις εξειδικευμένες υπηρεσίες τους.

Πολλοί άρρωστοι δυσκολεύονται να διαπραγματευτούν με το γιατρό την αμοιβή του, καταλήγοντας έτσι να πληρώνουν όποιο ποσό τους ζητήσει και να παρηγοριούνται με την ιδέα ότι είναι θύματα. Πολλοί υποβάλλονται σε άχρηστες χειρουργικές επεμβάσεις, επειδή δεν έχουν το θάρρος να ζητήσουν και μια δεύτερη ιατρική γνώμη. Έτσι, κάνει και πάλι την εμφάνισή του το ολέθριο θυματικό σύνδρομο. Αν σας είναι αδύνατο να μιλήσετε στους άλλους για την αμοιβή της υπηρεσίας που σας προσέφεραν, επειδή τους έχετε τοποθετήσει τόσο ψηλότερα από σας, ώστε να το βρίσκετε φυσικό να μη σας δίνουν σημασία, τότε είσαστε οπωσδήποτε έτοιμοι να γίνετε θύμα, κάθε φορά που θα «αγοράζετε» μια ιατρική θεραπεία, μια νομική συμβουλή, κάποια εκπαίδευση κ.λπ. Παραχωρώντας στους ανθρώπους αυτούς ειδικούς τίτλους, όπως είναι του «γιατρού», του «καθηγητή» ή και, απλώς, του «κυρίου», βάζετε συνεχώς τον εαυτό σας σε κατώτερη θέση. Το μοναδικό αποτέλεσμα αυτής της στάσης είναι να αισθανόσαστε θύμα· και, τελικά, θα γίνετε θύμα, γιατί δεν μπορείτε να τους αντιμετωπίσετε από μια θέση ισότητας.

Για να αποφύγετε τις παγίδες θυματοποίησης των εκπροσώπων της εξουσίας, προσπαθήστε να τους δείτε σαν απλά ανθρώπινα πλάσματα (όχι σπουδαιότερα από σας τους ίδιους), που προσφέρουν υψηλής ειδίκευσης υπηρεσίες, για τις οποίες παίρνουν υψηλή αμοιβή. Θυμηθείτε ότι, αν πρέπει κάποιος να θεωρηθεί σπουδαιότερος, αυτός είναι το άτομο που δέχεται την υπηρεσία· αυτός, δηλαδή, που πληρώνει. Δεν είναι δυνατό να εκτιμάτε κάποιον περισσότερο απ' τον εαυτό σας και να περιμένετε να σας φερθεί με ίσους όρους. Αν δε σας φέρεται σαν ίσος προς ίσον, τότε είσαστε ένα θύμα, που πρέπει πάντα να μιλάει με σεβασμό, να ζητάει την άδεια, να περιμένει στην ουρά, να ελπίζει για μια καλύτερη μεταχείριση. Ένα θύμα, που αρκείται να ελπίζει ότι αυτός, που δε δέχεται να συζητήσει την αμοιβή του ή που το κάνει με τρόπο βιαστικό και αφ' υψηλού, δε θα τον ληστέψει ούτε θα τον εξαπατήσει.

Όλα αυτά συμβαίνουν, όμως, επειδή τα αφήνετε να συμβούν. Οι επαγγελματίες και οι εκπρόσωποι της εξουσίας θα σας σεβαστούν, αν *προκαλέσετε* το σεβασμό τους, φερόμενοι απέναντί τους με εκτίμηση για την επαγγελματική τους ικανότητα, χωρίς, όμως, να δείχνετε δέος για την «υψηλή» τους θέση και χωρίς να τους επιτρέπετε να σας θυματοποιούν, κατά οποιοδήποτε άλλο τρόπο.

4. ΓΡΑΦΕΙΟΚΡΑΤΙΕΣ Ο κρατικός μηχανισμός, στην εποχή μας, είναι ένας τεράστιος οργανισμός θυματοποίησης. Πολλές υπηρεσίες όχι μόνο δεν εξυπηρετούν σωστά τον κόσμο, αλλά και τον χρησιμοποιούν, μ' έναν ιδιαίτερα αποπροσωποποιητικό τρόπο. Την πρώτη θέση κατέχουν οι κυβερνητικές και μη-κερδοσκοπικές μονοπωλιακές γραφειοκρατίες, όπως είναι οι δημόσιες υπηρεσίες. Οι οργανισμοί αυτοί είναι πολύπλοκα και πολυπρόσωπα τέρατα, με αμέτρητα τμήματα, έντυπα, χαρτομάνι και υπαλλήλους, που δε δίνουν δεκάρα – και, αν δίνουν, τότε είναι το ίδιο ανίσχυροι με αυτούς που προσπαθούν να εξυπηρετήσουν.

Ξέρετε πολύ καλά πόσο μπερδεμένο πράγμα μπορεί να καταντήσει η ανανέωση της άδειάς σας ή μια μέρα σε δικαστήριο, για την πιο απλή τροχαία παράβαση. Ίσως έχετε περάσει από την εμπειρία του φορολογικού προσδιορισμού, χάνοντας μήνες και χρόνια ανεβοκατεβαίνοντας σ' όλα τα επίπεδα της γραφειοκρατίας, ώσπου να καταλάβετε, τελικά, ότι η υπόθεση ήταν χαμένη από την αρχή. Ξέρετε πόσο στοιχίζει η αποκατάσταση ακόμη κι ενός ολοφάνερου λάθους στο λογαριασμό σας του τηλεφώνου ή του ηλεκτρικού. Γνωρίζετε πολύ καλά σε τι αχανή μονοπάτια μπλέκεται κανείς, όταν προσπαθεί να κάνει έναν υπολογιστή να πάψει να του στέλνει απειλητικές προειδοποιήσεις για έναν απλήρωτο λο-

45

γαριασμό, ενώ δεν είναι αυτός ο σωστός παραλήπτης. Ίσως έχετε, επίσης, γνωρίσει τις ατέλειωτες ουρές στο ταμείο ανεργίας, τους αδιάφορους υπαλλήλους, τις ανόητες ερωτήσεις και το ατέλειωτο χαρτομάνι «εις τετραπλούν», χωρίς το παραμικρό ενδιαφέρον για το τι πραγματικά περνάτε σαν άνθρωπος. Έχετε ακούσει εφιαλτικές ιστορίες για μπερδέματα με εκπροσώπους των Κοινωνικών Ασφαλίσεων ή με ελεγκτές της Εφορίας. Έχετε κάποια εμπειρία από το ένδοξο δικαστικό μας σύστημα, που παίρνει χρόνια ολόκληρα για να εκδικάσει υποθέσεις απλούστατες, όπως π.χ. ένα διαζύγιο· και γνωρίσατε την απάθεια του ατέλειωτου αριθμού ανθρώπων, που πρέπει να δείτε, προκειμένου να ξεμπερδέψετε με μια απλή τροχαία παράβαση.

Οι γραφειοκρατίες του κόσμου όπου ζούμε είναι για τον πολίτη μια επικίνδυνη εμπειρία. Κι όμως, διευθύνονται από πολίτες, που –για κάποιο λόγο– υιοθετούν γραφειοκρατικές μεθόδους, μόλις βρεθούν πίσω από τα γραφεία τους.

Μπορείτε να καταστρώσετε κάποια αμυντική τακτική, απέναντι στη μεγάλη θυματοποιητική γραφειοκρατική οργάνωση, αλλά οι ίδιες οι γραφειοκρατίες είναι πολύ δύσκολο, αν όχι αδύνατο, να αλλάξουν. Πρέπει να 'χετε τα μάτια σας δεκατέσσερα για να ξεφύγετε από τα δόντια τους.

Η αποτελεσματικότερη τακτική είναι η αποφυγή τους, όποτε είναι δυνατό, δηλαδή η άρνησή σας να εμπλακείτε στα παιχνίδια θυματοποίησης της γραφειοκρατίας. Έχετε υπόψη σας ότι πολλοί άνθρωποι χρειάζονται να είναι συνδεδεμένοι με μεγάλους οργανισμούς, για να αισθάνονται σπουδαίοι. Κατά συνέπεια, μην αφήνετε να σας κυριεύει ο θυμός. Θεωρήστε τις συναλλαγές σας μ' αυτούς τους οργανισμούς σαν προκλήσεις, που δε σας αφορούν πραγματικά. Ο Χένρι Ντέιβιντ Θορώ μιλούσε για «Απλότητα, απλότητα, απλότητα! Φροντίστε οι υποθέσεις σας να είναι δυο ή τρεις και όχι εκατό ή χίλιες». Τα τέρατα, όμως, που δημιούργησε η κοινωνία μας, στο όνομα της εξυπηρέτησης του κόσμου, είναι στον αντίποδα της απλότητας. Οι γραφειοκράτες μας όχι μόνο θα περιγελούσαν έναν άνθρωπο, που θ' αποφάσιζε να ζήσει δυο χρόνια δίπλα σε μια λίμνη, αλλά και θα τον βομβάρδιζαν με γράμματα και ειδοποιήσεις, λέγοντάς του πως δεν έχει το δικαίωμα να μένει εκεί· θα επέμεναν, ακόμη, να βγάλει άδειες ψαρέματος ή κυνηγιού, καθώς και χρήσης του εδάφους και του νερού...

5. ΟΙ ΥΠΑΛΛΗΛΟΙ Αν έχετε διαθέσει λίγο χρόνο στη μελέτη της λειτουργίας του πολιτισμού μας, θα έχετε συνειδητοποιήσει ότι –από την ίδια την ουσία της θέσης τους– πολλοί υπάλληλοι (όχι όλοι) υπάρχουν μόνο και μόνο για να βασανίζουν τον κόσμο με χίλιους δυο τρόπους.

Τις περισσότερες φορές, όταν εκφράζεις τα παράπονά σου σ' έναν υπάλληλο, απλώς χάνεις τα λόγια σου. Οι υπάλληλοι βρίσκονται εκεί για να σε κάνουν να υπακούσεις στη γραμμή της εταιρείας τους, για να επιβάλουν νόμους και κανονισμούς, που σε αποτρέπουν να παραβείς τους υπαγορευόμενους τρόπους διεκπεραίωσης των πραγμάτων.

Οι περισσότεροι υπάλληλοι δεν έχουν προσωπικό συμφέρον να φερθούν δίκαια στον πελάτη τους. Ένας υπάλληλος, που σου έχει πουλήσει ελαττωματικό εμπόρευμα, δε νοιάζεται αν θα πάρεις πίσω τα λεφτά σου ή αν θα πας να ψωνίσεις αλλού. Συνήθως, ένας υπάλληλος θεωρεί ότι κάνει τη δουλειά του, αν καταφέρει να σ' εμποδίσει να απευθυνθείς σε κάποιον, που θα μπορούσε να σε βοηθήσει· επιπλέον, όλοι ξέρουμε με πόση ευχαρίστηση χρησιμοποιούν τη «δύναμη» της εταιρείας τους, προκειμένου να σε βάλουν στη θέση σου. Οι υπάλληλοι χαίρονται να λένε «Αυτή είναι η γραμμή του καταστήματος, λυπάμαι», «Λυπάμαι πραγματικά, πρέπει όμως ν' απευθυνθείτε γραπτώς» ή «Περιμένετε σ' αυτή την ουρά», «Ξαναελάτε την επόμενη βδομάδα», «Δε γίνεται τίποτε».

Ο καλύτερος, ίσως, τρόπος ν' αντιμετωπίσει κανείς τους υπαλλήλους αυτού του κόσμου, είναι να φέρνει πάντα στο μυαλό του τη φράση: «Υπάλληλος ίσον υπανάπτυκτος».

Όχι, όμως, το άτομο, που βρίσκεται πίσω από το ρόλο του υπαλλήλου· αυτό το άτομο είναι, κατά βάση, ένας θαυμάσιος, μοναδικός και σημαντικός άνθρωπος, που φέρεται υπανάπτυκτα όταν μετατρέπεται σε εφαρμοστή μιας συγκεκριμένης πολιτικής, που σε θυματοποιεί. Απόφευγε τους υπαλλήλους και φρόντιζε ν' απευθύνεσαι σε ανθρώπους, που μπορούν να σου σταθούν χρήσιμοι. Αν πεις στον πωλητή ενός πολυκαταστήματος ότι δε θα ξαναπατήσεις το πόδι σου, νομίζεις ότι νοιάζεται πραγματικά; Και βέβαια όχι. Τη δουλειά τους τη βλέπουν σαν μεροκάματο και το αν σ' αρέσει το μαγαζί ή όχι δεν έχει καμιά σημασία γι' αυτούς. Δεν είναι μια κυνική άποψη αυτή – γιατί θα 'πρεπε να ενδιαφέρονται οι υπάλληλοι; Ο ίδιος ο ρόλος τους απαιτεί να μην ενδιαφέρονται και πληρώνονται για να σας αποτρέπουν να κάνετε υπερβάσεις της πολιτικής της εταιρείας, που θα στοίχιζαν λεφτά, χρόνο και κόπο στους εργοδότες τους. Δεν είσαστε, όμως, υποχρεωμένοι να συναλλάσσεστε μ' αυτούς, εκτός κι αν σας αρέσει να είσαστε θύματα.

Με όλα αυτά δε σας προτρέπω να μη σέβεστε τους ανθρώπους, που εργάζονται σαν υπάλληλοι. Ίσως κι εσείς να κάνετε αυτή τη δουλειά (όπως την έκανα κι εγώ, για πολλά χρόνια). Όταν, όμως, πρέπει να είσαστε αποτελεσματικοί, για να πάρετε αυτό που νομίζετε ότι σας αξίζει από ένα κατάστημα, μια ασφαλιστική εταιρεία, ένα σούπερ-μάρκετ, ένα κρατικό οργανισμό, μια στεγαστική υπηρεσία, ένα σχολείο κ.λπ., ξεκινήστε το ταξίδι σας αποφασισμένος να μη γίνετε θύμα κανενός υπαλλήλου, που θα σας εμπόδιζε στην επίτευξη των στόχων σας.

6. Ο ΕΑΥΤΟΣ ΣΑΣ   Ναι, εσείς ο ίδιος. Εκτός από τις πέντε παραπάνω κατηγορίες, και τον ατέλειωτο αριθμό των άλλων θυματοποιών, που θα μπορούσαμε να αναφέρουμε, *εσείς* αποφασίζετε, τελικά, αν θα αισθανθείτε πληγωμένοι, λυπημένοι, θυμωμένοι, α-νήσυχοι, φοβισμένοι ή ένοχοι, απέναντι σε οτιδήποτε ή οποιονδήποτε στον κόσμο. Πέρα από το να στενοχωριέστε, όταν οι άλλοι δε σας φέρονται με τον τρόπο που θα θέλατε, μπορείτε να θυματοποιήσετε τον εαυτό σας με χίλιους τρόπους. Νά μερικά από τα πιο τυπικά είδη αυτοθυματοποίησης, που, ίσως, χρησιμοποιείτε.

● *Η εκπαίδευσή σας.* Θυματοποιείτε τον εαυτό σας, αν συνεχί-ζετε να κάνετε αυτό που μάθατε κάποτε να κάνετε, ενώ έχει πάψει να σας αρέσει. Αν είσαι σαράντα χρονών και εργάζεσαι σαν δικη-γόρος ή σαν μηχανικός, *μόνο και μόνο επειδή* ένας δεκαεφτάχρο-νος εαυτός σου αποφάσισε, κάποτε, ότι αυτό θα έκανες στη ζωή σου, τότε είσαι θύμα μιας εκπαίδευσης που –υποτίθεται, αρχικά– θα σου έδινε την ελευθερία μιας επιλογής εργασίας, που δεν είχες. Πόσο συχνά εμπιστεύεσαι την κρίση ενός δεκαεφτάχρονου πάνω στο πώς θα ζήσεις τη ζωή σου; Γιατί, λοιπόν, να μείνεις κολλημέ-νος στις τότε αποφάσεις σου, όταν δεν είσαι πια δεκαεφτά χρονών; Γίνε αυτό που θέλεις για τον εαυτό σου σήμερα. Απόκτησε μια καινούρια εκπαίδευση, αν δεν είσαι ευχαριστημένος με τον εαυτό σου και με τη δουλειά σου.

• *Η ιστορία σας.* Μπορείτε να γίνετε θύμα της ίδιας σας της ιστορίας, αν συνεχίζετε να κάνετε ορισμένα πράγματα, επειδή πάντα τα κάνατε μ' αυτό τον τρόπο – για παράδειγμα, να συνεχίζετε να είσαστε παντρεμένοι, επειδή έχετε επενδύσει είκοσι πέντε χρόνια στο γάμο σας, ακόμη κι αν είσαστε δυστυχισμένοι σήμερα. Μπορεί να μένετε κάπου, που δε σας αρέσει, μόνο και μόνο επειδή πάντοτε μένατε εκεί ή επειδή εκεί έμεναν οι γονείς σας. Αισθάνεστε, ίσως, πως θα χάσετε ένα μέρος του εαυτού σας, αν «μετακομίσετε» από κάποιο μεγάλο κομμάτι της ζωής σας.

Αλλά, ό,τι είσαστε μέχρι τούτη τη στιγμή, έχει ήδη τελειώσει. Αν εξακολουθείτε να συμβουλεύεστε το παρελθόν, για ν' αποφασίσετε τι μπορείτε και τι δεν μπορείτε να κάνετε σήμερα, μάλλον θυματοποιείτε τον εαυτό σας, αποκλείοντας περιοχές ολόκληρες της σημερινής ελευθερίας σας, μόνο και μόνο επειδή δεν καταφέρατε να τις απολαύσετε στο παρελθόν.

• *Η ηθική και οι αξίες σας.* Είναι πιθανό να έχετε υιοθετήσει μια σειρά ηθικών αρχών, που, ενώ ξέρετε πολύ καλά ότι όχι μόνον δε σας βοηθούν, αλλά συχνά είναι εναντίον σας, συνεχίζετε να τις εφαρμόζετε, επειδή καθορίζουν αυτό που νομίζετε ότι πρέπει να περιμένετε από τον εαυτό σας. Πιστεύετε, ίσως, ότι πρέπει να ζητάτε συγγνώμη όταν μιλάτε ή σκεφτόσαστε διαφορετικά από τους άλλους. Ή πιστεύετε, ίσως, ότι τα ψέματα είναι *πάντοτε* κακά. Έχετε, πιθανόν, υιοθετήσει κάποια σεξουαλική ηθική, που σας απαγορεύει να χαρείτε τη σεξουαλικότητά σας. Όποια και νάναι η περίπτωσή σας, κάντε μια επανεξέταση της ηθικής σας και αρνηθείτε να συνεχίσετε την αυτοθυματοποίησή σας, επιμένοντας σε πεποιθήσεις χωρίς αντίκρισμα.

• *Η συμπεριφορά σας απέναντι στο σώμα σας.* Μπορείτε να γίνετε πολύ αυτοκαταστροφικός απέναντι στο σώμα σας και να καταντήσετε το απόλυτο θύμα, δηλαδή ένα πτώμα. Δε θα σας δοθεί ποτέ άλλο σώμα, απ' αυτό που έχετε· γιατί, λοιπόν, να μη φροντίσετε να είναι γερό, γοητευτικό και ευχάριστο; Όταν αφήνεστε να παχύνετε, είτε από πολυφαγία είτε από έλλειψη άσκησης, θυματοποιείτε τον εαυτό σας. Όταν αφήνετε το σώμα σας να εθιστεί σε διάφορα χάπια, όπως είναι τα ηρεμιστικά, ή στο οινόπνεύμα και τον καπνό, όταν στερείτε από το σώμα σας τις απαραίτητες περιόδους ανάπαυσης ή όταν το φορτίζετε με ένταση και στρες, πέφτετε στην παγίδα της θυματοποίησης. Το σώμα σας είναι ένα ισχυρό, καλά συντονισμένο και ιδιαίτερα αποτελεσματικό όργανο. Μπορείτε, όμως, να το υπονομεύσετε με χίλιους δυο τρόπους: απορρίπτοντας το ή τροφοδοτώντας το με καύσιμα κατώτερης ποιότητας και εθιστικές ουσίες, που, στο τέλος, το καταστρέφουν.

● *Οι αυτοπροσωπογραφίες σας.* Όπως είδαμε και προηγουμένως, μιλώντας για τις ικανότητές σας, η εικόνα που έχετε για τον εαυτό σας μπορεί να συμβάλει στην αυτοθυματοποίησή σας. Αν νομίζετε ότι δεν μπορείτε να κάνετε κάτι, ότι είσαστε απωθητικοί, χωρίς ικανότητες κ.λπ., τότε θα πιστεύετε, βέβαια, ότι και οι άλλοι σας βλέπουν *έτσι* και θα ενεργείτε *έτσι*, φτάνοντας, τελικά, να *γίνετε έτσι.* Η διαμόρφωση μιας φυσιολογικής εικόνας του εαυτού σας είναι πολύ σημαντική, αν θέλετε ν' αποφύγετε να είσαστε θύμα, με αντιδράσεις τόσο προβλεπόμενες, όσο τα αντανακλαστικά στο γόνατό σας, όταν το χτυπάει ο νευρολόγος μ' ένα σφυράκι.

ΣΥΜΠΕΡΑΣΜΑΤΙΚΑ

Με λίγη φαντασία θα βρείτε αμέτρητους τρόπους να θυματοποιήσετε τον εαυτό σας. Αν, όμως, χρησιμοποιήσετε πιο δημιουργικά τη φαντασία σας αυτή, θα μπορέσετε, με την ίδια ευκολία, να βρείτε τρόπους εξόδου από τη θέση του θύματος. Η εκλογή είναι δική σας.

2

Η Λειτουργία
από μια Θέση
Δύναμης

Ο φόβος αυτός καθαυτός
δεν υπάρχει στον κόσμο.
Υπάρχουν μόνο φοβικές σκέψεις
και συμπεριφορές αποφυγής.

ΑΠΟ ΠΟΙΑ ΘΕΣΗ ΞΕΚΙΝΑΤΕ;
ΕΝΑ ΤΕΣΤ ΜΕ 21 ΕΡΩΤΗΣΕΙΣ

Η συμπεριφορά σας ξεκινάει, συνήθως, από μια θέση αδυναμίας ή από μια θέση δύναμης. Η πρώτη εντολή, αν θέλει κανείς να μην είναι θύμα, είναι: Ποτέ μην ξεκινάς από μια θέση αδυναμίας. Σας δίνουμε παρακάτω ένα ερωτηματολόγιο 21 ερωτήσεων (ταξινομημένων σύμφωνα με τις κατηγορίες των κοινών θυματοποιών, που εξετάσαμε στο Κεφάλαιο 1). Μπορείτε να το χρησιμοποιήσετε για να κρίνετε αν φερόσαστε, συνήθως, από θέση αδυναμίας ή από θέση δύναμης.

ΟΙΚΟΓΕΝΕΙΑ

Ναι   *Όχι*

_____   _____   1. Σας συμβαίνει απλώς να «ακολουθείτε» αυτό που θέλουν να κάνουν οι άλλοι στην οικογένειά σας και να αγανακτείτε γι' αυτό;

_____   _____   2. Είσαστε το άτομο, που έχει καθιερωθεί να μεταφέρει τους άλλους με το αυτοκίνητο, να μαζεύει τα πράγματά τους ή, γενικότερα, να κανονίζει τη ζωή του σύμφωνα με το πρόγραμμα των άλλων;

_____   _____   3. Δυσκολεύεστε να πείτε ΟΧΙ στους γονείς, τα παιδιά ή το (τη) σύζυγό σας και να εκφράσετε τα συναισθήματά σας γι' αυτό το πράγμα;

_____   _____   4. Συχνά φοβάστε να πείτε στους συγγενείς σας ότι δε θέλετε να τους μιλήσετε στο τηλέφωνο, αν δεν έχετε φτιάξει κάποια δικαιολογία;

ΔΟΥΛΕΙΑ

___ ___ 5. Αποφεύγετε να ζητάτε αυξήσεις και να υποστηρίζετε τις διεκδικήσεις σας;

___ ___ 6. Αποφεύγετε να διαφωνείτε με τους ανωτέρους σας, όταν έχετε διαφορετική γνώμη;

___ ___ 7. Μήπως συμβαίνει να έχετε φορτωθεί διάφορες αγγαρείες στη δουλειά σας, παρ' όλο που αυτό σας ενοχλεί;

___ ___ 8. Πάντα κάνετε υπερωρίες, όταν σας το ζητούν, α- κόμη κι όταν αυτό ανατρέπει κάτι σημαντικό στην προσωπική σας ζωή;

ΕΠΑΓΓΕΛΜΑΤΙΕΣ ΚΑΙ ΕΚΠΡΟΣΩΠΟΙ ΕΞΟΥΣΙΑΣ

___ ___ 9. Σας είναι δύσκολο να μιλήσετε στον ενικό και να φωνάξετε τον παθολόγο ή τον οδοντογιατρό σας με το μικρό του όνομα;

___ ___ 10. Πληρώνετε αδιαμαρτύρητα το λογαριασμό, ακόμη κι όταν πιστεύετε ότι είναι παραφουσκωμένος;

___ ___ 11. Σας είναι δύσκολο να πείτε σε κάποιον με «σπουδαία θέση» πώς αισθανθήκατε με την αδιαφορία του;

___ ___ 12. Δέχεστε αδιαμαρτύρητα τους βαθμούς σας από έ- να καθηγητή, ακόμη κι αν αισθάνεστε ότι αξίζετε κάτι καλύτερο;

ΓΡΑΦΕΙΟΚΡΑΤΙΕΣ

___ ___ 13. Καταλήγετε πάντα περιμένοντας στην ουρά, όταν απευθύνεστε σε κρατικές υπηρεσίες;

___ ___ 14. Αποφεύγετε να «καταφύγετε στους ανώτερους», όταν αισθάνεστε ότι σας κακομεταχιρίστηκαν;

15. Αποφεύγετε να συγκρουστείτε με γραφειοκράτες, που ξέρετε ότι προσπαθούν να σας παραπλανήσουν με αοριστίες;

ΟΙ ΥΠΑΛΛΗΛΟΙ

16. Κάνετε ό,τι σας λένε οι υπάλληλοι, όταν υποστηρίζουν ότι «αυτή είναι η αρχή του καταστήματος», π.χ. στο θέμα των επιστροφών;

17. Σας είναι δύσκολο να πείτε καταπρόσωπο στον υπάλληλο ότι σας εξαπατάει;

18. Σας συμβαίνει συχνά στο εστιατόριο να κάθεστε σ' ένα τραπέζι που δε σας αρέσει και να μη ζητάτε ν' αλλάξετε;

Ο ΕΑΥΤΟΣ ΣΑΣ

19. Αποφεύγετε τις συζητήσεις με αγνώστους;

20. Σας συμβαίνει να δίνετε άθελά σας χρήματα σε ζητιάνους, να μιλάτε σε αλήτες του δρόμου, να θέλετε να ξεφύγετε κ.λπ.;

21. Σας συμβαίνει να ζητάτε την άδεια να μιλήσετε ή να κάνετε διάφορα πράγματα;

Τα ΝΑΙ, που έχετε ενδεχόμενα απαντήσει σε οσεσδήποτε από τις παραπάνω ερωτήσεις, είναι ενδείξεις ότι αφήνετε να σας θυματοποιήσει μια συμπεριφορά σας, που ξεκινάει από θέση αδυναμίας.

ΜΙΑ ΝΕΑ ΟΠΤΙΚΗ ΓΙΑ ΤΗ ΔΥΝΑΜΗ

Το να είσαι δυνατός, όχι μόνο δε σημαίνει να είσαι δυνάστης ή καταπιεστής, αλλά ούτε καν επίμονος. Όταν μιλάω για ξεκίνημα από θέση δύναμης, εννοώ να διευθύνει κανείς τη ζωή του από τη διπλή θέση της αξίας και της αποτελεσματικότητας.

Είσαστε πάντα άξιοι και σημαντικοί άνθρωποι· και δεν υπάρχει ποτέ κανένας λόγος να επιτρέπετε στους άλλους να σας τοποθετούν με το ζόρι σε μια θέση, στην οποία αμφισβητείται αυτή η βασική ανθρώπινη αξία σας. Σ' όλες τις περιπτώσεις έχετε να διαλέξετε ανάμεσα (1) στο αν θα είσαστε αποτελεσματικοί και θα πετύχετε τους στόχους σας ή (2) στο αν θα είσαστε αναποτελεσματικοί και, τελικά, θα μείνετε μακριά απ' αυτό που επιθυμείτε. Στις περισσότερες περιπτώσεις –όχι σε όλες, αλλά στις περισσότερες– μπορείτε να είσαστε αποτελεσματικοί· αλλά σε όλες μπορείτε να ενεργήσετε από τη θέση της προσωπικής, έμφυτης αξίας σας, σαν άτομα.

Όταν εξετάζετε την αυταξία σας, θυμηθείτε ότι, εξ ορισμού, πρέπει να προέρχεται από τον εαυτό σας. Αξίζετε, όχι γιατί το λένε οι άλλοι, ούτε χάρη σ' αυτό που κατορθώνετε. Είσαστε πολύτιμοι επειδή έτσι νομίζετε· επειδή το πιστεύετε ή, ακόμη πιο σημαντικό, επειδή ΕΝΕΡΓΕΙΤΕ σαν να είσαστε άξιοι.

Η αποθυματοποίηση αρχίζει όταν μάθετε να λέτε και να πιστεύετε πως είσαστε πολύτιμοι, αλλά μπαίνει σε εφαρμογή μόνο όταν αρχίζετε να φέρεστε σαν να είσαστε σημαντικοί. Αυτή είναι η ουσία της δύναμης και της μη-θυματικής ζωής. Δεν μπορείτε να ενεργείτε με βάση την ανάγκη σας να επιβάλεστε ή να είσαστε ισχυροί. Πρέπει, όμως, να ενεργείτε με βάση τη δύναμη, που σας εξασφαλίζει ότι θα σας αντιμετωπίσουν σαν άτομο με αξία, απλά και μόνο επειδή βαθιά μέσα στην ψυχή σας πιστεύετε ότι αξίζετε. Η αποτελεσματικότητα δεν είναι κάτι που επιτυγχάνεται αυτόματα, όπως γίνεται με την αυτοεκτίμησή σας. Μερικές φορές δε θα πετύχετε το στόχο σας. Συχνά θα συναντήσετε ανθρώπους παράλογα αρνητικούς – ή καταστάσεις, όπου θα πρέπει να υποχωρήσετε ή να συμβιβαστείτε, προκειμένου να μη γίνετε θύμα. Μπορείτε, ωστόσο, να περιορίσετε αυτές τις «απώλειες» σ' ένα αναπόφευκτο ελάχιστο και, πράγμα πολύ πιο σημαντικό, μπορείτε να πάψετε να τροφοδοτείτε τη συγκινησιακή αναταραχή σας, στις περιπτώσεις που εξακολουθείτε κάπου-κάπου να την παθαίνετε.

Αποτελεσματικότητα σημαίνει, απλά, να χρησιμοποιείτε όλα τα προσόντα σας και κάθε δυνατή στρατηγική, εκτός από την υποταγή στους άλλους, για να πετύχετε τους σκοπούς σας. Η προσωπική σας αξία και αποτελεσματικότητα είναι τα κύρια στηρίγματα μιας συμπεριφοράς από θέση δύναμης.

Όταν ζείτε τη ζωή σας από μια θέση συγκινησιακής αδυναμίας, το κακό δεν είναι μόνο ότι χάνετε τις περισσότερες φορές, αλλά ότι ακρωτηριάζετε τον εαυτό σας σαν άτομο. Εδώ μπορεί να ρωτήσετε: «Γιατί να θέλω να κάνω ένα τέτοιο πράγμα στον εαυτό μου;».

Ο ΦΟΒΟΣ: ΚΑΤΙ ΠΟΥ ΥΠΑΡΧΕΙ ΜΕΣΑ ΣΑΣ

Οι περισσότερες δικαιολογίες, που θα βρείτε όταν δεν ενεργείτε από μια θέση δύναμης, περιλαμβάνουν κάποιο είδος φόβου: «Τι θα γίνει αν....». Μπορεί, μάλιστα, να παραδεχόσαστε ότι συχνά σας «παραλύει *ο φόβος*». Τι είναι, όμως, αυτό το πράγμα, που πέφτει πάνω σας και σας ακινητοποιεί; Αν ξεκινούσατε μια «επιχείρηση γενικής καθαριότητας», όπου σας ζητούσαν να μαζέψετε ένα τενεκέ γεμάτο φόβο, μπορεί να ψάχνατε ώρες ολόκληρες, αλλά θα γυρίζατε πίσω με άδεια χέρια. Ο φόβος δεν είναι πράγμα του έξω κόσμου. Είναι κάτι που φτιάχνετε μόνος σας, με τις φοβικές σκέψεις και τις φοβικές προσδοκίες σας. Κανείς στον κόσμο δεν μπορεί να σας βλάψει, αν δεν το επιτρέψετε εσείς· και σ' αυτή την περίπτωση, βέβαια, εσείς βλάπτετε τον εαυτό σας.

Μπορεί να γίνεστε θύμα, επειδή έχετε πείσει τον εαυτό σας ότι κάποιοι δε θα σας συμπαθήσουν, ότι θα σας συμβεί κάποια καταστροφή ή χιλιάδες άλλα κακά, αν κάνετε τα πράγματα με το δικό σας τρόπο. Ο φόβος, όμως, είναι *εσωτερικός* και υποστηρίζεται από ένα ολόκληρο σύστημα σκέψεων, που το χρησιμοποιείτε πολύ έξυπνα για να αποφύγετε να αντιμετωπίσετε το φόβο, που μόνοι σας δημιουργήσατε. Τις σκέψεις αυτές μπορεί να τις εκφράζετε με πολλούς τρόπους στον εαυτό σας:

Θα αποτύχω
Θα γελοιοποιηθώ
Δεν είμαι γοητευτικός
Δεν είμαι βέβαιος
Ίσως να με πληγώσουν
Ίσως να μην τους αρέσω
Θα νιώσω πολύ ένοχος
Θα χάσω τα πάντα

Μπορεί να θυμώσουν μαζί μου
Μπορεί να χάσω τη δουλειά μου
Ο Θεός δε θα μ' αφήσει να πάω στον Παράδεισο
Κάτι κακό θα συμβεί αν το κάνω
Ξέρω πως θα νιώσω απαίσια, αν το πω αυτό
Δε θα μπορώ να ζήσω με τον εαυτό μου.

Παρόμοιες σκέψεις μαρτυρούν την ύπαρξη ενός εσωτερικού συ-
στήματος στήριξης και συντήρησης μιας προσωπικότητας βασι-
σμένης στο φόβο, που σας εμποδίζει να ενεργείτε από θέση δύνα-
μης. Κάθε φορά που σκύβετε στον εαυτό σας και φέρνετε στην
επιφάνεια μια απ' αυτές τις φράσεις φόβου, έχετε συμβουλευτεί τη
φοβική νοοτροπία σας και η σφραγίδα του θύματος θα χαραχτεί
σε λίγο στο μέτωπό σας.

Αν χρειάζεστε την απόλυτη βεβαιότητα ότι όλα θα είναι όπως
τα θέλετε, πριν ριψοκινδυνέψετε κάτι, τότε ποτέ δε θα κάνετε ούτε
ένα βήμα, γιατί το μέλλον δεν είναι βέβαιο για κανέναν. Δεν υ-
πάρχει καμιά εγγύηση στα γεγονότα της ζωής. Γι' αυτό πάρτε το
απόφαση να ξεφορτωθείτε μια και καλή όλες αυτές τις φοβικές
σκέψεις, αν θέλετε να κερδίσετε αυτό που ζητάτε από τη ζωή σας.
Άλλωστε, όλοι σχεδόν οι φόβοι σας είναι δημιουργήματα του
μυαλού σας. Οι καταστροφές, που φαντάζεστε, σπάνια γίνονται.
Θυμηθείτε τον αρχαίο σοφό, που είπε: «Είμαι ένας γέρος άνθρω-
πος και αντιμετώπισα πολλές αναποδιές, οι περισσότερες από τις
οποίες δεν συνέβησαν ποτέ».

Μια ασθενής ήρθε κάποτε να με συμβουλευτεί για ένα χρόνιο
φοβικό της πρόβλημα. Όταν ήταν ακόμη μικρό κορίτσι, στον Κα-
ναδά, η Ντόνα είχε περπατήσει κάποτε οκτώ χιλιόμετρα, γυρίζο-
ντας σπίτι της, επειδή φοβόταν τι θα της έλεγε ο οδηγός του λεω-
φορείου, επειδή δεν ήξερε πού να βάλει τα χρήματα του εισιτη-
ρίου και ντρεπόταν να ρωτήσει. Μου διηγήθηκε ότι ενεργούσε από
φοβική θέση σ' όλη την παιδική της ηλικία – για παράδειγμα, την
τρομοκρατούσε τόσο πολύ η ιδέα της προφορικής παρουσίασης
ενός βιβλίου, ώστε κατάφερνε ν' αρρωσταίνει σοβαρά, με υψηλό
πυρετό και ακατάσχετους εμετούς και να μένει έτσι σπίτι, κάθε
φορά που ήταν η σειρά της να μιλήσει στο σχολείο. Όταν μεγάλω-
σε, αν τύχαινε να πάει στην τουαλέτα στη διάρκεια ενός πάρτι, δεν
επέτρεπε στον εαυτό της να ανακουφίσει την κύστη της, γιατί φο-

βόταν πως οι άλλοι θα την άκουγαν που ουρούσε και θα γελούσαν. Η Ντόνα ήταν ένα κουβάρι αυτοαμφισβητήσεων. Τη ζωή της την κυβερνούσε ο φόβος. Ήρθε να με δει, γιατί είχε κουραστεί να γίνεται θύμα των φόβων της. Ύστερα από μερικές συναντήσεις, στις οποίες την ενθάρρυνα να κάνει μερικά «εύκολα ανοίγματα», άρχισε να μαθαίνει από πρώτο χέρι ποιο είναι το αντίδοτο του φόβου. Άρχισε με πολύ απλά πράγματα, λέγοντας στη μητέρα της πως δε θα μπορούσε να την επισκεφτεί την επόμενη βδομάδα. Γι' αυτήν ήταν ένα σημαντικό βήμα. Στη συνέχεια, άρχισε να εξασκείται στην αντιμετώπιση των πωλητών και των σερβιτόρων, που δεν την εξυπηρετούσαν. Τελικά συμφώνησε να βγάλει ένα πεντάλεπτο λόγο, σε μια από τις τάξεις μου στο πανεπιστήμιο. Η πρώτη της δημόσια εμφάνιση τη γέμισε άγχος, αλλά τα κατάφερε μια χαρά.

Ήταν εντυπωσιακό να βλέπεις τη μεταμόρφωση της Ντόνα, καθώς ανέπτυσσε μπροστά στους ακροατές της τη συμπεριφορά καταπολέμησης του φόβου. Η παρουσία της στην τάξη ήταν καταπληκτική και κανείς δεν υποψιάστηκε τη νευρικότητα και την αβεβαιότητά της. Σήμερα (τρία περίπου χρόνια αργότερα), έχει γίνει εκπαιδεύτρια Αποτελεσματικότητας Γονέων και συχνά μιλάει σε μεγάλα ακροατήρια, σ' όλη τη μητροπολιτική Νέα Υόρκη. Κανείς δεν πιστεύει πως ήταν κάποτε ένα κουβάρι φόβων. Τους ξεφορτώθηκε εντελώς, αναγνωρίζοντας και αντιμετωπίζοντας αποτελεσματικά τον παραλογισμό του εσωτερικού της συστήματος φοβικής υποστήριξης και αποτολμώντας μερικά πράγματα, που τώρα της φαίνονται φυσικά και εύκολα.

Ο διάσημος Άγγλος συγγραφέας και λεξικογράφος Σάμουελ Τζόνσον έγραψε κάποτε:

Ο φόβος είναι πάντα οδυνηρός· κι όταν δεν οδηγεί στην ασφάλεια, είναι ανώφελα οδυνηρός. Κάθε διαδικασία, επομένως, που βοηθάει στην απομάκρυνση των αβάσιμων φόβων, προσθέτει κάτι στην ανθρώπινη ευτυχία.

Τα λόγια του Τζόνσον συνεχίζουν να είναι αληθινά, ακόμη και σήμερα, κάπου διακόσια χρόνια μετά. Αν οι φόβοι σας είναι αβάσιμοι, τότε είναι ανώφελοι· και η κατάργησή τους είναι απαραίτητη για την ευτυχία σας.

Η ΕΜΠΕΙΡΙΑ, ΩΣ ΑΝΤΙΔΟΤΟ ΤΟΥ ΦΟΒΟΥ

Η περίπτωση της Ντόνα περιγράφει ένα από τα πιο σημαντικά μαθήματα της ζωής: *Δεν είναι δυνατό να μάθεις κάτι, να διαλύσεις ένα φόβο, αν δεν είσαι διατεθειμένος να ΚΑΝΕΙΣ κάτι.* Η πράξη, το αντίδοτο του φόβου και των περισσότερων αυτομειωτικών συμπεριφορών, αποφεύγεται –συνήθως– από τα θύματα, που ενεργούν από θέση αδυναμίας. Η πιο λογική εκπαιδευτική αρχή, όμως, είναι κατά τη γνώμη μου η εξής:

Ακούω: ξεχνώ.
Βλέπω: θυμάμαι.
Πράττω: καταλαβαίνω.

Ποτέ δε θα μάθεις πώς ξεφορτώνεται κανείς το φόβο, αν δε διακινδυνέψεις τη συμπεριφορά που τον αντιμετωπίζει. Μπορεί να μιλάς στο θεραπευτή σου, ώσπου να μαλλιάσει η γλώσσα σου· μπορεί να μελαγχολήσεις, μέχρι που να μαυρίσουν τα πάντα· μπορεί ν' ακούς τους φίλους να σου ξαναλένε μέχρις αηδίας ότι δεν υπάρχει τίποτε να φοβηθείς· ποτέ, όμως, δε θα το καταλάβεις πραγματικά, αν δεν προχωρήσεις στην *πράξη*. Όπως κανείς δεν μπορεί να σου διδάξει το φόβο, έτσι κανείς δεν μπορεί να σου διδάξει και το να μη φοβάσαι. Οι φόβοι σου είναι απόλυτα δικές σου αισθήσεις και μόνος σου πρέπει να τους αντιμετωπίσεις. Στη θάλασσα άκουσα κάποτε μια μητέρα να φωνάζει στο παιδί της: «Μην τολμήσεις να μπεις στο νερό, πριν μάθεις κολύμπι!». Πώς σας φαίνεται αυτή η παιδαγωγική λογική; Είναι σαν να λες: «Μην τολμήσεις να σταθείς όρθιος, πριν μάθεις να περπατάς» ή «Μην αγγίξεις τη μπάλα, πριν μάθεις να την πετάς». Αν οι άλλοι θέλουν να σε εμποδίσουν να δράσεις και νομίζουν πως είναι δυνατό να μάθεις έτσι, πρέπει να δεις τη στάση αυτή σαν δικό τους ιδιαίτερο πρόβλημα. Αν οι μεγάλοι σε ξεγελούσαν έτσι, όταν ήσουν παιδί, και τους θεωρείς υπεύθυνους για τους φόβους που σε παραλύουν σήμερα, τότε έχεις κολλήσει. Ό,τι σου έκαναν όταν ήσουν παιδί, δεν μπορεί να ξεγίνει· έτσι, αν το χρησιμοποιείς σαν δικαιολογία για να μην ενεργείς σήμερα, θα είσαι πάντοτε το ίδιο θύμα. Θεώρησε τα παιδικά σου βιώματα σαν το αποτέλεσμα της συμπεριφοράς, που είχαν οι γονείς σου, σύμφωνα με τις δικές τους γνώσεις. Εσύ, όμως, οφείλεις να πραγματοποιήσεις ό,τι ξέρεις πως πρέπει να κάνεις, προκειμένου ν' αλλάξεις τον εαυτό σου σήμερα. Είναι απαραίτητο να βγεις έξω, να ψάξεις, ν' αποτύχεις, να δοκιμάσεις το ένα, ν' αλλάξεις το άλλο – με μια λέξη: να πειραματιστείς. Είναι δυνατό να πιστεύεις ότι ο πειραματισμός και η εμπειρία μπορούν να *μειώσουν* τη φρόνησή σου και τις πιθανότητές σου για επιτυχία; Όταν αρνιέσαι να παραχωρήσεις στον εαυτό σου τις απαραίτητες εμπειρίες, είναι σαν να λες: «Αρνούμαι να γνωρίσω». Κι όποιος αρνείται να γνωρίσει, γίνεται αδύναμος και εξασφαλίζει τη θυματοποίησή του από τους άλλους.

Τη δύναμη δεν μπορείς να τη γνωρίσεις, παρά μόνο αν βάλεις τον εαυτό σου σε δοκιμασία – και αν οι δοκιμές πάντα πετύχαιναν, τότε δε θα τις χρειαζόμαστανˑ επομένως, δεν έχει νόημα να σταματάμε τη δοκιμή κάθε φορά που αποτυγχάνουμε. Όταν φθάσεις να είσαι πρόθυμος να δοκιμάσεις κάτι που ΣΟΥ φαίνεται (σε σένα, όχι στους άλλους) σημαντικό, τότε θα καταλάβεις το ρόλο της εμπειρίας σαν αντίδοτο του φόβου. Ο Μπέντζαμιν Ντισραέλι, ο πνευματώδης αυτός Άγγλος πολιτικός και συγγραφέας του δεκάτου ενάτου αιώνα, το διατύπωσε πολύ συνοπτικά στα πρώιμα γραπτά του:

Η Πείρα είναι παιδί της Σκέψης και η Σκέψη είναι παιδί της Πράξης. Δεν μπορούμε να γνωρίσουμε τους ανθρώπους από τα βιβλία.

Πρώτα σκέφτεσαι, κατόπιν πράττεις και μόνο στο τέλος γνωρίζεις. Αυτός είναι ο τρόπος να διώξεις τους φόβους, που σε καθηλώνουν στη θέση του θύματος.

ΤΟ ΘΑΡΡΟΣ: ΑΠΑΡΑΙΤΗΤΟ ΕΦΟΔΙΟ ΤΟΥ ΜΗ–ΘΥΜΑΤΟΣ

Η ικανότητα αντιμετώπισης του φόβου ονομάζεται θάρρος. Θα δυσκολευτείς πολύ να ξεπεράσεις τους φόβους σου, αν δεν είσαι διατεθειμένος να αντλήσεις από μέσα σου κάποιο ποσοστό θάρρους – αν και θα διαπιστώσεις ότι το θάρρος αυτό το διαθέτεις ήδη, αν είσαι πρόθυμος να το συνειδητοποιήσεις.

Θάρρος σημαίνει να αψηφάς την κριτική, να στηρίζεσαι στον εαυτό σου, να είσαι πρόθυμος να δεχτείς και να διδαχτείς από τις συνέπειες όλων των επιλογών σου. Σημαίνει να πιστεύεις στον εαυτό σου και να ζεις τη ζωή σου όπως τη θέλεις, κόβοντας τα νήματα, με τα οποία σε κρατούν οι άλλοι και σε τραβούν εδώ κι εκεί.

Μπορείς να κάνεις τα άλματά σου προς το θάρρος, ρωτώντας συχνά τον εαυτό σου: *«Ποιο είναι το χειρότερο πράγμα που θα μπορούσε να μου συμβεί, αν....;»*. Όταν εξετάσεις ρεαλιστικά τις πιθανότητες, θα διαπιστώσεις –σχεδόν πάντοτε– ότι τίποτε το καταστροφικό ή το οδυνηρό δεν *μπορεί* να σου συμβεί, αν λάβεις τα απαραίτητα μέτρα ώστε να μην είσαι ένα εύκολο θύμα. Το πιθανότερο είναι ότι θα διαπιστώσεις, σαν τα παιδιά που φοβούνται το σκοτάδι, πως δεν φοβάσαι τίποτε, γιατί δεν υπάρχει «το χειρότερο που θα μπορούσε να σου συμβεί».

Παρόμοια είναι και η περίπτωση του παλιού μου φίλου Μπιλ, ενός ηθοποιού, που φοβόταν να παρουσιαστεί στην ακρόαση για ένα ρόλο, σε κάποιο θέατρο του Μπροντγουαίη. Του ζήτησα να σκεφτεί ποιο ήταν το χειρότερο πράγμα που θα μπορούσε να του συμβεί αν αποτύχαινε. Η απαλλαγή του από τους φόβους του έγινε όταν μπόρεσε να απαντήσει: «Το χειρότερο που θα μπορούσε να συμβεί, είναι να μην πάρω το ρόλο που δεν έχω».

Αποτυχαίνω σημαίνει, κατά κανόνα, βρίσκομαι ξανά εκεί απ' όπου ξεκίνησα· κι αυτό, βέβαια, μπορεί να μην είναι ευχάριστο, είναι όμως κάτι που μπορείς να το αντιμετωπίσεις. Όταν η μέθοδος του «χειρότερου πράγματος» έδειξε στον Μπιλ πόσο ήταν παράλογοι οι φόβοι του, εξαφανίστηκαν οι δισταγμοί του και παρουσιάστηκε στην ακρόαση χωρίς πρόβλημα. Δεν πήρε το ρόλο που ήθελε· όμως, τέσσερις μήνες αργότερα, ύστερα από διάφορες α-κροάσεις, πήρε τελικά ένα ρόλο σε κάποιο έργο. Η πράξη ήταν για τον Μπιλ ο μόνος τρόπος να σπάσει τον κλοιό της θυματοποίησης και να πάρει το ρόλο, που τόσο απεγνωσμένα ήθελε. Ανεξάρτητα από το αν αισθανόταν *θαρραλέος*, μάζεψε όσο κουράγιο χρειαζόταν για να *πράξει*. Η Αμερικανίδα συγγραφέας Κόρα Χάρις το διατυπώνει ως εξής:

Το γενναιότερο πράγμα που μπορείς να κάνεις, όταν δεν είσαι γενναίος, είναι να δείξεις θάρρος και να πράξεις ανάλογα.

Μ' αρέσει η ιδέα της θαρραλέας πράξης, γιατί το πιο σημαντικό πράγμα είναι να πράξεις – κι όχι να προσπαθήσεις να πείσεις τον εαυτό σου πόσο είσαι ή δεν είσαι θαρραλέος, τη συγκεκριμένη στιγμή.

ΤΙ ΚΕΡΔΙΖΕΙΣ ΑΠΟ ΤΗ ΘΕΣΗ ΑΔΥΝΑΜΙΑΣ

Κάθε φορά που πιάνεις τον εαυτό σου να έχει παραλύσει από το φόβο –να είναι θύμα, με μια λέξη– ρώτησέ τον: «Τι κερδίζω απ' αυτό;». Η πρώτη σου κίνηση θα είναι να απαντήσεις: «Τίποτε».

Προχώρησε, όμως, λίγο βαθύτερα και αναρωτήσου γιατί οι άνθρωποι το βρίσκουν πιο εύκολο να είναι θύματα, αντί να κρατούν αποφασιστική στάση και να κινούν μόνοι τους τα νήματά τους.

Νομίζεις ότι μπορείς ν' αποφύγεις πολλούς κινδύνους και να «μη γίνεις ποτέ στόχος», υποχωρώντας και αφήνοντας τους άλλους να αποφασίζουν. Αν τα πράγματα πάνε άσχημα, δεν έχεις παρά να κατηγορήσεις αυτούς που κινούν τα νήματά σου, αποφεύγοντας έτσι κάθε μεγαλύτερη ευθύνη. Ταυτόχρονα, αποφεύγεις την υποχρέωση να αλλάξεις, είσαι «ελεύθερος» να παραμείνεις ένα «καλό θυματάκι», εισπράττοντας τα τακτικά μερίσματα της ψεύτικης επιδοκιμασίας των θυματοποιών αυτού του κόσμου.

Όλα σχεδόν τα κέρδη της αδυναμίας προέρχονται από την προσπάθειά σου ν' αποφύγεις τους κινδύνους. Για πληρέστερη περιγραφή τού που αποβλέπουν σχεδόν όλες οι νευρωσικές συμπεριφορές, ξανακοίταξε το βιβλίο μου *Οι Περιοχές των Σφαλμάτων σου·* στην περίπτωση αυτή, όμως, έχε υπόψη σου ότι είναι πάντα σημαντικό να γνωρίζεις το δικό σου σύστημα ανταμοιβών, όσο κι αν είναι αυτομειωτικό, καθώς προχωράς στην βελτίωση της ποιότητας της ζωής σου, από άποψη συμπεριφοράς και ψυχικής διάθεσης.

ΠΟΤΕ ΜΗ ΒΑΖΕΙΣ ΚΑΝΕΝΑ ΨΗΛΟΤΕΡΑ ΑΠΟ ΣΕΝΑ

Αν είσαι πραγματικά έτοιμος να επιχειρήσεις να φέρεσαι «από θέση δύναμης», πρέπει να πάψεις να βάζεις τους άλλους πιο πάνω από σένα, ως προς την αξία και τη σπουδαιότητα. Κάθε φορά που αναγνωρίζεις στους άλλους περισσότερο κύρος απ᾽ ό,τι στον εαυτό σου, προετοιμάζεις τη θυματοποίησή σου. Συχνά η τοποθέτηση των άλλων πιο ψηλά από σένα έχει καθιερωθεί σαν κοινωνικός τύπος, με τη χρήση τίτλων και προσφωνήσεων, και πιθανόν να χρειάζεται να παραβείς κάποιους κανόνες, για να πετύχεις αυτό που θέλεις. Οι άνθρωποι που ειδικεύονται στη θυματοποίηση συχνά επιβάλλουν να τους προσφωνείς με τον τίτλο τους, ενώ εκείνοι σου μιλούν στον ενικό.

Μια βασική αρχή για τους ενήλικους είναι η ακόλουθη: *Μίλα στους άλλους στον ενικό, εκτός αν σου εξηγήσουν γιατί είναι απαραίτητο να τους μιλάς αλλιώς.*

Ένας γείτονάς μου, ο Τομ, ήξερε πολύ καλά τη χρησιμότητα του ενικού και, κατά κανόνα, αρνιόταν να μιλάει στον πληθυντικό, όταν αυτό στόχευε να τον βάλει σε μειονεκτική θέση. Μια μέρα πήγε στο σχολείο του γιου του να ζητήσει από το διευθυντή να του αλλάξει τάξη. Ήταν φανερό πως ο δάσκαλος του παιδιού αδιαφορούσε για τις ανάγκες του, ενώ συνέβαινε να υπάρχει πραγματικά κάποια καταλληλότερη τάξη. Ο Τομ ήξερε πως η βασική αρχή του σχολείου ήταν να μη γίνεται αλλαγή τάξης, ακόμη κι αν αυτό ήταν σε βάρος της μόρφωσης του παιδιού.

Ο διευθυντής χρησιμοποίησε (συνειδητά ή ασυνείδητα δεν έχει σημασία) μια ολόκληρη σειρά από εξουσιαστικά κόλπα, για να βάλει τον Τομ σε μειονεκτική θέση. Κατ᾽ αρχήν κάθισε πίσω από το φαρδύ γραφείο του, αφήνοντας για τον Τομ μια καρέκλα πολύ μικρή και χωρίς τίποτε για να «κρυφτεί» από πίσω. Όταν η γραμματέας τον πέρασε μέσα, ο διευθυντής έκανε τον πολύ απασχολημένο. Είχε πολύ λίγο χρόνο να διαθέσει γι᾽ αυτό το ασήμαντο πράγμα. Και, φυσικά, η γραμματέας σύστησε στον Τομ τον διευθυντή ως «κύριο Κλέιμπορν».

Ο Τομ είχε ρωτήσει τη γραμματέα, πριν μπει μέσα, ποιο ήταν το μικρό όνομα του διευθυντή. Αυτή είχε απαντήσει: «Να σας πω την αλήθεια, δεν ξέρω. Πάντα τον λέμε "κ. Κλέιμπορν". Στο κάτωκάτω είναι ο διευθυντής».

Έτσι, το πρώτο ερώτημα του Τομ στον κ. Κλέιμπορν ήταν: «Πώς είναι το μικρό σου όνομα;».

Ο διευθυντής άργησε ν' απαντήσει. Δεν είχε συναντήσει ώς τώρα τέτοια συμπεριφορά από γονιό και κατάλαβε ότι είχε να κάνει με κάποιον, που δε θα δεχόταν, σαν τους άλλους, τη θέση αδυναμίας.

«Ρόμπερτ», απάντησε.

«Προτιμάς το Ρόμπερτ ή το Μπομπ;», ρώτησε ο Τομ.

«Χμ..., το Μπομπ», απάντησε ο διευθυντής και ο Τομ είχε ήδη κερδίσει δύο σημαντικά σημεία – γιατί αρνήθηκε αποφασιστικά να υποκύψει στα κόλπα της εξουσίας και να χρησιμοποιήσει τους τίτλους.

Ο Τομ δε χρειάστηκε να χτυπήσει τη γροθιά του στο τραπέζι για να κερδίσει το δικαίωμά του να τον αντιμετωπίζουν σαν ίσο. Φέρθηκε σαν άτομο που πιστεύει στον εαυτό του και είδε τη «θέση του διευθυντή» σαν παράγοντα που έπρεπε να αντιμετωπιστεί λογικά. Δεν άφησε τον εαυτό του να παγιδευτεί και να θυματοποιηθεί, παραχωρώντας την εκτίμησή του σε κάποιον που θα την αγνοούσε απόλυτα. Τελικά, κατάφερε τη μεταφορά του γιου του σε άλλη τάξη. Στην περίπτωση αυτή στάθηκε αποτελεσματικός, γιατί πίστεψε ότι ήταν σημαντικός και ενήργησε ανάλογα και γιατί η στρατηγική του τον έβαλε σε μια θέση δύναμης, από την αρχή της συνάντησης.

Ο τίτλος είναι πολύ ισχυρό όπλο στα χέρια των ανθρώπων που πληρώνονται άμεσα, δηλαδή από εσάς, για να σας εξυπηρετούν. (Οι παράγοντες της δημόσιας εκπαίδευσης, για παράδειγμα, πληρώνονται έμμεσα, από το κράτος). Ο τραπεζίτης σας, όμως, ο σπιτονοικοκύρης σας, ο γιατρός σας, ο οδοντογιατρός σας, ο δικηγόρος σας, *είναι άνθρωποι που σας πουλάνε κάτι.* Αν δε νιώθετε μαζί τους την άνεση να τους μιλάτε στον ενικό, πρέπει ν' αναρωτηθείτε το γιατί. Μήπως δεν πιστεύετε ότι είσαστε άξιος να μιλάτε στον ενικό στα σημαντικά πρόσωπα;

Προσωπικά, διαπίστωσα ότι μπορώ να μιλάω στον ενικό με ό-λους, κι αυτό δεν προκάλεσε ποτέ –ούτε σε μένα, ούτε στους άλλους– ενόχληση ή στενοχώρια. Αν το αφεντικό σας θέλει και χρειάζεται να έχει ένα τίτλο, τότε δώστε τον – αφήστε, όμως, να βγει η ανάγκη αυτή φανερά από τον ίδιο, κι όχι από σας. Αν εξυπηρετείτε τις ανάγκες αυτών των ανθρώπων, αποδίδοντάς τους τους τίτλους που θέλουν, κάντε το χωρίς πρόβλημα – όχι, όμως, χωρίς να ρωτήσετε πρώτα τον εαυτό σας: «Ποιανού την ανάγκη καλύπτω;». Αν η ανάγκη είναι δική σας, τότε βάζετε το κεφάλι τους πιο ψηλά από το δικό σας.

Ένας άλλος τρόπος να ανεβάσετε τη θέση των άλλων, είναι όταν στέλνετε ολοφάνερα μηνύματα πως είσαστε πρόθυμοι να ξεγελαστείτε. Είναι πολύ πιο εύκολο να εξαπατήσεις ένα έτοιμο κορόιδο, από το να ξεγελάσεις κάποιον που δεν περιμένει να γίνει θύμα. Τα θυματικά σήματα μπορεί να τα στέλνετε ασυνείδητα, γι' αυτό πρέπει να προσέξετε κατά πόσο εμφανίζετε ένα θυματικό πρόσωπο. Μήπως αφήνετε να σας χαρακτηρίζει αρνητικά η κατωτερότητα και η αυτο-υποτίμηση; Μήπως αρχίζετε μια επαφή, ζητώντας συγγνώμη που απασχολείτε τους άλλους – παραδεχόμενοι, σιωπηρά, ότι ο χρόνος τους είναι πιο πολύτιμος από το δικό σας; Αναρωτηθείτε γιατί πρέπει ο χρόνος των άλλων να μετράει πιο πολύ. Κανονικά δε θα 'πρεπε, εκτός κι αν οι άλλοι μετρούν πιο πολύ – κι αυτό πρέπει να το αποφασίσετε εσείς.

Η μοναδική περίπτωση που είναι επιτρεπτό να τοποθετήσετε τους άλλους πιο ψηλά από τον εαυτό σας, είναι αν το κάνετε σαν οργανωμένο μέρος μιας καλής στρατηγικής. Αν π.χ. υποθέτετε ότι η θέση τού «εγώ ο ταπεινός» θα σας εξασφαλίσει κάποια ευνοϊκή αντιμετώπιση, τότε δεν έχετε κανένα λόγο να μην παίξετε αυτό το ρόλο. Αυτή, όμως, η παραπλανητική εξύψωση των άλλων πρέπει να χρησιμοποιείται σπάνια, όταν είναι απολύτως απαραίτητη και, δεδομένου ότι στέλνει οπωσδήποτε στον άλλον το σήμα «Θυματοποίησε ελεύθερα», πρέπει να προσέχετε τις δευτερογενείς συνέπειες. Αν σχεδιάζετε να πείσετε τον άπληστο σπιτονοικοκύρη σας να μη σας αυξήσει το νοίκι, παίζοντας τον αναξιοπαθή, βεβαιωθείτε πρώτα ότι η συμπάθεια προς τους αναξιοπαθείς είναι το μοναδικό ευάλωτο σημείο στη φιλοχρήματη πανοπλία του σπιτονοικοκύρη σας. Αν κάνετε λάθος, μπορεί να σας αυξήσει ακόμη περισσότερο το νοίκι, υπολογίζοντας ότι θα βρείτε τρόπο να το πληρώσετε και ότι δεν έχετε τα κότσια να αντιταχθείτε σοβαρά στην αύξηση. Αν ο σπιτονοικοκύρης σας ξέρει πως έχει να κάνει με κάποιον που πιστεύει στον εαυτό του και δεν υποχωρεί με την πρώτη, που είναι αποφασισμένος να σταθεί και να πολεμήσει στα ίσα και όχι με πονηριές, είναι πολύ πιθανό να σεβαστεί πιο πολύ τις επιθυμίες σας. Το κόλπο τού «εγώ ο φτωχός» έχει κάποια χρησιμότητα· φροντίστε, όμως, να το εφαρμόζετε σπάνια και μετά από προσεκτική ανίχνευση του εδάφους.

Εδώ χρειάζεται να πούμε λίγα λόγια για τη δυσάρεστη συμπεριφορά. Χρησιμοποίησα τη λέξη *δύναμη* ύστερα από αρκετή σκέψη και φρόντισα να την ορίσω με σαφήνεια. Δε σας συμβουλεύω να είσαστε κακότροποι, άγριοι, δυσάρεστοι, ύπουλοι κ.λπ., γιατί συνήθως αυτές οι συμπεριφορές απομακρύνουν τους ανθρώπους, που θέλετε να σας βοηθήσουν. Φυσικά, είμαι υπέρ τού να μπορεί κανείς να είναι άγριος, όταν το καλούν κάποιες ακραίες περιστάσεις, για τις οποίες θα μιλήσω αργότερα. Απλώς, δεν πρέπει να είσαστε παθητικοί και αδύναμοι στο δρόμο της ζωής σας – αυτό είναι το κεντρικό δίδαγμα αυτού του κεφαλαίου. Μπορείτε να είσαστε σημαντικοί, αποτελεσματικοί, άξιοι άνθρωποι, αντί για τα τρομαγμένα θύματα που ζητούν συνεχώς την άδεια και που πιστεύουν ότι όλοι οι άλλοι είναι πιο σημαντικοί απ' αυτούς.

ΤΙ ΠΕΡΙΕΡΓΟ! Ο ΚΟΣΜΟΣ ΣΕΒΕΤΑΙ ΤΗ ΔΥΝΑΜΗ

Αν θέλετε πραγματικά να σας σέβονται, ρίξτε μια ματιά σ' αυτούς που ξέρουν τόσο καλά να προκαλούν το σεβασμό. Γρήγορα θα καταλήξετε στο συμπέρασμα πως κανείς δεν πρόκειται να σας σεβαστεί, ούτε ο ίδιος ο εαυτός σας, αν ενεργείτε από θέση αδυναμίας. Πρέπει να βγάλετε απ' το μυαλό σας την ιδέα ότι ο κόσμος θα σας αντιπαθήσει, αν φερθείτε δυναμικά.

Πόσες φορές δεν άκουσα γονείς να μου λένε, πως το παιδί που εκτιμούν πιο πολύ μέσα στην οικογένεια είναι αυτό ακριβώς που δεν κατάφεραν να δαμάσουν. Ενώ χρησιμοποίησαν κάθε μέσο για να το συνετίσουν, να το συμμορφώσουν, αναγκάστηκαν να παραδεχτούν στο τέλος πως είχαν να κάνουν μ' έναν επαναστάτη. Όσο κι αν θύμωναν, όσο κι αν προσπαθούσαν να το υποτάξουν με την τιμωρία, την εξαγορά ή την ενοχοποίηση, δε γινόταν τίποτα.

Όταν οι γονείς μού αποκαλύπτουν τέτοια πράγματα στη συμβουλευτική συνεδρία, διακρίνω σχεδόν πάντα μια λάμψη θαυμασμού, καθώς διηγούνται τις «τρομακτικές δυσκολίες» της ανατροφής ενός απείθαρχου παιδιού. Όταν, όμως, τους φέρνω αντιμέτωπους με τον απωθημένο σεβασμό τους, η απάντησή τους είναι,

πάντα η ίδια: «Ναι, ίσως πράγματι να το σέβομαι αυτό το παιδί...
Έχει μέσα του αυτή την ορμή, που πάντα ζήλευα».

Όλες σχεδόν οι οικογένειες έχουν «αντάρτες» – και ενώ συχνά
βλέπεις ολόκληρη την οικογένεια να συνωμοτεί για να τους κάνει
πιο προσαρμοστικούς, δεν μπορεί να κρυφτεί ο φυσικός σεβασμός
και το δέος που αισθάνεται, μπροστά στην άρνηση του αντάρτη να
γίνει όπως όλοι.

Κάθε φορά που βρίσκετε το θάρρος να υπεραπίσετε αυτά που
πιστεύετε και αναρωτιέστε πώς σας βλέπουν οι άλλοι, βεβαιωθείτε
ότι, αν γινόταν μια μυστική ψηφοφορία, θα βλέπατε ότι όλοι σχε-
δόν είναι με το μέρος σας και θαυμάζουν τη «σκληρή» στάση σας.
Ο κόσμος έχει ιδιαίτερη ευαισθησία απέναντι στους μη προνο-
μιούχους και, πολύ συχνά, υποστηρίζει εκείνους που έχουν λίγες
πιθανότητες να πετύχουν. Για το λόγο αυτό, η άρνησή σας να
ευθυγραμμίσετε τους στόχους σας προς την κατεύθυνση της άμε-
σης επιδοκιμασίας των άλλων μπορεί, κατά παράδοξο τρόπο, να
κερδίσει την επιδοκιμασία τους μακροπρόθεσμα – και κανείς δε θ'
αρνηθεί πως είναι προτιμότερο να νιώσεις επιδοκιμασία, παρά
απόρριψη. Έτσι κι αλλιώς θα σας ενισχύσει η βεβαιότητα πως οι
άνθρωποι, των οποίων την επιδοκιμασία επιδιώκετε περισσότερο,
θα σας σεβαστούν οπωσδήποτε βαθύτερα αν ενεργήσετε με βάση
τις δικές σας πεποιθήσεις, παρά αν απλώς ακολουθήσετε τους
άλλους και κάνετε ό,τι θέλουν.

Η Κάθι, μια πελάτισσά μου, διηγήθηκε πώς έμαθε το μάθημα
αυτό από πρώτο χέρι. Είχε προγραμματίσει να παρακολουθήσει
ένα σεμινάριο και είχε γραφτεί από νωρίς, για να εξασφαλίσει
θέση. Όταν, όμως, έφτασε στο μάθημα, ο εκπαιδευτής τής είπε
πως δεν υπήρχε θέση και πως έπρεπε να αρκεστεί στη συμμετοχή
σε μια άλλη ομάδα, σ' ένα γειτονικό κτίριο.

Η Κάθι ήταν πολύ αποφασισμένη και, παρά το γεγονός ότι δε
συνήθιζε να επιμένει, λίγοι μήνες συμβουλευτικής θεραπείας την
είχαν ενθαρρύνει να διακινδυνεύει και να εκτίθεται περισσότερο.
Διαφώνησε με τον εκπαιδευτή μπροστά σ' όλη την ομάδα και επέ-
μεινε να τη δεχτούν. Όταν ο εκπαιδευτής προσπάθησε να την
αποθαρρύνει με αοριστίες κι ένα σωρό «ναι μεν, αλλά», η Κάθι
δεν υποχώρησε. Τελικά υποχώρησε ο εκπαιδευτής και της είπε να
μείνει, αλλά να μην το πει στη γραμματεία, γιατί παραβίαζε κά-
ποιο όριο που είχε αυθαίρετα τοποθετηθεί από τη διεύθυνση.

Ύστερα από κάμποσες ώρες στο σεμινάριο, ήρθε στο προσκήνιο η ανυποχώρητη συμπεριφορά της Κάθι. Η ίδια φοβόταν πως θα θεωρούσαν απρέπεια το γεγονός ότι μπήκε με το ζόρι εκεί που δεν την ήθελαν. Αντίθετα, όμως, όλα σχεδόν τα μέλη του σεμιναρίου έδειξαν πως την θαύμαζαν και υποστήριζαν τη συμπεριφορά της και ήθελαν να μάθουν από εκείνη πώς να επιχειρούν κι αυτοί στη ζωή τους τέτοιες μη-θυματικές στάσεις.

Η Κάθι ήταν ακόμη κατάπληκτη από το γεγονός, όταν μου το διηγόταν. «Φαντάσου», μου έλεγε, «έφτασαν να μου ζητούν βοήθεια εμένα – που νόμιζα πάντοτε ότι είμαι ντροπαλή και φοβισμένη».

Στο *Άνθρωποι και Υπεράνθρωποι* ο Τζορτζ Μπέρναρντ Σω συνόψισε έτσι το αίσθημα της δύναμης και της ικανοποίησης, που νιώθει κανείς όταν τολμά:

Αυτή είναι η αληθινή χαρά της ζωής, να αφιερώνεσαι σ' ένα σκοπό που αναγνωρίζεις εσύ ο ίδιος σαν *ανώτερο(...)* να είσαι μια δύναμη της φύσης, αντί για ένα τρεμάμενο εγωιστικό κουρέλι γεμάτο αρρώστιες και κακίες, που παραπονιέται γιατί ο κόσμος ολόκληρος δεν ασχολείται με την ευτυχία του.

Πραγματικά, *ανώτερος* νιώθει κανείς όταν πιστεύει αρκετά στον εαυτό του, ώστε να αντιμετωπίζει τον κόσμο με το δικό του τρόπο.

ΤΕΧΝΙΚΕΣ ΓΙΑ ΝΑ ΕΝΕΡΓΕΙΣ
ΑΠΟ ΘΕΣΗ ΔΥΝΑΜΗΣ

Ξέρεις πως το όνομα του παιχνιδιού είναι δύναμη, πως οι άλλοι σε σέβονται περισσότερο όταν φέρεσαι δυναμικά και πως οι φόβοι, που σε αποδυναμώνουν, είναι δικό σου δημιούργημα. Ξέρεις, επίσης, ότι χρειάζεσαι θάρρος για να απαρνηθείς τις αρνητικές ανταμοιβές για την αδύναμη στάση σου. Το θάρρος, όμως, είναι κάτι που το αποκτά κανείς μπροστά στην κάθε πρόκληση και όχι μια ιδιότητα που κατακτιέται μια για πάντα.

Ακολουθούν μερικές στρατηγικές, που θα σε βοηθήσουν να αντιμετωπίσεις τους άλλους από θέση δύναμης και αυτοπεποίθη-

69

σης, σε τυπικές «θυματικές καταστάσεις» που συναντάμε όλοι μας.

● Από τη στιγμή αυτή προσπάθησε να πάψεις να ζητάς αυτόματα την άδεια των άλλων για να μιλήσεις, να σκεφτείς, να πράξεις. Κατάργησε την παράκληση προς όφελος της δήλωσης. Αντί για το «Θα σας πείραζε να ρωτήσω κάτι;», πες: «Θάθελα να μάθω αν....». Αντί για το «Θα σας παρακαλούσα, αν είναι δυνατό, να μου αντικαταστήσετε αυτό», δοκίμασε το «Σας το επιστρέφω γιατί δε μου κάνει». Αντικατέστησε, ακόμη, το «Θα σε πείραζε να βγω για καμιά ωρίτσα, αγάπη μου;», με το «Θα βγω έξω, αγάπη μου, μήπως θέλεις τίποτε;». Μόνο οι δούλοι και οι φυλακισμένοι ζητούν την άδεια να κάνουν κάτι και, όπως είπα από την αρχή, ο «ευτυχισμένος δούλος» είναι ένας μύθος.

● Κοίταζε κατάματα τους ανθρώπους με τους οποίους μιλάς. Όταν χαμηλώνεις τα μάτια ή κοιτάζεις πλάγια, δίνεις σήμα ότι δεν είσαι βέβαιος για τον εαυτό σου και επιτρέπεις στους άλλους να σε αξιολογούν σαν πρώτης τάξεως θύμα. Κοιτάζοντας κατάματα, ακόμη κι αν είσαι κάπως ταραγμένος, δίνεις το σήμα ότι δε φοβάσαι ν' αντιμετωπίσεις τον άλλον καταπρόσωπο.

● Η στάση σου και η σωματική σου γλώσσα πρέπει να εκπέμπουν αυτοπεποίθηση και προσωπική δύναμη. Φρόντισε να στέκεσαι στητός. Όταν κάθεσαι, μην καμπουριάζεις. Μη σκεπάζεις το πρόσωπό σου με τα χέρια σου και μην παίζεις νευρικά με τα δάχτυλά σου. Αν λειτουργήσεις με αυτοπεποίθηση, μπορείς να εξαλείψεις τα τικ, τις γκριμάτσες, ακόμη και το κοκκίνισμα. Και προτίμησε να μιλάς με δυνατή φωνή, παρά με σιγανή και αδύνατη.

● Δούλεψε μεθοδικά την ομιλία σου, φροντίζοντας κυρίως να αφαιρέσεις τις άδειες σιωπές, τα επαναλαμβανόμενα «λοιπόν», «εεε...», «χμ». Οι συνήθειες αυτές προδίδουν ανασφάλεια και πνίγουν την αποτελεσματική επικοινωνία. Αν είναι απαραίτητο, μίλα πιο αργά και με περίσκεψη. Αν αποφασίσεις να εστιάσεις την προσοχή σου στην ομιλία σου, είναι δυνατό να την αλλάξεις από τη μια μέρα στην άλλη.

● Αν κάποιος σου ζητήσει ένα δάνειο, σε οτιδήποτε και αν εκφράζεται αυτό –χρήματα, υλικά, χρόνο ή ταλέντο–, και δε θέλεις να το δώσεις, πρέπει να προετοιμαστείς να ενεργήσεις από θέση δύναμης· αλλιώς θα μεταβληθείς αυτόματα σε θύμα. Εξασκήσου να λες μέσα σου: «Δε θέλω να δανείσω» ή «Δε μ' αρέσει να γίνω δανειστής». Δε χρειάζεται να ψάχνεις να βρεις χίλιες δυο απίστευτες δικαιολογίες ή να γυρίζεις γύρω από το θέμα, για να καταλήξεις τελικά παραχωρώντας το δάνειο και νιώθοντας κορόιδο. Δήλωσε, απλώς, ξεκάθαρα το τι σκοπεύεις να κάνεις και θα διαπιστώσεις (1) πως θα πάψουν να σ' ενοχλούν, γιατί εξήγησες καθαρά τα πράγματα από την αρχή και (2) ότι οι φίλοι και οι συγγενείς σου ίσως αρχίσουν να σε σέβονται περισσότερο για τον ευθύ σου τρόπο. Αν φοβάσαι ότι οι φίλοι σου θα σε αντιπαθήσουν, επειδή άσκησες το δικαίωμά σου ν' αρνηθείς κάτι που ξέρεις ότι θα σε δυσαρεστήσει, ρώτησε τον εαυτό σου: «Θέλω στ' αλήθεια τέτοιους φίλους, που με απορρίπτουν όταν είμαι ο εαυτός μου;».

Φίλοι δεν είναι οι άνθρωποι που επιμένουν να γίνεις κάτι άλλο από αυτό που εσύ θέλεις. Τα παράσιτα, όμως, θα σε αντιπαθήσουν σίγουρα, αν πάψεις να τα αφήνεις να τρέφονται απ' τις σάρκες σου. Εδώ «το χειρότερο» που μπορεί να σου συμβεί είναι να σε αντιπαθήσει κάποιος, που θέλει να σε χρησιμοποιήσει – κι έτσι να γλιτώσεις απ' αυτόν στο μέλλον. Τι τρομερό βρίσκεις σ' αυτό; Φυσικά, αν δε σε πειράζει να δανείζεις, τότε κάντο χωρίς πρόβλημα· φρόντισε μόνο να γίνεται αποτελεσματικά.

● Μίλα στον ενικό στα άτομα που έχεις συνηθίσει να προσφωνείς με τον τίτλο τους. Ακόμη κι αν το κάνεις μια φορά μόνο με τον οδοντογιατρό σου, το γιατρό, το δικηγόρο σου κ.λπ., παρατήρησε ποια είναι τα αποτελέσματα και ρώτησε τον εαυτό σου αν οι φόβοι σου ήταν βάσιμοι. Κι αν αποφασίσεις, τελικά, να μη μιλάς στον ενικό, θα ξέρεις μέσα σου (επειδή το έχεις κάνει) πως πάντα έχεις τη δυνατότητα. Αν φοβάσαι ή αν δεν μπορείς να το κάνεις, τότε εξέτασε το γιατί αισθάνεσαι τόσο άσχημα για ένα τόσο απλό πράγμα, όσο το να μιλήσεις στον ενικό σ' ένα συνάνθρωπό σου. Μετά, ξεπέρασε τους φόβους σου και κάντο. Είναι πιθανό ότι θα νιώσεις πολύ ωραία με τη νεοαποχτημένη αυτοπεποίθησή σου, βλέποντας ότι καμιά από τις καταστροφές που φαντάστηκες δε συνέβη.

● Αν δεν καπνίζεις και σ' ενοχλεί ο καπνός, πάρε το θάρρος να πεις ότι το κάπνισμα των άλλων σε πειράζει. Δε χρειάζεται να τσακωθείς, απλώς μίλησε από θέση δύναμης: «Σας παρακαλώ να μην καπνίσετε αυτή τη στιγμή». Δε ζητάς από τον καπνιστή την άδεια να του ζητήσεις να μην καπνίζει· του λες τι θα ήθελες. Αν αρνηθεί, πράγμα που σε πολλές περιστάσεις έχει δικαίωμα να κάνει, τότε μπορείς να ασκήσεις το δικό σου δικαίωμα επιλογής και

να σηκωθείς να φύγεις. Δεν είσαι, όμως, σε καμιά περίπτωση υπο-
χρεωμένος να μείνεις εκεί και να καπνιστείς εσωτερικά και εξωτε-
ρικά. Ποιο είναι το χειρότερο που μπορεί να συμβεί; Ο καπνιστής
μπορεί να συνεχίσει να καπνίζει. Πάντως, εννιά φορές στις δέκα
ένας καπνιστής θα σεβαστεί την παράκλησή σου. Ελάχιστοι είναι
εκείνοι που θα συνεχίσουν να κάθονται και να καπνίζουν, αδια-
φορώντας για την ενόχληση που σου προκαλούν. Αν θέλουν πραγ-
ματικά να καπνίσουν, μπορούν να απομακρυνθούν για μερικά λε-
πτά.

● Μάθε να χρησιμοποιείς το θυμό ή τον πόνο σου αποτελεσμα-
τικά, αντί να αφήνεις να σε θυματοποιούν. Αν το παιδί σου ζητάει
να παίξει έξω στο δρόμο και εσύ θέλεις να καταλάβει μια για
πάντα πως δε θα του το επιτρέψεις ποτέ, ύψωσε τη φωνή σου,
κάνε το θυμωμένο, φρόντισε όμως να το κάνεις αυτό για εντυπω-
σιασμό. Αν στο τέλος του επεισοδίου έχεις καταφέρει η καρδιά
σου να χτυπάει τρελά, η πίεσή σου νάχει ανέβει δυο μονάδες και
το κεφάλι σου να είναι καζάνι, τότε έχεις θυματοποιηθεί από ένα
ανυποψίαστο μικρό παιδάκι. Ο σωστός τρόπος είναι να μείνεις
ατάραχος και να τελειώσεις το επεισόδιο λέγοντας μέσα σου:
«Μπράβο μου, κατάφερα να τον/την πείσω πως είμαι ανυποχώρη-
τος και ούτε που ταράχτηκα». Ενεργώντας με βάση την προσωπική
σου δύναμη, θα αποφύγεις τα έλκη, την υπέρταση, την οργή, το
άγχος κ.λπ., χρησιμοποιώντας σωστά τις ικανότητές σου.

● Όταν έχεις να κάνεις με γραφεία κηδειών, μην τα αφήσεις να
χρησιμοποιήσουν τη θλίψη σου για να σε θυματοποιήσουν. Δήλω-
σε εξαρχής τι θέλεις, πόσα έχεις σκοπό να ξοδέψεις και, αν βλέπεις
ότι χρησιμοποιούν ενοχικές στρατηγικές, σήκω και φύγε, πληρο-
φορώντας τους ότι θα τους μιλήσεις όταν είναι έτοιμοι ν' ακού-
σουν.

Η τακτική του να παύεις να μιλάς σε ανθρώπους που δεν ακούν
αυτό που τους διατυπώνεις ξεκάθαρα, όπως και το να απομακρύ-
νεσαι μερικά βήματα, είναι πολύ αποτελεσματικές τακτικές. Όταν
τρέξουν πίσω σου, ζητώντας συγγνώμη, πες τους ότι δε σκοπεύεις
να χάσεις τον καιρό σου με ανθρώπους που αρνούνται να αντιλη-
φθούν τις επιθυμίες σου.

Το να σε ακούει και μετά να σου προτείνει το αντίθετο ακριβώς,
είναι το καλύτερο όπλο του θυματοποιού. Τίποτε, όμως, δε σε
υποχρεώνει να τον υποστείς και η απομάκρυνση είναι ο αποτελε-

σματικότερος τρόπος να διδάξεις κάποιον με τη συμπεριφορά σου, χωρίς περιττές λεκτικές αψιμαχίες.

● Ποτέ μη διστάσεις να παρακάμψεις κάποιον, προκειμένου να εισακουστείς. Οι πανεπιστημιακοί καθηγητές που επισείουν τους βαθμούς τους σαν απειλές, οι εφοριακοί που σε φοβίζουν εκμεταλλευόμενοι την άγνοιά σου πάνω στους πολύπλοκους νόμους, το προσωπικό των δημοσίων επιχειρήσεων που σε απειλεί με το μέγεθός τους, όλοι αυτοί έχουν ανώτερους, στους οποίους είναι υπόλογοι. Ένα απλό τηλεφώνημα ή ένα καλογραμμένο συστημένο γράμμα στο διευθυντή, τον πρόεδρο κ.λπ. είναι ισχυρό αντίδοτο για τη θυματοποίηση από ανθρώπους που βρίσκονται σε θέσεις εξουσίας. Όταν καταλάβεις πως η διαμάχη σου με ανθρώπους υπόλογους σε κάποιον ανώτερο κινδυνεύει να καταλήξει σε δικό σου χάσιμο, δώσε τους να καταλάβουν πως δε θα διστάσεις να τους παρακάμψεις – και, φυσικά, κάντο αν είναι απαραίτητο.

● Μάθε να είσαι ψύχραιμος όταν έχεις να κάνεις με δυνητικούς θυματοποιούς. Ποτέ μην επιτρέψεις να καταλάβουν ότι είσαι ταραγμένος, φοβισμένος ή αμήχανος. Να θυμάσαι πάντοτε να μην ταυτίζεις την προσωπική σου αξία και ευτυχία με τη νίκη ή την ήττα σου στη συγκεκριμένη αναμέτρηση. Δες τις καταστάσεις «κερδίζω ή χάνω» σαν παιχνίδια και προσπάθησε να το διασκεδάσεις, αντί να λες μέσα σου: «Αυτό σημαίνει πολλά για μένα». Αποφάσισε να είσαι αποτελεσματικός και ξεκίνησε τις αναμετρήσεις αυτές προετοιμασμένος και άνετος, φροντίζοντας *πάντα* να σβήνεις τα εξωτερικά σημάδια του φόβου ή της αμηχανίας σου. Αν ο αντίπαλός σου καταλάβει ότι η αναμέτρηση αυτή είναι κρίσιμη για τη ζωή σου και, επομένως, ότι σε ανησυχεί, μπορεί να σε παρασύρει να πεις πράγματα που δεν τα εννοείς ή και να φερθείς παράλογα. Είναι πολύ καλύτερο να δείχνεις προς τα έξω σημάδια αποφασιστικότητας, που εμποδίζουν τους άλλους ακόμη και να φανταστούν ότι μπορούν να ελέγξουν τις συγκινήσεις σου με τη συμπεριφορά τους. Και, καθώς μαθαίνεις να εμποδίζεις το χειρισμό των συγκινήσεών σου από τους άλλους, θα διαπιστώσεις κάποια στιγμή ότι έχεις αρχίσει να ελέγχεις καλύτερα τον εαυτό σου, πράγμα που θα σε οδηγήσει στην ολοκλήρωσή σου και, φυσικά, σε περισσότερες επιτυχίες.

● Όταν θέτεις υποψηφιότητα για κάποια θέση, ποτέ μη λες πράγματα, όπως: «Δεν είμαι βέβαιος αν θα τα βγάλω πέρα» ή

«Δεν έχω εκπαιδευτεί σ' αυτό, αλλά νομίζω πως μπορώ να το μάθω». Καλύτερα είναι να πεις στον εαυτό σου –και ν' αφήσεις να φανεί αυτό στον άνθρωπο που πρόκειται να σε προσλάβει–, ότι μπορείς να μάθεις τα πάντα, γιατί έχεις δοκιμάσει τον εαυτό σου σε τόσο διαφορετικές καταστάσεις, που γνωρίζεις καλά ότι διαθέτεις την απαιτούμενη προσαρμοστικότητα. Δείξε ότι πιστεύεις στον εαυτό σου και στα προσόντα σου και μη διστάσεις να δώσεις στο συνομιλητή σου να καταλάβει ότι είσαι άτομο που μαθαίνει εύκολα. Υπάρχει, βέβαια, πάντα ο κίνδυνος ορισμένοι συνομιλητές σου, που φοβούνται τους δυναμικούς ανθρώπους, να ενοχληθούν από την αυτοπεποίθησή σου· συνήθως, όμως, έχεις το περιθώριο να εκτιμήσεις την κατάσταση και, άλλωστε, οι περισσότεροι θα θεωρήσουν την αυτοπεποίθηση σαν ένα «προσόν» σου, πολύ χρήσιμο για την εταιρεία τους. Αν σου τύχει ένας αδύναμος συνομιλητής, φρόντισε να απευθυνθείς στον πρόεδρο της εταιρείας και ζήτησε μια επαφή με διαφορετικό άτομο. Αυτή η επιμονή θα έχει θετικά αποτελέσματα τις περισσότερες φορές.

● Ποτέ μη διστάζεις να μιλάς με προσωπικό τρόπο για τον εαυτό σου. Διώξε το φόβο ότι μπορεί κάποιος να σε βλάψει, μαθαίνοντας «προσωπικές» πληροφορίες για τη ζωή σου. Ο κλασικός φόβος ότι «οι άλλοι θα σε πληγώσουν» είναι κατά 99% φαντασία. Αν είσαι ελεύθερος να εκφραστείς για τα πάντα και δε δείχνεις πληγωμένος όταν έρχεται στο προσκήνιο τούτο ή το άλλο γεγονός, θα νιώσεις πολύ πιο δυνατός, παρά αν κρατάς διάφορες «απαγορευμένες ζώνες» ευαισθησίας γύρω από τον εαυτό σου. Δεν είναι, βέβαια, απαραίτητο να αποκαλύπτεις τις προσωπικές σου σεξουαλικές φαντασιώσεις ούτε να βγάλεις στη φόρα όλα τα άπλυτά σου· μπορείς, όμως, να βγάλεις απ' το μυαλό σου την ιδέα ότι οι άλλοι θα σε καταστρέψουν αν μάθουν ποιος πραγματικά είσαι. Πες την αλήθεια για τον εαυτό σου. Μοιράσου τις σκέψεις σου με τους άλλους όποτε θέλεις. Ξέχασε την ιδέα ότι είναι επικίνδυνο να ξεσκεπάζεις τον εαυτό σου. Αν δε θέλεις να εκφράζεσαι, είναι δικαίωμά σου· αν, όμως, φοβάσαι να εκφραστείς, αυτό είναι άλλη υπόθεση. Θα σε βοηθήσει πολύ αν αρχίσεις να αναθεωρείς τους λόγους για τους οποίους λες ότι δε θέλεις να μιλήσεις για τον εαυτό σου. Αν σ' όλη σου τη ζωή ήσουν ντροπαλός, αν κλαις εύκολα, αν τρομάζεις με το παραμικρό, αν είσαι υπερβολικά επιθετικός, τι νομίζεις πως μπορεί να κάνει κάποιος τις πληροφορίες αυτές, ώστε να σε πληγώσει; Οποιαδήποτε απάντηση και να δώσεις, θ' αποδειχτεί ότι είναι μια φανταστική καταστροφή. Θα σε απολύσει το αφεντικό σου; Αυτό είναι ελάχιστα πιθανό. Ακόμη, όμως, κι αν πράγματι σε απολύσει, υπάρχουν κι άλλες δουλειές. Θ' αρχίσει να μιλάει ο κόσμος για σένα; Κατά πάσα πιθανότητα όχι. Αλλά κι αν συμβεί αυτό, γιατί να ρυθμίζεις τη ζωή σου σύμφωνα με ό,τι λένε οι άλλοι; Ο κόσμος θα μιλάει για σένα όσο κι αν αυτό δε σου αρέσει ή δεν το προκαλείς· γιατί, λοιπόν, να καταπιέζεις τον εαυτό σου προκειμένου ν' αποφύγεις τα κουτσομπολιά;

• Αν υποψιάζεσαι πως κάποιος που πληρώνεις προσπαθεί να σε θυματοποιήσει, με το να μην κάνει καλά τη δουλειά του, αν, π.χ., δεν σου φτιάχνει το αυτοκίνητό σου όπως θέλεις, αποφάσισε να καθίσεις από πάνω του και να τον υποχρεώσεις να την κάνει – φτάνει αυτό να μη σε θυματοποιεί ακόμη περισσότερο, με τη σπατάλη του χρόνου σου.

Ζήτα πάντα να σου αποδείξουν ότι έκαναν αυτό που συμφωνήσατε και σε καμιά περίπτωση μην υπογράφεις εκ των προτέρων μια λευκή συμφωνία να πληρώσεις κάτι όσο κι αν στοιχίσει. Πες απ' την αρχή ότι δε χρειάζεσαι καινούριο φίλτρο λαδιού, αλλιώς να είσαι σίγουρος πως θα το βάλουν, είτε το χρειάζεσαι είτε όχι. Ζήτα με αποφασιστικότητα εξηγήσεις για δαπάνες που σου φαίνονται αδικαιολόγητες. Στο εστιατόριο, αν ο σερβιτόρος παραφουσκώσει το λογαριασμό, μίλησε στη διεύθυνση και μη δώσεις φιλοδώρημα στο σερβιτόρο αν δεν είσαι 100% σίγουρος ότι το λάθος ήταν τυχαίο. (Οι σερβιτόροι ΠΑΝΤΑ ζητάνε συγγνώμη και πάντα υποστηρίζουν πως το κλέψιμο έγινε από λάθος). Έχεις το δικαίωμα να αρνηθείς να ανταμείψεις την ανικανότητα ή την απόπειρα εξαπάτησης.

Απόχτησε τη συνήθεια να ελέγχεις κάθε λογαριασμό που λαβαίνεις. Αν τον βρίσκεις παραφουσκωμένο, δώσε στην εταιρεία να καταλάβει ότι δε θα το δεχτείς αυτό και ότι αρνείσαι να διαπραγματεύεσαι με ανθρώπους που προσπαθούν να σε εξαπατήσουν. Στείλε μια επιστολή διαμαρτυρίας στο Γραφείο Προστασίας Καταναλωτή ή σε κάτι ανάλογο. Ένα σύντομο γράμμα σε μια τέτοια οργάνωση θα βοηθήσει να σταματήσουν τέτοιες πρακτικές. Ίσως να νομίζεις ότι η υπερβολική χρέωση είναι κάτι σπάνιο και συμπτωματικό· εγώ, όμως, έχω ανακαλύψει ότι οι λογαριασμοί των εστιατορίων είναι συχνά λανθασμένοι και ότι στις εννιά περιπτώσεις στις δέκα τα «λάθη» συμβαίνει να είναι σε βάρος του πελάτη. Φαίνεται πως οι νόμοι των πιθανοτήτων δεν εφαρμόζονται σ' αυτές τις περιπτώσεις «λαθών». Όταν σου συμβεί κάτι τέτοιο, πήγαινε κατευθείαν στη διεύθυνση και υποστήριξε αποφασιστικά τη θέση σου, αν απλώς θέλεις να δημιουργήσεις προηγούμενο. Διαφορετικά, πες στη διεύθυνση ότι δε θα πληρώσεις την παραπάνω χρέωση και ότι δε θα ξαναπατήσεις στο μαγαζί τους.

● Όταν σου λένε ότι πρέπει να περιμένεις κάποιο παράλογο διάστημα για να σου παραδώσουν τα έπιπλα ή το αυτοκίνητο που παράγγειλες, μη δέχεσαι σαν θύμα την άποψη του εμπόρου ότι πρέπει να πάρεις αυτό που θέλεις όταν τον βολεύει εκείνον καλύτερα ή ότι κανείς δεν μπορεί να σου το βρει γρηγορότερα. Αν είναι αυτοκίνητο αυτό που ζητάς, ρώτησε τις αντιπροσωπείες άλλων πόλεων. Δώσε στον έμπορο που καθυστερεί την παράδοση να καταλάβει ότι δε δέχεσαι την καθυστέρηση και ζήτησε να μιλήσεις με το διευθυντή και όχι με τους υπαλλήλους. Δώσε του να καταλάβει ότι θα προτιμήσεις τον ανταγωνιστή του, αν είναι πιο γρήγορος. Έλα σε επαφή με τον χονδρέμπορο ή και τον κατασκευαστή και μάθε αν υπάρχει κάποια διαδικασία ταχείας εξυπηρέτησης. Ποτέ μην πληρώνεις εκ των προτέρων και εξασφάλισε ότι ο έμπορος θα σου επιστρέψει την προκαταβολή που έχεις πληρώσει, αν αθετήσει τους όρους της συμφωνίας. Δε χρειάζεται να γίνεις κακός· κινήσου, απλώς, με αποφασιστικότητα και σταθερότητα, όχι σαν το κλασικό θύμα που λέει: «Πω, πω! σε δέκα εβδομάδες! Τέλος πάντων, τι να κάνουμε; Βέβαια θα το ήθελα πιο νωρίς, αλλά....».

Ένας πελάτης μου από τη Νέα Υόρκη, όταν έμαθε ότι δεν μπορούσαν να του παραδώσουν το αυτοκίνητό του παρά σε οχτώ βδομάδες τηλεφώνησε σ' ένα κατάστημα στο Μίσιγκαν κι έμαθε ότι εκεί μπορούσαν να του το παραδώσουν σε τέσσερις μέρες και κατά 300 δολάρια φθηνότερα. Έκανε μια δωδεκάωρη διαδρομή για να φέρει το αυτοκίνητο και συνδύασε έτσι ένα ευχάριστο ταξιδάκι με την εξοικονόμηση αρκετών χρημάτων.

Δεν υπάρχει σχεδόν καμιά κατάσταση που να μην μπορεί να μεταμορφωθεί σε νίκη, αν αρνηθείς τη θυματοποίηση.

● Υιοθέτησε την αρχή να μην πληρώνεις την κακή ποιότητα ή την κακή εξυπηρέτηση. Αν στο εστιατόριο η σαλάτα σου είναι σαν άχυρο και το κέικ σου μπαγιάτικο, πες το και ζήτησε να σου τα αφαιρέσουν από το λογαριασμό. Αν δεις το σερβιτόρο ή τον ταμία να το αμφισβητούν, μίλησε με κάποιον ανώτερο και θα πάψεις να είσαι θύμα.

Αν σου έχουν χρεώσει κάτι που δεν παράγγειλες ή αν σου παραφουσκώσουν το λογαριασμό, μην τον πληρώνεις και μην αφήνεις να σε τρομοκρατήσουν με απειλές περί μηνύσεων ή περί προσβολής της πιστωτικής σου ικανότητας. Δεν μπορούν να σου κάνουν τίποτε, αν δεν τους το επιτρέψεις· και η άρνησή σου να πληρώσεις για ελαττωματικά εμπορεύματα και υπηρεσίες είναι ένας τρόπος να βγάλεις από πάνω σου τη σφραγίδα του θύματος.

ΣΥΜΠΕΡΑΣΜΑΤΙΚΕΣ ΣΚΕΨΕΙΣ

Μπορείτε να αρχίσετε να ενεργείτε από θέση δύναμης, αν μάθετε να στηρίζεστε στον εαυτό σας και να μη βάζετε πάνω από σας διάφορες αυθεντίες. Όταν εμπιστεύεστε σε κάποιον άλλον τη διακυβέρνηση της ζωής σας, είναι σαν να ζητάτε να γίνετε θύμα. Αν, αντίθετα, χρησιμοποιείτε ή δημιουργείτε τις ευκαιρίες, αντί να περιμένετε να έρθει μόνη της η επιτυχία στο δρόμο σας και αν επιδιώκετε τους στόχους σας χωρίς να εξαρτάτε τα προσωπικά σας συναισθήματα από την έκβασή τους, τότε έχετε ήδη ανεβεί στο βαγόνι των μη-θυμάτων. Μια μικρή φράση συνοψίζει το περιεχόμενο αυτού του κεφαλαίου: «Αν τον πληρώνεις εσύ το βιολιστή, κοίτα να παίζει το δικό σου τραγούδι».

3

Μη μένεις Δεμένος με Ό,τι Έχει Τελειώσει ή Δεν Μπορεί ν' Αλλάξει

Η πρόοδος και η ανάπτυξη
δεν είναι δυνατές
αν κάνεις πάντα κάτι
με τον ίδιο τρόπο.

Μια αξιοσημείωτη τακτική θυματοποίησης, που εφαρμόζεται συχνά στον πολιτισμό μας, χρησιμοποιεί την αναφορά σε πράγματα για τα οποία δεν μπορείς να κάνεις τίποτε ή συμπεριφορές και γεγονότα που ανήκουν στο παρελθόν. Μπορείς να μάθεις να αποφεύγεις αυτές τις θανάσιμες «θυματοπαγίδες» απλώς και μόνον αρνούμενος να παρασυρθείς σε συζητήσεις γύρω από τέτοια πράγματα, συνειδητοποιώντας τους τρόπους που χρησιμοποιούν οι άλλοι για να τραβήξουν αλλού την προσοχή σου και για να σε φέρουν σε αμυντική θέση, μιλώντας για περασμένες πράξεις που δεν αλλάζουν πια. Μάθε να απορρίπτεις το ιδιαίτερο αυτό είδος του παραλογισμού, με το οποίο προσπαθούν να σε δεσμεύσουν.

Πάντα υποστήριζα ότι μπορούμε να μάθουμε πολλά από τα ζώα, χωρίς να υποχρεωνόμαστε, όπως εκείνα, να ενεργούμε μόνον από ένστικτο. Ο Γουόλτ Ουίτμαν έγραψε με πολλή συγκίνηση για την αγάπη του προς τα ζώα στο *Φύλλα Χλόης*:

Νομίζω πως θα μπορούσα να φύγω και να πάω να ζήσω με τα ζώα, είναι τόσο ήρεμα και αυτάρκη.
Κάθομαι και τα κοιτάζω ώρες ολόκληρες. Δεν ιδρώνουν ούτε παραπονιούνται για τη μοίρα τους.
Δε μένουν ξύπνια μέσα στη νύχτα, θρηνώντας για τις αμαρτίες τους,
Δε μ' αρρωσταίνουν συζητώντας για το καθήκον τους προς το Θεό,
Κανένα δεν είναι ανικανοποίητο, κανένα δεν κατέχεται από την τρελή μανία της ιδιοκτησίας,
Κανένα δε γονατίζει μπροστά στο άλλο, ούτε σ' εκείνα που ζούσαν πριν από χίλια χρόνια,
Κανένα δεν είναι σεμνότυφο ή δυστυχισμένο πάνω σ' ολόκληρη τη γη.

Τα ζώα δεν καταφέρνουν να συγκεντρώσουν το ενδιαφέρον τους σε πράγματα περασμένα. Έτσι, στερούνται βέβαια κάποιες όμορφες αναμνήσεις, αλλά –από την άλλη– είναι λυτρωτικά ανίκανα για περιττές μεταμέλειες και τύψεις και, προκειμένου να ζήσουν το παρόν, δε συμβουλεύονται παρά το ίδιο το παρόν. Για να σβήσετε το όνομά σας απ' τον κατάλογο των θυμάτων πάρτε παράδειγμα απ' τα ζώα και αρχίστε ένα πρόγραμμα, όπου (1) θα συνειδητοποιήσετε ή θα θυμίσετε στον εαυτό σας ποια πράγματα δεν μπορείτε ν' αλλάξετε, (2) θα συνειδητοποιήσετε πώς προσπαθούν οι άλλοι να χρησιμοποιήσουν το παρελθόν για να σας κάνουν θύματα, (3) θα δείτε πώς χρησιμοποιείτε εσείς το παρελθόν σας για να γίνετε θύματα και (4) θα υιοθετήσετε ορισμένες μη-θυματικές τακτικές, απέναντι στη θυματοποιητική συμπεριφορά του εαυτού σας ή των άλλων.

ΜΕΡΙΚΑ ΠΡΑΓΜΑΤΑ ΠΟΥ ΔΕΝ ΜΠΟΡΕΙ ΚΑΝΕΙΣ Ν' ΑΛΛΑΞΕΙ

Το προφανέστερο που δεν μπορείτε ν' αλλάξετε με τίποτε είναι η περασμένη συμπεριφορά σας. Οτιδήποτε έχετε κάνει είναι ήδη τελειωμένο και, ενώ μπορείτε να διδαχτείτε από τις πράξεις σας ή και ενδεχόμενα να αλλάξετε τις συνέπειές τους που συνεχίζονται στο παρόν, δεν μπορείτε σε καμιά περίπτωση ν' αλλάξετε αυτό που έχει ήδη γίνει. Επομένως, κάθε φορά που καταλήγετε να τσακωνόσαστε για το πώς θάπρεπε ή δε θάπρεπε νάχετε κάνει κάτι, αντί να συζητάτε πώς μπορείτε να μάθετε από τα λάθη σας ή τι μπορεί να γίνει τώρα, είσαστε ένα θύμα, παγιδευμένο στα αδιέξοδά του. Το να αναμασάτε ατέλειωτα τα παλιά σας λάθη, να θυμίζετε στον εαυτό σας πώς κάνατε τούτο ή το άλλο και πώς θάπρεπε να τόχατε κάνει, ή το να αγχώνεστε γύρω από το πώς θα μπορούσατε να το έχετε κάνει, είναι όλα θυματικές αντιδράσεις, που μπορούν ν' αλλάξουν. Δεδομένου ότι δεν είναι δυνατό να ζήσει κανείς παρά μόνο στο παρόν, είναι παράλογο και αυτοκαταστροφικό να αφήνετε τον εαυτό σας να πληγώνεται από το παρελθόν.

Εκτός από το παρελθόν σας, υπάρχουν και διάφορα άλλα πράγματα, τα οποία είσαστε ανίκανοι να αλλάξετε και, κατά συνέπεια, είναι εντελώς περιττό να σας απασχολούν. Μπορείτε ή να μάθετε να δέχεστε τα πράγματα που δεν μπορείτε να ξεπεράσετε ή να συνεχίσετε νευρωτικά να στενοχωριέστε γι' αυτά. Μερικά από τα πράγματα αυτά, που θάπρεπε να καταλάβετε ότι δεν μπορείτε ν' αλλάξετε, είναι:

• *Ο καιρός.*

Φαίνεται, ίσως, περιττό να σας πω ότι δεν μπορείτε ν' αλλάξετε τον καιρό· σκεφτείτε, όμως, πόσες φορές έχετε αφήσει να σας επηρεάσει η θερμοκρασία, οι άνεμοι ή μια καταιγίδα. Η στάση αυτή είναι καθαρή αυτοθυματοποίηση. Φυσικά δε χρειάζεται να υποκρίνεστε πως απολαμβάνετε τον «κακό καιρό», αλλά μπορείτε να φροντίσετε να μη σας ακινητοποιεί.

• *Ο χρόνος που φεύγει γρήγορα ή αργά.*

Ο χρόνος θα φεύγει πάντα με το δικό του ρυθμό, είτε το θέλετε είτε όχι. Κάθε μέρα έχει εικοσιτέσσερις ώρες και, όσο κι αν παραπονιέστε ότι ο σημερινός χρόνος φεύγει γρήγορα ή αργά, το μόνο που θα συμβεί είναι να γεράσετε όπως όλοι.

• *Οι φόροι.*

Όσο κι αν φωνάζετε για την υψηλή φορολογία, το μόνο που θα κάνετε είναι να χάσετε το κέφι σας και τον καιρό σας. Οι φόροι θάναι πάντα ίδιοι και πάντα θα είναι υπερβολικά ψηλοί. Αν θέλετε, μπορείτε να πάρετε μέτρα για να μειώσετε τη φορολογία σας, να ψηφίσετε πολιτικούς που υπόσχονται χαμηλή φορολογία ή οτιδήποτε άλλο σας περάσει απ' το μυαλό. Το να στενοχωριέστε, όμως, για τους φόρους είναι τραγικά ανώφελο.

• *Η ηλικία σας.*

Είναι αδύνατο ν' αλλάξετε την ηλικία σας. Βέβαια, μπορείτε ν' αλλάξετε την εμφάνισή σας, τις στάσεις, το ντύσιμό σας, ακόμη και τα συναισθήματά σας· με την ηλικία, όμως, δε γίνεται τίποτε. Όσο κι αν παραπονιέστε πως γεράσατε, τίποτε δεν θ' αλλάξει, πέρα απ' το γεγονός ότι έτσι θα αισθάνεστε πιο γερασμένοι, πιο κουρασμένοι, στα πρόθυρα κατάρρευσης, άρρωστοι κ.λπ.

• *Η γνώμη των άλλων για σας.*

Κι εδώ, πάλι, το τι σκέφτονται οι άλλοι για σας είναι εντελώς δική τους δουλειά. Ο κόσμος θα πιστεύει ό,τι θέλει, είτε αυτό σας αρέσει είτε όχι, και όσο κι αν φέρεστε στους άλλους όπως θα θέλατε να σας φέρονται ή προσπαθείτε να συνεννοηθείτε μαζί τους, είναι ανόητο να χάνετε τον καιρό σας σε απόπειρες να αλλάξετε τη γνώμη τους. Αν δεν έχετε τη δυνατότητα να καθορίσετε εσείς το τι θα σκεφθούν για σας, τότε είναι οπωσδήποτε παράλογο να σας ενοχλούν οι γνώμες τους, εκτός κι αν πιστεύετε πως η δική τους άποψη για σας είναι πιο σημαντική από τη δική σας εικόνα για τον εαυτό σας.

• *Ιστορικά γεγονότα.*

Αν στενοχωριέστε για τα αποτελέσματα των εκλογών, του πολέμου, μιας δημόσιας συζήτησης, μιας καταιγίδας κ.λπ., απλώς καθηλώνετε τον εαυτό σας. Το ίδιο ισχύει και για τα ευρείας κλίμακας κοινωνικά δεινά του καιρού μας, όπως είναι «ο πόλεμος που διεξάγεται στην......». Όσο κι αν σας δυσαρεστεί αυτό, ο άνθρωπος είναι επιθετικό πλάσμα, που χρησιμοποιεί τη βία για να επιβάλει την εξουσία του, γιατί δεν εμπιστεύεται αρκετά το μυαλό του, ώστε να χρησιμοποιήσει τη λογική. Ο άνθρωπος πάντα πολεμούσε το συνάνθρωπό του, και αν ο πόλεμος συνεχίζεται σήμερα, σε κάποια άκρη του πλανήτη, αυτό δεν πρέπει να σας εκπλήσσει. Βεβαίως δεν είσαστε υποχρεωμένοι να πολεμήσετε σε *κανένα* πόλεμο και μπορείτε να κάνετε ό,τι περνάει από το χέρι σας για να εξαφανίσετε την κατάρα αυτή από τον πλανήτη μας. Αλλά το να νιώθετε δυστυχισμένοι, αγχωμένοι ή καταβεβλημένοι επειδή οι άλλοι προτιμούν να πολεμούν, είναι αυτοθυματοποίηση. Δεν πρόκειται να σταματήσετε τους πολέμους, τις επιδημίες, την λιμοκτονία επειδή νιώθετε ένοχοι ή δυστυχείς. Καθίστε καλύτερα να σκεφτείτε ήρεμα γιατί κάνετε τέτοιες ανόητες και αυτοκαθηλωτικές επιλογές.

• *Το ύψος σας και η γενική σας εμφάνιση.*

Όπως βλέπετε τον εαυτό σας, έτσι θα σας δουν κι οι άλλοι. Τα παράπονα για τη σωματική σας κατασκευή, το ύψος σας, τ᾽ αυτιά ή τα πόδια σας, το στήθος σας ή το μέγεθος των γεννητικών σας οργάνων είναι αυτοθυματοποιητικές παγίδες, που δε θα σας εξασφαλίσουν τίποτε περισσότερο από τη στενοχώρια. Το να σας αρέσει αυτό που σας δόθηκε είναι θέμα γούστου. Ό,τι μπορείτε ν᾽ αλλάξετε, προσπαθήστε το με δίαιτες, ασκήσεις κ.λπ. Αυτά, όμως, που δεν μπορείτε να τα αλλάξετε, καλύτερα να τα αγαπήσετε – και μάλιστα όσο γίνεται περισσότερο!

• *Οι αρρώστιες τών άλλων.*

Οι άνθρωποι που γνωρίζετε και αγαπάτε θα αρρωστήσουν. Αν στις περιπτώσεις αυτές αφήνετε τα συναισθήματά σας να σας παραλύσουν, τότε γινόσαστε θύμα και κινδυνεύετε να μπείτε κι εσείς στον κατάλογο των αρρώστων, μαζί με τους αγαπημένους σας. Βοηθήστε τους, μείνετε κοντά τους αν το θέλετε, παρηγορήστε τους, αλλά μη λέτε στον εαυτό σας πράγματα, όπως: «Αυτό δε θάπρεπε να συμβεί» ή «Δεν αντέχω να την βλέπω έτσι». Η δύναμή σας θα χρησιμεύσει σαν πρότυπο στους άλλους και ίσως τους βοηθήσει να καλυτερέψουν. Πάντως η καταθλιπτική σας διάθεση θα κάνει κακό σε όλους, και κυρίως σε σας.

• *Ο θάνατος.*
Όσο κι αν προσπαθούν να το διαψεύσουν κάποιοι, η αλήθεια είναι ότι κανείς δε φεύγει ζωντανός απ' αυτόν τον πλανήτη. Η ζωή, τελικά, είναι μια ανίατη νόσος. Έχουμε αναπτύξει μια μυστικιστική αντιμετώπιση του θανάτου και τον θεωρούμε κάτι φοβερό και καταραμένο, κάτι που μας αφήνει απαρηγόρητους αν συμβεί στους αγαπημένους μας ή αν πλησιάσει σ' εμάς, πράγμα που θα γίνει κάποτε αναπόφευκτα. Αυτές οι νοσηρές μας στάσεις απέναντι στο θάνατο είναι, κατά βάση, επίκτητες και προϊόν του πολιτισμού. Είναι, όμως, δυνατό ν' αποκτήσουμε μια ρεαλιστική στάση αποδοχής του θανάτου. Θυμήσου τα λόγια του Τζόναθαν Σουίφτ για το θάνατο:

> Είναι αδύνατο ένα πράγμα τόσο φυσικό, τόσο αναγκαίο, και τόσο καθολικό, σαν το θάνατο, να έχει προσχεδιαστεί από τη Θεία Πρόνοια σαν βλαβερό για το ανθρώπινο είδος.

• *Η φύση.*
«Δε μ' αρέσουν οι εκδρομές στην ακροθαλασσιά, έχει τόση άμμο παντού!», γκρίνιαζε η δεκαεννιάχρονη Ιωάννα. Οι αμμουδιές έχουν άμμο, τα βράχια είναι βραχώδη, το θαλασσινό νερό είναι αλμυρό και οι ποταμοί έχουν ρεύματα. Θα είσαστε πάντα θύματα, αν δεν αποδεχτείτε τη φύση όπως είναι κι αν δεν πάψετε να γκρινιάζετε κάθε φορά που έρχεστε αντιμέτωποι με την πραγματικότητα. Κάθε φορά που παραπονιέστε για κάποια ιδιότητα της φύσης, είναι σαν να ευχόσαστε να ήσαστε στον Άρη.

Αυτά είναι μερικά από τα αμέτρητα πράγματα, που θα είναι πάντοτε έτσι. Αναμφισβήτητα, είναι θαυμάσιο να προσπαθεί κανείς να γίνει ένας φορέας της αλλαγής στον κόσμο. Μάθετε, όμως, να διαλέγετε τα σημεία της επίθεσής σας και μη θυματοποιείτε τον εαυτό σας γεμίζοντάς τον απογοήτευση και θλίψη και βγάζοντας γελοίες κρίσεις για πράγματα, που ποτέ δεν πρόκειται ν' αλλάξουν. Δεχτείτε αυτό που είπε ο Ράλφ Γουόλντο Έμερσον, με λίγες καλοδιαλεγμένες λέξεις, στο δοκίμιό του *Φρόνηση,* που γράφτηκε γύρω στο 1841:

Ό,τι και να κάνουμε, το καλοκαίρι θα 'χουμε μύγες. Αν βγούμε βόλτα στο δάσος, θα ταΐσουμε τα κουνούπια.

Πάνω από 126 χρόνια αργότερα, έχουμε πάντα μύγες το καλοκαίρι και ταΐζουμε πάντα τα κουνούπια στο δάσος.

Η ΠΑΓΙΔΑ «ΕΠΡΕΠΕ ΝΑ ΕΙΧΕΣ.....»:
ΠΩΣ ΚΑΙ ΓΙΑΤΙ ΛΕΙΤΟΥΡΓΕΙ

Κάθε φορά που κάποιος σου λέει: «Έπρεπε να είχες.....», αρχίζει η θυματοποίηση. Ένα «έπρεπε να είχες» δεν αλλάζει τίποτε σ' ό,τι έκανες, μπορεί όμως να χρησιμοποιηθεί για να σε κάνει να παραδεχτείς ότι έσφαλες, ώστε ο άλλος να μην είναι πια υποχρεωμένος να σκεφτεί μαζί σου πάνω στο τι μπορεί να γίνει τώρα. Όσο ο δυνητικός θυματοποιός κρατάει τη συζήτηση εστιασμένη πάνω στην περασμένη συμπεριφορά σου, να είσαι βέβαιος ότι δε θα κερδίσεις αυτό που ζητάς σήμερα.

Το παρακάτω παράδειγμα δείχνει καλά πώς παίζεται αυτό το μικρό παιχνίδι θυματοποίησης:

Ο Άρθουρ μετακόμισε στο σπίτι του μια Παρασκευή απόγευμα και τηλεφώνησε στην ηλεκτρική εταιρεία να του συνδέσει το ηλεκτρικό. Ο υπάλληλος, στον οποίο απευθύνθηκε, του έδωσε την απάντηση: «Έπρεπε να μας είχατε τηλεφωνήσει την Τετάρτη. Τώρα είναι πολύ αργά».

Ο Άρθουρ κατάλαβε ότι θα γινόταν θύμα, αν άφηνε να τον παρασύρει αυτή η λογική, η οποία ήταν βέβαια εντελώς παράλογη, δεδομένου ότι δεν είχε κανένα λόγο να ξέρει ότι η πρακτική της εταιρείας ήταν να απαιτεί προειδοποίηση δύο ημερών για να σου συνδέσει το ηλεκτρικό – και, άλλωστε, τώρα ήταν Παρασκευή και δεν ήταν δυνατό να ξαναγυρίσει στην Τετάρτη, για να κάνει το απαραίτητο τηλεφώνημα. Για όλους αυτούς τους λόγους, το να του λένε τι *έπρεπε να κάνει* ήταν γελοίο όσο και περιττό. Ο Άρθουρ, όμως, ήξερε ότι τέτοιες απαντήσεις τις ακούει κανείς πολύ συχνά, αναγνώρισε την παγίδα, κατάλαβε ότι η εταιρεία *μπορούσε* να του συνδέσει το ηλεκτρικό αν έδινε την εντολή το κατάλληλο άτομο και απαίτησε να μιλήσει με κάποιον ανώτερο, αντί να μπερδευτεί σε εξηγήσεις με τον υπάλληλο. Ο Άρθουρ εξήγησε λεπτομερώς την κατάσταση στον ανώτερο και το ίδιο βράδυ είχε το ηλεκτρικό του, παρά το γεγονός ότι ο κατώτερος υπάλληλος τον είχε βεβαιώσει πως αυτό ήταν αδύνατο.

Το κόλπο τού «έπρεπε να είχες» χρησιμοποιείται καθημερινά σχεδόν. Θα το ακούσεις στα γραφεία όλου του κόσμου, από ανθρώπους που θέλουν να σε αδρανοποιήσουν για τη δική τους βολή. Πετυχαίνει, γιατί τα υποψήφια θύματα δεν το αναγνωρίζουν από την αρχή και παγιδεύονται, νιώθοντας ένοχοι ή ανίκανοι. Πολλοί άνθρωποι έχουν, έτσι κι αλλιώς, την τάση να αναμασούν το παρελθόν και γι' αυτό είναι έτοιμοι να εξαπατηθούν από το θυματοποιό, με εναλλακτικές συμπεριφορές που δεν είναι καν ε-φαρμόσιμες. Όταν οι άλλοι χρησιμοποιούν το «έπρεπε να είχες» ενδιαφέρονται, συνήθως, να σε κάνουν να νιώσεις άσχημα για δικό τους όφελος κι όχι να σε βοηθήσουν να μάθεις από τα λάθη σου ή να διορθώσεις την άγνοιά σου. Όταν καταφέρουν να σε κάνουν να νιώσεις άσχημα ή αμήχανα, εύκολα σε πείθουν από 'κεί και πέρα πως δεν είναι δυνατό να σε βοηθήσουν και σ' έχουν προετοιμάσει για το: «Λυπάμαι, τώρα δεν μπορώ να κάνω τίποτε. Έπρεπε να είχες....».

Το «έπρεπε να είχες» χρησιμοποιείται κατά κόρον στα παιδιά, για να τα κάνει να νιώσουν ένοχα και να πειθαρχήσουν. «Έπρεπε να μου το είχες πει απ' το πρωί, Διονύση, ότι ήθελες να φτιάξεις το κλουβί για τα κουνέλια σου στην αποθήκη. Τώρα είναι αργά, γιατί μόλις τέλειωσα το καθάρισμα και δεν αντέχω να μου τα κάνεις πάλι άνω-κάτω». Ο Διονύσης ξέρει πολύ καλά πως ήταν αδύνατο να είχε προβλέψει πότε ο πατέρας του θα καθάριζε την αποθήκη και, επομένως, το «έπρεπε να είχες» του πατέρα του δεν έχει κανένα νόημα. Είναι, όμως, ανίκανος να χρησιμοποιήσει τη λογική του με τον πατέρα του, που, μια και ξεκίνησε σ' αυτό το δρόμο, θα χρησιμοποιήσει το θυμό του ή το μέγεθός του για να θυματοποιήσει ακόμη πιο πολύ το Διονύση.

Η μοναδική στρατηγική αποφυγής της παγίδας «έπρεπε να είχες» είναι να αρνηθεί κανείς να συμμετάσχει στο τελετουργικό, συγκεντρώνοντας την προσοχή του στο τι *μπορεί* να γίνει τώρα. Όταν κάποιος σας λέει «έπρεπε να είχες», μπορείτε να του απαντήσετε: «Μου ζητάς να γυρίσω πίσω το χρόνο και να κάνω αυτό που ισχυρίζεσαι ότι έπρεπε να έχω κάνει ή μπορούμε να κουβεντιάσουμε για το τι μπορεί να γίνει τώρα;». Αν βλέπεις ότι είναι αδύνατο να ξεκολλήσεις κάποιον, σαν τον υπάλληλο του Άρθουρ, από το «έπρεπε να είχες» και έχεις το περιθώριο να απευθυνθείς στον ανώτερο, εμπόδισέ τον να σου παίξει κι αυτός το ίδιο παιχνίδι, αρχίζοντας με τη φράση: «Προσπαθώ να βρω τρόπο να μου συνδέσουν το ηλεκτρικό μου (ή οτιδήποτε άλλο) σήμερα, αλλά ο υπάλληλός σας θέλει μόνο να μιλήσουμε για το χτες (ή την περασμένη βδομάδα, τον περασμένο χρόνο κ.λπ.)».

ΑΛΛΕΣ ΚΛΑΣΙΚΕΣ ΤΑΚΤΙΚΕΣ
ΣΥΓΚΕΝΤΡΩΣΗΣ ΤΗΣ ΠΡΟΣΟΧΗΣ Σ' Ο,ΤΙ ΕΧΕΙ ΤΕΛΕΙΩΣΕΙ

Ο Τζορτζ Νόελ Γκόρντον Μπάυρον (Λόρδος Βύρων), ο διάσημος Άγγλος ποιητής, έγραψε κάποτε: «Κανένα χέρι δεν μπορεί να κάνει το ρολόι να σημάνει για μένα τις ώρες που πέρασαν». Κι όμως, αυτό ακριβώς προσπαθούν να πετύχουν εκείνοι που θέλουν να σας θυματοποιήσουν, με τις διάφορες τεχνικές συγκέντρωσης της προσοχής στην περασμένη συμπεριφορά, από τις οποίες το «έπρεπε να είχες» είναι απλώς η πιο συνηθισμένη και η πιο ισχυρή. Πιο κάτω θα βρείτε εφτά τυπικές παρελθοντολογικές φράσεις, που χρησιμοποιούνται πάντα για να κάνουν τους άλλους να φερθούν σαν καλά και φρόνιμα θυματάκια και να δεχτούν αδιαμαρτύρητα την «τιμωρία» τους.
   ● *«Γιατί τόκανες αυτό έτσι;»*
   Όταν σου ζητούν να εξηγήσεις ή να δικαιολογήσεις λεπτομερώς την περασμένη συμπεριφορά σου, εμποδίζουν αποτελεσματικά την εστίαση της συζήτησης στο παρόν, όπου πράγματι θα μπορούσε να γίνει κάτι. Οποιαδήποτε απάντηση και να δώσεις, θα αντιμετωπιστεί με αποδοκιμασία, περιφρόνηση και με μια νέα απαίτηση να χωθείς πιο βαθιά στην αμυντική σου θέση. Πρόσεξε πολύ τη

μαγική δύναμη της λέξης *γιατί:* μπορεί να σε κάνει πάντα να οπισθοχωρείς.

● *«Αν με είχες ρωτήσει απ' την αρχή!»*

Ίσως είναι αλήθεια πως αν τον είχες ρωτήσει απ' την αρχή τα πράγματα θα πήγαιναν καλύτερα, μπορεί όμως να είναι και ψέμα, γιατί ίσως τότε να μη σου είχε πει αυτό που τώρα (εκ των υστέρων) ισχυρίζεται ότι θα σου είχε πει. Μπορεί, απλώς, να εκμεταλλεύεται αυτή τη θαυμάσια ευκαιρία να φανεί καλός εις βάρος σου. Όπως και νάναι τα πράγματα, πάντως, τώρα είναι πολύ αργά και, επομένως, αν ο άλλος προσπαθεί να σε βοηθήσει τώρα μ' αυτή τη χιλιοειπωμένη φράση, το μόνο που θα πετύχει είναι να σε κάνει να αισθάνεσαι ένοχος, που έπραξες κάτι χωρίς να τον συμβουλευτείς – με σκοπό, πιθανότατα, να προχωρήσει στη θυματοποίησή σου με όποια μέθοδο διαλέξει, δεδομένου ότι «απέδειξες» ότι το αξίζεις.

● *«Μα πάντα έτσι το κάναμε!»*

Αυτή η απλή φρασούλα σημαίνει ότι κάθε φορά που ξεστρατίζεις από την παλιά «παραδεκτή» συμπεριφορά σου πρέπει να νιώθεις άσχημα, γιατί παραβίασες όχι μόνο τα δικαιώματα κάποιου άλλου, αλλά και τα δικά σου. (Ποιος σου είπε ότι είχες δικαίωμα να αλλάξεις;). Αν μπορούν να σε κάνουν να παραδεχτείς ότι δεν πρέπει να κάνεις τίποτε που δεν έχει ξανακάνει, τότε θα σου κόβουν το κεφάλι για οποιαδήποτε νέα συμπεριφορά, χωρίς δεύτερη ερώτηση. Έτσι δεν είναι;

● *«Εσύ τόλεγες αυτό – δεν το πιστεύεις τώρα;»*

Αυτή είναι η λογική της υποχρεωτικής σταθερότητας, που σημαίνει ότι όταν κάποια σου φράση βολεύει τους άλλους, προσπαθούν να σε εγκλωβίσουν στα ίδια σου τα λόγια, ακόμη κι αν έχουν ειπωθεί πριν από δεκαετίες, ακόμη κι αν έχεις αλλάξει κι εσύ μαζί με τις περιστάσεις, ακόμη κι αν ολόκληρος ο κόσμος έχει έρθει τ' απάνω-κάτω. Γιατί, αν φέρεσαι αντίθετα μ' αυτά που έχεις υποστηρίξει κάποτε, τότε είσαι ανήθικος, ασυνεπής, ασυνείδητος: διάλεξε τι προτιμάς ή συνέχισε τον κατάλογο. Αν μπορούν να σε ενοχοποιήσουν που άλλαξες, τότε το πιο πιθανό είναι ότι θα γυρίσεις προς τα πίσω και θα μείνεις πιστός σ' αυτό που είπες κάποτε, ακόμη κι αν τώρα πια δεν το πιστεύεις – πράγμα που, φυσικά, θα κάνει το θυματοποιό σου ευτυχισμένο και... αποτελεσματικό!

● *«Αν δεν είχα κάνει αυτό...»*

Αυτή είναι η «αναθεωρητική νεύρωση», με την οποία πληγώνεις τον εαυτό σου σήμερα, αναβιώνοντας περασμένα λάθη. Καταριέσαι, κυριολεκτικά, τον εαυτό σου, επειδή έκανες κάτι μ' ένα συγκεκριμένο τρόπο. Μπορείς, βέβαια, θα θυματοποιείσαι και με το αντίστροφο: «Αν είχα κάνει αυτό....», πράγμα εξίσου ηλίθιο. Είναι φανερό πως είναι αδύνατο τώρα να είχες κάνει τα πράγματα διαφορετικά τότε και αναμασώντας τα δεν κάνεις τίποτε περισσότερο από το να σπαταλάς το παρόν.

● *«Α, ναι! Χτες είχαμε μια παρόμοια περίπτωση»*
Αυτό είναι ένα σενάριο, που χρησιμοποιούν συχνά στις διάφορες υπηρεσίες. Μιλώντας σου για το τι συνέβη σε μια περίπτωση όμοια με τη δική σου, σε παρασύρουν να συμφωνήσεις μαζί τους ότι, π.χ., δεν πρέπει να διαμαρτύρεσαι για τα σκουπίδια που πετάνε στην αυλή σου, γιατί «χτες μόλις» θυματοποίησαν κάποιον, ώστε να το «βουλώσει».

● *«Ποιος φταίει;»*
Όποιος θέλει να απομακρύνει την προσοχή από μια εποικοδομητική αντιμετώπιση στο παρόν, μπορεί να το καταφέρει ανατρέχοντας σε όλα τα στάδια μιας λανθασμένης πράξης και ρίχνοντας το φταίξιμο σε όλους τους ενδιαφερόμενους. Η ενοχοποίηση για πράγματα τελειωμένα, αν δε γίνεται για λόγους οικονομικής αποζημίωσης, είναι χάσιμο χρόνου. Αν βρούμε, τελικά, ότι ο Κώστας φταίει κατά σαράντα τοις εκατό, ο Νίκος κατά τριάντα πέντε και οι άλλοι τέσσερις για τα υπόλοιπα είκοσι πέντε τοις εκατό, τι έγινε; Μένοντας δέσμιος των σχημάτων καταλογισμού ευθυνών, μπορείς να περάσεις το μεγαλύτερο μέρος της ζωής σου λογαριάζοντας φταιξίματα και ενοχές για πράγματα τελειωμένα.

Παρακάτω σας δίνουμε τις ίδιες αυτές εφτά προτάσεις, καθώς και το τι θα έλεγε κάποιος, που δε σκοπεύει να γίνει θύμα.

Θυματοποιητική Φράση	Μη-θυματοποιητική Φράση
Γιατί τόκανες αυτό έτσι; Αν με είχες ρωτήσει απ' την αρχή... Μα πάντα έτσι το κάναμε!	Τι έμαθες κάνοντάς το έτσι; Καλύτερα θα είναι στο μέλλον να με συμβουλεύεσαι πρώτα. Είσαι διαφορετικός τώρα και μου είναι δύσκολο να το δεχτώ.

Εσύ τόλεγες αυτό – δεν το πιστεύεις τώρα;

Αν δεν είχα κάνει αυτό...

Α, ναι! Χτες είχαμε μια παρόμοια περίπτωση. Ποιος φταίει;

Μ' έκανες να πιστεύω κάτι διαφορετικό και είναι οδυνηρό για μένα. Βλέπω πού στραβώσανε τα πράγματα και δε θα επαναλάβω το λάθος. Τι μπορώ να κάνω για σας;

Πώς μπορούμε να το αποφύγουμε αυτό στο μέλλον;

Οι συγγενείς σας θα χρησιμοποιήσουν θυματοποιητικές φράσεις, σαν τις παραπάνω, για να σας διαμορφώσουν όπως θέλουν αυτοί. Τα μέλη της οικογένειας τις χρησιμοποιούν για να δικαιολογήσουν την τιμωρία που πρόκειται να επιβάλουν ή για να εμποδίσουν τα ανυπάκουα μέλη να ξεφύγουν εντελώς. Οι έμποροι, που θέλουν να πληρώνετε χωρίς να ρωτάτε, θα χρησιμοποιήσουν την τακτική αυτή – όπως και οι υπάλληλοι ή οι τηλεφωνητές, που πληρώνονται για να σας εμποδίσουν να πετύχετε τους προσωπικούς σας στόχους, σε βάρος της εταιρείας που υπηρετούν με τόσο ζήλο. Οι θυματοποιοί χρησιμοποιούν την τακτική αυτή για ν' αποφύγουν τη λογική, για να βγούν από τη δύσκολη θέση, για να σας φοβίσουν, να σας χειραγωγήσουν και να κερδίσουν. Κάθε φορά που ο άνθρωπος, που έχετε απέναντί σας, πετάει μια αναφορά στο παρελθόν, αναλογιστείτε κατά πόσο είναι θυματοποιητική και ετοιμαστείτε να αντιδράσετε ανάλογα. Νά ένα παράδειγμα:

Εδώ και μερικά χρόνια ο Σαμ παράγγειλε τηλεφωνικά σ' ένα πωλητή μερικά δημοτικά χρεόγραφα και του υποσχέθηκαν ότι θα του τα παρέδιδαν σε μια συγκεκριμένη ημερομηνία. Όταν έφθασαν με μια εβδομάδα καθυστέρηση, ο Σαμ αρνήθηκε να τα παραλάβει. Στο τηλέφωνο ο πωλητής, που είχε χάσει έτσι ένα σημαντικό ποσοστό, προσπάθησε να πείσει το Σαμ ότι δεν είχε δικαίωμα να μην τα παραλάβει, γιατί *θα έπρεπε* να είχε τηλεφωνήσει, όταν είδε ότι δεν ήρθαν εγκαίρως. Ήταν, επομένως, υποχρεωμένος να τα παραλάβει. «Γιατί δε μου τηλεφωνήσατε;», έλεγε και ξανάλεγε ο πωλητής.

Η απάντηση του Σαμ ήταν: «Βρίσκεις πραγματικά ότι πρέπει να σου δώσω εξηγήσεις; Πιστεύεις ότι ήταν ΔΙΚΗ ΜΟΥ υποχρέωση να σου τηλεφωνήσω, όταν *εσύ* καθυστέρησες;».

Γουαίην Ντύερ

Μετά απ' αυτό ο πωλητής παραιτήθηκε από την προσπάθειά του και έμεινε με τα χρεόγραφά του.

ΑΝΑΜΑΣΩΝΤΑΣ ΤΟΝ ΠΑΡΕΛΘΟΝ ΣΟΥ ΘΥΜΑΤΟΠΟΙΕΙΣ ΤΟΝ ΕΑΥΤΟ ΣΟΥ

Δεν είναι μόνο οι άλλοι που πρόθυμα αναφέρονται στο παρελθόν, για να σε διαμορφώσουν όπως θέλουν. Αυτή τη δουλειά την κάνεις και μόνος σου, με πολλή επιτυχία. Ίσως κι εσύ, όπως και πολλοί άλλοι, ζεις σήμερα βασισμένος σε παλιές πεποιθήσεις, που δεν έχουν πια πέραση. Ίσως αισθάνεσαι παγιδευμένος από το παρελθόν σου, αλλά απρόθυμος να ξεκόψεις και να ξεκινήσεις πάλι από την αρχή.

Ι Τζοάνα, μια γυναίκα που ήρθε να με συμβουλευτεί γιατί ένιωθε συνεχώς νευρικότητα και άγχος, μου εμπιστεύτηκε πως δεν περνούσε ούτε μια μέρα χωρίς να νιώσει τεντωμένη. Μου αποκάλυψε πόσο κατηγορούσε μέσα της τους γονείς της για τα δυστυχισμένα παιδικά της χρόνια. «Δε μ' άφηναν καμιά ελευθερία. Έλεγχαν συνεχώς τη συμπεριφορά μου. Αυτοί μ' έκαναν τέτοιο νευρικό κουρέλι». Αυτά ήταν τα παράπονα της Τζοάνας, παρ' όλο που ήταν τώρα πια πενήντα ενός χρόνων κι οι γονείς της είχαν πεθάνει. Έμενε ακόμη προσκολλημένη σ' αυτό που είχε συμβεί πριν τριάντα πέντε χρόνια. Έτσι, ο κύριος στόχος των συμβουλευτικών συναντήσεων ήταν να τη βοηθήσουν ν' απελευθερωθεί από το παρελθόν, που δεν μπορούσε ν' αλλάξει.

Συνειδητοποιώντας πόσο ήταν ανώφελο να μισεί τους γονείς της –επειδή έκαναν κάτι που νόμιζαν σωστό– και τοποθετώντας όλες αυτές τις εμπειρίες εκεί που ανήκαν, δηλαδή στο παρελθόν, η Τζοάνα έμαθε πώς ν' απελευθερώνεται από την αυτοκαθηλωτική της επιθετικότητα κατά των νεκρών γονιών της. Κατάλαβε πως ακόμη και σαν έφηβη είχε προτιμήσει να αφήσει την υπερπροστατευτικότητα των γονιών της να την διαταράξει και πως, αν ήταν πιο μαχητική τότε, δε θα είχε θυματοποιηθεί τόσο πολύ. Άρχισε να πιστεύει στην προσωπική της δύναμη ΕΠΙΛΟΓΗΣ, καταλαβαίνοντας ότι ως τώρα διάλεγε μόνη της τη δυστυχία της και ότι συνέχιζε αυτοκαταστροφικά τη συνήθεια αυτή. Διακόπτοντας τις θυματοποιητικές συνδέσεις με ένα παρελθόν αμετάτρεπτο πια, η Τζοάνα απελευθερώθηκε από το άγχος της.

Όταν αξιολογείτε τις επιδράσεις του παρελθόντος πάνω στη ζωή σας, φροντίστε να διαλύσετε την εντύπωση ότι κάποιος άλλος είναι υπεύθυνος γι' αυτό που αισθάνεστε, κάνετε ή δεν κάνετε σήμερα. Αν πιάσετε τον εαυτό σας να κατηγορεί τους γονείς ή τους παππούδες σας ή την εποχή για τις σημερινές σας δυσκολίες, πέστε μέσα σας αυτή τη μικρή φράση: «Αν φταίει το παρελθόν μου γι' αυτό που είμαι σήμερα, εφόσον το παρελθόν, ως γνωστόν, δεν αλλάζει, τότε είμαι καταδικασμένος να μείνω αυτό που είμαι». Το σήμερα είναι μια νέα εμπειρία· μπορείτε, λοιπόν, ν' αποφασίσετε τώρα ν' απαλλαγείτε απ' όλα τα δυσάρεστα πράγματα του παρελθόντος και να κάνετε την *τωρινή* στιγμή ευχάριστη.

Η πολύ απλή αλήθεια για τους γονείς σας είναι ότι *δεν ήξεραν τι έπρεπε να κάνουν*. Αν ο πατέρας σου ήταν αλκοολικός ή σε εγκατέλειψε μωρό ακόμα, αν η μητέρα σου ήταν αδιάφορη ή υπερπροστατευτική, ήταν γιατί αυτό μόνο ήξεραν να κάνουν. Όποιες δυστυχίες κι αν σας έτυχαν στα νιάτα σας, είναι πολύ πιθανό να μεγαλοποιείτε τις τραυματικές τους επιπτώσεις. Τα μικρά παιδιά, συνήθως, προσαρμόζονται στα πάντα (εκτός αν πρόκειται για κάτι υπερβολικά αλλοτριωτικό) και δεν περνούν τον καιρό τους κλαψουρίζοντας ή νιώθοντας οίκτο για τον εαυτό τους, επειδή έχουν τέτοιους γονείς. Συνήθως δέχονται την οικογένειά τους, τη στάση των γονιών τους κ.λπ., ακριβώς όπως είναι και προσαρμόζονται σ' αυτούς, όπως και στις καιρικές συνθήκες. Το κεφάλι τους είναι γεμάτο από τα θαύματα του κόσμου και απολαμβάνουν δημιουργικά τη ζωή, ακόμη και μέσα σε συνθήκες που άλλοι θα τις ονόμαζαν άθλιες. Στον πολιτισμό μας, όμως, οι ενήλικοι έχουν τη μανία να αναλύουν ξανά και ξανά τον παρελθόν τους και να ανακαλούν στη μνήμη τους τρομερά τραυματικές εμπειρίες, που συχνά δε γνώρισαν ποτέ.

Όταν οι άρρωστοί μου προσπαθούν να βρουν αιτίες στο παρελθόν τους για να δικαιολογήσουν τη σημερινή συμπεριφορά τους, τους λέω να διαλέξουν την εξήγηση που προτιμούν από ένα κατάλογο σαν αυτόν που σημειώνω παρακάτω. Αν θέλουν, τους λέω να χρησιμοποιήσουν αυτή την εξήγηση και, ξεμπερδεύοντας, να κάνουν νέες επιλογές για το σήμερα. Ο κατάλογος περιέχει μερικούς από τους πιο κοινούς λόγους, που σχετίζονται με το παρελθόν,

93

τους οποίους χρησιμοποιούν οι άνθρωποι για να εξηγήσουν γιατί είναι έτσι σήμερα. Αφού ξοδέψουν αρκετό χρόνο και χρήματα, αναλύοντας –στα πλαίσια της θεραπείας– το παρελθόν τους, οι περισσότεροι καταλήγουν σε κάποια απ' αυτά τα συμπεράσματα:

Οι γονείς μου ήταν ανεύθυνοι.
Οι γονείς μου ήταν υπερβολικά συγκρατημένοι.

Η μητέρα μου ήταν υπερπροστατευτική.
Η μητέρα μου δεν ενδιαφερόταν αρκετά.

Ο πατέρας μου με εγκατέλειψε.
Ο πατέρας μου ήταν υπερβολικά αυστηρός.

Δε μ' άφηναν να κάνω τίποτε μόνος μου.
Δε με βοηθούσε κανείς.

Ήμουν μοναχοπαίδι.
Ήμουν ο μεγαλύτερος από ———.
Ήμουν ο μικρότερος από ———.
Ήμουν ο μεσαίος.

Οι καιροί ήταν πολύ δύσκολοι.
Η εποχή παραήταν εύκολη.

Ζούσα σ' ένα γκέτο
Ζούσα σ' ένα παλάτι (μεγάλο, φανταχτερό σπίτι κ.λπ.).

Δεν είχα καμιά ελευθερία.
Είχα υπερβολική ελευθερία

Η οικογένειά μου ήταν θρησκόληπτη.
Κανείς δεν πίστευε σε τίποτε.

Κανείς δε μ' άκουγε.
Δε μ' άφηναν ποτέ μόνο.

Τ' αδέλφια μου με μισούσαν.

Ήμουν υιοθετημένο παιδί.

Ζούσαμε σε απομονωμένη περιοχή.

(Και πολλά άλλα παρόμοια).

Όποιες εξηγήσεις κι αν διαλέξεις, μην ξεχνάς πως είναι μύθος η άποψη ότι μπορούν να υπάρχουν *αληθινές* εξηγήσεις για το παρελθόν. Το περισσότερο που μπορεί να σου προσφέρει ο θεραπευτής είναι την άποψή του – κι αυτή θα προωθήσει την αυτογνωσία σου, αν πιστέψεις ότι είναι αληθινή. Η αξία δε βρίσκεται στην άποψη, αλλά στο γεγονός ότι μπορεί να σε βοηθήσει ουσιαστικά. Παραδέχομαι ότι μπορεί κανείς να κατανοήσει πολλά πράγματα για το παρελθόν του, αυτή όμως η κατανόηση δεν πρόκειται να αλλάξει ούτε το παρελθόν ούτε το μέλλον – και η ενοχοποίηση του παρελθόντος γι' αυτό που είσαι σήμερα δε σε βγάζει από το αδιέξοδο, αλλά σε κρατάει καθηλωμένο.

Οι περισσότεροι μεγάλοι στοχαστές έχουν ξεχάσει το παρελθόν, κρατώντας απ' αυτό μονάχα την πείρα ή την ιστορία, που θα μπορούσε να τους βοηθήσει, και ζουν αποκλειστικά στο παρόν, με τα μάτια στραμμένα στη βελτίωση του μέλλοντος. Οι πρωτοπόροι ποτέ δε λένε: «Έτσι το κάναμε πάντα κι επομένως δε γίνεται να το αλλάξουμε». Διδάσκονται από το παρελθόν, μα δε ζουν εκεί.

Ο Σαίξπηρ, σε πολλά από τα έργα του, αναφέρει ότι είναι ανόητο να ασχολείται κανείς με το παρελθόν. Σε κάποιο σημείο συμβουλεύει: «Ό,τι έχει διαβεί και πια είναι πέρα απ' τις δυνάμεις μας, πρέπει να είναι και πέρα από τη λύπη μας». Και σε κάποιο άλλο σημείο μάς θυμίζει πως «όσα δε γιατρεύονται θάπρεπε να μη μας νοιάζουν· ό,τι έγινε, έγινε».

Η τέχνη της λησμονιάς είναι πολλές φορές απαραίτητη για την τέχνη της ζωής. Όλες αυτές οι φρικτές μνήμες, που συσσωρεύουμε στο μυαλό μας, σπάνια αξίζει να τις κρατάμε. Αφού εσύ αποφασίζεις πραγματικά τι θα μείνει στο μυαλό σου, δεν είσαι υποχρεωμένος να τις κρατήσεις. Απάλλαξέ το, λοιπόν, από τις αυτοδιαλυτικές μνήμες και, το πιο σημαντικό, ξεφορτώσου τη μνησικακία και το μίσος σου ενάντια σ' εκείνους που δεν έκαναν παρά αυτό που νόμιζαν καλύτερο. Αν το φέρσιμό τους απέναντί σου ήταν πραγματικά φρικτό, τότε διδάξου απ' αυτό, φρόντισε να μη φερθείς ποτέ στους άλλους μ' αυτόν τον τρόπο και συγχώρεσέ τους από τα βάθη της καρδιάς σου. Αν δεν μπορείς να τους συγχωρήσεις, σημαίνει πως επιλέγεις να μείνεις πληγωμένος, πράγμα που απλώς σε θυματοποιεί περισσότερο. Κι ακόμη κάτι: αν δεν αποφασίσεις να ξεχάσεις και να συγχωρήσεις, θα είσαι ο μόνος –το τονίζω, *ο μόνος*– που θα υποφέρει. Αν το δεις απ' αυτή τη σκοπιά, γιατί να συνεχίσεις να επιμένεις σ' ένα θυματοποιητικό παρελθόν, που δεν κάνει άλλο από το να παρατείνει τη θυματοποίησή σου;

ΜΕΡΙΚΕΣ ΣΤΡΑΤΗΓΙΚΕΣ ΓΙΑ ΝΑ ΠΑΨΕΙΣ ΝΑ ΘΥΜΑΤΟΠΟΙΕΙΣΑΙ ΑΠΟ ΤΟ ΠΑΡΕΛΘΟΝ

Η βασική στρατηγική αποφυγής των θυματοποιητικών παγίδων του παρελθόντος είναι να τις «επισημαίνεις» από μακριά και να τις υπερπηδάς, χωρίς ν' ακουμπήσει ούτε το δάχτυλό σου στην κινούμενη άμμο τους. Αν έχεις καταλάβει σωστά την κατάσταση, το θάρρος και η δυναμική συμπεριφορά θα σε βοηθήσουν για τα υπόλοιπα. Παρακάτω σας δίνω μερικές οδηγίες για ν' αντιμετωπίζετε όσους προσπαθούν να σας ρίξουν στο νεκρωτικό τέλμα των περασμένων.

● Κάθε φορά που κάποιος σου λέει ότι τα πράγματα ήταν πάντα έτσι ή σου υπενθυμίζει πώς φέρονταν οι άλλοι στο παρελθόν, με σκοπό να σε θυματοποιήσει στο μέλλον, δοκίμασε την ερώτηση: «Θέλεις να μάθεις αν μ' ενδιαφέρει αυτό που λες τώρα;». Αυτό θα αφοπλίσει τον υποψήφιο θυματοποιό πριν καλά καλά αρχίσει. Αν ο άλλος σε ρωτήσει: «Ωραία, πες μου λοιπόν· σ' ενδιαφέρει;», απάντησέ του απλά: «Όχι, μ' ενδιαφέρει να συζητήσω για το τι μπορεί να γίνει τώρα».

● Όταν οι άνθρωποι, με τους οποίους έχεις προσωπική επαφή, χρησιμοποιούν ... τα «έπρεπε να», «την περασμένη βδομάδα ...» κ.λπ., έτσι ώστε να μην ακούν αυτά που λες, δοκίμασε ν' απομακρυνθείς μερικά βήματα και να δημιουργήσεις μια μικρή «απόσταση». Διδάσκει κανείς τους άλλους με τη συμπεριφορά του κι όχι με τα λόγια· δείξε, λοιπόν, ότι είσαι αποφασισμένος να μη μιλήσεις για πράγματα περασμένα, όταν χρησιμοποιούνται σαν λόγοι για να γίνεις θύμα τώρα.

● Μάθε να αφαιρείς από το λόγο σου τις θυματοποιητικές αναφορές στο παρελθόν, ώστε να μη διευκολύνεις τους άλλους να τις χρησιμοποιούν εναντίον σου. Φρόντισε να αποφεύγεις τα «Θάπρεπε να είχες» και «Γιατί το έκανες έτσι;», καθώς κι όλα τα παρόμοια, που θυματοποιούν τους φίλους και τους συγγενείς σου. Το παράδειγμά σου θα δείξει στους άλλους ποια συμπεριφορά ζητάς και η επιθυμία σου να σε απαλλάξουν απ' αυτό το είδος θυματοποίησης δε θ' αντιμετωπιστεί με το «Παράτα μας ήσυχους!...».

● Όταν κάποιος αρχίζει με τη φράση «Θάπρεπε να είχες», προσπάθησε να του πεις: «Αν μπορείς να φέρεις πίσω το χρόνο, ευχαρίστως θα κάνω αυτό που λες ότι θάπρεπε. Αν, όμως, δεν μπορείς....». Ο «αντίπαλος» θα καταλάβει αμέσως ότι γνωρίζεις την παγίδα κι αυτό ισοδυναμεί με μισή νίκη. Άλλο πράγμα που μπορείς να δοκιμάσεις, είναι το «Ναι, έχεις δίκιο, έτσι θάπρεπε». Η συμφωνία σου υποχρεώνει τον «αντίπαλο» ν' ασχοληθεί πια με το παρόν.

● Αν κάποιος σε ρωτήσει γιατί έκανες κάτι μ' ένα ορισμένο τρόπο, δώσε την πιο καλή σου *σύντομη* απάντηση. Αν σου πει πως οι λόγοι σου είναι λάθος, μπορείς να πεις ότι συμφωνείς ή διαφωνείς τη στιγμή αυτή, ΑΛΛΑ ότι νόμιζες πως σου ζητούσε να του *εξηγήσεις* το πώς σκέφτηκες τότε κι όχι να δικαιολογήσεις αυτό που έκανες. Μπορείς να προσθέσεις: «Αν δε σ' αρέσει η εξήγησή μου, τότε πες μου *εσύ* γιατί νομίζεις πως το έκανα έτσι και θα συζητήσουμε τότε την άποψή σου αντί για τη δική μου». Αυτού του είδους το ξεκαθάρισμα θα διδάξει πολύ γρήγορα στους άλλους ότι δεν είσαι διατεθειμένος να υποκύψεις στα θυματοποιητικά τους τεχνάσματα.

● Όταν νιώθεις πως κάποιος είναι ενοχλημένος από σένα και χρησιμοποιεί τις γνωστές παρελθοντολογικές παγίδες για να σε χειραγωγήσει αντί να σου πει τα συναισθήματά του, βίασε την κατάσταση εσύ λέγοντας: «Σε απογοήτευσα, δεν είναι έτσι;», «Μα εσύ ταράχτηκες πιο πολύ απ' όσο φαντάζομουν», «Έχεις θυμώσει επειδή νιώθεις ότι σε πρόδωσα». Η προσοχή θα στραφεί στο πραγματικό πρόβλημα, που είναι τα τωρινά συναισθήματα του άλλου. Αυτή η στρατηγική του κατονομασμού των τωρινών συναισθημάτων αποδυναμώνει τις ευκαιρίες των άλλων να σας θυματοποιήσουν.

● Αν αισθάνεσαι ότι πραγματικά φέρθηκες άσχημα ή απερίσκεπτα στη συγκεκριμένη κατάσταση που συζητιέται, μη φοβηθείς να πεις: «Έχεις δίκιο, την άλλη φορά δε θα το κάνω έτσι». Το να πεις αυτό που έμαθες, είναι πολύ πιο αποτελεσματικό από το να νιώθεις υποχρεωμένος να υπερασπίζεσαι αιωνίως και να ξαναζείς το παρελθόν σου.

● Όταν κάποιος πολύ κοντινός σου –ο σύντροφός σου, ένας στενός φίλος– ανασύρει από το παρελθόν σου ένα γεγονός, που ξέρεις ότι είναι οδυνηρό γι' αυτόν και που έχει κατά τη γνώμη σου συζητηθεί πιο πολύ απ' όσο χρειάζεται, προσπάθησε να κρατήσεις την προσοχή συγκεντρωμένη στα συναισθήματά του, παρά να α-φεθείς στη ρουτίνα τού «Πώς μπόρεσες....;» ή «Δε θάπρεπε να...». Αν ο άλλος επιμένει να σε κατηγορεί, μην απαντάς με πολλά λόγια, που θα μεγαλώσουν απλώς τον πόνο του, αλλά προτίμησε μια τρυφερή χειρονομία –ένα φιλί, ένα άγγιγμα στον ώμο, ένα ζεστό χαμόγελο– και μετά φύγε για λίγο. Με την τρυφερότητα και το φευγιό σου θα διδάξεις στους άλλους ότι είσαι μεν μαζί τους, αλλά δεν πρόκειται να δεχτείς να θυματοποιηθείς, επαναλαμβάνοντας την τελευταία –και εκατοστή– φορά, που συζητήθηκε το πράγμα, καταλήγοντας και πάλι σε αμοιβαίους τραυματισμούς.

● Αποφάσισε να διδάσκεσαι από το παρελθόν, αντί να το επαναλαμβάνεις ή να το συζητάς ατελείωτα. Συζήτησε την απόφασή σου αυτή με εκείνους που θεωρείς κύριους θυματοποιούς σου. Τοποθέτησε μπροστά τους τούς βασικούς κανόνες, που θέλεις να τηρούνται στο μέλλον: «Ας πάψουμε να βασανίζουμε ο ένας τον άλλον με πράγματα τελειωμένα κι ας προσπαθήσουμε να το επισημαίνουμε μεταξύ μας χωρίς κακία, όποτε συμβαίνει». Με τον/την σύζυγό σου ή κάποιον άλλο τόσο πολύ κοντινό μπορείς να συμφωνήσεις και σε κάποιο μη λεκτικό σχήμα, όπως είναι το τράβηγμα του αυτιού, που θα χρησιμοποιείται όταν βλέπετε να αρχίζει η διαδικασία παρελθοντολογικής θυματοποίησης.

● Όταν κάποιος αρχίζει να σου μιλάει για τις παλιές καλές μέρες ή για το τι έκανε όταν ήταν νέος κ.λπ., μπορείς ν' απαντήσεις: «Ακριβώς επειδή ζεις περισσότερα χρόνια είχες και περισσότερο καιρό, όχι μόνο να διδαχτείς από την πείρα αλλά και να ασκηθείς στη λανθασμένη εφαρμογή των πραγμάτων. Γι' αυτό, το γεγονός ότι έκανες πάντα κάποιο πράγμα μ' ένα συγκεκριμένο τρόπο δεν αποδεικνύει ότι πρέπει κι εγώ να είμαι έτσι και να το κάνω μ' αυτό τον τρόπο». Μια τέτοια απλή δήλωση πληροφορεί το δυνητικό θυματοποιό ότι ξέρεις το κόλπο του και ότι δεν κατευθύνεις τη ζωή σου σύμφωνα με το πώς την έζησαν οι άλλοι.

● Μη δίνεις στις αναμνήσεις τόσο βάρος, ώστε να κάνεις πράγματα μόνο και μόνο για να τα θυμάσαι. Μάθε να απολαμβάνεις το παρόν όπως έρχεται. Κι αντί να ξοδεύεις τις μελλοντικές σου στιγμές στην ανάμνηση, μπορείς να συγκεντρώσεις την προσοχή σου στις νέες ευχάριστες εμπειρίες. Όχι ότι οι αναμνήσεις είναι νευρωτικό πράγμα, αλλά βρίσκονται σε δεύτερη μοίρα σε σχέση με τις απολαυστικές στιγμές του παρόντος. Κοιτάξτε τι έγραψε η Φράνσις Ντυριβάλ πάνω σ' αυτό:

Μας διδάσκουν να θυμόμαστε. Γιατί δε μας διδάσκουν να ξεχνάμε; Δεν υπάρχει στον κόσμο άνθρωπος που σε κάποια στιγμή της ζωής του να μην παραδέχτηκε ότι η μνήμη είναι κατάρα, όσο και ευλογία.

● Προσπάθησε, όσο γίνεται περισσότερο, να πάψεις να παραπονιέσαι για ό,τι δεν μπορείς να αλλάξεις – για πράγματα σαν κι αυτά που αναφέραμε πιο πριν, σ' αυτό το κεφάλαιο. Διόρθωνε τον εαυτό σου κάθε φορά που βλέπεις αυτά τα ανώφελα παράπονα να ξεφυτρώνουν στο μυαλό σου ή στη συζήτησή σου, ώσπου να μάθεις να μην παίζεις πια αυτά τα αυτοθυματοποιητικά παιχνίδια με τον εαυτό σου. Σημείωνε τις επιτυχίες σου σ' ένα καθημερινό ημερολόγιο, αν σου είναι απαραίτητο.

● Συγχώρεσε σιωπηλά όποιον νομίζεις ότι σε έβλαψε στο παρελθόν και υποσχέσου να πάψεις να θυματοποιείς τον εαυτό σου με κακές ή εκδικητικές σκέψεις, που μόνο εσένα βλάπτουν. Αν είναι δυνατό, γράψε ή τηλεφώνησε σε κάποιον, με τον οποίο έχεις αρνηθεί να ξαναμιλήσεις και ξεκίνα από την αρχή. Το να κρατάς παλιές κακίες, συχνά σου στερεί πολλές δυνητικά ευχάριστες εμπειρίες με κάποιους ανθρώπους, μόνο και μόνο γιατί έκαναν κάποτε κάποια λάθη που σε πείραξαν. Ποιος δεν έχει κάνει τέτοια λάθη; Μην ξεχνάς, ακόμη, πως αν σε στενοχωρεί και σήμερα η περασμένη συμπεριφορά τους, αυτό σημαίνει ότι ακόμη εξαρτάσαι από αυτούς.

● Ασκήσου ενεργητικά σε μια τολμηρή –επιβεβαιωτική, μετωπική– συμπεριφορά, με όσο περισσότερους ανθρώπους μπορείς.

Διάθεσε το χρόνο να εξηγήσεις στους άλλους πώς αισθάνεσαι τώρα και να τονίσεις, όποτε είναι απαραίτητο, ότι δεν έχεις σκοπό να συνεχίσεις να συζητάς για πράγματα που δεν αλλάζουν. Ή θα είσαι τολμηρός με τους ανθρώπους ή θα είσαι θύμα: η εκλογή είναι δική σου.

ΣΥΜΠΕΡΑΣΜΑΤΙΚΕΣ ΣΚΕΨΕΙΣ

Το μυαλό μας είναι ικανό ν' αποθηκεύει έναν αφάνταστο αριθμό πληροφοριών. Όσο κι αν αυτό είναι ευλογία, από πολλές απόψεις μπορεί να γίνει και κατάρα, όταν βρισκόμαστε να κουβαλάμε μνήμες, που δεν κάνουν τίποτε άλλο από το να μας πληγώνουν. Το μυαλό σου σού ανήκει· έχεις την καταπληκτική δυνατότητα να πετάξεις έξω τις θυματοποιητικές μνήμες. Και, αν φερθείς με αποφασιστικότητα και μαχητικότητα, μπορείς να βοηθήσεις τους άλλους να πάψουν να σε θυματοποιούν.

4

Αποφεύγοντας την Παγίδα της Σύγκρισης

*Σ' ένα κόσμο ξεχωριστών ατόμων
η σύγκριση
είναι μια ανόητη δραστηριότητα.*

ΤΕΣΤ ΔΕΚΑ ΕΡΩΤΗΣΕΩΝ

Απαντήστε σ' αυτό το μικρό ερωτηματολόγιο πριν διαβάσετε αυτό το κεφάλαιο.

Ναι   Όχι

_____ _____ 1. Σκέφτεσαι συχνά ότι θα 'θελες να μοιάζεις με κάποιον άλλον, που τον θεωρείς όμορφο ή ελκυστικό;

_____ _____ 2. Θέλεις πάντοτε να ξέρεις ποια επίδοση είχαν οι άλλοι στα τεστ που περνάς;

_____ _____ 3. Χρησιμοποιείς λέξεις, όπως «φυσιολογικός» ή «μέσος όρος», όταν μιλάς για τον εαυτό σου;

_____ _____ 4. Λες στα παιδιά σου (ή στον εαυτό σου) ότι δεν μπορούν να κάνουν κάτι, γιατί δεν το κάνουν οι άλλοι;

_____ _____ 5. Προσπαθείς να είσαι σαν τους άλλους για να ταιριάζεις;

_____ _____ 6. Λες στους άλλους: «Γιατί δεν μπορείς να είσαι σαν όλους τους άλλους;».

_____ _____ 7. Ζηλεύεις τα κατορθώματα των άλλων;

_____ _____ 8. Καθορίζεις τους προσωπικούς σου στόχους με βάση τι κατάφεραν οι άλλοι;

_____ _____ 9. Υποχωρείς όταν σου λέει κάποιος: «Έτσι φερόμαστε σε όλους, δεν είσαι εξαίρεση».

_____ _____ 10. Θέλεις να βλέπεις τι φορούν οι άλλοι, προκειμένου να αποφασίσεις τι θα βάλεις ή αν θα είσαι ικανοποιημένος από την εμφάνισή σου;

Οποιοδήποτε *ναι* στις παραπάνω ερωτήσεις δείχνει ότι πάσχεις από μια πολύ συνηθισμένη αρρώστια του καιρού μας: συγκρίνεις τον εαυτό σου με τους άλλους, για να βρεις πώς πρέπει να ζήσεις τη ζωή σου.

Χρειάζεται να έχει κανείς μεγάλη αυτοπεποίθηση για να καθορίζει το τι θέλει να κάνει, συμβουλευόμενος μόνο τις εσωτερικές του προδιαθέσεις. Όταν δε διαθέτει κανείς αυτή την αυτοεκτίμηση, χρησιμοποιεί τα μοναδικά κριτήρια, που είναι προσιτά σε ό- λους: τη σύγκριση με τους άλλους – κάτι που χρησιμοποιείται από όλους, γιατί είναι πολύ αποτελεσματικό για τη συγκράτηση των ανθρώπων μέσα σε συγκεκριμένα πλαίσια. Για να ξεφύγετε από την παγίδα της διαρκούς σύγκρισης, πρέπει να αναπτύξετε μια αρκετά ισχυρή πίστη στον εαυτό σας (που πρέπει ν' αποφασίσετε να την εφαρμόζετε λεπτό προς λεπτό στη ζωή σας), εξοπλίζοντάς τον με μερικές από τις στρατηγικές αυτού του κεφαλαίου.

Πρώτα απ' όλα, όμως, πρέπει να συνειδητοποιήσετε πως δεν είναι δυνατό να είναι κανείς σαν όλους τους άλλους και, ταυτό- χρονα, αυτόνομος. Ο Ραλφ Γουόλντο Έμερσον το κατάλαβε αυτό καλύτερα από όλους τους συγγραφείς, που έχω διαβάσει. Στο έρ- γο του *Αυτοπεποίθηση* γράφει:

> Όποιος θέλει να γίνει άνθρωπος, πρέπει να είναι αντικομφορ- μιστής. Αυτός που θέλει να δρέψει αθάνατες δάφνες δεν πρέπει να εμποδίζεται από το όνομα του καλού, αλλά να εξερευνά το καλό. Τίποτε δεν είναι απόλυτα ιερό, παρά μόνο η ακεραιότητα του δικού σου πνεύματος.

Τα λόγια αυτά έχουν μεγάλη δύναμη, αλλά δεν ανταποκρίνο- νται βασικά στο δημόσιο αίσθημα. Ο αντικομφορμισμός δεν εγκρί- νεται εξ ορισμού από την πλειοψηφία, που, *σαν πλειοψηφία*, θέτει τα κριτήρια του κομφορμισμού.

Χωρίς να υποστηρίζουμε «τον αντικομφορμισμό για τον αντι- κομφορμισμό», θεωρούμε σημαντικό να εξετάσει κανείς από κοντά τον εαυτό του και τις πολύ προσωπικές του επιδιώξεις. Έτσι θα καταλάβει πόσο είναι παράλογο να ζει τη ζωή του με βάση τη σύγκριση με τους άλλους, αν δε θέλει να κινούν οι άλλοι τα νήματά του. Οι άνθρωποι, που θέλουν να είσαι όπως είναι εκείνοι, ή που θέλουν να σου ορίσουν πώς να είσαι, δε θα πάψουν να σου θυμίζουν πώς ενεργούν οι άλλοι, για να σου δώσουν στέρεα παραδείγματα. Αντίδρασε στις υποδείξεις τους, καθώς και στη δική σου τάση να βρίσκεις τα πρότυπά σου έξω από τον εαυτό σου.

ΕΙΣΑΙ ΜΟΝΑΔΙΚΟΣ Σ' ΟΛΟΚΛΗΡΟ ΤΟΝ ΚΟΣΜΟ

Το πρώτο βήμα για να βγεις από την παγίδα της σύγκρισης είναι να συνειδητοποιήσεις πως δεν υπάρχει παρά *ένας και μοναδικός* εαυτός σου, που τον παίρνεις μαζί σου όπου και να πας. Όπως λέει και το παλιό ρητό, «Όπου πηγαίνω, εκεί είμαι». Κανείς άλλος δεν είναι ούτε και στο ελάχιστο σαν εσένα, σ' ό,τι αφορά τα εσωτερικά σου συναισθήματα, τις σκέψεις και τις επιθυμίες σου. Αν δεχτείς αυτή την άποψη, τότε θα θελήσεις να ερευνήσεις λίγο περισσότερο το γιατί χρησιμοποιείς το παράδειγμα ενός άλλου σαν κριτήριο για κάποια πράξη ή απραξία σου.

Η κοινωνία μας αποτελείται από άτομα (εντελώς μοναδικά το καθένα), που πολύ συχνά νιώθουν να απειλούνται απ' όποιον διαφέρει. Φυσικά, μας αρέσει να βλέπουμε στην ιστορία τους ανθρώπους, που η μοναδικότητά τους τούς έκανε μεγάλους – και να τους υμνούμε. Υπάρχει, για παράδειγμα, ένας γνωστός προπονητής του ποδοσφαίρου, που χρησιμοποιεί τον Έμερσον σαν πρότυπο στις δημόσιες ομιλίες του. Οποιοσδήποτε, όμως, κοιτάξει τον προπονητή και τον Έμερσον, θα καταλάβει ότι ο Ραλφ Γουόλντο δε θα άντεχε ούτε μια μέρα στο γήπεδο προπόνησης. Όλα όσα υποστηρίζει ο προπονητής περί αντικομφορμιστικής συμπεριφοράς, περί του να μην πιστεύεις σε ήρωες αλλά μόνο στον εαυτό σου, δεν «κολλάνε» με το γεγονός ότι δεν επιτρέπει στους «δικούς του» παίκτες να μιλήσουν στον τύπο, ότι τους δίνει ειδικά σηματάκια να κολλάνε στα ρούχα τους σαν φανερές ανταμοιβές για κάτι καλό που έκαναν, ότι ο ίδιος ενεργεί σαν εκπρόσωπος όλων, και πολλά παρόμοια. Άλλωστε είναι γνωστό ότι άνθρωποι σαν τον Ιησού, το Σωκράτη, τον Γκάντι, το Σερ Τόμας Μουρ και, πιο πρόσφατα, το Χάρι Τρούμαν και τον Ουίνστον Τσώρτσιλ, αποδοκιμάστηκαν έντονα για τον υπερβολικό ατομικισμό τους στην εποχή τους, ενώ αποθεώθηκαν αργότερα, όταν δεν ήταν πια επικίνδυνοι.

Στο σχολείο χρησιμοποιούμε μετρήσεις, όπως την «καμπύλη του μέσου όρου», για να βρούμε ποιος «προσαρμόζεται» και ποιος όχι. Χρησιμοποιούμε καθορισμένα μέτρα για να μετρήσουμε κάθε ανθρώπινη ιδιότητα και να βρούμε τον ιερό πια «μέσο όρο». Ο Φρέντερικ Κρέην είπε κάποτε: «Η Μετριότητα βρίσκει ασφάλεια στον κανόνα». Κι όμως, παρ' όλη αυτή την πίεση και τη συνεχή υπόδειξη ότι πρέπει να είσαι σαν τους άλλους, ποτέ δεν το καταφέρνεις. Πάντα θα συλλαμβάνεις τα πράγματα, θα σκέφτεσαι και θα νιώθεις με το δικό σου μοναδικό τρόπο. Αν καταλάβεις ότι το κίνητρο των άλλων, όταν χρησιμοποιούν αυτές τις εξωτερικές α-ναφορές, είναι αποκλειστικά και μόνο να κατευθύνουν τη συμπεριφορά σου και να ασκήσουν πάνω σου την εξουσία τους, τότε μπορείς να αρχίσεις να εμποδίζεις αυτή τη μορφή θυματοποίησης.

Η ΕΝΝΟΙΑ ΤΗΣ ΥΠΑΡΞΙΑΚΗΣ ΜΟΝΑΞΙΑΣ

Συνειδητοποιώντας τη μοναδικότητά σου μέσα στον κόσμο, θα αναγκαστείς να δεχτείς ότι είσαι πάντα μόνος. Ναι, μόνος!

Κανείς άλλος δεν μπορεί ποτέ να αισθανθεί όπως αισθάνεσαι εσύ, είτε βρίσκεσαι ανάμεσα σε χιλιάδες ανθρώπους, είτε κάνεις έρωτα με κάποιον, είτε βρίσκεσαι μόνος σου, κλεισμένος σ' ένα δωμάτιο. Η αναπόδραστη «υπαρξιακή μοναξιά» σου σημαίνει ότι η ανθρώπινη ύπαρξή σου είναι αναπόδραστα θεμελιωμένη πάνω στο γεγονός ότι υπάρχεις μόνος σου, με τα μοναδικά συναισθήματα και τις σκέψεις σου.

Η αναγνώριση της υπαρξιακής μοναξιάς σου μπορεί να είναι κάτι οριακά απελευθερωτικό ή απόλυτα υποδουλωτικό, ανάλογα με το πώς αποφασίζεις να τη χρησιμοποιήσεις. Σε καμιά περίπτω-ση, όμως, δεν αλλάζει. *Μπορείς*, ωστόσο, *να την κάνεις μια απε-λευθερωτική εμπειρία, βάζοντάς την να δουλέψει για λογαριασμό σου*, όπως συμβούλεψα σε πολλούς πελάτες μου να κάνουν.

Δείτε την περίπτωση του Ραλφ, ενός διευθυντικού στελέχους σαράντα έξι χρόνων, που ήρθε να με συμβουλευτεί πριν από μερι-κά χρόνια.

Η συνάντηση του Ραλφ με την πραγματικότητα της υπαρξιακής του μοναξιάς ήρθε ξαφνικά. Μου διηγήθηκε ότι καθόταν ένα βράδυ στο σαλόνι του σπιτιού του και κοίταζε τη γυναίκα του, που διάβαζε την εφημερίδα της απορροφημένη, αγνοώντας τον στρόβιλο των σκέψεων μέσα στο κεφάλι του. Ξαφνικά αισθάνθηκε μέσα του το αλλόκοτο συναίσθημα πως αυτόν τον άνθρωπο, που ζούσε μαζί του επί είκοσι τέσσερα χρόνια, δεν τον γνώριζε καν, πως ήταν σαν μια ξένη, που καθόταν στο σαλόνι του. Έτσι συνειδητοποίησε για πρώτη φορά πως το πρόσωπο αυτό δε θα γνώριζε ποτέ τις εσωτερικές σκέψεις του Ραλφ.

Το συναίσθημα αυτό ήταν πολύ εξωπραγματικό για το Ραλφ και, μην ξέροντας τι να το κάνει, κατέληξε να έρθει να με συμβουλευτεί. Στις πρώτες συναντήσεις μας αισθανόταν πως έπρεπε κάτι να κάνει γι' αυτό, να χωρίσει δηλαδή ή να φύγει. Όταν πλησίασε, όμως, τη θεμελιακή αλήθεια του τι σημαίνει να είσαι ανθρώπινο πλάσμα, έμαθε να βλέπει αυτή την υπαρξιακή μοναξιά του από μια εντελώς διαφορετική σκοπιά – μια σκοπιά απελευθερωτική, αν θέλετε. Δεδομένου ότι η γυναίκα του δε θα αισθανόταν ποτέ αυτό που αισθανόταν αυτός, μπορούσε να πάψει να της ζητά να τον καταλαβαίνει και να «είναι μαζί του» πάντοτε. Ταυτόχρονα συνειδητοποίησε πως η γυναίκα του ήταν κι αυτή υπαρξιακά μόνη και πως μπορούσε ν' ανακουφιστεί από το βάρος τής προσπάθειας να είναι «ένα» μαζί της και να νιώθει όπως κι εκείνη, πράγμα που του δημιουργούσε ανώφελη ενοχή, όταν δεν τα κατάφερνε. Εξοπλισμένος με τη γνώση αυτή μπορούσε να σταματήσει πια αυτή τη θανάσιμη και αυτοδιαλυτική αναζήτηση ενός ανθρώπου, που θα αισθανόταν όμοια μ' αυτόν. Μπορούσε, δηλαδή, να αρχίσει να κινεί μόνος του τα νήματά του. Παράλληλα, μπορούσε να εγκαταλείψει τις ανεδαφικές προσδοκίες του από τη γυναίκα του και να την ξαλαφρώσει κι εκείνη.

Μέσα σε ελάχιστο διάστημα ο Ραλφ αισθάνθηκε ξαναγεννημένος – μόνο και μόνο επειδή ελευθερώθηκε από την παράλογη απαίτηση να συγκατοικήσει με κάποιον άλλον, μέσα στο μοναδικό σώμα και πνεύμα του.

Έχει σημασία να δούμε πώς θα μπορούσε ο Ραλφ να μετατρέψει αυτή τη συνειδητοποίηση της υπαρξιακής μοναξιάς σε καταστροφή, όπως το κάνουν πολλοί, λέγοντας μέσα τους πως είναι αιχμάλωτοι της ανθρώπινης μοίρας τους και ότι ποτέ κανείς δε θα τους καταλάβει. Ήδη, πριν έρθει να με δει, συνήθιζε να παραπονιέται ότι η γυναίκα του «δεν τον καταλαβαίνει» και η ξαφνική του διαίσθηση, ότι ήταν κατά κάποιο τρόπο μια «ξένη», θα μπορούσε να επιδεινώσει τη συμπεριφορά αυτή και να κάνει την κατάσταση αφόρητη. Καθώς, όμως, εξετάζαμε μαζί την υπαρξιακή μοναξιά, ο Ραλφ συνειδητοποίησε πόσο μάταιο ήταν να προσπαθεί να ενώσει κάποιον εσωτερικά μαζί του και ότι, ενώ είναι δυνατό οι άνθρωποι να μοιραστούν πολλά πράγματα και να έρθουν πολύ κοντά, η καθαρή αλήθεια είναι ότι δεν μπορούν να γνωριστούν παρά επιφανειακά. Η εσωτερική ύπαρξη του καθενός είναι απρόσιτη, εξαιτίας αυτής ακριβώς της ανθρώπινης υπόστασής του.

Η υπαρξιακή μοναξιά μπορεί ν' αποτελέσει πηγή μεγάλης δύναμης, όσο και πηγή μεγάλων διαταραχών. Κάθε φορά που νιώθετε τον πειρασμό να χρησιμοποιήσετε τη ζωή των άλλων σαν πρότυπο για τη δική σας, θυμηθείτε τι έγραψε ο Νορβηγός δραματουργός του 19ου αιώνα Ερρίκος Ίψεν: «Ο πιο δυνατός άνθρωπος στον κόσμο είναι εκείνος που είναι πιο μόνος».

Αυτό μπορείτε να το ερμηνεύσετε σαν μια στάση εγωιστική και αντικοινωνική – ή μπορεί να εξετάσετε τι υπαγορεύουν οι παράμετροι της δικής σας πραγματικότητας. Το γεγονός είναι ότι οι άνθρωποι που επηρέασαν πιο πολύ την ανθρωπότητα, που βοήθησαν το μεγαλύτερο αριθμό ανθρώπων, είναι αυτοί που προτίμησαν να συμβουλευτούν τα προσωπικά τους συναισθήματα, αντί να κάνουν αυτό που τους έλεγαν οι άλλοι να κάνουν. Από την άποψη αυτή, δύναμη σημαίνει να πάψεις να προσπαθείς να κάνεις τους άλλους να αισθανθούν αυτό που αισθάνεσαι εσύ και να υποστηρίζεις αυτό που πιστεύεις.

Για να ξαναγυρίσω στον πρώην πελάτη μου, το Ραλφ: εξακολουθεί να θυμάται τη στιγμή εκείνη στο σαλόνι του σπιτιού του σαν μια από τις πιο σημαντικές της ζωής του, γιατί όχι μόνο τον ώθησε στη συμβουλευτική θεραπεία και του έδωσε την ελευθερία να σταματήσει τη μόνιμη, αλλά εντελώς ανώφελη προσπάθειά του να κάνει τη γυναίκα του και τα παιδιά του να αισθανθούν όπως εκείνος, αλλά του έδωσε και τη δύναμη να είναι ο εαυτός του, μ' έναν τρόπο πιο ισχυρό και θετικό. Εξακολουθεί να πιστεύει ότι κανένας άνθρωπος δεν είναι απόλυτα αυτόνομος, ώστε να μπορεί να λειτουργήσει σαν αντικοινωνικός ερημίτης· τώρα, όμως, ξέρει ακόμη, έχοντάς το βιώσει, ότι μέσα μας είμαστε νησιά μοναδικά και πως, όταν συνειδητοποιήσουμε την ιδέα αυτή, μπορούμε –αν θέλουμε– να χτίσουμε γέφυρες *προς* τους άλλους, αντί να στήνουμε φράγματα, απογοητευμένοι κάθε φορά που διαπιστώνουμε ότι οι άλλοι δεν είναι σαν κι εμάς.

ΤΟ ΚΑΤΑΣΤΡΕΠΤΙΚΟ ΠΑΙΧΝΙΔΙ
ΤΗΣ ΣΥΓΚΡΙΣΗΣ ΜΕ ΤΟΥΣ ΑΛΛΟΥΣ

Ακόμα κι αν έχεις κάνει τις παραπάνω συνειδητοποιήσεις, το πιο πιθανό είναι ότι μένει πάντα να αντιμετωπίσεις το γεγονός ότι έχεις γίνει πολύ ικανός στο παιχνίδι της σύγκρισής σου με τους άλλους. Πρόκειται για μια αρρώστια σχεδόν καθολική, που την γλιτώνουν μόνο οι πιο ανθεκτικοί. Οι άνθρωποι, στον πολιτισμό μας, διδάσκονται να αναζητούν πάντα απ' έξω τα κριτήρια της συμπεριφοράς τους και, κατά συνέπεια, η «συγκριτική άποψη» υπαγορεύει τις περισσότερες από τις κρίσεις μας. Πώς θα καταλάβεις αν είσαι έξυπνος; Θα συγκρίνεις τον εαυτό σου με τους άλλους. Πώς θα καταλάβεις αν είσαι σταθερός; Ελκυστικός; Άξιος; Ευτυχισμένος; Πετυχημένος; Ικανοποιημένος; Κοιτάζοντας τι κάνουν οι άλλοι γύρω σου και αποφασίζοντας μετά ποια είναι η θέση σου στην κλίμακα συγκρίσεως.

Μπορεί, μάλιστα, να έχεις φτάσει στο σημείο να μη βλέπεις κανέναν άλλο τρόπο να κρίνεις τον εαυτό σου, παρά μόνο μέσα από τη σύγκριση με τον «κοινό παρονομαστή». Ξεχνάς, όμως, ένα πολύ πιο σημαντικό βαρόμετρο για την αυτο-αξιολόγησή σου· κι αυτό είναι η ικανοποίησή *σου* από τον τρόπο που ζεις τη ζωή σου. Δε *χρειάζεται* να κοιτάξεις έξω από σένα για να μετρηθείς. Πώς θα ξέρεις αν είσαι έξυπνος; Θα το ξέρεις γιατί το λες και ξέρεις ότι είσαι, επειδή μπορείς να κάνεις τα πράγματα που θέλεις να κάνεις. Είσαι ελκυστικός; Ναι, σύμφωνα με τα δικά σου κριτήρια και φρόντισε να διαμορφώσεις εσύ τα κριτήρια αυτά, πριν βρεθείς να έχεις διαλέξει να υιοθετήσεις τα κριτήρια ελκυστικότητας κάποιου άλλου, που θα είναι «θυματοποιητικά» σε βάρος σου.

Το παιχνίδι της σύγκρισης με τους άλλους είναι πάντα επικίνδυνο, γιατί η αυτο-αξιολόγησή σου ρυθμίζεται από κάτι εντελώς εξωτερικό, που δεν μπορείς, με τη σειρά σου, να το ρυθμίσεις. Το παιχνίδι αυτό σε γυμνώνει από την οποιαδήποτε εσωτερική σου ασφάλεια, δεδομένου ότι ποτέ δεν μπορείς να είσαι σίγουρος για το πώς θα σε κρίνουν οι άλλοι. Εύκολα παρασύρεται κανείς στο παιχνίδι της σύγκρισης, γιατί έτσι αποφεύγει τους κινδύνους της μοναχικής θέσης. Και, φυσικά, μπορεί κανείς να προκαλέσει πολλή περισσότερη επιφανειακή «αποδοχή», συγκρίνοντας τον εαυτό του με τους άλλους και προσπαθώντας να τους μοιάσει όσο γίνεται περισσότερο.

Έτσι, όμως, κινδυνεύεις να γίνεις ένα φοβερά χαμένο και ανίσχυρο θύμα, αν εφαρμόζεις αυτή τη μέθοδο καθορισμού της ζωής σου. Ίσως κρυφά, μέσα σου, ονειρεύεσαι να κάνεις κάτι «διαφορετικό» – να φορέσεις τα ρούχα σου με άλλο τρόπο, να τα φτιάξεις μ' ένα μεγαλύτερο ή μικρότερο άτομο, ή οτιδήποτε άλλο «μη συμβατικό». Αν κανείς άλλος δεν το κάνει αυτό, τότε είσαι παγιδευμένος.

Αν *συμβαίνει* να κάνεις τα πράγματα όπως τα κάνουν και πολλοί άλλοι, τίποτε το κακό δεν υπάρχει. Αν, όμως, χρειάζεται να κοιτάς τους άλλους για να δεις πώς πρέπει να κάνεις κάτι, τότε είσαι σίγουρα πιασμένος στην παγίδα της σύγκρισης με τους άλλους. Επαναλαμβάνω ότι δε χρειάζεται κάθε φορά να φέρεσαι αντικομφορμιστικά για ν' αποδείξεις ότι αρνείσαι να γίνεις θύμα. Στην πραγματικότητα τέτοιοι «αναγκαστικοί» αντικομφορμιστές είναι εξίσου θύματα των άλλων, όσο και οι κομφορμιστές, αν η μέθοδός τους είναι να κοιτάζουν τι κάνουν οι άλλοι για να διαλέξουν σκόπιμα το αντίθετο. Χρησιμοποίησε τον εσωτερικό σου «κοινό νου» προκειμένου ν' αποφασίσεις τι θέλεις, χωρίς να έχεις ανάγκη να φερθείς σαν τους άλλους – έστω και μόνον γιατί είσαι μοναδικός και σε καμιά περίπτωση δε θα μπορούσες να είσαι «σαν τους άλλους», ακόμη κι αν το προσπαθούσες πραγματικά.

Το πρώτο ουσιαστικό βήμα εξόδου από το λαβύρινθο της θυματοποίησης-δια-των συγκρίσεων είναι να πάψεις να χρησιμοποιείς συγκριτική ορολογία. Όπως πάντα, αναζήτησε πρακτικούς τρόπους να σταματήσεις τις κακές σου συνήθειες, είτε όταν σκέφτεσαι μόνος σου, είτε όταν μιλάς (και στέλνεις σήματα) στους άλλους.

ΕΝΑ ΑΚΟΜΗ ΠΙΟ ΚΑΤΑΣΤΡΕΠΤΙΚΟ ΠΑΙΧΝΙΔΙ: ΝΑ ΕΠΙΤΡΕΠΕΙΣ ΣΤΟΥΣ ΑΛΛΟΥΣ ΝΑ ΣΕ ΣΥΓΚΡΙΝΟΥΝ

Ακόμη κι αν είσαι έτοιμος να κάνεις μια προσπάθεια να διακό-ψεις τις καταστρεπτικές συνήθειες σύγκρισης και να διαμορφώ-σεις εσωτερικά κριτήρια αξιολόγηση της ζωής σου, θα σου φανεί ίσως πιο δύσκολο να σταματήσεις τον πυκνό καταιγισμό των θυ-ματοποιητικών συγκρίσεων, που εξαπολύουν εναντίον σου οι άλ-λοι.

Είναι εύκολο να θυματοποιήσεις ανθρώπους που είναι πρόθυ-μοι να κάνουν μερικά πράγματα –ή, πιο σωστά, να τους τα κά-νουν οι άλλοι–, με το σκεπτικό ότι *όλοι συμμορφώνονται με τους κανόνες*, που επιτρέπουν τέτοια μεταχείριση.

Σε πολλές περιπτώσεις (ίσως στις περισσότερες) είναι απολύ-τως λογικό να σου φέρονται όπως σε όλους τους άλλους. Αν, όμως, σε κακομεταχειρίζονται υπακούοντας σε μια «αρχή», που θα έπρεπε να είναι αρκετά ευέλικτη, ώστε να μη θυματοποιεί κα-νέναν, αυτό σημαίνει ότι έχεις πέσει σε κάποιον που νιώθει καλά μόνον όταν σε θυματοποιεί.

Οι υπάλληλοι του κόσμου τούτου συγκαταλέγονται ανάμεσα στους *πιο* πρόθυμους να εκμεταλλευτούν τον κόσμο μ' αυτόν τον τρόπο. Θα θυμάσαι από το Κεφάλαιο 1 ότι «ΥΠΑΛΛΗΛΟΣ ΙΣΟΝ ΥΠΑΝΑΠΤΥΚΤΟΣ» (όχι το ίδιο το άτομο, αλλά ο ρόλος). Αυτό γί-νεται γιατί οι υπάλληλοι πληρώνονται για να επιβάλουν θέσεις, που οι εργοδότες τους θέλουν να γίνουν δεκτές από όλους. Έτσι, για τους υπαλλήλους, γίνεται πια δεύτερη φύση η κουβέντα: «Κοιτάξτε αυτή την κυρία, δεν παραπονιέται» ή «Σε όλους φερό-μαστε το ίδιο». Μην ξεχνάτε, όμως, ποτέ ότι οι υπάλληλοι δεν είναι οι μόνοι που χρησιμοποιούν αυτή την τακτική.

Ο τρόπος που εφαρμόζουν οι υπάλληλοι το παιχνίδι της σύ-γκρισης με τους άλλους φαίνεται πολύ καλά σ' αυτές τις δύο μι-κρές ιστορίες, που δείχνουν επίσης πώς δύο γνωστοί μου αντιμε-τώπισαν την κατάσταση, ζυγίζοντας σωστά τα πράγματα και ε-φαρμόζοντας επιτυχημένες τακτικές.

● *Η σερβιτόρα στην κρεπερία.* Ο Τσακ μπήκε σε μια κρεπερία, όπου, προσπερνώντας ένα άδειο τραπέζι, τον οδήγησαν σ' ένα μικροσκοπικό τραπεζάκι κοντά σε μία έξοδο, με σκληρό κάθισμα, με την πόρτα στην πλάτη του κι όπου ένα κρύο ρεύμα φυσούσε πάνω στις κρέπες του.

Ο Τσακ είπε στη σερβιτόρα ότι προτιμούσε να καθίσει στο τραπέζι που είχαν προσπεράσει. Εκείνη του είπε ότι προοριζόταν για περισσότερα άτομα. Ο Τσακ επέμεινε να καθίσει αλλού. Τότε εκείνη του είπε: «Αυτή είναι η αρχή του καταστήματος, κύριε. Όλοι την ακολουθούν. Τον βλέπετε αυτόν εκεί κάτω; Αυτός δε διαμαρτύρεται».

Πράγματι, έτσι ήταν. Ο ξεπαγιασμένο κύριος, που έτρωγε κρύες κρέπες, δίπλα στην άλλη πόρτα, δε διαμαρτυρόταν. «Και τι μ' αυτό;», ρώτησε ο Τσακ. «Ούτε εγώ διαμαρτύρομαι. Θέλω, απλώς, να κάτσω να φάω το φαγητό που θα πληρώσω σ' ένα ευχάριστο περιβάλλον. Αν αυτό σας δημιουργεί τόσο μεγάλο πρόβλημα, θα 'θελα να δω το διευθυντή».

«Δεν είναι εδώ».

«Υπάρχουν πολλά τραπέζια άδεια. Γιατί να καθίσω τόσο άβολα;».

Ο Τσακ δεν ήθελε να γίνει κακός και να φύγει. Άλλωστε κι αυτό θα τον έκανε θύμα, γιατί πεινούσε και δεν είχε καιρό να πάει κάπου αλλού. Από την άλλη μεριά, προτιμούσε να μην πάει αυθαίρετα να καθίσει σ' ένα άλλο τραπέζι, εκβιάζοντας τη σερβιτόρα, γιατί διαισθανόταν πως ήταν ικανή να κάνει κάποια δυσάρεστη σκηνή. Ούτε και ήταν διατεθειμένος να λύσει το πρόβλημα μ' ένα φιλοδώρημα. Έτσι αποφάσισε να διασκεδάσει λίγο και να στήσει μια μικρή νευρική κρίση.

Συνέχισε να την προτρέπει ευγενικά να φανεί λογική και, καθώς εκείνη γινόταν όλο και πιο αλαζονική, ο Τσακ άρχισε να παθαίνει διάφορα τικ. Το χέρι του άρχισε να τρέμει «ακατάσχετα» και το πρόσωπό του παραμορφώθηκε.

«Τι συμβαίνει, κύριε;». Η σερβιτόρα βρέθηκε ξαφνικά στα βαθιά.

«Δεν ξέρω», απάντησε λαχανιασμένος ο Τσακ. «Όταν μου συμβαίνουν τέτοιες αναποδιές κάτι με πιάνει». Η φωνή του και τα τικ είχαν δυναμώσει.

Ένας προϊστάμενος εμφανίστηκε ως εκ θαύματος.

«Για τ' όνομα του Θεού, Άλις, άφησέ τον να καθίσει όπου θέλει!».

Τέλος του πειράματος. Στην περίπτωση αυτή, ο Τσακ έπαιξε

λίγο θέατρο, χωρίς να πληγώσει κανέναν κι έφαγε τις ζεστές του κρέπες σ' ένα άνετο τραπέζι. Φεύγοντας έκλεισε με νόημα το μάτι του στη σερβιτόρα και, φυσικά, δεν της άφησε φιλοδώρημα, για να μην ενθαρρύνει τη θυματοποιητική της συμπεριφορά στους άλλους.

• *Η Σάρα πήγαινε μια μέρα με το ποδήλατό της, όταν είδε στη βιτρίνα ενός σούπερ-μάρκετ: «Πορτοκαλάδα, ένα δολάριο τα τρία λίτρα». Η τιμή ήταν πολύ καλή, γι' αυτό μπήκε μέσα και λίγα λεπτά αργότερα έφτανε στο ταμείο με έξι λίτρα πορτοκαλάδας, τα οποία και άρχισε να τοποθετεί μέσα σε μια διπλή σακούλα.*

Η ταμίας την είδε και της ανήγγειλε με έμφαση: «Λυπάμαι, χρυσή μου, όχι διπλή σακούλα. Το απαγορεύει το κατάστημα».

Η Σάρα της απάντησε: «Η απαγόρευση δεν ισχύει στην περίπτωσή μου. Θα τα πάω σπίτι με το ποδήλατο και αν δεν τα βάλω σε διπλή σακούλα, θα βρεθώ βουτηγμένη στην πορτοκαλάδα πριν φτάσω σπίτι».

Η ταμίας άρχισε να φουντώνει. Η Σάρα κατάλαβε ότι η υπάλληλος ένιωθε σαν να της αμφισβητούσαν την ίδια την αξία της: «Όχι διπλή σακούλα!», ξαναείπε.

Η Σάρα ήξερε ότι η αρχή του καταστήματος ήταν σημαντική κι ότι στις ενενήντα εννιά περιπτώσεις στις εκατό έπρεπε να τηρείται, για να πάψει η αλόγιστη σπατάλη του χαρτιού – ή, ακόμη, ότι το κατάστημα μπορεί να την είχε υιοθετήσει απλώς για λόγους οικονομίας. Ήταν, όμως, αποφασισμένη να μην αφήσει να την θυματοποιήσει αυτή η αρχή στη συγκεκριμένη περίπτωση.

Η ταμίας τής επισήμανε ότι κανείς άλλος δεν έπαιρνε διπλή σακούλα. Γιατί, λοιπόν, να πάρει εκείνη; Και τι την έκανε να πιστεύει πως η περίπτωσή της ήταν τόσο ειδική; (Παρά το γεγονός ότι η Σάρα τής το είχε εξηγήσει πολύ λογικά). Της είπε κι άλλα παρόμοια, γύρω από το τι έκαναν όλοι οι άλλοι. Τότε η Σάρα έκανε το εξής: τη ρώτησε αν είχε αντίρρηση να βάλει τα τρία λίτρα σε μια σακούλα και τα άλλα τρία σε μιαν άλλη. Εκείνη απάντησε: όχι! Το να βάλει, όμως, τη μια σακούλα μέσα στην άλλη ήταν απαγορευμένο.

Μπροστά σ' αυτό το απίστευτο δείγμα παραλογισμού της υπαλλήλου, η Σάρα ζήτησε να δει το διευθυντή, που κατάλαβε αμέσως πόσο ανόητα είχε φερθεί η ταμίας. Έτσι η Σάρα έφυγε με τη διπλή της σακούλα. Γλίτωσε από τη θυματοποίηση, όχι όμως και η τα-

μίας, που ήταν έξι) φρενών και πέταγε δεξιά κι αριστερά τα πράγματα, όταν έφυγε η Σάρα – όλα αυτά επειδή μια πελάτισσα αποφάσισε να μη γίνει θύμα, δεχόμενη την ανόητη εφαρμογή μιας αρχής, που απαιτούσε στη συγκεκριμένη περίπτωση εξαίρεση.

Σ' ένα πρόσφατο τεύχος του περιοδικού *Time*, ο Τζο ντι Μάτζιο διηγείται ότι κάποτε πήγε να ζητήσει αύξηση. «Ύστερα από την τέταρτη σεζόν μου ζήτησα 43.000 δολάρια και ο Γενικός Διευθυντής, ο Εντ Μπάροου, μου είπε: "Το ξέρεις, νεαρέ μου, ότι ο Λου Γκέριγκ, ένας άνθρωπος με δεκάξι χρόνια πείρα, παίρνει μόνον 44.000 δολάρια;"». Αυτός είναι ο τρόπος που χρησιμοποιούν τους άλλους, σαν δικαιολογία για τη δική σου θυματοποίηση. Από τη στιγμή που θα δεχτείς αυτή τη λογική, είσαι έτοιμος για μόνιμη θυματοποίηση, με το πρόσχημα ότι «όλοι οι άλλοι το δέχονται». Οι επαγγελματίες θυματοποιοί υψηλής κλάσης βάζουν σ' ενέργεια τη στρατηγική αυτή, όταν καταλαβαίνουν ότι χάνουν κάποιο μέρος από τον έλεγχο που ασκούν πάνω σου.

Οι υπάλληλοι και οι κάθε είδους ενδιάμεσοι συχνά πιέζουν τους άλλους να συνεργαστούν μαζί τους στην εφαρμογή της αρχής της εταιρείας τους. Αν μια πινακίδα γράφει «Μη μιλάτε», και τα παιδιά σου ή κάποια άλλα παιδιά μιλάνε, ο «τοποτηρητής» θα σου ρίξει ένα βλέμμα, που λέει: «Γιατί δεν εφαρμόζεις την απαγόρευση της ομιλίας;». Αν, όμως, η απαγόρευση της ομιλίας συμβαίνει να είναι ανόητη και να στηρίζεται στην πίστη ότι τα μικρά παιδιά πρέπει να φέρονται σαν ενήλικοι, τότε θα είσαι ανόητος να την εφαρμόσεις και να συνεργαστείς με μια θυματοποιητική αρχή.

Μια χειμωνιάτικη μέρα, πριν από λίγο καιρό, ο Τζον κολυμπούσε στη θερμαινόμενη ανοιχτή πισίνα ενός ξενοδοχείου, όπου έμενε. Μια πινακίδα απαγόρευε το πιτσίλισμα και τα παιχνίδια με μπάλα, παρά το γεγονός ότι η πισίνα ήταν καλυμμένη από χιλιάδες πλαστικές μπάλες, που εμπόδιζαν τη ζέστη να φεύγει στον κρύο αέρα. Όταν κάποια παιδιά, που δεν ήταν καν δικά του, άρχισαν να παίζουν με τις μπάλες και να πετάνε νερά, ο υπάλληλος ζήτησε από τον Τζον να επιβάλει την απαγόρευση. Δεν υπήρχαν εκεί γύρω άλλοι ενήλικοι που να ενοχλούνται απ' τα παιδιά και η επιβολή της απαγόρευσης δεν ήταν δουλειά του Τζον. Έτσι απάντησε: «Προσωπικά, δε *συμφωνώ* με την αρχή. Πιστεύω ότι η πισίνα πρέπει να είναι ένας τόπος διασκέδασης για τα παιδιά. Δεν ενοχλούν ούτε εμένα ούτε κανέναν άλλον. Αν θέλετε να σταματήσουν, πρέπει να μπείτε μέσα και να τα σταματήσετε μόνος σας. Εγώ δεν έχω τέτοιο σκοπό». Ο φύλακας θύμωσε, θεωρώντας ότι ήταν κατά κάποιον τρόπο υποχρέωση του Τζον, σαν ενήλικου ή σαν πελάτη του ξενοδοχείου, να πάρει το μέρος του ενάντια στα παιδιά. Τελικά, όμως, μπήκε στο νερό κι έκανε «τη δουλειά του». Ο Τζον θεώρησε ότι η πράξη αυτή ισοδυναμούσε με θυματοποίηση των παιδιών κι αυτό ήταν αντίθετο με τις *δικές* του αρχές. Έτσι πήγε να βρει το διευθυντή και του είπε ότι κατά τη γνώμη του η απαγόρευση ήταν ανόητη και ο υπάλληλος την εφάρμοζε παράλογα. «Εγώ, του είπε, δεν πρόκειται να φέρω την οικογένειά μου σ' αυτό το ξενοδοχείο, όσο εφαρμόζεται αυτή η απαγόρευση. Και τώρα που το σκέφτομαι, νομίζω πως κι όταν έρχομαι μόνος μπορώ να μείνω και σ' άλλα ξενοδοχεία». Αποτέλεσμα: ο διευθυντής κατάργησε την απαγόρευση αμέσως. Η πινακίδα κατέβηκε και στον υπάλληλο συστήθηκε να χρησιμοποιεί καλύτερα την κρίση του, εξασφαλίζοντας στους πελάτες την ευχάριστη χρήση της πισίνας, κατά το γούστο τους, αρκεί να μην κινδυνεύουν και να μην ενοχλούνται οι άλλοι. Ο διευθυντής είχε συνειδητοποιήσει ότι μια τακτική, που σχεδιάστηκε αρχικά για να εξυπηρετεί τους πελάτες, τελικά έμοιαζε να τους απωθεί· κι αυτό δεν ήταν μέσα στους στόχους του.

Ένα από τα πιο αγαπημένα ευρήματα των ανθρώπων, που επιμένουν να σας θυματοποιήσουν, είναι το παραμύθι για μια «κυρία που ήταν εδώ την περασμένη εβδομάδα». Φυσικά, η *κυρία* αυτή μπορεί να είναι επίσης «ο άντρας», το «ζευγάρι», «οι άνθρωποι», αλλά για κάποιο λόγο «η κυρία » έχει μεγαλύτερη πέραση. Αν ελέγξετε το λογαριασμό σας, θ' ακούσετε για την *κυρία* που έπρεπε να πληρώσει τα διπλάσια, ώστε να νιώσετε τυχεροί που γλιτώνετε τόσο φτηνά. Αν δε σας δίνουν καλή θέση σ' ένα νυχτερινό κέντρο, υπάρχει πάντα *η κυρία* που αναγκάστηκε να καθίσει σε μια γωνιά, δίπλα στην τουαλέτα – και παρ' όλα αυτά ευχαριστήθηκε το θέαμα. Αν τα πράγματα που παραγγείλατε έρχονται δυο εβδομάδες αργότερα, υπάρχει οπωσδήποτε *μια κυρία* που χρειάστηκε να περιμένει τέσσερις μήνες.

Πολλοί άνθρωποι είναι έτοιμοι να βγάλουν «την καημένη κυρία» από την τσάντα με τις θυματοπαγίδες, όταν θέλουν να σε ενοχοποιήσουν επειδή ζητάς να σου φερθούν όπως πρέπει. Πρόσεχε μην την πάθεις, γιατί κάθε φορά που την βγάζουν στη φόρα να είσαι σίγουρος πως θα σου δώσουν να καταπιείς μια γερή δόση θυματικά χάπια, μαζί με μια ειδικά κατασκευασμένη ιστορία.

Ίσως να είσαι κι εσύ υπάλληλος ή να έχεις κάποια άλλη θέση, που σου επιτρέπει να θυματοποιείς τους άλλους με παράλογες εφαρμογές αρχών, που δεν έχουν κανένα νόημα σε συγκεκριμένες περιστάσεις. (Η ανθρωπότητα δε βρήκε ποτέ ώς τώρα κάποιο κανόνα, που να μην απαιτεί εξαιρέσεις). Σίγουρα αισθάνεσαι κι εσύ, με τη σειρά σου, ότι θυματοποιείσαι από κάποιους συναδέλφους, όταν προσπαθείς να κάνεις λογικές εξαιρέσεις. Η δικαιολογία σου είναι πάντα ίδια: «Αν το κάνω αυτό, θα χάσω τη δουλειά μου» ή θα συμβεί κάποιο άλλο φρικτό πράγμα. Φυσικά, αυτό όχι μόνο δεν είναι αλήθεια, αλλά αποτελούσε ανέκαθεν το πιο ισχυρό όπλο των διασημότερων ανέντιμων θυματοποιών της ιστορίας.

Ποτέ δεν είσαι υποχρεωμένος να επιβάλεις τη γραμμή της επιχείρησής σου κακότροπα ή φωνάζοντας, ενώ πάντα μπορείς να την παραβλέψεις, αν δεν ταιριάζει στις συνθήκες ή στην κατάσταση ενός συγκεκριμένου ατόμου. Δηλαδή, πρέπει να συλλαμβάνεις με την κοινή λογική σου τις περιπτώσεις όπου απαιτείται κάποια εξαίρεση. Δε χρειάζεται να διαφημίζεις την «παραβλεπτική» συμπεριφορά σου και γρήγορα θα διαπιστώσεις ότι είναι εύκολο να παραβλέπεις, αν δεν ταυτίζεις την προσωπική σου αξία με την απαρέγκλιτη εφαρμογή μιας συγκεκριμένης τακτικής. Αν βλέπεις ότι εφαρμόζεις αρχές που θυματοποιούν τους άλλους σε μόνιμη βάση κι αυτό δε σου αρέσει, ρώτησε τότε τον εαυτό σου πώς συμβαίνει να τοποθετείς τη δουλειά σου πάνω από τις αξίες σου.

Αν ζούσε σήμερα ο Έμερσον, σίγουρα θα επαναλάμβανε στους επιτήδειους «τεχνίτες της σύγκρισης» και στους «εφαρμοστές τακτικών» της εποχής μας:

Κάθε ατομική φύση έχει την ομορφιά της... και κάθε μυαλό έχει τη δική του μέθοδο. Ο σωστός άνθρωπος ποτέ δεν υποδουλώνεται στους κανόνες.

Αν οι επαγγελματίες θυματοποιοί ήταν ικανοί να εφαρμόσουν αυτή τη λογική στη ζωή τους, δε θα είχαν μια τόσο πιεστική προσωπική ανάγκη να «εφαρμόσουν τους κανόνες». Δε θέλω να πω μ' αυτό ότι ένας άνθρωπος που δουλεύει σαν υπάλληλος δεν έχει δική του προσωπικότητα. Όχι, βέβαια. Αλλά η δουλειά τού υπαλλήλου απαιτεί τόσο συχνά απ' αυτόν να θυματοποιεί τους άλλους, ώστε τείνει να προσελκύει αυτό ακριβώς το είδος ανθρώπων, που προσπαθούν να μεγεθύνουν το εγώ τους επιβάλλοντας στους άλλους «τους κανόνες» πάση θυσία. Πολλοί απ' αυτούς τους ανθρώπους μένουν υπάλληλοι σ' όλη τους τη ζωή.

Από την άλλη μεριά, πολλοί άνθρωποι κάνουν τον «υπάλληλο» μόνο και μόνο για να ζήσουν την εμπειρία, να κερδίσουν χρήματα ή γι' άλλους τέτοιους λόγους και δεν ταυτίζουν την προσωπική τους αξία με την εφαρμογή θυματοποιητικών τακτικών. Είναι α- θόρυβα αποτελεσματικοί και ξέρουν να κοιτάζουν από την άλλη μεριά, όταν αυτό είναι απαραίτητο. Αν ποτέ βρεθείς να κάνεις τον «υπάλληλο» για να κερδίσεις το ψωμί σου, είναι δική σου δουλειά ν' αποφασίσεις ποιο είδος υπαλλήλου θέλεις να γίνεις.

Τελευταία άρχισα να παρατηρώ έναν ηλικιωμένο κύριο, που κάνει το φύλακα σε μια σχολική διάβαση, απ' όπου περνάω συχνά. Παρατήρησα ότι κοιτάζει να έχει πυκνώσει η κυκλοφορία πριν αφήσει τα παιδιά να διασχίσουν το δρόμο – ακόμα κι αν έχουν μαζευτεί πολλά στο πεζοδρόμιο, κάποια στιγμή που ο δρόμος εί- ναι άδειος. Τότε ακριβώς, όταν πυκνώνει η κυκλοφορία, βγαίνει στη μέση του δρόμου και ασκεί την εξουσία του. Είναι κλασικό παράδειγμα υπαλλήλου που μετρά την αξία του από το πόση εξου- σία ασκεί πάνω στους άλλους. Βέβαια θυματοποιεί τους οδηγούς με ανώφελες καθυστερήσεις, πιθανόν όμως αυτή να είναι η μόνη πηγή εξουσίας πάνω στους άλλους στη ζωή του. Η ενόχληση που προκαλεί είναι μικρή, αλλά δείχνει πολύ καλά το πρόβλημα. Όταν κάποιος αντλεί το αίσθημα της προσωπικής του αξίας από την εξουσία που ασκεί πάνω σε σένα ή σ' οποιονδήποτε άλλο, να είσαι βέβαιος ότι θα κάνει ό,τι περνάει από το χέρι του για να ασκεί συχνά την εξουσία αυτή. Αν πήγαινες στο φύλακα της διάβασης και του υποδείκνυες ότι ενοχλεί χωρίς λόγο τους άλλους, αφού μπορεί εξίσου καλά να περάσει τα παιδάκια όταν κοπάζει η κυ- κλοφορία, θα σου απαντούσε, κατά πάσα πιθανότητα: «Όλοι οι άλλοι σταματούν και δε διαμαρτύρεται κανείς. Τι συμβαίνει μ' εσένα; Δε σ' αρέσουν τα παιδιά;». Ως συνήθως, χρησιμοποιεί συ- νειδητά ή ασυνείδητα την αναφορά στους άλλους και την παρεμ- βολή άσχετων σχολίων, για να απομακρύνει την προσοχή σου από τη δική του συμπεριφορά και να σε κρατήσει στη θέση του θύμα- τος.

ΑΛΛΕΣ ΓΝΩΣΤΕΣ ΠΑΓΙΔΕΣ ΣΥΓΚΡΙΣΗΣ

Αναφέρουμε παρακάτω μερικές από τις πιο κλασικές φράσεις, που χρησιμοποιούνται για να σας θυματοποιήσουν, εστιάζοντας την προσοχή στους άλλους. Επισημάνετε αυτές που χρησιμοποιείτε συχνά ή αυτές που χρησιμοποιούν οι άλλοι για να σας εμποδίσουν να φτάσετε στο σκοπό σας.

● *Γιατί δεν είσαι σαν ....;*
Αυτή είναι μια έκκληση να αντιπαθήσεις τον εαυτό σου και να υποκύψεις στη θυματοποίηση, γιατί δε φέρεσαι όπως κάποιο άλλο «πρότυπο». Το τέχνασμα αυτό είναι ιδιαίτερα αποτελεσματικό όταν χρησιμοποιείται από φορείς εξουσίας, που θέλουν να ελέγξουν τους «υποτελείς» τους: υπαλλήλους, παιδιά κ.λπ.

● *Κανείς άλλος δε διαμαρτύρεται!*
Η τακτική αυτή χρησιμοποιείται από όποιον θέλει να σε κρατήσει στην ίδια θέση με τους «άλλους», που συμβαίνει να είναι υπερβολικά ντροπαλοί για να διεκδικήσουν τα δικαιώματά τους.

● *Τι θα γινόταν αν όλος ο κόσμος φερόταν σαν κι εσένα;*
Οι θυματοποιοί θα προσπαθήσουν να σε κάνουν να ντραπείς, λέγοντάς σου ότι με τη διεκδίκηση των δικαιωμάτων σου σπέρνεις την αναρχία στον κόσμο. Φυσικά, ξέρεις πολύ καλά πως δεν είναι όλοι ικανοί να υποστηρίξουν τα δίκαιά τους και πως, αν ήταν, ο κόσμος θα ήταν πολύ καλύτερος, γιατί κανείς δε θα προσπαθούσε να εκμεταλλευτεί τον άλλον, χρησιμοποιώντας παραπλανητικά ηθικά ερωτήματα του τύπου: «Τι θα γινόταν αν όλος ο κόσμος....;».

● *Θα 'πρεπε να είσαι ικανοποιημένος μ' αυτό που έχεις.*
Αυτή η μικρή πονηρή φράση συνοδεύεται συνήθως με κάτι σαν το «Οι παππούδες σου δεν είχαν τίποτε» ή «Σκέψου πόσα παιδάκια πεινάνε στην Αλβανία» και έχει σαν στόχο να προκαλέσει ενοχή σε σένα –που ζητάς αυτό που νομίζεις ότι σου αξίζει–, με βάση το τι δεν είχαν ή τι δεν έχουν οι άλλοι. Το τέχνασμα αυτό στοχεύει να σε εμποδίσει να υποστηρίξεις τα δικαιώματά σου στις τωρινές συνθήκες, γιατί κάποιοι άλλοι άνθρωποι, σε κάποιες άλλες συνθήκες, είχαν ή έχουν δυσκολίες. Αν παρασυρθείς και νιώσεις ενοχή για πράγματα στα οποία δε συμμετείχες ή δεν μπορείς ν' αλλάξεις, ο θυματοποιός σου θα έχει αποδείξει ότι δεν έχεις κα-

νένα δικαίωμα ν' αποκτήσεις ποτέ αυτό που δεν είχαν οι γονείς σου ή τα παιδάκια στην Αλβανία κ.λπ.

● *Μην παραφέρεσαι! Με φέρνεις σε δύσκολη θέση!*

Η παρέμβαση αυτή χρησιμοποιείται για να κάνει τους άλλους να φερθούν με τρόπο υποχωρητικό και όχι αποτελεσματικό, μόνο και μόνο επειδή ο ομιλητής δεν αντέχει τις δημόσιες συγκρούσεις. Ειδικότερα, χρησιμοποιείται για να διδάξει στους νέους να δίνουν περισσότερη σημασία σ' αυτό που σκέφτονται οι άλλοι – πράγμα που τελικά τους οδηγεί να αναπτύξουν ανεπαρκή αυτοπεποίθηση και αυτοεκτίμηση και να αναγκαστούν να καταφύγουν στη θεραπεία.

● *Γιατί δε φέρεσαι σαν τ' αδέλφια σου;*

Πολλοί είναι οι άνθρωποι που αντιμετωπίζουν προβλήματα στην ενήλικη ζωή τους, έχοντας υποφέρει από τις συγκρίσεις με τ' αδέλφια τους, περισσότερο από οποιαδήποτε άλλη σύγκριση. Το παιδί δεν μπορεί ν' αναπτύξει την αίσθηση της ατομικότητας και της αυταξίας του, όταν του ζητούν να είναι ίδιο με τα άλλα μέλη της οικογένειας. Ο κάθε άνθρωπος είναι μοναδικός κι έτσι πρέπει ν' αντιμετωπίζεται.

● *Έτσι το θέλουν. Αυτό δεν το επιτρέπουν. Έτσι κάνουν τα πράγματα κ.λπ.*

Είναι οι μυστηριώδεις «αυτοί», που εμφανίζονται όταν οι θυματοποιοί θέλουν να σας δώσουν την εντύπωση ότι κάποια πανίσχυρη αρχή έχει υπαγορεύσει τα κριτήρια της ζωής σας. Αν ο ομιλητής δεν μπορεί να σας πει ποιοι είναι «αυτοί», αυτό σημαίνει πως δεν υπάρχουν – και θα 'σαστε ηλίθιοι αν ακολουθήσετε τους ανύπαρκτους κανόνες τους!

● *Αυτό μου ζητάει ο Θεός να κάνω.*

Πολλοί άνθρωποι πιστεύουν ότι έχουν απ' ευθείας τηλεφωνική επικοινωνία με το Θεό· κι όταν η συμπεριφορά τους καταλήγει να θυματοποιεί τους άλλους, πιστεύουν απλώς ότι αυτός είναι ο τρόπος του Θεού να τους πει: «Την πατήσατε». Στο φύλλο της *Miami Herald*, του Σαββάτου 12 Δεκέμβρη 1976, ο προπονητής τής νεοϋρκέζικης ομάδας Τζετς εξηγούσε στον τύπο γιατί δεν επρόκειτο να μείνει στη θέση του τα τέσσερα χρόνια, που όριζαν το συμβόλαιο και οι νομικές του υποχρεώσεις. «Δεν μπορώ να δώσω όλη την καρδιά μου στο επαγγελματικό ποδόσφαιρο. Ο Θεός δεν έριξε τον Λου Χολτς στον κόσμο γι' αυτό το λόγο». Κι έτσι, αφού εξήγη-

119

σε ποια ήταν η θέληση του Θεού, ανέλαβε ανενόχλητος μια άλλη δουλειά, σε κάποιο άλλο μέρος της χώρας. Δεν είναι λίγο περίεργο να πιστεύει ένας προπονητής πως ο Θεός έχει τόσο ελεύθερο χρόνο, ώστε ν' ασχολείται με το ποιος προπονεί ποιον;

ΜΕΡΙΚΕΣ ΤΑΚΤΙΚΕΣ ΑΝΤΙΜΕΤΩΠΙΣΗΣ
ΤΗΣ ΘΥΜΑΤΟΠΟΙΗΣΗΣ
ΔΙΑ ΤΗΣ ΣΥΓΚΡΙΣΕΩΣ

Όπως και με τις άλλες στρατηγικές, που προτείνονται σ' αυτό το βιβλίο, το πρώτο πράγμα που απαιτείται είναι να ζυγίσεις σωστά την κατάσταση, να αποφύγεις τον αιφνιδιασμό και να είσαι έτοιμος για μια αντεπίθεση, που θα αποδυναμώσει τη θυματοποιητική απόπειρα. Παρακάτω δίνουμε μερικές από τις τεχνικές που μπορείς να εφαρμόσεις, όταν έχεις να κάνεις με ανθρώπους που θα προσπαθήσουν να χρησιμοποιήσουν τις συγκρίσεις με τους άλλους για να σε εμποδίσουν να πετύχεις τους σκοπούς σου ή για να σε σπρώξουν να κάνεις αυτό που θέλουν εκείνοι.

• Σε οποιαδήποτε συζήτηση με κάποιον που χρησιμοποιεί την αναφορά σε άλλα θύματά του για να σε κάνει να συμμορφωθείς, να θυμάσαι πως οι συγκρίσεις αυτές δεν αφορούν εσένα προσωπικά: το ίδιο θα έκανε και μ' οποιονδήποτε άλλον. Αν δεν επιτρέψεις να σε ταράξουν τα λόγια του, θα έχεις κάνει ένα μεγάλο βήμα προς την αποφυγή αυτών των –συχνά προσβλητικών– προσπαθειών θυματοποίησής σου.

• Όταν σου φέρνουν ως παράδειγμα κάποιον άλλο, για να σου πουν ότι πρέπει να κάνεις κάτι που δε θέλεις, δοκίμασε την ερώτηση: «Νομίζεις πως μ' ενδιαφέρει ο πελάτης που είχες την περασμένη βδομάδα;» ή «Γιατί να μ' ενδιαφέρει πώς φέρθηκες σε κάποιους άλλους;». Μη φοβάσαι να κάνεις τέτοιες ερωτήσεις. Ο θυματοποιός σου είναι έτοιμος να σου ζητήσει πολύ περισσότερα.

Δοκίμασε να διακόψεις τον άλλο, τη στιγμή που ετοιμάζεται να χρησιμοποιήσει την εναντίον σου σύγκριση. Πες του απλά: «Γιά στάσου! Εδώ χρησιμοποιείς το παράδειγμα των άλλων για να μου πεις ότι πρέπει να φερθώ *εγώ* μ' έναν ορισμένο τρόπο. Εγώ, όμως, δεν είμαι οι άλλοι». Όσο κι αν είσαι ασυνήθιστος σε τέτοιου είδους κοφτές παρεμβάσεις, πρέπει να τις χρησιμοποιήσεις, ακόμα κι αν τρέμεις από μέσα σου. Ύστερα από κάποια πρακτική εξάσκηση, η μετωπική επίθεση θα σου φανεί πιο εύκολη και θα διαπιστώσεις ότι μόλις οι επαγγελματίες θυματοποιοί της ζωής σου πάρουν είδηση ότι δεν αστειεύεσαι, θα σταματήσουν τις άκαρπες προσπάθειές τους. Μην ξεχνάς ποτέ ότι το κάνουν μόνο και μόνο επειδή έχει αποτέλεσμα. Όταν θα πάψει να πιάνει, δε θα το ξανακάνουν.

● Μάθε να χρησιμοποιείς το δεύτερο πρόσωπο σ' αυτές τις καταστάσεις: «Νομίζεις πως θα 'πρεπε να φέρομαι σαν τη Σάλι;» ή «Νομίζεις πως θα 'πρεπε να ζω σαν τους άλλους;». Ξεκινώντας τη φράση σου στο δεύτερο πρόσωπο, δείχνεις πως δεν εσωτερικοποιείς την απόπειρα του θυματοποιού σου και ότι καταλαβαίνεις πολύ καλά το τι θέλει να πει. Πρόφερε τις φράσεις αυτές σαν να νιώθεις δυσπιστία και έκπληξη, που μπόρεσε να σκεφτεί κάτι τέτοιο.

● Αν όλα τα άλλα αποτύχουν, ασκήσου να αγνοείς τις αναφορές στους άλλους. Μην απαντάς. Η τακτική αυτή είναι ιδιαίτερα αποτελεσματική μέσα στην οικογένεια. Αν πάψεις να μιλάς όταν κάποιος σου λέει ότι θα 'πρεπε να κάνεις τα πράγματα σαν τους άλλους, η σιωπή σου θα γίνει κατά πάσα πιθανότητα αισθητή. Όταν σε ρωτήσουν, απάντησέ τους ότι δοκίμασες τα πάντα για να τους κάνεις να σταματήσουν την προσπάθεια να σε ελέγχουν με τη σύγκριση και γι' αυτό αποφάσισες να πάψεις ν' αντιδράς όταν επιμένουν. Μπορεί να θυμώσουν (άλλη τακτική τους για να σταματήσεις), αλλά ταυτόχρονα θα λάβουν το μήνυμα.

● Αυτή τη στρατηγική μπορείς να την αντιστρέψεις. Για παράδειγμα: «Χαίρομαι που μου μιλήσατε για την κυρία της περασμένης βδομάδας που δε διαμαρτυρήθηκε, γιατί μου δίνετε την ευκαιρία να σας πω κι εγώ για το γκαράζ που πήγα την προηγούμενη βδομάδα και πλήρωσα πολύ λιγότερα!» ή «Αν συνεχίζεις να μου λες πως θα 'πρεπε να γίνω φωτομοντέλο σαν την ξαδέλφη μου τη Λίζα, θα σου πω κι εγώ ότι θα 'πρεπε να είσαι γενναιόδωρος σαν το θείο Χάρι!».

● Αν θέλεις να είσαι ακόμη πιο συγκεκριμένος, μπορείς να κατονομάσεις αυτό ακριβώς που κάνει ο θυματοποιός σου και να του δείξεις ότι ξέρεις πώς αισθάνεται: «Είσαι ενοχλημένος και με συγκρίνεις με κάποιον άλλο για να σταματήσω να κάνω αυτό που πιστεύω». Μια τέτοια ανοιχτή δήλωση, που μπαίνει κατ᾽ ευθείαν στο ψητό, εδραιώνει τη μη-θυματική θέση σου και δημιουργεί ένα κλίμα ειλικρίνειας, απομακρύνοντας τις αοριστίες και τις περισσότερες ανώφελες συγκρίσεις.

● Πάψε να διαπραγματεύεσαι με θυματοποιούς (π.χ. υπαλλήλους) μόλις καταλάβεις ότι είναι απρόθυμοι ή ανίκανοι να σε βοηθήσουν, δηλαδή μόλις αρχίσουν να επιμένουν ότι «κάποιοι», «όλοι», «η κυρία» ή «η τακτική του καταστήματος» είναι τα κριτήρια της μεταχείρισής σου. Αν συνεχίσεις τη συζήτηση έστω κι ένα λεπτό αφού συνειδητοποιήσεις την πρόθεσή τους, απλώς σκάβεις το λάκκο σου. Αν μιλάς μ᾽ ένα δικηγόρο, ασφαλιστή ή γιατρό και ξαφνικά καταλάβεις πως ξέρεις περισσότερα από τον υποτιθέμενο «ειδικό», χαιρέτησέ τον ευγενικά και ψάξε να βρεις κάποιον που θ᾽ απαντήσει στις ερωτήσεις σου ή θα σε βοηθήσει πραγματικά. Αν δε φροντίζεις να βγαίνεις από την κατάσταση τη στιγμή που διαισθάνεσαι ότι πρέπει, θα καταλήγεις σχεδόν πάντα να γίνεσαι θύμα των προθέσεων του άλλου, όποιες και αν είναι αυτές.

● Όταν βρίσκεσαι μπροστά σ᾽ ένα δυνητικό θυματοποιό, που χρησιμοποιεί τη σύγκριση, ρώτησε τον εαυτό σου: «Τι θέλω απ᾽ αυτή την συνάντηση;», αντί να λες: «Ποιος νομίζει ότι είναι, και πώς τολμάει να μου λέει να είμαι σαν τους άλλους;». Με το πρώτο είδος εσωτερικού διαλόγου αναζητάς την ευκαιρία να αντιδράσεις, αντί να αφεθείς να σε παρασύρει ο θυμός σου για τη φθορά που υφίστασαι. Όταν συνειδητοποιήσεις τι είναι αυτό που θέλεις, τότε μπορείς να βάλεις τα δυνατά σου να το πετύχεις, αντί να επικεντρώνεσαι στη συμπεριφορά του θυματοποιού.

● Ζύγιζε πάντα τις ανάγκες του δυνητικού θυματοποιού, καθώς απομακρύνεσαι από την παγίδα της σύγκρισης. Ρώτα μέσα σου: «Έχει ανάγκη την εξουσία, την κατανόηση, το σεβασμό, τη σπουδαιότητα;». Αν βλέπεις κάποιο τρόπο να κερδίσει ο άλλος κάτι από τη συνάντηση, να «σώσει τα προσχήματα», τότε έχεις περισσότερες πιθανότητες να γλιτώσεις τη θυματοποίηση. Αν συναντήσεις π.χ. ένα διευθυντή ξενοδοχείου, που καταλαβαίνεις ότι έχει ανάγκη να αισθάνεται σπουδαίος, μπορείς να παρατηρήσεις πόσο δύσκολο το βρίσκεις να λειτουργούν όλα στην εντέλεια (επισημαίνοντάς του έτσι ότι απαιτείς να δουλεύουν όλα στην εντέλεια). Αν υπάρχει δυνατότητα για πιο άνετη ή προσωπική φλυαρία, ρώτησέ τον πόσον καιρό κάνει αυτή τη δουλειά. (Αν είναι λίγος, τότε πρέπει να μαθαίνει πολύ γρήγορα – αν είναι πολύς, τότε θα έχει μεγάλη πείρα). Όταν παίρνεις τους ανθρώπους με το μέρος σου είναι πολύ πιο πρόθυμοι να σε εξυπηρετήσουν και δι-στάζουν περισσότερο να σε θυματοποιήσουν.

• Αν έχει διαπιστώσει ότι κάποιοι στη ζωή σου κατ᾽ επανάληψη προσπαθούν να κινήσουν τα νήματά σου με συγκρίσεις και αναφο-ρές στους άλλους, διάλεξε μια στιγμή που δεν είσαι θυμωμένος με τον τρόπο τους και συζήτησέ το μαζί τους. Ζήτησέ τους να το σκεφτούν καλά. Τέτοια μικρά ξεκαθαρίσματα, σε ουδέτερες στιγ-μές, είναι συνήθως πιο αποτελεσματικά από τις φωνές και το σα-ματά όταν είσαι θυμωμένος, γιατί τότε απλώς τους διδάσκεις να σε συγκρίνουν πιο πολύ, δεδομένου ότι τους αποδεικνύεις πως με την τακτική αυτή σε κατευθύνουν.

• Δοκίμασε μερικές δικές σου «αιφνιδιαστικές» αντιδράσεις, που θα χρησιμοποιήσεις με χαμόγελο και χωρίς φόβο, όταν βλέ-πεις ν᾽ αρχίζει το παιχνίδι της θυματοποίησης με τη σύγκριση. «Μόλις τώρα με σύγκρινες με κάποιον που δεν τον ξέρω και που δεν είναι καν εδώ να επιβεβαιώσει αυτά που λες. Αν δεν μπορείς να τα βγάλεις πέρα μαζί μου, εδώ και τώρα, πήγαινε να βρεις αυτό το πρόσωπο που λες και ξαναζήσε μαζί του τα πράγματα. Εμένα, όμως, γιατί μου τα λες;». Μπορείς να δοκιμάσεις συγκεκριμένες δηλώσεις, όπως: «Η τακτική σου δεν ταιριάζει σ᾽ αυτή την περί-πτωση!» ή πιο γενικές, όπως: «Η μετριότητα λατρεύει τους κανό-νες». Παρόμοιοι μεγαλόστομοι αφορισμοί, που θα τους κατασκευ-άσεις μόνος σου, είναι εξαιρετικά εργαλεία αδρανοποίησης του άλλου, γιατί εκτροχιάζουν τη σκέψη του από τη γραμμή της θυμα-τοποίησης και σου δίνουν το προβάδισμα στη συζήτηση.

• Αν βρίσκεις ότι κάποιος παίζει μαζί σου θυματοποιητικά παιχνίδια, μη διστάσεις να του παίξεις ένα δικό σου παιχνίδι. Θυμήσου τη «νευρική κρίση» του Τσακ στην κρεπερία. Αν κάποιος επιμένει ότι ενεργείς σαν κάποιος που δεν είσαι, κάνε του τη χάρη και «παίξε» κάποιον άλλο – στην περίπτωσή σου οποιονδήποτε «άλλο» που μπορεί να πετύχει το αποτέλεσμα που θέλεις. Η «ηθο-ποιία» είναι ένα από τα κόλπα που θα χρησιμοποιήσεις γιατί έχει πλάκα και γιατί πιάνει, αν χρησιμοποιείται με μετριοπάθεια.

• Μην ξεχνάς να αναγνωρίζεις πότε έχεις μπει στη θέση του θύματος. Ο καλύτερος τρόπος είναι ν᾽ ακούς τον εαυτό σου όταν μιλάει και να σταματάς τις συγκρίσεις πριν ακόμα τις ξεστομίσεις, για να μην ενθαρρύνεις την ίδια συμπεριφορά και στους άλλους. Βγάλε απ' το λεξιλόγιό σου τη φράση «σαν τον/την....». Πέταξε έξω την *κυρία* και ολόκληρο το χορό των θυμάτων που τη συνοδεύει. Πάψε να ζητάς από τα παιδιά σου να γίνουν σαν τ' αδέλφια τους και αντιμετώπισέ τα σαν άτομα μοναδικά. Πάψε να χρησιμοποιείς τον εαυτό σου σαν αναφορά για τους άλλους. Διάγραψε από την κουβέντα σου φράσεις, όπως το «Εγώ δε στο έκανα ποτέ αυτό!» ή «Εγώ δεν κάνω τέτοια πράγματα, γιατί τα κάνεις εσύ;». Μη δίνεις στους άλλους την ευκαιρία να σου πουν: «Εσύ το έκανες πρώτος». Αν πάψεις *πραγματικά να το κάνεις,* αυτή η ανόητη δικαιολογία θα εξανεμιστεί από μόνη της.

• Να είσαι επίμονος στην προσπάθειά σου να αποφύγεις τη σύγκριση με τους άλλους. Μην αρκείσαι να αναφέρεις απλώς μια φορά κάποιο συνηθισμένο θυματοποιητικό παιχνίδι. Μείνε ακλόνητος, μέχρι να περάσει απέναντι το μήνυμά σου. Η επιμονή σου θα ανταμειφθεί.

• Ξεφορτώσου τα είδωλά σου κι όλα τα πρότυπα της ζωής σου. Γίνε εσύ το ίνδαλμά σου. Μην περιμένεις να είσαι σαν τους άλλους. Μπορεί να είναι σωστό να θαυμάζεις τα κατορθώματα των άλλων, όμως δεν πρέπει να ξεχνάς πως είναι ή ήταν τόσο μοναδικοί όσο κι εσύ. Αν θέλεις πάντα να είσαι σαν τους άλλους ή να μιμείσαι τα δικά τους κατορθώματα, τότε θα διευκολύνεις τους θυματοποιούς να χρησιμοποιούν αυτούς τους «άλλους» σαν αναφορές, όταν θέλουν να σε επαναφέρουν στην τάξη.

• Το πιο σημαντικό ίσως απ' όλα: Προσπάθησε οι διαπραγματεύσεις σου με τους άλλους να είναι ευχάριστες, διασκεδαστικές και δημιουργικές εμπειρίες και όχι πεδία μάχης, όπου κινδυνεύει η ίδια η υπόστασή σου. *Διασκέδασε διαπιστώνοντας πόσο αποτελεσματικός είσαι.* Αν το καταφέρεις αυτό χωρίς να επενδύεις στη διαδικασία όλη σου την αυτοεκτίμηση, θα καταφέρεις πιο εύκολα να σβήσεις τη σφραγίδα του θύματος απ' το μέτωπό σου. Αν, όμως, αντιμετωπίζεις τη ζωή σου και τις σχέσεις σου με θανάσιμη σοβαρότητα, τότε δίνεις το σήμα ότι είσαι συνηθισμένος να θυματοποιείσαι: σχεδόν το ζητάς. Οι άνθρωποι που δε μοχθούν υπερβολικά, που ξέρουν να χαίρονται και ν' απολαμβάνουν, είναι πολύ πιο αποτελεσματικοί σ' ό,τι κι αν κάνουν. Κοίταξε πόσο εύκολο κάνει να φαίνεται το άθλημά του ένας πρωταθλητής. Αυτό οφείλεται, κυρίως, στο ότι έχει κάνει την τεχνική του φυσική και δε βασανίζεται να πιέζει τον εαυτό του, νιώθοντας πως «πρέπει ο-πωσδήποτε να πετύχει». Κατά κανόνα, όταν οι πρωταθλητές σφίγ-γονται και πιέζονται αποτυγχάνουν, ενώ όταν χαλαρώνουν κερδί-ζουν.

ΣΥΜΠΕΡΑΣΜΑΤΙΚΕΣ ΣΚΕΨΕΙΣ

Ο Άλμπερτ Αϊνστάιν είπε κάποτε: «Τα μεγάλα πνεύματα πάντα συναντούσαν βίαιες αντιδράσεις από τα μέτρια μυαλά». Πόσο α-λήθεια είναι αυτό! Αν θέλεις να αγγίξεις τη μεγαλοσύνη σου, ν' ανεβείς στις δικές σου κορυφές, πρέπει να μη συμβουλεύεσαι παρά μόνο τον εαυτό σου. Αλλιώς ετοιμάσου να υφίστασαι τις βίαιες αντιδράσεις όλων όσων συναντάς.

Οι μάζες πάντα θα σε συγκρίνουν με τους άλλους, αφού αυτό είναι το όπλο τους για να σε χειραγωγήσουν και να σε συμμορφώ-σουν. Η αντιθυματική στάση απαιτεί να αρνηθείς σταθερά κάθε σύγκρισή σου με ξένα πρότυπα και να μάθεις να αφοπλίζεις τους άλλους, όταν επιχειρούν να σε θυματοποιήσουν, συγκρίνοντάς σε, με σκοπό να κατορθώσουν να σε ελέγξουν.

5

Πώς να Γίνεις Αθόρυβα Αποτελεσματικός και να Μη Ζητάς να Σε Καταλάβουν «οι Άλλοι»

Οι φυσικές σχέσεις
πάνε καλά
γιατί είναι φυσικές.

ΤΕΣΤ ΔΩΔΕΚΑ ΕΡΩΤΗΣΕΩΝ

Ποτέ δε θα κερδίσεις αν έχεις ανάγκη να αποδεικνύεις ότι ανήκεις στους κερδισμένους. Αυτό είναι περίπου το μήνυμα του κεφαλαίου αυτού, που σας συμβουλεύει πώς να γίνετε αθόρυβα αποτελεσματικοί στις επιδιώξεις της ζωής σας. Οι απαντήσεις σας στο παρακάτω τεστ θα σας δείξουν πόσο αθόρυβα αποτελεσματικοί είσαστε τώρα.

Ναι   Όχι

—————   —————   1. Εκνευρίζεσαι όταν δεν καταφέρνεις να εξηγήσεις κάτι στους άλλους;

—————   —————   2. Νιώθεις υποχρεωμένος να αναγγείλεις τα επιτεύγματά σου στους άλλους;

—————   —————   3. Νιώθεις υποχρεωμένος να πεις στους άλλους ότι νίκησες κάποιον σε κάτι;

—————   —————   4. Θίγεσαι εύκολα από τα λόγια και τη συμπεριφορά των άλλων;

—————   —————   5. Δυσκολεύεσαι να πεις ψέματα, ακόμα κι αν αυτό είναι πιο λογικό ή πρακτικό;

—————   —————   6. Σου είναι δύσκολο να διεκδικήσεις το δικαίωμα στην ιδιωτική ζωή, χωρίς να νιώθεις ενοχή;

—————   —————   7. Νιώθεις να σε παρασύρει η κακή διάθεση των άλλων;

—————   —————   8. Σου συμβαίνει συχνά να λες ή να σκέφτεσαι: «Αυτός/αυτή δε με καταλαβαίνει»;

—— —— 9. Νιώθεις ότι ο πόνος είναι κάτι φυσικό, ότι πρέπει να υποφέρεις σ' αυτή τη γη;

—— —— 10. Δυσκολεύεσαι ν' απομακρυνθείς από ανθρώπους που θεωρείς ενοχλητικούς, όπως είναι οι μεθυσμένοι, οι φλύαροι κ.λπ.;

—— —— 11. Συνήθως εξηγείς υπερβολικά τον εαυτό σου και θυμώνεις που είσαι υποχρεωμένος να το κάνεις;

—— —— 12. Καταναλώνεις πολύ χρόνο αναλύοντας τις σχέσεις σου με τους φίλους και τους συγγενείς σου;

Οι καταφατικές απαντήσεις δείχνουν περιοχές θυματοποίησης, στην εξάλειψη των οποίων μπορείς να ασκηθείς. Αν πρέπει να εξηγείσαι στους άλλους, να τους κάνεις *συνεχώς* να σε καταλάβουν ή αν προσπαθείς πάντα ν' *αποδείξεις την αξία σου* με τη συμπεριφορά και τα λόγια σου, τότε πάσχεις από την ασθένεια «έλλειψη αθόρυβης αποτελεσματικότητας».

ΠΩΣ ΝΑ ΓΙΝΕΙΣ ΑΘΟΡΥΒΑ ΑΠΟΤΕΛΕΣΜΑΤΙΚΟΣ

Τι σημαίνει αθόρυβα αποτελεσματικός; Η λέξη που υπογραμμίζεται εδώ είναι το *αθόρυβα*, αφού έχουμε μιλήσει λεπτομερώς, σε άλλα μέρη του βιβλίου, για την αποτελεσματικότητα. Το να είσαι αθόρυβα αποτελεσματικός, σημαίνει να μη χρειάζεται να αναγγέλλεις στους άλλους τις νίκες σου για να αποκτήσουν νόημα για σένα. Συχνά, βέβαια, είναι χρήσιμο να μιλάς στους άλλους για τα γεγονότα της ζωής σου· θα γίνεις, όμως, ένα θύμα αν έχεις *ανάγκη* να πληροφορείς τους άλλους για να νιώσεις ικανοποίηση. Μόλις βάλεις τη λέξη *ανάγκη* στο λεξιλόγιό σου, θα βρεθείς στο έλεος των άλλων – κι αν, για οποιοδήποτε λόγο, αυτοί αρνηθούν ν' αναγνωρίσουν την αξία ή τα επιτεύγματά σου, τότε εσύ θα καταρρεύσεις κι εκείνοι θα κινούν τα νήματά σου.

Η αθόρυβη αποτελεσματικότητα σημαίνει ακόμη ότι δε χρειάζεται να βομβαρδίζεις τους άλλους με τις νίκες σου. Αν έχεις ανάγκη να το κάνεις αυτό, θα δεις ότι οι άλλοι αντεπιτίθενται και προσπαθούν να σε υποβιβάσουν με κάποιο τρόπο. Κλειδί της αθόρυβης αποτελεσματικότητας είναι το πώς νιώθεις εσύ. Αν έχεις αυτοπεποίθηση, τότε θα σου αρκεί να είσαι εσύ ικανοποιημένος, γιατί ο εαυτός που ευχαριστείς έχει αξία. Αν, όμως, δεν έχεις αρκετή αυτοεκτίμηση, τότε θα ζητάς από τους άλλους να σε τροφοδοτούν με την εκτίμησή τους· κι εδώ αρχίζουν τα προβλήματα. Αν είσαι *αναγκασμένος να αντλήσεις αυτή την ενθάρρυνση απ' έξω, γίνεσαι εθελοντικά θύμα.*

Ένα τυπικό παράδειγμα «φωναχτής μη-αποτελεσματικότητας» ήταν ο Ντάριλ, ένας έξυπνος τριαντάρης πελάτης μου, που είχε χάσει τη δουλειά του πριν από μερικά χρόνια, όταν η εταιρεία του χρεοκόπησε. Ήρθε στη συμβουλευτική θεραπεία γιατί δεν τα κατάφερνε να βρει δουλειά κι· είχε φτάσει να μη βγάζει ούτε τα απαραίτητα. Όπως το τοποθέτησε ο ίδιος: «Για κάποιο λόγο δεν καταφέρνω να κάνω τις σωστές επαφές και φοβάμαι πως μπορεί να συνεχίσω να ψάχνω για πάντα».

Στις συμβουλευτικές συναντήσεις μας γρήγορα φάνηκε πως ο Ντάριλ ήταν ο πιο ανεξέλεγκτος επιδειξίας γνωριμιών στον κόσμο. Του ήταν αδύνατο να πει δυο λόγια χωρίς ν' αναφέρει τις σχέσεις του με τον ένα ή τον άλλο μεγαλόσχημο, σχέσεις που στην πλειοψηφία τους ήταν φανταστικές. Ένα άλλο πράγμα που έκανε ο Ντάριλ, ήταν να περηφανεύεται παντού για τα κατορθώματά του και, όταν δεν είχε αρκετά, να φτιάχνει ψεύτικες ιστορίες. Με άλλα λόγια, ο Ντάριλ δυσκολευόταν να κρατήσει κάτι μυστικό ή να αισθανθεί την έννοια της εσωτερικής περηφάνιας. Χρειαζόταν την αναγνώριση των άλλων, αλλιώς δεν ένιωθε καλά.

Όταν ο Ντάριλ άρχισε να εξετάζει την ανάγκη του να είναι σημαντικός στα μάτια των άλλων, διαπίστωσε ότι η ανάγκη του αυτή οφειλόταν σε ένα πραγματικό αίσθημα απαξίας, που είχε προέλθει από το χάσιμο της δουλειάς του και την εντύπωση του αποτυχημένου, που είχε για τον εαυτό του. Είχε πιστέψει τόσο πολύ ότι η αξία του βασιζόταν στην επίδοσή του, ώστε όταν έπαψε να έχει επίδοση μόνο και μόνο επειδή η εταιρεία του –ο εργοδότης του– χρεοκόπησε, η αξία του εξαφανίστηκε. Προσπάθησε να εξισορροπήσει τα πράγματα, αποδεικνύοντας σε όλους πόσο «σπουδαίος ήταν». Όλοι, όμως, τον έπαιρναν είδηση και γρήγορα έγινε θύμα της χαμηλής του αυτοεκτίμησης. Όταν αναφερόταν στις υψηλές του γνωριμίες, οι φίλοι του απλώς τον αγνοούσαν. Όταν καυχιόταν, οι συγγενείς και φίλοι του ψυχραίνονταν. Άρχισε να

βγαίνει απ' την παγίδα αυτή μαθαίνοντας να κρατάει τις νίκες του
για τον εαυτό του και προσπαθώντας συνειδητά ν' αποφύγει τον
κομπασμό, τα μεγάλα λόγια και την επιδειξιομανία. Όταν υποχώ-
ρησαν αυτές οι συμπεριφορές, έγινε πιο ευχάριστος στους γύρω
του, άρχισε να έχει περισσότερη αυτοπεποίθηση και, πάνω απ'
όλα, έπαψε να θυματοποιείται από την ίδια του τη στάση και τη
συμπεριφορά.

ΔΥΟ ΛΟΓΙΑ ΓΙΑ ΤΗΝ ΠΡΟΣΩΠΙΚΗ ΖΩΗ

Όταν αρχίσεις να αναπτύσσεις την αυτοπεποίθησή σου, θα πά-
ψεις να ζητάς από τους άλλους να ακούν πρόθυμα τις ιστορίες σου
και θα βρίσκεις τη μοναξιά πιο παραδεκτή. Η προσωπική σου ζωή
είναι σημαντικό μέρος της ύπαρξής σου και απαραίτητη για την
αίσθηση της εσωτερικής σου ισορροπίας. Το να θέλεις να καταλα-
βαίνουν όλοι και να μοιράζονται οτιδήποτε σκέφτεσαι, νιώθεις,
λες ή κάνεις, είναι μια αυτοθυματοποιητική στάση.

Επιπλέον, όταν δεν προσπαθείς πάντα να σε καταλαβαίνουν οι
άλλοι και κρατάς κάποια πράγματα για σένα, αποφεύγεις να παρα-
σύρεσαι από τους άλλους. Αυτό που συμβουλεύουμε δεν είναι μια
στάση ερημίτη· σας προκαλούμε μόνο να θυμηθείτε πως έχετε το
δικαίωμα της προσωπικής ζωής, καθώς και να προσέξετε αυτούς
που είναι έτοιμοι να σας θυματοποιήσουν, εισβάλλοντας στις προ-
σωπικές σας περιοχές ή, ακόμα χειρότερο, αρνούμενοι το δικαίωμά
σας σε μια ιδιωτική ζωή. Ο Χένρι Ντέιβιντ Θορώ, που έζησε γύρω
στα δύο χρόνια μόνος του στη λίμνη Γουόλντεν, έγραψε γι' αυτό το
συναίσθημα της προσωπικής ζωής στο έργο του *Γουόλντεν*:

Συχνά μου λένε: «Θα πρέπει να νιώθεις μοναξιά εδώ κάτω και
να επιθυμείς να 'σαι πιο κοντά με ανθρώπους»... Θα 'θελα να
τους πω τότε: «Γιατί να νιώσω μοναξιά; Δεν είναι ο πλανήτης
μας στο Γαλαξία; Είναι καλό να είναι κανείς μόνος τον περισσό-
τερο καιρό. Η συντροφιά με άλλους ανθρώπους, ακόμη και με
τους καλύτερους, σύντομα σε κουράζει και σε ξεστρατίζει. Μ'
αρέσει να είμαι μόνος».

Βέβαια, δεν μπορούμε να είμαστε όλοι Θορώ, κι αυτός εδώ είναι ο εικοστός αιώνας· παρ' όλα αυτά οι παρατηρήσεις του ι-σχύουν και σήμερα. Δε χρειάζεται να βρίσκεσαι περιτριγυρισμέ-νος από ανθρώπους ή να ζητάς πάντα να σε καταλαβαίνουν οι άλλοι για να νιώσεις ολοκληρωμένος. Αντίθετα, αν έχεις τέτοιες προσδοκίες ή αν αφήσεις τους άλλους να έχουν τέτοιες προσδοκίες· από σένα, θα γίνεις θύμα. Χρειάζεται κάποιο θάρρος για να επι-μείνεις στην προσωπική σου ζωή, κυρίως αν οι άλλοι επιμένουν ότι η επιθυμία σου για προσωπική ζωή ισοδυναμεί με απόρριψή τους. Είναι ανώφελο να το εξηγήσει κανείς αυτό στους περισσότε-ρους ανθρώπους. Η μόνη λύση είναι να ασκήσεις το δικαίωμά σου πρακτικά. Κάνοντάς το αυτό αρκετά συχνά, θα τους διδάξεις πώς θέλεις να σου φέρονται. Αν αποπειραθείς να μιλήσεις γι' αυτό, όσο περισσότερο το αναλύεις, τόσο πιο πολύ θα νιώσεις θυματο-ποιημένος και θα καταλήξεις να παραιτηθείς από την προσωπική σου ζωή.

ΔΕ ΓΙΝΕΤΑΙ ΝΑ ΣΕ ΚΑΤΑΛΑΒΑΙΝΟΥΝ ΠΑΝΤΑ

Θυμάσαι, ίσως, από το προηγούμενο κεφάλαιο, πάνω στην υπαρ-ξιακή μοναξιά, ότι δεν είναι δυνατό να σε καταλαβαίνουν πάντα οι άλλοι, ούτε κι εσύ μπορεί να καταλαβαίνεις πάντα τους άλλους. Ο σύντροφός σου θα κάνει πράγματα που δεν καταλαβαίνεις, τα παιδιά σου θα σε ξαφνιάζουν και θα σε εκπλήσσουν σ' ολόκληρη τη ζωή σου, οι πολιτικοί θα κάνουν και θα λένε απρόσμενα πράγ-ματα και οι γύρω σου θα συνεχίζουν να σ' απογοητεύουν και ν' απογοητεύονται κι οι ίδιοι, ώς τη συντέλεια του κόσμου. Αν περι-μένεις από τους άλλους να καταλαβαίνουν οτιδήποτε λες και κά-νεις, όχι μόνο θα νιώθεις πάντα απογοητευμένος, αλλά θα γίνεις και θύμα. Παρακάτω αναφέρομαι σε μερικές σημαντικές έννοιες, που μπορείς να τις σκεφτείς καθώς θα επεξεργάζεσαι μια στάση αθόρυβης αποτελεσματικότητας στη ζωή σου.

Η Αδιαφορια Ειναι Αρετη   Μάθε να παραβλέπεις. Μη νιώθεις ότι πρέπει οπωσδήποτε να κάνεις φασαρία για τις στάσεις και τις συμπεριφορές των άλλων, που, ενώ είναι ίσως εκνευριστικές, δε σε ενοχλούν προσωπικά. Γύρνα την πλάτη σου και ξέχασέ τες. Αν βρίσκεσαι σ' ένα πάρτι που δε σ' αρέσει, πες μέσα σου: «Σ' αυτό το δωμάτιο ο καθένας νιώθει υποχρεωμένος να ντύνεται και να μιλάει ψεύτικα, εγώ όμως δεν αισθάνομαι έτσι και χαίρομαι». Μπορείς ή να φύγεις ή να χαρείς που είσαι τόσο αθόρυβα αποτελεσματικός ή οτιδήποτε άλλο. Δε χρειάζεται, όμως, ν' ασχοληθείς ιδιαίτερα με τη συμπεριφορά τους, να κάνεις φασαρία, να γίνεις επιθετικός και να καταλήξεις στο τέλος να πληγώσεις και τον εαυτό σου και όλους τους άλλους. Ένα ανασήκωμα των ώμων κι ένα: «Και λοιπόν, τι έγινε;», από μέσα σου, φτάνουν και περισσεύουν. Η στάση αυτή χαρακτηρίζει το μη-θύμα, όχι τον υποκριτή, αλλά τον άνθρωπο που δεν έχει ανάγκη να δίνει συνέχεια στους άλλους το στίγμα του.

Η Ευθιξια Ειναι Θυματοποιητικη Επιλογη   Μπορείς να μην ξανανιώσεις ποτέ θιγμένος, ούτε από προσβολές που εκτοξεύονται εναντίον σου ούτε από τα πράγματα του κόσμου που έχεις ίσως συνηθίσει να «τα βρίσκεις προσβλητικά». Αν αποδοκιμάζεις τη συμπεριφορά ή τη γλώσσα κάποιου, αγνόησέ τον, ιδιαίτερα αν δεν έχει καμιά σχέση με σένα. Με το να θίγεσαι και να εξοργίζεσαι, με το να λες πράγματα, όπως: «Πώς τολμάς να το λες αυτό!» ή «Δεν έχει δικαίωμα να μ' αναστατώνει έτσι!» ή «Εξοργίζομαι όταν βλέπω τέτοιους παλαβούς!», θυματοποιείς τον εαυτό σου με τη συμπεριφορά των άλλων, πράγμα που καταλήγει να σε κάνει υποχείριο αυτών ακριβώς των ανθρώπων που αντιπαθείς. Αδιαφόρησε, γύρνα την πλάτη, αγνόησέ τους, ρώτα τον εαυτό σου αν πράγματι είναι τόσο σοβαρό· ή, πάλι, αν θέλεις σοβαρά ν' αλλάξεις κάτι, άλλαξέ το. Μη διαλέγεις, όμως, τη θέση του θύματος, με το να προσβάλλεσαι και να εξοργίζεσαι.

Η Εξονυχιστικη Αναλυση Μιας Σχεσης Μπορει Να Σε Θυματοποιει   Αν αισθάνεσαι υποχρεωμένος να κάθεσαι κάτω και να «διερευνάς» μόνιμα κάποια σχέση σου –και πιο ιδιαίτερα το γάμο σου–, ξεκινάς ίσως μια περιπέτεια πολύ πιο νευρωτική απ' όσο φαντάζεσαι. Η διερεύνηση των σχέσεων συχνά περιλαμβάνει μακριές συζητήσεις, προσπάθεια να καταλάβει ο καθένας τα κίνητρα του άλλου, καθώς και την υπόσχεση της διαρκούς συναισθηματικής συμπαράστασης. Όλα αυτά τα πράγματα είναι πολύ ωραία κατά καιρούς, αλλά, αν γίνουν τακτικό μέρος της σχέσης, γίνονται βασανιστικά, απογοητευτικά και αφάνταστα κουραστικά. Ποιος έχει διάθεση να τρέχει όλη τη μέρα στις δουλειές του και να γυρίζει το βράδυ για να διερευνήσει μια σχέση; Πριν θεωρήσεις την αντίδραση του άλλου ως αδιαφορία, κοίτα καλύτερα αυτό που υποστηρίζεις. Οι πιο όμορφες σχέσεις που έχω δει είναι ανάμεσα σε ανθρώπους που δέχονται ο ένας τον άλλον όπως είναι, αντί να αναλύουν οτιδήποτε κάνουν.

Οι δεκαπεντάχρονοι ερωτευμένοι δεν είναι ανώριμοι, όπως τους λένε, απλώς δέχονται τα πάντα ο ένας στον άλλον. Κοιτάζονται στα μάτια κι αγαπούν αυτό που βλέπουν. Ούτε αναλύουν το γιατί, ούτε ζητάνε να καταλάβει ο ένας τον άλλον. Αν, όμως, «προχωρήσουν» σε μια «ώριμη» σχέση, θα βρεθούν, ύστερα από πέντε χρόνια γάμου, να μιλάνε κάπως έτσι ο ένας στον άλλον: «Γιατί το έκανες αυτό;», «Δεν είσαι αυτός που νόμιζα!», «Γιατί δεν κάνεις αυτό που θέλω;», «Δε με ρώτησες αν συμφωνώ!». Αν είσαι απ' αυτούς, που πιστεύουν ότι ο έρωτας «τυφλώνει», σκέψου το ξανά και λογάριασε πόσο δέχεσαι στη ζωή σου τους αγαπημένους σου γι' αυτό που είναι.

Πιστεύω ότι το να μοιράζεσαι τη σκέψη και τα συναισθήματά σου είναι μια ωραία εμπειρία και την ενθαρρύνω, εφ' όσον δε γίνεται καταπιεστικά, σαν καθήκον. Νομίζω, όμως, παρ' όλα αυτά, ότι οι σχέσεις στις μέρες μας υποβάλλονται σε υπερβολική ανάλυση και εκεί οφείλεται το γεγονός ότι, για πολλά ζευγάρια, η συμβίωση είναι πιο πολύ μαρτύριο παρά πάθος. Το γεγονός είναι ότι είσαστε δύο διαφορετικοί άνθρωποι, που ποτέ δε θα καταλάβετε απόλυτα ο ένας τον άλλον, αλλά ούτε και θα το θέλατε, αν το σκεφτόσαστε καλύτερα. Γιατί, λοιπόν, να μην προσπαθήσετε να δεχτείτε ο ένας τον άλλον όπως είναι, βάζοντας ένα τέρμα σ' αυτό το κομμάτιασμα, το αναμάσημα, τις ατέλειωτες αναλύσεις και διερευνήσεις της σχέσης σας; Αφήστε ο ένας τον άλλον να είναι μοναδικός και, όπως είπε ο Χαλίλ Γκιμπράν, «Ας υπάρχουν ανοίγματα στο σμίξιμό σας».

ΜΗΝ ΕΜΠΙΣΤΕΥΕΣΑΙ ΤΟΥΣ ΚΑΥΓΑΔΕΣ Η παλιά πεποίθηση ότι οι άνθρωποι που καυγαδίζουν αγαπιούνται, σηκώνει σοβαρή αμφισβήτηση, όταν ο καυγάς σε κάνει τελικά να γίνεσαι, κατά οποιοδήποτε τρόπο, θύμα. Μπορεί να παρασυρθείς σε μια λογομαχία με κάποιον, να γίνεις έξω φρενών, η πίεσή σου ν' ανεβεί, το στομάχι σου να πηδάει, τα νεύρα σου να είναι έτοιμα να σπάσουν και μετά να εγκαταλείψεις την κατάσταση, ονομάζοντάς την φυσιολογική. Φυσιολογική, όμως, δεν είναι· είναι μια αυτοκαταστροφική θυματοποίηση.

Βγάλε απ' το μυαλό σου την ιδέα ότι οι καυγάδες είναι υγιεινοί. Ίσως ένα καλό ξέσπασμα να είναι διασκεδαστικό, αν κανένας δεν πληγώνεται· αυτό, όμως, δεν αληθεύει συνήθως με τους φιλόνικους ανθρώπους, αυτούς που το 'χουν ανάγκη να καυγαδίζουν. Γίνονται πάντα ενοχλητικοί με την τσουχτερή γλώσσα τους και τα απροσδόκητα ξεσπάσματά τους και μ' αυτούς *όλοι* τελικά γίνονται θύματα.

Όταν καυγαδίζεις με κάποιον που δε σε καταλαβαίνει, θα διαπιστώσεις ότι πολύ συχνά η επιχειρηματολογία σου δυναμώνει την έλλειψη κατανόησής του και τον βοηθάει να περιχαρακωθεί πιο πολύ στη δική του άποψη. Η λογομαχία στερεώνει απλώς την ισχυρογνωμοσύνη του – και, παρ' όλα αυτά, κινδυνεύεις να υποστηρίζεις ότι τέτοιες λογομαχίες είναι χρήσιμες.

Πριν από λίγο καιρό ο Χανκ χτύπησε, βγαίνοντας από το αυτοκίνητό του στο πάρκινγκ, την πόρτα του διπλανού του. Ένας αναψοκοκκινισμένος άντρας τινάχτηκε έξω από το άλλο αυτοκίνητο, έτοιμος για καυγά. «Τι στο διάολο κάνεις;», φώναξε. Προκαλούσε τον Χανκ να τσακωθεί μαζί του, για να φουντώσει πιο πολύ ο θυμός του και ν' αρχίσει ο καυγάς.

Ο Χανκ, όμως, απόφυγε το δόλωμα: «Ναι, φέρθηκα απρόσεχτα. Καταλαβαίνω πώς αισθάνεσαι. Ούτε κι εμένα μου αρέσει να μου χτυπάνε την πόρτα. Αν έχει γίνει ζημιά, θα την πληρώσω».

Η ήρεμη συμπεριφορά του Χανκ εκτόνωσε μια δυνητικά εκρηκτική κατάσταση. Ο άλλος οδηγός ηρέμησε στο άψε-σβήσε: «Δεν ξέρω κι εγώ γιατί θύμωσα τόσο. Είχα μια πολύ δύσκολη μέρα. Δεν το 'θελα όμως να φερθώ τόσο εχθρικά για ένα τόσο ασήμαντο πράγμα. Δεν υπάρχει ζημιά. Ξέχνα το». Το πράγμα τέλειωσε με μια χειραψία.

Το ηθικό δίδαγμα είναι ξεκάθαρο. Αν αφήσεις να παρασυρθείς σ' ένα καυγά, νομίζοντας ότι θα κάνεις τους άλλους να καταλάβουν τη θέση σου, θα καταλήξεις τελικά να γίνεις θύμα. Ακόμη κι αν «κερδίσεις» σε μια έντονη λογομαχία, η ένταση που νιώθεις αρκεί για να σε πληροφορήσει πως στην πραγματικότητα δεν κέρδισες. Μένει, λοιπόν, να διαλέξεις: ή θα προσπαθείς να αναδεικνύεσαι νικητής με συμπεριφορές που προκαλούν έλκος, υψηλή πίεση και καρδιακές προσβολές ή θα αποφεύγεις τέτοιους καυγάδες, διατηρώντας την ψυχική και σωματική σου υγεία.

ΤΟ ΨΕΜΑ ΔΕΝ ΕΙΝΑΙ ΠΑΝΤΑ ΑΝΗΘΙΚΟ Μέσα στην προσπάθειά σου να κάνεις τους άλλους να σε καταλάβουν ή να σε επιδοκιμάσουν, έχεις ίσως υιοθετήσει μια πολύ αυστηρή στάση απέναντι στο ψέμα, μη επιτρέποντας ποτέ στον εαυτό σου να υποχωρήσει σ' αυτή την «κακή συνήθεια».

Ξανασκέψου το λίγο καλύτερα. Μήπως αυτή η «ανεξαρτήτως κόστους» αλήθεια σε κάνει θύμα; Φαντάζομαι ότι θα συμφωνείς με την κοινά παραδεκτή άποψη ότι αν, για παράδειγμα, κινδύνευες να σε εκτελέσουν οι Ναζί σαν Εβραίο, δε θα είχε υποχρέωση να τους πεις την αλήθεια, ότι δηλαδή είσαι Εβραίος. Σε τέτοιες ακραίες περιπτώσεις οι άνθρωποι συμφωνούν ότι δεν έχει κανείς καμιά υποχρέωση να πει την αλήθεια στους εχθρούς του. Αντίθετα, σωστή συμπεριφορά θεωρείται το να τους εξαπατήσεις όσο γίνεται περισσότερο. Επομένως, δεν είσαι εναντίον οποιουδήποτε ψεύδους, αλλά πιθανόν να καθορίζεις πολύ στενά τα όρια του επιτρεπτού ηθικά ψεύδους. Αυτό, λοιπόν, που σου χρειάζεται είναι να σκεφτείς καλύτερα και να *επανακαθορίσεις τα πλαίσια* του ψεύδους. Είναι σωστό να αποφεύγεις το ψέμα, όταν ξέρεις ότι η αλήθεια είναι καταστροφική για τους άλλους; Είναι οι αρχές σου (οι τακτικές σου) πιο σημαντικές από τους ανθρώπους, που υποτίθεται ότι υπηρετούν; Σκέψου καλά τα ερωτήματα αυτά και προσπάθησε να δεις μήπως θυματοποιείσαι από την ακαμψία σου.

Μια πελάτισσά μου, εξήντα ενός χρόνων, ήρθε να με δει ταραγμένη από το γεγονός ότι δεν έβρισκε δουλειά, παρά το γεγονός ότι ήταν μια πολύ ικανή και εξασκημένη στενογράφος. Παραπονέθηκε για τις διακρίσεις που έκαναν οι διάφοροι εργοδότες, που δεν την προσλάμβαναν λόγω ηλικίας. Όταν την ενθάρρυνα να γράψει μια άλλη ηλικία και να καταπολεμήσει με το δικό της όπλο τη διάκριση, έμεινε κατάπληκτη. «Μα αυτό θα ήταν ψέμα», μου είπε.

Φυσικά, ήξερα πολύ καλά τι θα ήταν. Η πελάτισσά μου είχε απορριφθεί σε επτά περιπτώσεις από αναίσθητους και μεροληπτικούς εργοδότες, που, συν τοις άλλοις, παρέβαιναν και το νόμο — και παρ' όλα αυτά συνέχιζε να θυματοποιείται από την ίδια της την αρχή να μην ψεύδεται. Τελικά, αποφάσισε να «θολώσει λίγο τα νερά», είπε σε έναν εργοδότη ότι ήταν πενήντα πέντε (φαινόταν σαράντα πέντε) και την προσέλαβαν. Απέδειξε σύντομα την αποτελεσματικότητά της και μέσα σε έξι μήνες την είχαν κάνει προϊσταμένη. Κι όμως, αν επέμενε στο ανόητο ταμπού της, δε θα έδινε ποτέ στον εαυτό της την ευκαιρία ν' ανοίξει τις πόρτες της επαγγελματικής της ζωής.

Ένα άλλο ερώτημα, που μπορείς να θέσεις στον εαυτό σου γύρω από τα ψέματα, είναι το εξής: «Τι αποτελεί ψέμα για μένα;».

Ας υποθέσουμε ότι έχεις για τον εαυτό σου κάποια πληροφορία, που έχεις κάθε δικαίωμα να την κρατήσεις κρυφή. Δεν αφορά κανέναν άλλον. Έρχεται κάποιος και σου ζητά να του αποκαλύψεις την πληροφορία αυτή, γιατί νομίζει ότι έχει το δικαίωμα να παραβιάσει την ιδιωτική σου ζωή. Το άτομο αυτό θέλει να σε κάνει να αισθανθείς ότι ισοδυναμεί με ψέμα η απόκρυψη μιας πληροφορίας που, κατά τη δική σου γνώμη, έχεις κάθε δικαίωμα να την κρατήσεις κρυφή. Θέλει να αισθανθείς ενοχή, που «δεν μπορείς» να αποκαλύψεις την πληροφορία αυτή. Έχεις, όμως, πραγματικά καμιά υποχρέωση να την πεις; Απολύτως καμιά. Μήπως λες ψέματα, όταν απαντάς: «Δεν είναι δική σου δουλειά!». Πώς είναι δυνατόν; Όλα τα δικαστήρια του κόσμου δίνουν στους ανθρώπους το δικαίωμα να αρνηθούν ν' απαντήσουν σε ερωτήσεις, που κινδυνεύουν να αποδειχτούν αυτοενοχοποιητικές. Αν, λοιπόν, διαισθάνεσαι ότι αυτό που θα πεις θα χρησιμοποιηθεί εναντίον σου, δε χρωστάς σε κανένα τίποτε.

Μην περιμένεις από τους άλλους να σε καταλαβαίνουν πάντα: αυτό είναι το μήνυμα αυτού του κεφαλαίου. Εξέτασε προσεκτικά τη στάση σου απέναντι στο ψέμα και δες μήπως θυματοποιείσαι από τον εαυτό σου ή τους άλλους, αφήνοντάς τους να ελέγχουν τη συμπεριφορά σου μέσα από την ανικανότητά σου να λες ψέματα. Όταν λες την αλήθεια και κάνεις κακό σε κάποιον άλλο ή στον εαυτό σου, νομίζεις πως έχεις βοηθήσει τους άλλους να σε καταλάβουν;

Το θέμα του ψεύδους είναι πάντα λεπτό, γιατί πολλοί, πάρα πολλοί άνθρωποι, υποστηρίζουν ότι το ψέμα είναι πάντα κακό – κάτι που σε κάνει να νιώθεις ένοχος, ακόμη και αν δικαιολογείται κάτω από ορισμένες συνθήκες. Φυσικά δεν υποστηρίζω την άκριτη ψευδολογία. Αν, όμως, λέγοντας αλήθειες καταλήγεις να γίνεσαι θύμα, γιατί αποκαλύπτεις πληροφορίες που θα 'πρεπε, κατά τη δική σου κρίση, να μείνουν μυστικές, τότε συμπεριφέρεσαι με αυτομειωτικό τρόπο και χρειάζεται ίσως να επανεξετάσεις την κατάστασή. Κι ακόμα, αν το ψέμα είναι η μόνη ή η καλύτερη τακτική που μπορείς να χρησιμοποιήσεις για να βγεις από μια θυματοποιητική παγίδα, μη διστάσεις να την σκεφτείς. Τι θα έπρεπε να απαντήσει ένας αιχμάλωτος, που σχεδιάζει να δραπετεύσει, στην ερώτηση του δεσμώτη του: «Ετοιμάζεσαι να δραπετεύσεις;». Θα 'λεγε ψέματα κι εσύ θα τον επιδοκίμαζες. Εξέτασε, λοιπόν, τις δικές σου συμπεριφορές στην αιχμαλωσία των καθημερινών ανακρίσεων και αποφάσισε μόνος σου. Υπόθεσε πως σε ρωτάει ένας ληστής, με τ' όπλο του στραμμένο πάνω σου: «Έχεις λεφτά κρυμμένα στο σπίτι;». Είναι σίγουρο πως στην περίπτωση αυτή δε θα επέμενες να πεις την εις βάρος σου αλήθεια. Ποτέ δεν είσαι υποχρεωμένος να υποχωρήσεις στην πίεση των άλλων και ν' αποκαλύψεις κάποιες προσωπικές πληροφορίες, θυματοποιώντας τον εαυτό σου εξαιτίας της τυφλής προσήλωσής σου στην αλήθεια.

Ο ΠΑΡΑΛΟΓΙΣΜΟΣ
ΤΗΣ ΑΠΟΔΕΙΚΤΙΚΗΣ ΣΥΜΠΕΡΙΦΟΡΑΣ

Όταν έχεις ανάγκη ν' αποδεικνύεις την αξία σου στους άλλους, τελικά βρίσκεσαι κάτω από τον έλεγχο αυτών των «άλλων», στους οποίους πρέπει ν' αποδείξεις την αξία σου. Η αθόρυβα αποτελεσματική συμπεριφορά δεν περιλαμβάνει τέτοια ανάγκη. Σαν παιδί, το «κοίτα με» ήταν σημαντικό στοιχείο στη συμπεριφορά σου. Ήθελες να σε κοιτάζουν όλοι –και ιδιαίτερα οι γονείς σου–, όταν έκανες βουτιές ή ανάποδο πατινάζ, όταν έτρεχες με το ποδήλατο ή επιχειρούσες κάτι καινούριο, καθώς μεγάλωνες και γινόσουν πιο επιδέξιος. Τότε χρειαζόσουν τη ματιά τους, γιατί ανέπτυσσες την έννοια του εαυτού σου με βάση τη σημασία που σου έδιναν «οι άλλοι». Αυτά τα χρόνια έχουν περάσει όμως. Δεν είσαι πια ένα παιδί που μεγαλώνει και που πρέπει να συγκεντρώνει τη γενική προσοχή και να αποδεικνύει συνεχώς την αξία του – εκτός κι αν είσαι ένας από αυτούς τους ενήλικους, που εξακολουθούν να επιζητούν την επιδοκιμασία όλων σχεδόν των ανθρώπων που γνωρίζουν.

Η ανάγκη ν' αποδεικνύεις την αξία σου στους άλλους θα σε θυματοποιήσει πολύ στη ζωή σου. Θα νιώθεις πάντα πολύ άσχημα, όταν οι άλλοι δε θα σε προσέχουν αρκετά, δε θα σε επιδοκιμάζουν ή, ακόμη χειρότερα, όταν δε θα σε καταλαβαίνουν. Γι' αυτό το λόγο θα προσπαθείς ακόμη πιο πολύ να τους κάνεις να σε καταλάβουν, κι αυτοί, όταν το πάρουν πια είδηση, θα μπορούν να ασκήσουν ακόμη περισσότερη εξουσία πάνω σου. Μια τέτοια περίπτωση έτυχε σ' ένα δικό μου φίλο, που προσπαθούσε να πείσει τη γυναίκα του ότι το να παίζει ποδόσφαιρο τα απογεύματα της Κυριακής ήταν δικαίωμά του και δεν ήταν υποχρεωμένος να μένει σπίτι και να της κάνει παρέα. Η γυναίκα του αρνιόταν να καταλάβει πώς ήταν δυνατό ο άντρας της να προτιμάει να κλωτσάει μια μπάλα, παρέα με κάποιους άλλους καταϊδρωμένους άντρες, αντί να μένει μαζί της, δεδομένου μάλιστα ότι δεν είχε καθίσει μαζί της ολόκληρη την εβδομάδα. Όσο περισσότερο μιλούσε ο φίλος μου, τόσο πιο πολύ γινόταν φανερό πως η γυναίκα του δεν τον καταλάβαινε. Πολύ γρήγορα κατέληξε να λογομαχεί μαζί της περί του ότι δεν το καταλάβαινε και, βέβαια, δεν έπαιξε μπάλα εκείνο το απόγευμα. Έτσι, όχι μόνον έχασε το απόγευμά του, αφού τσακώθηκε με τη γυναίκα του, αλλά εκείνη εξακολούθησε να μην καταλαβαίνει το γιατί εκείνος ήθελε να παίζει ποδόσφαιρο. Μια τριπλή θυματική κίνηση εκ μέρους του. Αν είχε συνειδητοποιήσει πως η γυναίκα του ποτέ δε θα καταλάβαινε την ανάγκη του να παίξει ποδόσφαιρο με τους φίλους του και ότι ήταν φυσικό εκ μέρους της να μην καταλαβαίνει, τότε θα είχε αποφύγει να παγιδευτεί στην προσπάθεια να της αποδείξει ότι ήταν εντάξει απέναντί της, ακόμη κι αν ήθελε κάτι που εκείνη δεν καταλάβαινε.

Στον αντίποδα της ανάγκης ν' αποδείξεις την αξία σου είναι η πίεση των άλλων να δώσεις αποδείξεις. Πολύ συχνά θ' ακούσεις: «Τι σ' έσπρωξε να το κάνεις αυτό;» ή «Α, ναι, για απόδειξέ το» ή κάποια παρόμοια φράση. Για άλλη μια φορά σου ζητούν να είσαι έτοιμος να αποδείξεις οτιδήποτε σ' οποιονδήποτε. Μπορείς, σε τέτοιες περιπτώσεις, να φερθείς με αθόρυβη αποτελεσματικότητα και να κάνεις απλώς έναν εσωτερικό διάλογο με τον εαυτό σου: «Είμαι στ' αλήθεια υποχρεωμένος ν' αποδείξω οτιδήποτε σ' αυτόν; Θα βοηθήσει σε τίποτε η απόδειξή μου; Δεν είναι καλύτερα να το αφήσω να *περάσει*, κι ας νομίσει ό,τι θέλει αυτή τη φορά...». Η στάση αυτή έχει ιδιαίτερη σημασία όταν έχεις να κάνεις με ξένους. Κάθισες ποτέ να σκεφτείς πόσο ανόητο είναι να δίνεις αποδείξεις σ' έναν άγνωστο και να ξοδεύεις τον καιρό σου προσπαθώντας να του αποδείξεις ότι έχεις δίκιο; Συνήθως αυτό γίνεται επειδή προσπαθείς να πείσεις τον εαυτό σου και χρησιμοποιείς τον ακροατή σου (θύμα) σαν καθρέφτη. Σύντομα θα μάθεις ν' αγαπάς τις αθόρυβες νίκες σου. Στη διάρκεια του διαλείμματος ενός κονσέρτου, πρόσφατα, ο Κέβιν πλησίασε το μπαρ των αναψυκτικών και αγόρασε τέσσερις σόδες για την παρέα του. Έστριβε για να τις πάρει μαζί του, όταν είδε μία πινακίδα στον τοίχο δίπλα στην είσοδο: ΟΛΑ ΤΑ ΑΝΑΨΥΚΤΙΚΑ ΚΑΤΑΝΑΛΩΝΟΝΤΑΙ ΣΤΟ ΜΠΑΡ. Ο Κέβιν βρισκόταν τώρα με τέσσερα ποτά στα χέρια και μια σειρά από επιλογές. Ήξερε πως ο φύλακας, που στεκόταν δίπλα στην είσοδο, περίμενε να τον δει να τα παίρνει μέσα, οπότε θα μπορούσε να τον σταματήσει, επιβεβαιώνοντας την αξία του σαν υπάλληλος που «κάνει τη δουλειά του».

Ο Κέβιν μπορούσε να πιει και τα τέσσερα αναψυκτικά, να χαρίσει μερικά, να πετάξει άλλα ή να τ' αφήσει όλα και να ξαναμπεί μέσα, για να φωνάξει τους φίλους του. Μπορούσε ακόμη να τσακωθεί με το φύλακα, επισημαίνοντάς του πως δεν ήταν δυνατό να δει κανείς την πινακίδα παρά αφού είχε αγοράσει τα ποτά και ότι, επομένως, έπρεπε να κάνει τα στραβά μάτια. Καθώς τα σκεφτόταν όλα αυτά, όμως, βρήκε ξαφνικά το δρόμο για μια αθόρυβη νίκη. Επισήμανε μια πόρτα πίσω από το μπαρ, που οδηγούσε σ' ένα δρομάκι γύρω από το κτίριο. Γλίστρησε έξω και βρίσκοντας μια ανοιχτή έξοδο, κοντά στο μπροστινό μέρος της αίθουσας, όπου κάθονταν οι φίλοι του, μπήκε μέσα, τους φώναξε και βγήκαν όλοι μαζί έξω να πιουν τα ποτά τους.

Αν ο Κέβιν είχε την ανάγκη να πάει στο φύλακα και να περηφανευτεί: «Είδες! τα κατάφερα!», θα είχε καταλήξει να είναι ο χαμένος ενός μικροδράματος, σπαταλώντας τον καιρό του σε μια δυσάρεστη σκηνή. Η ικανότητά του, όμως, να ζυγίσει σωστά την κατάσταση και να βρει μια λύση μέσα σε λίγα λεπτά, τον βοήθησε ν' αποφύγει τη θυματική θέση και να κάνει αυτό που ήθελε, χωρίς να βλάψει κανέναν και χωρίς να χρειαστεί να αποδείξει την ανωτερότητά του σε κανέναν.

Σε όλες τις παρόμοιες περιπτώσεις, το τάκτ είναι σημαντικό στοιχείο. Τάκτ σημαίνει να μην αναγκάζει κανείς τους άλλους να πληγώνονται και να λογαριάζει τα συναισθήματα και τις ευθύνες

141

τους. Όταν αισθάνεσαι την ανάγκη της απόδειξης, συχνά στερείσαι τακτ και γίνεσαι όχι μόνο αγροίκος, αλλά και θύμα. Το καλύτερό μου ανέκδοτο πάνω στο τακτ είναι το παρακάτω, που το έχει πει ένας πολύ μεγάλος διηγηματογράφος, ο Τζον Στάινμπεκ:

Δύο άντρες γνωρίστηκαν σ' ένα μπαρ και συζητούσαν, όταν ήρθε η κουβέντα γύρω από το Γκρην Μπέη του Ουϊσκόνσιν. «Σπουδαίο μέρος», είπε ο πρώτος. «Τι το σπουδαίο βρίσκεις;», απάντησε ο δεύτερος. «Μόνο για δυο πράγματα φημίζεται το Γκρην Μπέη: την ποδοσφαιρική του ομάδα και τις πιο άσχημες πόρνες». «Για πάρε πίσω τα λόγια σου, κάθαρμα», είπε ο πρώτος. «Η γυναίκα μου είναι από το Γκρην Μπέη». «Α, ναι;», απάντησε ο άλλος. «Και σε τι θέση παίζει;».

Η ΑΠΟΔΕΙΞΗ ΣΤΟΝ ΟΙΚΟΓΕΝΕΙΑΚΟ ΚΑΙ ΦΙΛΙΚΟ ΚΥΚΛΟ

Η οικογένεια είναι μια κοινωνική ομάδα, μέσα στην οποία έχει μεγάλη σημασία να μάθει κανείς να αποδεικνύει την αξία του σιωπηρά και χωρίς έντονες αναμετρήσεις.

Μερικές οικογένειες λειτουργούν με βάση την άποψη ότι όλα τα μέλη έχουν δικαίωμα να ξέρουν τα πάντα για τις υποθέσεις των άλλων, και ότι η ιδιωτική ζωή δεν είναι απλώς ταμπού, αλλά και άμεση πρόκληση, που απειλεί την ίδια την ύπαρξη της οικογένειας. Τα μέλη της οικογένειας επανειλημμένα ζητούν το ένα από το άλλο να εξηγήσει τη στάση του και υποχρεώνονται να δίνουν απαντήσεις, όταν βρίσκονται μπροστά σε αυταρχικούς συγγενείς κ.λπ. Οι οικογένειες, επίσης, συνηθίζουν να «δίνουν το παρόν» σε τελετές, όπως είναι ο γάμος, οι κηδείες, οι βραβεύσεις, τα πάρτι και οι γιορτές. Το τι προτιμάς προσωπικά να κάνεις, σε τέτοιες περιπτώσεις, δε λαμβάνεται υπόψη. Κατά τον ίδιο τρόπο τα μέλη της οικογένειας συνηθίζουν να κρίνουν τον τρόπο που ντύνεσαι και, γενικά, το παρουσιαστικό σου. Αισθάνονται το δικαίωμα να σου ζητήσουν εξηγήσεις γιατί δεν έκοψες τα μαλλιά σου ή γιατί απογοήτευσες εκείνο ή τον άλλο συγγενή. Είναι πάντα πρόθυμοι να αποδοκιμάσουν οποιαδήποτε συμπεριφορά χαρακτηρίζουν οι ίδιοι ή η «κοινωνία» σαν «παρέκκλιση», όσο αβλαβής κι αν είναι.

Είναι οι χειρότεροι αντίπαλοί σου στην προσπάθεια να μη δίνεις εξηγήσεις για τον εαυτό σου, γιατί αυτοί οι άνθρωποι συνήθως *επιμένουν* να «καταλάβουν» και θα κάνουν τα πάντα προς την κατεύθυνση αυτή, αν και σπάνια το πετυχαίνουν. Οι οικογενεια- κοί δεσμοί μπορεί να είναι στενοί και όμορφοι, πρέπει όμως να προσέχει κανείς μήπως τον κάνουν θύμα.

Με εντυπωσιάζει πάντα ο αριθμός των ανθρώπων που, καθώς βρίσκονται στη διάδικασία του διαζυγίου, λένε πράγματα όπως: «Ναι, όπου νάναι θ' αποκτήσω την ελευθερία μου». Γιατί ταυτί- ζουν τόσο πολύ το διαζύγιο με την ελευθερία, ακόμη κι αν το λένε κάπως χιουμοριστικά; Είναι τόσο διαδεδομένο να θεωρείται πραγματικά ο γάμος σαν το αντίθετο της ελευθερίας, σαν σκλαβιά;

Σε πολλές, πάρα πολλές, περιπτώσεις έτσι είναι – και δικαιολο- γημένα. Οι άνθρωποι μέσα στο γάμο, μέσα στην οικογένεια, δεν αισθάνονται ελεύθεροι, κυρίως επειδή ζουν κάτω από τη συνεχή πίεση των αποδείξεων ή του φόβου ότι δε θα γίνουν πάντοτε κατα- νοητοί. Αν βγάλει κανείς αυτά τα δυο στοιχεία, πολλοί από τους γάμους, που καταλήγουν σε διαζύγιο, θα έπαιρναν νέα πνοή.

Μια φιλία, αντίθετα, ακόμη κι όταν κρατάει μια ολόκληρη ζωή, είναι μια σχέση όπου κανείς δεν υποχρεώνεται ν' αποδείξει κάτι. Ο φίλος δεν περιμένει τίποτε από σένα, εκτός από το να είσαι ο εαυτός σου και η ειλικρίνεια είναι η βάση όλης της σχέσης. Κάθε φορά που μιλάω με ομάδες γονιών, τους συστήνω να κοιτάξουν καλύτερα τις φιλίες τους και ν' αρχίσουν να φέρονται στα παιδιά τους και στα μέλη της οικογένειάς τους όπως στους φίλους τους. Για παράδειγμα, αν ένας φίλος έχυνε το γάλα πάνω στο τραπέζι, το πιο πιθανό είναι πως θα του λέγατε: «Δεν πειράζει. Στάσου να σε βοηθήσω να τα μαζέψεις». Στο παιδί σας, όμως, θα πείτε ίσως: «Βλάκα, κοίτα τι έκανες! Γιατί είσαι πάντα τόσο αδέξιος;». Φερ- θείτε σαν φίλος στο σύντροφό σας, στα παιδιά σας και στα άλλα μέλη της οικογένειάς σας. Η οικογένεια είναι ο τόπος όπου σπέρ- νονται πολλοί από τους σπόρους της ψυχικής δυστυχίας, ενμέρει γιατί λίγες οικογένειες συνειδητοποιούν ότι αν τα μέλη δεν αντιμε- τωπίζονται με σεβασμό, αν δεν τους παραχωρείται το δικαίωμα να έχουν ιδιωτική ζωή και να *μην* υποχρεώνονται να δίνουν εξηγή- σεις και αποδείξεις διαρκώς, τότε τα δεσμά της αγάπης τεντώνο- νται υπερβολικά και γίνονται αλυσίδες του στρες. Νομίζω ότι τα συγκινητικά λόγια του Έμερσον, από το ωραίο δοκίμιό του πάνω στη *Φιλία,* συνοψίζουν τόσο καλά αυτό το κρίσιμο σημείο, ώστε ένα μέρος τους το χρησιμοποίησα στην αφιέρωση αυτού του βιβλίου.

Ο *φίλος* είναι ένας άνθρωπος, με τον οποίο μπορώ να είμαι ειλικρινής. Μπροστά του μπορώ να σκέφτομαι φωναχτά.

Στα χρόνια που εργάζομαι στη συμβουλευτική θεραπεία οικογενειών και ζευγαριών σπάνια συνάντησα οικογένειες, που να χρησιμοποιούν τα κριτήρια της φιλίας στις καθημερινές τους σχέσεις. Κι όμως, αν εφάρμοζαν με συνέπεια τα κριτήρια αυτά στις οικογένειές τους, θα ήταν πολύ πιο λίγα τα θύματα στον κόσμο. Μπορεί, όμως, ο καθένας να διδάξει στα μέλη της οικογένειάς του ότι θέλει και είναι έτοιμος να δείξει σεβασμό στους άλλους, φερόμενος με τρόπο που δεν τους προκαλεί να τον θυματοποιήσουν και εγκαταλείποντας την ιδέα ότι είναι υποχρεωμένος να εξηγήσει τη θέση του.

ΑΥΤΟΙ ΠΟΥ ΘΕΛΟΥΝ ΣΥΝΤΡΟΦΙΑ ΣΤΗ ΔΥΣΤΥΧΙΑ

Ακούστε τη Λίντια Σίγκουρνι, μια Αμερικανίδα συγγραφέα των αρχών του δέκατου ένατου αιώνα, πώς μιλάει για τους καταθλιπτικούς ανθρώπους.

Κρατηθείτε μακριά απ' τη θλίψη, λέει ένας Ισλανδός συγγραφέας, γιατί η θλίψη είναι αρρώστια της ψυχής. Είναι αλήθεια πως η ζωή έχει πολλά δεινά, αλλά το πνεύμα που βλέπει τα πάντα απ' την πιο χαρούμενη όψη τους και κάθε αμφίβολη προσφορά σαν γεμάτη πιθανά καλά, κουβαλάει μέσα του ένα ισχυρό και μόνιμο αντίδοτο. Η μελαγχολική ψυχή μεγαλώνει τη δυστυχία, ενώ ένα χαρούμενο χαμόγελο διαλύει συχνά την ομίχλη που προαναγγέλλει την καταιγίδα.

Ο απλούστερος και συχνά ο λογικότερος τρόπος να αντιμετωπίζει κανείς τους κακόκεφους ανθρώπους, που δεν είναι διατεθειμένοι να αλλάξουν, είναι να μένει μακριά τους. Αυτό μπορεί να φαίνεται σκληρό, αλλά είναι μια πολύ χρήσιμη στρατηγική. Οι γκρινιάρηδες, όπως και τόσοι άλλοι άνθρωποι, που αφήνουν τις «περιοχές των σφαλμάτων τους» να κυριαρχούν στη ζωή τους, βγάζουν κάποιο κέρδος από τη δυστυχία τους. Συχνά το κέρδος αυτό είναι η δική σου προσοχή ή, ακόμη χειρότερο, η ικανοποίηση ότι σε παρέσυραν κι εσένα στη μαυρίλα της δυστυχίας τους. Δεν έχεις καμιά υποχρέωση να ακολουθήσεις τους καταθλιπτικούς ανθρώπους στη δυστυχία τους, ούτε καν να βρίσκεσαι κοντά τους. Μάζεψε γύρω σου χαρούμενα πρόσωπα –ανθρώπους που ξέρουν να προχωρούν και να απολαμβάνουν–, αντί για τους κλαψιάρηδες που ευχαριστιούνται να παραπονιούνται για τη μοίρα τους. Μπορείς, βέβαια, να προσφέρεις παρηγοριά και βοήθεια στους μόνιμα δυστυχείς, πέρα όμως απ' αυτό, κυρίως όταν η προσφορά σου απορρίπτεται επανειλημμένα, έχεις υποχρέωση απέναντι στον εαυτό σου να αποφεύγεις να κάνεις παρέα με ανθρώπους που μπορεί να σε παρασύρουν και σένα προς τα κάτω.

Οι άλλοι θα σε αντιμετωπίσουν συχνά με οργή και επιθετικότητα, μέσα από τη δυστυχία τους, για να τραβήξουν την προσοχή σου και, αν ανταποκριθείς, απλώς ενισχύεις τις συμπεριφορές που θέλεις να εξαλείψεις. Με το να μένεις κοντά σε τέτοιους μίζερους χαρακτήρες, όσο κι αν αυτό σε εκνευρίζει, τους διδάσκεις να συνεχίσουν την ίδια συμπεριφορά. Περισσότερο καλό θα τους κάνεις αν φεύγεις μακριά, όταν έρχεται στην επιφάνεια αυτή η δυσάρεστη συμπεριφορά τους. Έτσι, όχι μόνο θα παρατήσουν εκείνοι τις γκρίνιες και θ' ασχοληθούν με κάτι δημιουργικό, αλλά κι εσύ θ' απελευθερώσεις το χρόνο σου για να τον χρησιμοποιήσεις καλύτερα για τον εαυτό σου.

Οι άνθρωποι, που γίνονται επικίνδυνοι με την αποπροσανατολιστική μελαγχολία τους, περνούν τη ζωή τους προβλέποντας καταστροφές και βρίσκοντας ψεγάδια. Σπάνια έχουν κάτι το ευχάριστο να πουν και περιμένουν πάντα το χειρότερο, αντί να βλέπουν το μέλλον με ευχαρίστηση ή αισιοδοξία. Αισθάνονται εξαπατημένοι από τη μοίρα και εξουδετερώνουν με τα θλιβερά τους παράπονα κάθε προσπάθειά σου να φανείς ευχάριστος. Θυματοποιούν τους άλλους με τα παράπονα ότι κανείς δεν τους καταλαβαίνει, ενώ ταυτόχρονα αρνούνται με πάθος να γίνουν κατανοητοί. Είναι εξ ορισμού ανικανοποίητοι και απρόθυμοι να καταβάλουν την παραμικρή προσπάθεια.

Μερικοί άνθρωποι αυτής της κατηγορίας περνούν ολόκληρη τη ζωή τους, από τα νιάτα ώς τα γηρατειά, μ' αυτή την αυτοκαταστροφική στάση. Θα είσαι ο πιο μεγάλος ηλίθιος του κόσμου αν παγιδευτείς κοντά τους, είτε είσαι συνδεδεμένος μ' αυτούς είτε όχι, γιατί ποτέ δε θ' ακούσεις τίποτε άλλο από ατέλειωτα θλιβερά συμβάντα: ληστείες, θάνατοι, το χθεσινό δυστύχημα, η κολίτιδά μου, η ισχιαλγία μου, ο φριχτός καιρός, ο κρύος χειμώνας, οι πουλημένοι πολιτικοί, η οικονομική κρίση – και άπειρα τέτοια. Γι' αυτούς δεν υπάρχει ποτέ καλή μέρα. Η πιο καλή κουβέντα που μπορούν να πουν είναι: «Ίσως βρέξει».

Βασικά όλη αυτή η συμπεριφορά εξακολουθεί να υπάρχει γιατί τη δέχτηκαν αδιαμαρτύρητα κάποιοι ανόητοι και ενισχύθηκε με το πέρασμα των χρόνων. Δεν είσαι υποχρεωμένος, όμως, να γίνεις ένας απ' αυτούς τους ηλίθιους. Μπορείς να μείνεις μακριά, μπορείς να την αγνοήσεις επιδεικτικά ή μπορείς να αντεπιτεθείς με παρατηρήσεις σαν κι αυτήν: «Όσο απαίσια κι αν τα παρουσιάζεις τα παιδικά σου χρόνια, όλο γι' αυτά μιλάς» ή «Δε φαίνεται να σ' ενοχλεί και τόσο η κολίτιδά σου – όλο γι' αυτήν μιλάς και δεν κάνεις τίποτε». Δε χρειάζεται να γίνεσαι σαρκαστικός. Πληροφόρησέ τους απλώς ότι δεν ανέχεσαι το ατέλειωτο κλαψούρισμα και τη γκρίνια. Αντιμετώπισέ τους καλότροπα, αλλά, αν το κλαψούρισμα συνεχίζεται, φύγε και εξήγησε το γιατί πολύ ξεκάθαρα: χαίρεσαι τη ζωή και δε θέλεις να σου χαλάσουν τη διάθεση.

Ο καλύτερος τρόπος για να βγουν από τη μιζέρια τους οι αιώνια παραπονούμενοι είναι η συμμετοχή τους σε σχέδια που τους ενδιαφέρουν και τους επιτρέπουν να επενδύσουν τον εαυτό τους. Δείξε προθυμία να τους βοηθήσεις, αλλά, αν οι τίμιες προσφορές σου απορριφθούν, μη δεχτείς να ενοχοποιηθείς ή να καθίσεις να ακούς το γιατί τα «θύματα» δεν μπορούν να κάνουν τούτο ή το άλλο.

Να είσαι ένας «δεκτικός συμπαραστάτης», αλλά όχι το θύμα του θύματος. Όταν οι μίζεροι άνθρωποι καταλάβουν ότι δεν είσαι πραγματικά διατεθειμένος να μένεις δίπλα τους, σχεδόν πάντα σταματούν τις προσπάθειες να σε θυματοποιήσουν και, κατά περίεργη ειρωνεία, αρχίζουν να γιατρεύονται και από τη μιζέρια τους.

ΦΡΑΣΕΙΣ ΠΟΥ ΧΡΗΣΙΜΟΠΟΙΟΥΝΤΑΙ
ΓΙΑ ΤΗ ΘΥΜΑΤΟΠΟΙΗΣΗ ΤΩΝ ΑΛΛΩΝ,
ΜΕΣΑ ΑΠΟ ΤΗΝ ΑΡΝΗΣΗ ΤΗΣ ΚΑΤΑΝΟΗΣΗΣ

Παρακάτω σας δίνουμε μερικές έξυπνες παραλλαγές πάνω στα θέματα της μη-κατανόησης και της μη-αποδοχής της αθόρυβης αποτελεσματικότητας. Θα πιάσετε τόσο τον εαυτό σας όσο και τους άλλους να τις χρησιμοποιούν συχνά, με θυματοποιητικούς τρόπους.

• *Δεν καταλαβαίνω γιατί τα κάνεις αυτά.* Σου λένε ότι έχεις υποχρέωση να εξηγήσεις τη στάση σου και, όσο δεν το κάνεις, είσαι κακός.

• *Πώς μπόρεσες να κάνεις τέτοιο πράγμα;* Εδώ ο συνομιλητής σου όχι μόνο ταράχτηκε μ' αυτό που τόλμησες να κάνεις, αλλά προσπαθεί να σε κάνει να πιστέψεις πως είναι ασυγχώρητο να κάνεις κάτι που αυτός δεν καταλαβαίνει.

• *Ποτέ δεν ξανακούστηκε τέτοιο πράγμα.* Εδώ προστίθεται στην παραπάνω τακτική και η διάσταση της έκπληξης. Ο θυματοποιός σου κάνει πως έχει ξαφνιαστεί απ' αυτό που είπες ή έκανες, αφήνοντας να εννοηθεί ότι «όλοι» θα το αποδοκίμαζαν και, επομένως, έπραξες και πράττεις λανθασμένα και πρέπει τελικά να κάνεις ό,τι σου λέει εκείνος.

• *Πώς είναι δυνατό να κάνει τέτοιο πράγμα ένας άνθρωπος με το δικό σου μυαλό και με τη δική σου ανατροφή;* Αυτή η φράση προχωρεί λίγο πιο πέρα την προηγούμενη τακτική και προσθέτει το συστατικό της ενοχής, πασπαλισμένο με λίγη κρυφή κολακεία. «Δεν είμαι μόνο κατάπληκτος και σοκαρισμένος, αλλά και απογοητευμένος που εσύ *προσωπικά.....»*.

• *Τάχω χαμένα, μ' έχεις μπερδέψει εντελώς.* Αυτή η φαινομενική ομολογία μεταφέρει το άγραφο μήνυμα: «Έχεις την υποχρέωση να με ξεμπερδέψεις». Ο θυματοποιός θα χρησιμοποιήσει αυτή τη φράση αν ξέρει ότι δεν αντέχεις να μη γίνεσαι κατανοητός. Έτσι, αυτός «πελαγώνει», εσύ υποχρεώνεσαι να τον «ξεπελαγώσεις» – και βρίσκεσαι χωρίς να το καταλάβεις στο βυθό.

• *Ξαναπέστα, σε παρακαλώ, άλλη μια φορά για να καταλάβω.* Αν υπακούσεις σ' αυτή την απαίτηση να επαναλαμβάνεις ασταμάτητα την ιστορία σου, θα γίνεις ένα μόνιμο θύμα.

147

● *Θάπρεπε να έχεις καταλάβει πόσο υποφέρω.* Εδώ σου ζητάνε να νιώσεις άσχημα, επειδή δεν καταλαβαίνεις πόσο άσχημα έχει αποφασίσει κάποιος άλλος να αισθάνεται. Αυτό αντιστρέφει το θυματοποιητικό σχήμα της μη-κατανόησης και ενοχοποιείσαι εσύ, που δεν καταλαβαίνεις.

● *Δεν μπορώ να πιστέψω πώς θα το κάνεις αυτό τώρα, που....* Αυτό το τέχνασμα θα σ' εμποδίσει να τρέξεις, να διαβάσεις, να κοιμηθείς ή να κάνεις οτιδήποτε άλλο μπορεί να θέλεις, εξαιτίας ενός προγράμματος που έχει φτιάξει ο θυματοποιός ή που φτιάχνει μόλις τώρα. Η πράξη που θέλεις να κάνεις δε θεωρείται κακή, μόνο που ο θυματοποιός έχει την εξουσία καθορισμού τού τι θα γίνει άμεσα. Έτσι δείχνει ενοχλημένος ή πληγωμένος αν κάνεις αυτό που θέλεις – κι αυτό ακριβώς είναι το θυματικό παιχνίδι. Εδώ η απαίτηση συνήθως συνοδεύεται από κάποιο «Θα μπορούσες να περιμένεις ώς αύριο ή να το αναβάλεις μια φορά». Φυσικά, το γεγονός ότι ακολουθείς ένα πρόγραμμα άθλησης και δεν έχεις καμιά διάθεση να το χαλάσεις δε λογαριάζεται καθόλου, γιατί ο θυματοποιός αρνείται να καταλάβει την επιμονή σου πάνω στο θέμα αυτό.

● *Δεν καταλαβαίνω τι κακό μπορεί να σου κάνει ένα κομματάκι γλυκό.* Σύμφωνα με τη φράση αυτή, εσύ πρέπει να παραδείς τη σοβαρή απόφασή σου για δίαιτα, γιατί κάποιος άλλος δεν την καταλαβαίνει. Το κόλπο αυτό χρησιμοποιείται για να σε κρατήσει μέσα στα ίδια βραχυκυκλωτικά σχήματα, που και ο θυματοποιός σου δεν καταφέρνει να σπάσει στη ζωή του. Το μήνυμα είναι ότι πρέπει να κάνεις πράγματα που δε θέλεις να κάνεις (να είσαι θύμα), γιατί κάποιος άλλος το θέλει ή γιατί δεν καταλαβαίνει πώς δεν σκέφτεσαι όπως εκείνος τη συγκεκριμένη στιγμή. Το ίδιο πράγμα μπορεί να χρησιμοποιηθεί και αντίστροφα: «Δεν καταλαβαίνω πώς το τρως αυτό το γλυκό – κοίτα εμένα, εγώ δεν το κάνω». Είναι η ίδια λογική, μόνο που χρησιμοποιείται για διαφορετικούς λόγους.

● *Ποτέ δε μου λες τι σκέφτεσαι.* Αυτή μπορεί να είναι μια απόπειρα να σε κάνουν να αποκαλύψεις τις σκέψεις σου και να εγκαταλείψεις τη «νευρωτική» σου ανάγκη για ιδιωτική ζωή. Όταν θα έχεις πει αυτό που σκέφτεσαι, ο άλλος θ' αρχίσει να σε κατηγορεί ότι δεν έχεις δικαίωμα να σκέφτεσαι έτσι.

● *Κάντο για μένα.* Όταν οι θυματοποιοί σου δεν καταφέρνουν

να σε συμμορφώσουν, λέγοντας πως δε σε καταλαβαίνουν, κατα-
φεύγουν σε κάποια τέτοια προσωπική παράκληση, όπου σου ζη-
τούν να κάνεις αυτό που δε θέλεις, επειδή τους ευχαριστεί.

● *Με πρόσβαλες.* Πρόσεχε πάντα τους ανθρώπους που προ-
σβάλλονται, μόνο και μόνο για να σε κάνουν να «νιώσεις απαίσια»
και να αλλάξεις τη συμπεριφορά σου κατά πώς τους βολεύει.

● *Απαιτώ να μου ζητήσεις συγγνώμη.* Το τέχνασμα αυτό μπορεί
να κατευθύνει τη συμπεριφορά σου, πιέζοντάς σε να πεις κάτι που
δεν πιστεύεις ή στριμώχνοντάς σε στη γωνία: έτσι βρίσκεσαι σε μια
θέση όπου δεν μπορείς να ζητήσεις συγγνώμη, ακόμη κι αν θέλεις,
χωρίς ταυτόχρονα να υποχωρήσεις στη θέληση του άλλου. Μπο-
ρείς, όμως, να θυμάσαι και να είσαι έτοιμος να τονίσεις ότι αυτού
του είδους οι «εξαναγκαστικές» συγγνώμες δεν αξίζουν τίποτε,
από τη στιγμή που δε μεταφέρουν την ειλικρινή θέληση αυτού που
τη ζητάει.

Αυτά είναι μερικά από τα πιο κοινά σχήματα θυματοποίησης,
μέσω της μη-κατανόησης, που χρησιμοποιεί ο πολιτισμός μας. Τα
παραδείγματα αυτά έχουν σταχυολογηθεί από χιλιάδες συμβου-
λευτικές συνεδρίες, όπου διάφοροι άνθρωποι διηγήθηκαν πώς κα-
ταπιέστηκαν και βασανίστηκαν από θυματοποιούς, μεταμφιεσμέ-
νους σε φίλους, συναδέλφους, γείτονες και συγγενείς. Παρακάτω
σας δίνουμε μερικές ειδικές στρατηγικές αντεπίθεσης και εξουδε-
τέρωσης του πυροβολικού της «μη-κατανόησης».

ΣΤΡΑΤΗΓΙΚΕΣ ΚΑΤΑ ΤΟΥ ΤΕΧΝΑΣΜΑΤΟΣ
ΤΗΣ «ΜΗ-ΚΑΤΑΝΟΗΣΗΣ»
ΚΑΙ ΥΠΕΡ ΤΗΣ ΑΘΟΡΥΒΗΣ ΑΠΟΤΕΛΕΣΜΑΤΙΚΟΤΗΤΑΣ

● Πάψε να δίνεις εξηγήσεις, όταν νιώθεις ότι αυτό σε ενοχλεί.
Θύμιζε στον εαυτό σου και στους άλλους ότι δεν είσαι υποχρεωμέ-
νος να εξηγήσεις σε κανέναν την προσωπική σου συμπεριφορά και
ότι, γενικά, αν εξηγείς οτιδήποτε, αυτό το κάνεις επειδή το θέλεις
εσύ και όχι για να ικανοποιήσεις τις προσδοκίες ενός άλλου για
σένα. Όταν θα έχεις διδάξει στους άλλους να *μην* περιμένουν τις
εξηγήσεις σου όποτε το απαιτούν, θα πάψουν να έχουν τέτοιες
ανόητες απαιτήσεις. Εξηγήσου *ελεύθερα*, αν σου αρέσει να το

κάνεις, αλλά, αν νιώθεις εξαναγκασμένος, αυτό σημαίνει ότι οι παράλογες απαιτήσεις των άλλων κινούν τα νήματά σου.

● Πάψε να λες μέσα σου ότι είσαι υποχρεωμένος να γίνεσαι κατανοητός και πες ξεκάθαρα στους άλλους πως το θεωρείς αναμενόμενο να μη σε καταλαβαίνουν μερικές φορές, αλλά πως αυτό είναι κάτι φυσικό μεταξύ των ανθρώπων κι όχι μια παθολογική ένδειξη, είτε για σένα είτε για τις σχέσεις σου. Όταν σου λένε οι άλλοι πως δε σε καταλαβαίνουν, αντιμετώπισέ το μ' ένα ανασήκωμα των ώμων, ένα χαμόγελο ή την περίφημη φράση του Έμερσον από την *Αυτοπεποίθηση:* «Οι μεγάλοι δε γίνονται κατανοητοί».

● Μάθε να αγνοείς τις απαιτήσεις των ανθρώπων που δε σε γνωρίζουν, να εξηγηθείς καλύτερα. Πες μέσα σου ότι οι απαιτητικοί άγνωστοι ποτέ δε θα σε καταλάβουν, ακόμη κι αν κολλήσεις το μήνυμά σου με μεγάλα γράμματα πάνω στο μπλουζάκι σου. Επομένως είσαι ελεύθερος να είσαι ακατανόητος, χωρίς να αισθάνεσαι ενοχή ή αίσθημα αποτυχίας σαν άτομο. Είσαι απόλυτα ικανός να κλείνεις το κουμπί, μη επιτρέποντας στις λεκτικές επιθέσεις των ξένων να εισχωρήσουν στη συνείδησή σου. Αυτό θα το κάνεις όπως ακριβώς βγάζεις απ' το μυαλό σου ένα ραδιόφωνο, που παίζει κάπου κοντά και σε ενοχλεί. Μάθε να γίνεσαι ένας αθόρυβα αποτελεσματικός «χειριστής του κουμπιού», όταν χρειάζεται. Αν ασκηθείς να κλείνεις το κουμπί στις προτάσεις που αναφέραμε παραπάνω, θα σου είναι πιο εύκολο να αγνοείς τις απαιτήσεις των ξένων.

● Όταν υποψιάζεσαι ότι είναι περίπου αδύνατο να ικανοποιήσεις την απαίτηση κάποιου να εξηγηθείς καλύτερα, ρώτησέ τον απλά: «Νομίζεις πως θα *μπορούσες* ποτέ να καταλάβεις;». Αν η απάντηση είναι καταφατική, τότε ζήτησέ του να σου δώσει τη δική του ερμηνεία για τη συμπεριφορά σου και συμφώνησε για τα σημεία που έχει δίκιο. Με τον τρόπο αυτό μεταθέτεις την ευθύνη της κατανόησης σ' αυτόν που ζητάει να καταλάβει, αντί να τη φορτώνεσαι εσύ.

● Αν, πάλι, πιστεύεις πως κάποιος κάνει πως δε σε καταλαβαίνει για να σε θυματοποιήσει, ζήτησέ του να επαναλάβει αυτά ακριβώς που είπες πριν αρχίσει «να βγάζει τα δικά του συμπεράσματα». Το κλειδί της τεχνικής αυτής είναι ότι ο δυνητικός θυματοποιός σου πρέπει να συμφωνήσει στους παρακάτω βασικούς κανόνες:

Εσύ θα πεις την άποψή σου και θα σε ακούσει χωρίς διακοπή. Μετά, αυτός θα επαναλάβει όσα είπες, με τρόπο ικανοποιητικό για σένα. Όταν συμφωνήσεις ότι πραγματικά σ' έχει ακούσει, τότε μπορεί να σου πει την άποψή του κι εσύ τότε πρέπει να την ακούσεις και να την επαναλάβεις, με τρόπο που να *τον* ικανοποιεί. Αν *κάποιος από τους δυο πει κάποια στιγμή:* «Όχι, δεν άκουσες σωστά», τότε ο άλλος θα επαναλάβει αυτό που είπε.

Ακολουθώντας αυτές τις απλές οδηγίες μπορείς να αποφύγεις τη θυματοποίησή σου και ταυτόχρονα να βελτιώσεις σημαντικά την ακροαματική ικανότητα του συνομιλητή σου. Ύστερα από αρκετές συνομιλίες τέτοιου τύπου έχεις πολύ περισσότερες πιθανότητες να γίνεις κατανοητός.

• Ασκήσου στην αθόρυβη αποτελεσματικότητα, μαθαίνοντας να αναβάλεις την κοινοποίηση των επιτυχιών σου. Υποχρέωσε τον εαυτό σου σε δίωρη, τρίωρη αναβολή και μετά αναρωτήσου αν εξακολουθείς να θέλεις να το πεις σε κάποιον. Αυτό είναι ιδιαίτερα χρήσιμο όταν πρόκειται για ειδήσεις, που θα σε κάνουν να φανείς ανώτερος από το πρόσωπο που πληροφορείς. Το σύστημα των καθυστερήσεων είναι αποτελεσματικό γιατί, ύστερα από αναμονή αρκετών ωρών ή και ημερών, δεν αισθάνεσαι πια τόσο επιτακτικά την ανάγκη να επιδειχτείς· αλλά και όταν γίνει γνωστή η είδηση (αν γίνει), θα δώσεις την εντύπωση ότι είσαι αυτό που προσπαθείς να γίνεις – κάποιος που αντιμετωπίζει τις επιτυχίες του με άνεση και μετριοφροσύνη.

• Όταν βρίσκεσαι παρέα με ανθρώπους κακομαθημένους, που σε πονοκεφαλιάζουν με τις ιστορίες τους, τις καυχησιολογίες τους ή την πιεστικότητά τους, μάθε να ζητάς συγγνώμη, να σηκώνεσαι και να φεύγεις. Ακόμη κι όταν βρίσκεσαι σε δημόσιους χώρους, όπως στο εστιατόριο, μπορείς να καταπολεμήσεις τη συνήθεια να μένεις στη θέση σου «υποφέροντας σιωπηλά». Σήκω και πήγαινε μια μικρή βόλτα. Έτσι, όχι μόνο θα αισθανθείς καλύτερα που άσκησες κάποιο έλεγχο, αλλά θα διδάξεις και στον ενοχλητικό σου σύντροφο να πάψει να χρησιμοποιεί τέτοιες τακτικές με σένα, α-φού το μόνο τους αποτέλεσμα είναι να σε απομακρύνουν χωρίς εξήγηση.

• Πάρε την πρωτοβουλία να χαρακτηρίζεις πρώτος τις απόπει-ρες του συνομιλητή σου να σε παρασύρει στη δυστυχία του. Πέ-στου: «Νομίζω πως η δυστυχία σου γυρεύει τη συντροφιά μου».

Οποιαδήποτε τέτοια πρόταση, αν ειπωθεί χωρίς εχθρότητα, θα δείξει στο δυνητικό σου θυματοποιό ότι ξέρεις καλά το παιχνίδι και θα του προκαλέσει σεβασμό για την εξυπνάδα και την ειλικρίνειά σου, ακόμη κι αν το αρνηθεί αρχικά.

Στη συνέχεια, μπορείς να πεις στον αιωνίως παραπονούμενο ότι για μια ώρα τουλάχιστο δεν ενδιαφέρεσαι ν᾽ ακούσεις ούτε κουβέντα για την άσχημη κατάσταση των πραγμάτων. Χρονομέτρησε τη συνομιλία και, μόλις φανεί η παραμικρή υποψία καταστροφολογίας, σταμάτησέ τον μ᾽ ένα: «Συμφωνήσαμε για μια ώρα». Αυτό θα θυμίσει ευγενικά στον κλαψιάρη σου μια συνήθειά του που, ίσως, να μην την έχει πάρει καν είδηση και θα τον ενθαρρύνει, πιθανόν, να την κόψει. Όπως και νάναι, εσύ θα απαλλαγείς από την υποχρέωση ν᾽ ακούσεις κάτι θλιβερό για μια ώρα, μια μέρα ή οποιοδήποτε χρονικό διάστημα καθορίσεις.

● Δίδαξε με τη συμπεριφορά σου στους άλλους ότι θα επιμείνεις στην ιδιωτική σου ζωή. Μη χάνεις τον καιρό σου ζητώντας να σ᾽ αφήσουν μόνο. Χρησιμοποίησε απλώς το χρόνο που νομίζεις ότι σου είναι απαραίτητος. Κάντο σταθερά και ευγενικά, αλλά ΚΑΝΤΟ. Βγες τη βόλτα σου, κοιμήσου, διάβασε στο δωμάτιό σου κ.λπ. και μην παρασύρεσαι να εγκαταλείπεις την ιδιωτική σου ζωή, επειδή κάποιος άλλος δε σε καταλαβαίνει ή σε χαρακτηρίζει μονόχνωτο.

● Μάθε να θεωρείς φυσικό το ότι οι άλλοι θα σου κολλήσουν διάφορες ετικέτες και μην ανησυχείς γι᾽ αυτό. Αν σε χαρακτηρίζουν περίεργο, τρελό, μονόχνωτο, αντάρτη κι εσύ δείξεις ότι οι ταμπέλες δε σε ενοχλούν, τότε οι χαρακτηρισμοί τους θα είναι άχρηστοι και σύντομα θα σταματήσουν. Αν, όμως, αισθάνεσαι ενοχή γι᾽ αυτές τις ετικέτες και προσπαθήσεις να υποστηρίξεις ότι δε σου ταιριάζουν ή δείξεις ότι σε ταράζουν, απλώς ενισχύεις την τάση των άλλων να σου κολλάν ετικέτες.

● Κατονόμαζε τα συναισθήματα του άλλου, όταν αυτός ο άλλος αρχίζει να θυμώνει μαζί σου ή προσπαθεί να σε παρασύρει στην κακοκεφιά του. «Νιώθεις πραγματικά άσχημα, γι᾽ αυτό και μου το ξαναλές, για να αισθανθώ άσχημα κι εγώ» ή «Δε με καταλαβαίνεις και έχεις θυμώσει, επειδή σε απογοήτευσα». Δείξε στους άλλους ότι καταλαβαίνεις τα συναισθήματά τους και δε φοβάσαι να τα αποκαλύψεις.

● Όταν κάποιος επιμένει να σε κάνει «να φας αυτό» ή σε εμποδίζει ν' ακολουθήσεις το πρόγραμμα της γυμναστικής σου, δήλωσε σταθερά και χωρίς δισταγμό: «Κάνω δίαιτα και δε θέλω να φάω τίποτε» ή «Πάω να τρέξω τώρα». Ξέχασε τις φράσεις του είδους: «Ελπίζω να μη σε πληγώνω», γιατί μ' αυτόν τον τρόπο θα υποχρεωθείς να συνεχίσεις τη συζήτηση και, τελικά, θα καταλήξεις ίσως να τρως μόνο και μόνο για να μην πληγώσεις τον άλλον. Αν φερθείς αποφασιστικά και σίγουρα, οι επιθυμίες σου θα γίνουν σεβαστές.

● Μάθε να χρησιμοποιείς φράσεις, όπως: «Προσβάλλεις τον εαυτό σου» ή «Πληγώνεσαι μόνος σου». Αυτού του είδους οι λεκτικές διατυπώσεις απομακρύνουν την ενοχή σου και μεταθέτουν την ευθύνη για την προσβολή εκεί που ανήκει, δηλαδή στο άτομο που έχει αποφασίσει να προσβληθεί ή να πληγωθεί.

● Βγάλε απ' το μυαλό σου την ανόητη ιδέα ότι πρέπει να αισθάνεσαι άσχημα, αν κάποιοι από τους φίλους σου δεν αλληλοσυμπαθούνται. Υπάρχουν χιλιάδες άνθρωποι στον κόσμο που δε θα τους διάλεγες για φίλους· γιατί, λοιπόν, να περιμένεις ότι αυτοί που διαλέγεις εσύ σαν φίλους, για τους δικούς σου προσωπικούς λόγους, αυτομάτως θα διαλέγονταν και μεταξύ τους; Κι όμως, συχνά, πολλοί άνθρωποι ανησυχούν ή θυμώνουν επειδή απέτυχε το «προξενιό» που ήθελαν να κάνουν, αντί να δέχονται φυσικά τους επιλεκτικούς νόμους της «χημείας της φιλίας».

Και, αντίστροφα, μη στενοχωριέστε όταν κάποιοι φίλοι σας σάς ζητούν να αγαπήσετε τους φίλους τους. Δεν είσαστε υποχρεωμένοι να μοιράζεστε τα συναισθήματα των φίλων σας ή των συγγενών σας και το γεγονός αυτό δε σημαίνει ότι κάτι πάει στραβά με την αρχική φιλία. Από την άλλη μεριά, προσέξτε τις συναισθηματικές εκφράσεις σαν κι αυτή: «Πώς είναι δυνατό να της αρέσει; Εγώ τον βρίσκω φριχτό». Δεν πρέπει να είναι κανείς υποχρεωμένος να δίνει λογαριασμό στους άλλους για τα γούστα του ούτε να υπόκειται σε πιέσεις για να απορρίψει κάποιους φίλους για χάρη άλλων. Αν αισθάνεσαι πάνω σου μια τέτοια προσπάθεια επιβολής απόψεων, μη διστάσεις να το επισημάνεις ή επέμεινε στη δική σου θέση, χρησιμοποιώντας τις πιο «αθόρυβα αποτελεσματικές» τεχνικές που ξέρεις.

● Κάθε φορά που αισθάνεσαι τον κίνδυνο της εμπλοκής σε μια λογομαχία, που θα σε θυματοποιήσει, δήλωσε: «Αποφάσισα να μην τσακωθώ γι' αυτό. Αν επιμένεις, θα τσακωθείς μόνος σου.

Είτε θα συζητήσουμε ήρεμα, με σεβασμό ο ένας για τον άλλον, ή δε θα συμμετάσχω καθόλου». Ο συνομιλητής-αντίπαλός σου μπορεί να σαστίσει από την άμεση ειλικρίνεια αυτού του ξαφνικού ηλεκτροσόκ· εσύ, όμως, πρέπει να επιμείνεις ώς το τέλος, αρνούμενος τον τσακωμό, φτάνοντας ακόμη και να φύγεις, αν σε πιέσει.

● Όταν φέρεσαι με απόλυτη λογική και καταλαβαίνεις ότι αυτό δε σε βγάζει πουθενά με το συγκεκριμένο «αντίπαλο», μάθε να εγκαταλείπεις τη λογική και να ψάχνεις αλλού για την κατάλληλη στρατηγική.

Ένας φίλος μου, ο Τζιμ, βρέθηκε κάποτε αντιμέτωπος με μια φύλακα παρκομέτρων, η οποία ετοιμαζόταν να κολλήσει μια κλήση στο αυτοκίνητό του. Ο Τζιμ της είπε πως το παρκόμετρο ήταν χαλασμένο, πράγμα φανερό. Εκείνη, όμως, επέμενε ότι απαγορευόταν το παρκάρισμα σε περιοχή με χαλασμένα παρκόμετρα και ότι έπρεπε να είχε παρκάρει αλλού.

Ο Τζιμ της απάντησε ότι οι χώροι παρκαρίσματος είναι για να εξυπηρετούν τους ανθρώπους και δεν είναι λογικό οι πολίτες να στερούνται τον εντελώς νόμιμο χώρο τους, μόνο και μόνο επειδή έχουν χαλάσει τα παρκόμετρα. Της εξήγησε τρεις φορές τη λογική του, με μεγάλη ηρεμία, αλλά κάθε φορά οι απαντήσεις της έδειχναν πως δεν τον άκουγε.

Τελικά ο Τζιμ παράτησε τη λογική και την παρακάλεσε να μην είναι κακιά και να τον απαλλάξει από την κλήση, ακόμη κι αν είχε δίκιο. Αυτό της άρεσε. Της ήταν απαραίτητο ν' ακούσει τον Τζιμ να παραδέχεται ότι έχει άδικο, ώστε να μπορέσει να ασκήσει κάποια εξουσία πάνω του. Μόλις της ζήτησε να παραβλέψει το «λάθος» του, τον άφησε να φύγει.

Αν ο Τζιμ συνέχιζε να υποστηρίζει την άποψή του (που εξακολουθούσε να τη βρίσκει σωστή), θα κατέληγε να γίνει ένα «λογικό θύμα», να χάσει ολόκληρο το πρωινό του και να πάει στο δικαστήριο για να διαπραγματευτεί ένα πρόστιμο δύο χιλιάδων. Στο δικαστήριο θα γινόταν ακόμη περισσότερο θύμα του γραφειοκρατικού μηχανισμού, τον οποίο είχε μάθει να αποφεύγει. Η πρακτική λύση που βρήκε —και που σήμαινε εγκατάλειψη της λογικής και λίγο θέατρο—, σίγουρα τον εξυπηρέτησε καλύτερα.

● Πάψε να προσπαθείς να φαίνεσαι νικητής με ανθρώπους όπως είναι οι προϊστάμενοι, οι φορείς της εξουσίας, οι άνθρωποι με αξιώματα κ.λπ. Παραχώρησέ τους το αίσθημα της εξουσίας που έχουν ανάγκη, άστους να νομίζουν ότι *αυτοί* κέρδισαν την αναμέτρηση μαζί σου και κράτα την αλήθεια για σένα.

Δεν αρέσει καθόλου στα αφεντικά να έχουν άδικο κι αυτό δεν πρέπει να το ξεχνάς, αν θέλεις ν' αποφύγεις τους μπελάδες. Ακόμη κι όταν πιστεύεις με όλη σου την ψυχή πως έχεις δίκιο σ' ένα σχέδιο παραγωγής, σε μια επιχειρησιακή πολιτική κ.λπ. μη λες ποτέ στο αφεντικό σου φράσεις, όπως: «Νομίζω πραγματικά ότι έχεις άδικο γι' αυτό», δημιουργώντας του έτσι την υποχρέωση να *σε πολεμήσει,* για να υπερασπίσει το εγώ του. Το παλιότερο κόλπο στον τομέα αυτό είναι να παρουσιάζεις τα πράγματα έτσι, που το αφεντικό σου να νομίζει ότι *αυτός* σκέφτηκε αυτό που θέλεις – ιδιαίτερα αν πρόκειται για την αύξηση ή την προαγωγή σου. Αυτό δε σημαίνει υποχωρητικότητα εκ μέρους σου· είναι απλώς μια στρατηγική που λειτουργεί αποτελεσματικά προς όφελός σου και σε συμβουλεύει πότε να κρατάς τις απόψεις σου για τον εαυτό σου και πότε να τις διατυπώνεις φωναχτά.

• Πάψε να κάνεις πράγματα που δε σου αρέσουν, μόνο και μόνο γιατί *οι άλλοι* δε θα σε καταλάβαιναν αν δεν τα έκανες, π.χ. να φιλάς συγγενείς και γνωστούς που δε θέλεις. Την επόμενη φορά, απλώς, μην το κάνεις. Αν θέλουν να το συζητήσουν, μπορείς να χρησιμοποιήσεις μια από τις τακτικές που περιγράψαμε παραπάνω για την αντιμετώπιση αυτών που δε σε καταλαβαίνουν· αλλά, πριν φτάσουν τα πράγματα εκεί, απλώς σταμάτα. Δοκίμασε *μια φορά* να μην πας σε μια από τις απαίσιες γιορτές της θείας Μίριαμ και περίμενε να δεις τι θα συμβεί. Αν οι άλλοι επιμένουν ή προσπαθούν να σε εξαναγκάσουν, χρησιμοποίησε μια από τις παραπάνω τεχνικές, πρώτα όμως κάνε αυτό που θέλεις, αποφασίζοντας να μην πας. Στο κάτω κάτω το σώμα σου σού ανήκει και δεν είσαι υποχρεωμένος να το πας εκεί που δε θέλεις.

• Πάψε να εξηγείσαι και να ζητάς συγγνώμη για τη συμπεριφορά σου. Δε χρειάζεται να λυπάσαι όταν κάνεις κάτι που δεν αρέσει σε σένα ή στους άλλους. Μπορείς να διδαχτείς από το πράγμα αυτό, μπορείς ακόμη να αναγγείλεις σε οποιονδήποτε –που πιθανόν πληγώθηκε από την πράξη σου–, ότι θα φροντίσεις να μην επαναληφθεί, μετά όμως συνέχισε να ζεις. Μην ξεχνάς, επίσης, πως δεν είναι δική σου δουλειά να λυπάσαι όταν οι άλλοι δε σε καταλαβαίνουν. Ζητώντας τους συγγνώμη αναλαμβάνεις και τις δικές τους ευθύνες και τους διδάσκεις να συνεχίσουν να μην καταλαβαίνουν ούτε εσένα ούτε τα κίνητρά σου.

Η συνήθεια να ζητάς συνέχεια συγγνώμη μπορεί να γίνει ένα φοβερό θυματοποιητικό αντανακλαστικό, μια τάση να «παίρνεις πάνω σου το φταίξιμο». Μια φορά είδα με τα μάτια μου μια γυναίκα στον ηλεκτρικό να λέει «Συγγνώμη», όταν ένας άγνωστος της πάτησε το πόδι.

● Αν έχεις παρασυρθεί στη μανία της συνεχούς ανάλυσης των πραγμάτων μέσα στις σχέσεις σου, πάρε την απόφαση να το σταματήσεις. Άφησε τα πράγματα να κυλήσουν για ένα διάστημα, χωρίς την καταναγκαστική επιμονή να ερμηνεύεις συνεχώς κίνητρα και συμπεριφορές. Η ανάλυση μπορεί εύκολα να γίνει ασθένεια, αντί για χρήσιμο εργαλείο αντιμετώπισης των προβλημάτων. Μην ξεχνάς ότι πολλές όμορφες σχέσεις πέθαναν από την υπερβολική ανάλυση. Μην παρασύρεσαι από συνθήματα, όπως: «Θα παλέψουμε τη σχέση μας», γιατί κινδυνεύεις σύντομα να βρεθείς μόνο με την πάλη, χωρίς καμιά σχέση.

● Αν το να *μην* αποκαλύψεις κάτι είναι πιο αποτελεσματικό για όλους, ενώ η αποκάλυψη θα παραβίαζε την αίσθηση της προσωπικής σου ζωής, τότε μην το αποκαλύπτεις. Αν δεν μπορείς ν' αρνηθείς, μπάλωσέ τα όπως μπορέσεις και μην χαρακτηρίζεις την συμπεριφορά σου σαν ψέμα. Θύμιζε στον εαυτό σου ότι έχεις δικαίωμα να κρύβεις τις προσωπικές σου πληροφορίες, κυρίως όταν αισθάνεσαι ότι ο άλλος δεν έχει κανένα δικαίωμα να ζητάει να τις μάθει.

ΣΥΜΠΕΡΑΣΜΑΤΙΚΑ

Κανείς δε γίνεται προφήτης στον τόπο του. Δεν είναι δυνατό να γίνεις κατανοητός από όλους, ενώ είναι σχεδόν σίγουρο ότι αν αισθάνεσαι υποχρεωμένος ν' αποδεικνύεις την αξία σου στους άλλους, θα γίνεις τελικά θύμα. Η αθόρυβη αποτελεσματικότητα σημαίνει να μπορείς να κλείνεις το μάτι στον κόσμο, αφήνοντάς τον να καταλάβει ότι είσαι ικανός για πολλά πράγματα, αλλά και αρκετά ελεύθερος μέσα σου, ώστε να μη χρειάζεσαι να το λες σε όλους. Για να σε εκτιμήσουν απόλυτα οι άλλοι, πρέπει να φύγεις απ' αυτόν τον πλανήτη – αν το καταλάβεις αυτό, θα πάψεις να έχεις διαρκώς *ανάγκη* να σε εκτιμούν και θα κάνεις τη ζωή σου πολύ καλύτερη, όσο είσαι ακόμη εδώ και μπορείς να την απολαύσεις. Ο Ντοστογιέφσκι το ήξερε καλά αυτό. Όπως έγραψε στους *Αδελφούς Καραμαζόφ,*

Οι άνθρωποι απορρίπτουν τους προφήτες τους και τους θανατώνουν, αλλά αγαπούν τους μάρτυρές τους και τιμούν αυτούς που θανάτωσαν.

Γιατί, λοιπόν, να αφήσεις να σε θανατώσουν, ακόμη κι αν αυτό γίνει μόνο *ψυχολογικά;* Και, ακόμη περισσότερο, γιατί να περιμένεις να πεθάνεις για να σε τιμήσουν; Αποφάσισε να *ζήσεις* τώρα και δέξου ότι δεν είναι δυνατό να σε καταλαβαίνουν όλοι και πάντα. Η επιλογή είναι πραγματικά δική σου.

6

Διδάσκοντας στους Άλλους Πώς Θέλεις να Σου Φέρονται

*Οι περισσότεροι άνθρωποι είναι
πιο καλοί με τους ξένους,
παρά με τους δικούς τους
και τον εαυτό τους.*

Πώς σε αντιμετωπίζουν οι άλλοι; Πιστεύεις ότι πολύ συχνά σε χρησιμοποιούν και σε εκμεταλλεύονται; Πιστεύεις ότι οι άλλοι σε κακομεταχειρίζονται και δε σε σέβονται σαν άτομο; Συχνά προγραμματίζουν χωρίς να ζητήσουν τη γνώμη σου, υποθέτοντας ότι θα τους ακολουθήσεις έτσι κι αλλιώς; Βρίσκεσαι σε ρόλους που αντιπαθείς, γιατί όλοι περιμένουν να φερθείς μ' ένα συγκεκριμένο τρόπο; Αυτά είναι μερικά από τα πιο κοινά παράπονα που έχω ακούσει από πελάτες και φίλους, που αισθάνονται θυματοποιημένοι με χίλιους τρόπους. Η απάντησή μου είναι στερεότυπη: «Ο κόσμος σού φέρεται με τον τρόπο που τον διδάσκεις να σου φέρεται».

Αν αισθάνεσαι ότι σε υποτιμά η συμπεριφορά των άλλων, εξέτασε τη δική σου σκέψη και συμπεριφορά και αναρωτήσου γιατί επέτρεψες ή και ενθάρρυνες αυτή τη συμπεριφορά, για την οποία τώρα παραπονιέσαι. Αν δεν αναλάβεις προσωπικά την ευθύνη για τη συμπεριφορά των άλλων απέναντί σου, τότε θα συνεχίσεις να είσαι ανίσχυρος απέναντί τους.

Ο Ρωμαίος φιλόσοφος Επίκτητος συνόψισε έτσι το πρόβλημα, πριν από δυο χιλιάδες χρόνια:

Σκέψου ότι δε σε προσβάλλει εκείνος που σε χτυπά ή σε βρίζει, αλλά η ιδέα σου ότι σε βρίζουν. Όταν λοιπόν σε θυμώσει κανείς, συλλογίσου ότι σε θύμωσε η ιδέα σου.

Το κεφάλαιο αυτό προσαρμόζει στην εποχή μας αυτά τα αρχαία λόγια, που περικλείουν ένα από τα πιο σοβαρά μαθήματα της ζωής, τοποθετώντας τα στο σημερινό μας πολιτισμό. Στην ουσία της, όμως, η αλήθεια τους είναι πάντα άμεση. Αν πληγωνόμαστε δεν είναι απ' αυτό που μας κάνουν οι άλλοι, αλλά από τη θέση που δίνουμε στις πράξεις τους. Αλλάζοντας τις στάσεις μας και τις προσδοκίες μας γύρω από τις προσβολές, σύντομα η εκμετάλλευση τελειώνει και παύει κανείς να είναι θύμα.

Η ΔΙΑΔΙΚΑΣΙΑ «ΔΙΔΑΣΚΑΛΙΑΣ ΤΩΝ ΑΛΛΩΝ»

Διδάσκεις στους άλλους πώς να σου φέρονται, με βάση το τι ανέχεσαι. Αν «υπομένεις» και το έχεις κάνει αυτό για μεγάλο διάστημα, τότε έχεις στείλει το μήνυμά σου ότι «σηκώνεις πολλά». Δεν πρόκειται για καμιά πολύπλοκη θεωρία. Αν στείλεις το μήνυμα ότι δεν πρόκειται να ανεχτείς την κακομεταχείριση, στηρίζοντάς το με κάποια αποτελεσματική συμπεριφορά, ο βασανιστής σου δε θα εισπράξει το τίμημα που υπολογίζει, δηλαδή να σε αδρανοποιήσει ώστε να σε χειραγωγήσει. Αν, όμως, υπομένεις αδιαμαρτύρητα το τράβηγμα των νημάτων σου ή προβάλλεις μερικές ήπιες αντιρρήσεις, ενώ βασικά υποχωρείς, τον διδάσκεις να συνεχίσει να σε χρησιμοποιεί σαν στόχο για σκοποβολή.

Η Γκέιλ ήταν μια πελάτισσα που ήρθε να με δει, γιατί ένιωθε ανελέητα καταπιεσμένη από τον αυταρχικό σύζυγό της. Παραπονέθηκε ότι την αντιμετώπιζε σαν σκουπίδι, χρησιμοποιώντας απέναντί της προσβλητική γλώσσα και κάθε τακτική χειραγώγησης. Ήταν μητέρα τριών παιδιών, από τα οποία κανένα δεν τη σεβόταν και είχε φτάσει πια στα άκρα της εξαθλίωσης και της κατάθλιψης.

Καθώς μου μιλούσε για το παρελθόν της, είδα να παρουσιάζεται μπροστά μου η κλασική περίπτωση του ατόμου που αφέθηκε να το θυματοποιούν από την παιδική του ηλικία. Οι γονείς της αποφάσιζαν για λογαριασμό της και επέμεναν να τους δίνει εξηγήσεις για οτιδήποτε έκανε. Ο πατέρας της ήταν υπερβολικά αυταρχικός και κατεύθυνε τη συμπεριφορά της από τα πρώτα της χρόνια ώς το γάμο της. Όταν θέλησε να παντρευτεί, ο άντρας της αποδείχτηκε, «εντελώς τυχαία», ότι ήταν ίδιος με τον πατέρα της κι έτσι ο γάμος απλώς συνέχισε την ίδια θυματική κατάσταση. Το μόνο που είχε γνωρίσει ώς τώρα ήταν να αποφασίζουν οι άλλοι για λογαριασμό της, να της καθορίζουν τι θα κάνει και να υποφέρει σιωπηλά, όταν δεν την άκουγε κανείς.

Απέδειξα στην Γκέιλ ότι είχε διδάξει επιμελώς στους άλλους να της φέρονται έτσι, πως δεν «έφταιγαν» εκείνοι, ακόμα κι αν της άρεσε τόσο πολύ να τους κατηγορεί για τη δυστυχία της. Σύντομα κατάλαβε πως θυματοποιούσε μόνη της τον εαυτό της, υπομένοντας όλα αυτά τα χρόνια αυτή την κακομεταχείριση, χωρίς ποτέ να ψάξει για αποτελεσματικές αντεπιθέσεις. Όταν κατάλαβε πραγματικά πως ήταν δική της ευθύνη να κοιτάξει μέσα της, κι όχι έξω, για να βρει απαντήσεις στα προβλήματά της, η συμβουλευτική θεραπεία τη βοήθησε να βρει νέους τρόπους να διδάξει στους άλλους πώς να της φέρονται διαφορετικά. Το πρώτο πράγμα που της έμαθα, ήταν η θεωρία μου για το «χτύπημα του καράτε».

ΤΟ «ΧΤΥΠΗΜΑ ΤΟΥ ΚΑΡΑΤΕ»

Φέρε στο μυαλό σου την πρώτη φορά που ο σύντροφός σου σού φέρθηκε άσχημα (υψώνοντας τη φωνή του, θυμώνοντας, χτυπώντας σε ή με οποιονδήποτε άλλο τρόπο).

Το επεισόδιο αυτό ίσως να συνέβη πριν παντρευτείς και κάνεις παιδιά. Φέρε τον εαυτό σου πίσω σ' εκείνη την εποχή. Η άσχημη συμπεριφορά του μελλοντικού σου συζύγου σε ξάφνιασε, αφού ήταν η πρώτη φορά που δοκίμαζες κάτι τέτοιο.

Φαντάσου τι θα γινόταν αν, αντί να ξαφνιαστείς, να σαστίσεις, να φοβηθείς ή να βάλεις τα κλάματα, έδειχνες στο σύντροφό σου την κόψη του χεριού σου, του έλεγες ότι είναι καταχωρημένη επίσημα σαν όπλο και του έδινες ένα γερό χτύπημα στο στομάχι, μαζί με την πληροφορία: «Δεν πρόκειται να ανεχτώ τέτοια συμπεριφορά από σένα. Θεωρώ τον εαυτό μου άνθρωπο με αξιοπρέπεια και δεν πρόκειται ποτέ να δεχτώ προσβολές, ούτε από σένα ούτε από κανέναν άλλον. Φρόντισε, σε παρακαλώ, να το ξανασκεφτείς πολύ καλά πριν ξαναδοκιμάσεις κάτι τέτοιο. Αυτό μόνο έχω να σου πω». Και μετά θα ήσουν έτοιμη για μια σοβαρή συζήτηση.

Μπορεί να φαίνεται παράλογο αυτό που σου ζητάω να φανταστείς, εικονογραφεί όμως πολύ καλά το εξής σημείο: Αν είχες αντιδράσει εξαρχής στην προσβλητική συμπεριφορά από μια θέση δύναμης και στέρεης απόρριψης, θα είχες διδάξει μια για πάντα στο σύντροφό σου κάτι σημαντικό: ότι δεν ανέχεσαι ούτε λεπτό μια τέτοια άσχημη συμπεριφορά.

Η αντίδρασή σου, όμως, ήταν πιθανότατα καταστροφικά δια-

163

φορετική. Αν έβαλες τα κλάματα, έδειξες πληγωμένη, προσβεβλημένη ή φοβισμένη, έστειλες το μοιραίο σήμα ότι όσο κι αν αυτή η συμπεριφορά δε σου άρεσε, ήσουν έτοιμη να την ανεχτείς. Επίσης, έδινες και την ακόμα πιο επικίνδυνη πληροφορία, ότι θα άφηνες να χειραγωγηθείς συγκινησιακά από τη συγκεκριμένη συμπεριφορά.

Όταν είπα στην Γκέιλ τη θεωρία μου, η απάντησή της ήταν: «Ποτέ δε θα μπορούσα ν' αντιδράσω με τον τρόπο που περιέγραψες!». Στην αρχή προσπάθησε να υποστηρίξει την παλιά της θέση, ότι ο σύζυγος και τα παιδιά της ήταν οι μόνοι φταίχτες για τη θυματική της κατάσταση· ήθελε να τη λυπηθώ και να γίνω σύμμαχος στη δυστυχία της. Όταν επέμεινα, λέγοντας ότι το «χτύπημα του καράτε» δεν απαιτεί σωματική ή άλλου είδους βία για να λειτουργήσει ψυχολογικά και ότι θα μπορούσε να είχε φύγει από το δωμάτιο, να αρνηθεί να του μιλήσει ή ακόμη και να φωνάξει την αστυνομία για να δείξει τα όρια της ανοχής της, άρχισε να καταλαβαίνει τι της έλεγα. Σύντομα παραδέχτηκε ότι πραγματικά είχε διδάξει στους πάντες ότι μπορούσαν να την κάνουν σκουπίδι όποτε ήθελαν, και αποφάσισε να προσπαθήσει να το αλλάξει από 'κεί και πέρα.

Οι νέες συμπεριφορές της Γκέιλ προσανατολίστηκαν στο να διδάξει στο σύζυγο και τα παιδιά της ότι δεν μπορούσαν να την κάνουν ό,τι ήθελαν. Χρειάστηκε κάποιος χρόνος για να φτάσει το μήνυμά της στην άλλη όχθη, δεδομένου ότι οι θυματοποιοί σπάνια παραιτούνται αμαχητί από την εξουσία τους, αλλά η Γκέιλ ήταν αποφασισμένη και κέρδισε τις περισσότερες από τις μάχες της. Όταν τα παιδιά της τής φέρθηκαν περιφρονητικά, η Γκέιλ πάτησε τις φωνές, απαιτώντας να εκτελέσουν τα καθήκοντά τους ή οποιοδήποτε πράγμα προσπαθούσαν να της φορτώσουν. Η συμπεριφορά της αυτή κατέπληξε τα παιδιά, που δεν είχαν ακούσει ώς τότε τη μαμά τους ούτε καν να υψώνει τη φωνή της. Αρνήθηκε να τους κάνει τον ταξιτζή ορισμένες μέρες, αφήνοντάς τα να φροντίσουν μόνα τον εαυτό τους. Αν δεν μπορούσαν να περπατήσουν, να χρησιμοποιήσουν το ποδήλατό τους ή να βρουν κάποιον άλλον να τα μεταφέρει, θα έπρεπε να εγκαταλείψουν τη συγκεκριμένη δραστηριότητα.

Τα παιδιά της Γκέιλ σύντομα έμαθαν ότι η μαμά τους είχε πάψει να είναι το μικρό βολικό θύμα – όχι επειδή φώναζε κι έκλαιγε, αλλά επειδή τους δίδαξε νέες συμπεριφορές και την απόφαση να μην τις εγκαταλείψει, όσο ένοχη κι αν την έκαναν να αισθάνεται. Με το σύζυγό της η Γκέιλ ανέπτυξε μια νέα τακτική συμπεριφοράς, για να του δείξει πώς ήθελε να της φέρεται. Ένα από τα αγαπημένα τεχνάσματα του άντρα της ήταν να παίζει το θυμωμένο και απαυδισμένο μαζί της, κυρίως όταν κάποιοι άλλοι μεγάλοι –ή και τα παιδιά– μπορούσαν να τον ακούσουν. Κάθε φορά που συνέβαινε αυτό, η Γκέιλ μαζευόταν. Δεν ήθελε να δημιουργήσει σκηνή κι έτσι κοκκίνιζε, σώπαινε και υπέμενε. Ο πρώτος της νέος στόχος ήταν να αντιμιλήσει στον άντρα της με μια εξίσου δυνατή φωνή και να βγει απ' το δωμάτιο. Την πρώτη φορά που το έκανε αυτό, τόσο ο άντρας της όσο κι οι υπόλοιποι μέσα στο δωμάτιο έπαθαν σοκ. Η μικρή βολική Γκέιλ ξεσπάθωνε. Δεν μπορούσαν να το πιστέψουν. Ο άντρας της αντέδρασε με το γνωστό ενοχοποιητικό σλόγκαν: «Τι θα σκεφτούν τα παιδιά ακούγοντας τη μητέρα τους να μιλάει έτσι;».

Ύστερα από αρκετούς μήνες εξάσκησης σε πιο αποτελεσματικές συμπεριφορές, η Γκέιλ ανήγγειλε πανευτυχής ότι όλοι στην οικογένειά της τής φέρονταν διαφορετικά. Στην αρχή είχαν προσπαθήσει να τη σταματήσουν, χαρακτηρίζοντάς την εγωίστρια, κακιά και άλλα παρόμοια: «Δεν πρέπει να μιλάς έτσι, μαμά» και «Αν μας αγαπούσες δε θα 'σουν τόσο κακιά». Η Γκέιλ, όμως, ήταν προειδοποιημένη για τα τεχνάσματα αυτά – και όταν τα αγνόησε, εξαφανίστηκαν ύστερα από λίγο.

Η Γκέιλ έμαθε από πρώτο χέρι ότι οι άνθρωποι σου φέρονται όπως τους διδάσκεις να σου φέρονται. Τώρα, τρία χρόνια αργότερα, σπάνια αντιμετωπίζει προσβολές και έλλειψη σεβασμού από οποιονδήποτε – και ιδιαίτερα από το άμεσο περιβάλλον της.

Η ΣΥΜΠΕΡΙΦΟΡΑ ΕΙΝΑΙ ΠΟΥ ΜΕΤΡΑΕΙ, ΟΧΙ ΤΑ ΛΟΓΙΑ

«Μόνο στις πράξεις πρέπει να πιστεύετε· τα λόγια δεν αξίζουν τίποτε, πουθενά». Αυτά έλεγε ο Φερνάντο Ρόχας, ένας Ισπανός συγγραφέας πριν από πεντακόσια περίπου χρόνια. Αν προσπαθήσετε να στείλετε τα αντι-θυματοποιητικά σας μηνύματα μέσα από μακριές συζητήσεις, το μόνο κέρδος σας θα είναι τα λόγια που ανταλλάξατε με τους θυματοποιούς σας. Και οι μακριές συζητήσεις είναι, συνήθως, δικό τους όπλο. «Εντάξει, τα κουβεντιάσαμε, καταλαβαίνω τι θέλεις να πεις κι ακόμη ότι δε θέλεις να σου ξανακάνω κάτι τέτοιο». Την επόμενη φορά, όμως, που θα ξαναπαρουσιαστεί το πρόβλημα, ολόκληρη η συζήτηση θα έχει ξεχαστεί κι εσείς θα βρεθείτε μπροστά στην παλιά συμπεριφορά. Αν ξανακάνετε τότε άλλη μια συζήτηση και συμφωνήσετε ν' αλλάξουν τα πράγματα, απλώς ρίχνετε τον εαυτό σας πιο βαθιά στην παγίδα των λόγων. Μπορεί να μεσολαβήσουν ένα σωρό «επικοινωνιακές επαφές» ανάμεσα σε σας και τους άλλους· αν, όμως, δε μάθετε να λειτουργείτε με αποτελεσματικό τρόπο, εκείνοι θα συνεχίσουν να σας κάνουν ό,τι θέλουν κι εσείς θα συνεχίσετε να μιλάτε. Πολλοί άνθρωποι κάνουν αυτές τις ατέλειωτες εξομολογήσεις στο θεραπευτή τους, που ακούει ατέρμονες ιστορίες για τους φοβερούς θυματοποιούς στη ζωή των πελατών του – και το μόνο που βγαίνει απ' όλα αυτά είναι η πολλή κουβέντα.

Η θεραπεία πρέπει να είναι μια εμπειρία που διδάσκει νέες *συμπεριφορές* και αποθαρρύνει τα περιττά λόγια. Αν περιοριστείς απλώς να πεις *σ' οποιονδήποτε* πόσο άσχημα αισθάνεσαι – κι αυτός ο κάποιος δε σου δίνει τίποτε παραπάνω από τη συμπάθεια και την υποστήριξή του, τότε γίνεσαι διπλά θύμα. Την πατάς μια φορά από τους θυματοποιούς αυτού του κόσμου κι άλλη μια από τον άνθρωπο που πληρώνεις για να σε λυπάται.

Ο *καλύτερος* δάσκαλος του κόσμου είναι η *συμπεριφορά*. Η πράξη, που εκφράζει και υλοποιεί την απόφασή σου, αξίζει ένα εκατομμύριο καλοδιαλεγμένα λόγια. Κοίτα τα μικρά παιδιά, πώς τα βγάζουν πέρα με τους «νταήδες» της γειτονιάς τους. Τα εννιά στα δέκα παιδιά –τα θύματα– βάζουν τα κλάματα, αρχίζουν τα παρακάλια, παραπονιούνται ή φωνάζουν κάποιον ενήλικο. Το «νταηλίκι», όμως, δε σταματάει. Το δέκατο παιδί, όμως, ακόμη κι αν είναι μικρότερο, παίρνει φόρα και ρίχνεται στον παλικαρά. Τώρα ο παλικαράς έχει να θυμάται κάτι: «Αυτός ο πιτσιρίκος ανταποδίδει τα χτυπήματα και, παρ' όλο ότι είμαι μεγαλύτερος, δεν έχω καμιά διάθεση να ξαναφάω κλωτσιά και μετά να τον κυνηγάω και να ρεζιλευτώ... Αυτόν δε θα τον ξαναπειράξω και θα τα βάζω με κάποιον που το σηκώνει».

Η συμπεριφορά αυτή είναι ο μοναδικός τρόπος να διδάξεις

στους άλλους να μη σε κακομεταχειρίζονται. Βρίσκοντας το θάρρος να αντισταθείς και να διακινδυνέψεις, μπορεί να εισπράξεις καμιά σφαλιάρα, αλλά στέλνεις το μήνυμα ότι δε σου αρέσει να σε κακομεταχειρίζονται και ότι δεν πρόκειται να το ανεχτείς. Ξέχνα τα ωραία λόγια και τις υποσχέσεις, όταν έχεις να κάνεις με ανθρώπους που δε λογαριάζουν τον άλλον. Ο Καρλάιλ το τοποθετεί ως εξής:

Αν θέλεις να μην κάνει κάτι κάποιος, βάλτον να σου μιλήσει γι' αυτό. Όσο περισσότερο μιλά ο άνθρωπος, τόσο πιθανότερο είναι να περιοριστεί στα λόγια.

Κάθε φορά που προσπαθείς να εξηγήσεις σε κάποιον πώς θέλεις να σου φέρεται, ρώτησε τον εαυτό σου αν η εξήγησή σου είναι επαρκής. Μήπως σπαταλάς την ενέργειά σου μιλώντας σ' ένα πωλητή, που δε δίνει δεκάρα για το τι λες; Μήπως τα λόγια σου στα παιδιά σου τους μπαίνουν από το ένα αυτί και τους βγαίνουν από το άλλο; Μήπως ο σύντροφός σου, αφού σε ακούσει σιωπηλός, συνεχίζει να κάνει με τον ίδιο τρόπο αυτό, για το οποίο έχεις αντίρρηση; Παρακάτω παρουσιάζονται τρία παραδείγματα καταστάσεων, όπου, χωρίς περιττά λόγια, μέσα από τη δημιουργική χρήση της συμπεριφοράς, τα άτομα άρχισαν να απολαμβάνουν τη συμπεριφορά που επιθυμούσαν.

1. ΠΑΙΔΙΑ ΚΑΙ ΓΟΝΕΙΣ   Η Κορίνα έχει τρία μικρά παιδιά που, κατά τη γνώμη της, τη θυματοποιούν συνεχώς. Περνάει όλη σχεδόν τη μέρα της μιλώντας τους, αλλά τα λόγια της δε φτάνουν στο μυαλό τους.

Στις διακοπές η Κορίνα και η οικογένειά της είναι στην παραλία. Ο άντρας της απολαμβάνει την ανάπαυσή του, αλλά η Κορίνα έχει μάθει στα παιδιά της ότι θα διαιτητεύει σε κάθε τους καυγά. Αποτέλεσμα:

«Μαμά, ο Μπίλι μού ρίχνει άμμο».

«Μπίλι, κάτσε ήσυχος».

Τρία λεπτά αργότερα:

«Ο Μπίλι με πιτσιλάει, μαμά. Πες του να σταματήσει».

«Πέστο στον πατέρα σου».

«Του το είπα ήδη. Μου, είπε ότι δεν πειράζει, αλλά να το κουβεντιάσω μαζί σου».

Τέτοιοι διάλογοι μπορούν να συνεχιστούν αιώνια. Το κάθε παιδί, με τη σειρά του, απευθύνεται στην Κορίνα, που αντιδρά όπως ακριβώς δίδαξε στα παιδιά της ότι κάνει, μαλώνοντας ή παραπονούμενη, χωρίς όμως να ξεμπερδεύει ποτέ.

Καθώς ψωνίζουν, το μικρότερο παιδί ζητάει να πάρει μια τσιχλόφουσκα από ένα μηχάνημα. Η Κορίνα λέει όχι. Το παιδί πατάει τις φωνές, ώσπου η Κορίνα δεν αντέχει άλλο και υποχωρεί. Το μήνυμα είναι: «Αν θέλεις κάτι, μην ακούς τι σου λέω, πάτα τις φωνές και θα στο δώσω». Η Κορίνα περνάει ατέλειωτες ώρες μιλώντας στα παιδιά της, εκείνα όμως δεν ακούνε τι λέει, γιατί τα λόγια της δε συνδέονται με την πραγματικότητα.

Η Κορίνα μπορεί να διδάξει τα παιδιά της, χρησιμοποιώντας συμπεριφορές στη θέση των λέξεων – ή μπορεί να χρησιμοποιεί λέξεις, στηριγμένες σε ανάλογες πράξεις. Όταν τα παιδιά της ζητούν να κάνει το διαιτητή, μπορεί απλούστατα να εξαφανιστεί. Ναι, εννοώ πραγματικά να φύγει από τη μέση και να τ' αφήσει να τα βρούνε μόνα τους. Μπορεί να κλειδωθεί στο μπάνιο, να βγει για μια σύντομη βόλτα, αν τα παιδιά είναι αρκετά μεγάλα κ.λπ. Ή, πάλι, μπορεί να τους πει: «Αυτή τη φορά βρείτε τα μόνοι σας» και να αγνοήσει τα παράπονά τους.

Μπορεί ν' αφήσει το μικρό παιδί της να φωνάζει όσο θέλει, διδάσκοντάς του ότι η μαμά δεν παγιδεύεται με την απειλή ότι θα τη ντροπιάσει.

Όταν είναι μόνα τους τα παιδιά, δείχνουν εκπληκτική ικανότητα στη λύση των προβλημάτων τους και σπάνια ζητούν τη διαιτησία των άλλων, αν βέβαια ξέρουν ότι αυτό δε θα τους εξασφαλίσει την προσοχή των μεγάλων ή κάποιο άλλο πλεονέκτημα. Όταν δεν ανακατεύεσαι, διδάσκεις στα παιδιά να σκέφτονται μόνα τους και να συμβουλεύονται τις ίδιες τους τις δυνάμεις, αντί να προσπαθούν να χρησιμοποιήσουν τους άλλους. Ένα μεγάλο μέρος από τις συμπεριφορές των παιδιών, για τις οποίες παραπονιόταν η Κορίνα, ήταν αποτέλεσμα της συνήθειάς της να χρησιμοποιεί λόγια και όχι πράξεις στην επικοινωνία της μαζί τους.

2. ΣΥΖΥΓΙΚΕΣ ΣΥΓΚΡΟΥΣΕΙΣ Ο Τζορτζ έχει κακές σεξουαλικές σχέσεις με τη γυναίκα του. Το 'χει κουβεντιάσει ατέλειωτες φορές μαζί της, αλλά αποτέλεσμα μηδέν. Με κανένα τρόπο δε φέρεται η γυναίκα του όπως θα ήθελε εκείνος.

Μετά από κάθε τους ερωτική επαφή, ο Τζορτζ κατά κανόνα παραπονιέται ή λέει στη γυναίκα του πώς αισθάνεται. Εκείνη, όμως, δε δείχνει να καταλαβαίνει. Ο δικός της στόχος είναι να τελειώσει η σεξουαλική πράξη όσο γίνεται πιο γρήγορα. Ο Τζορτζ θα ήθελε να είναι πιο επιθετική και να κάνει διάφορα πράγματα, αντί να επαναλαμβάνει απλώς τις ίδιες κινήσεις. Η γυναίκα του, όμως, δεν έχει καταλάβει ποια συμπεριφορά ζητάει ο άντρας της.

Ο Τζορτζ μπορεί να διδάξει στη γυναίκα του νέους τρόπους συμπεριφοράς, χωρίς να πει ούτε μια λέξη. Μπορεί να της βάλει τα χέρια εκεί που θα ήθελε να τα αισθανθεί, μπορεί να παρατείνει ολόκληρη την εμπειρία επιβραδύνοντας τις κινήσεις του και να δείξει στην πράξη τις τεχνικές που θέλει, αντί να μιλάει γι' αυτές.

Αν δε σας αρέσει ο τρόπος που σας φέρονται στο σεξουαλικό επίπεδο, ίσως είναι φυσιολογικό να μιλήσετε για τη δυσαρέσκειά σας· όμως αυτές οι δηλώσεις διαφωνίας συχνά δημιουργούν περισσότερα προβλήματα απ' όσα λύνουν. Είναι πολύ καλύτερο να ζητήσετε άμεσα αυτό που θέλετε. Αν η ερωτική σας επαφή είναι υπερβολικά γρήγορη, καθυστερήστε τη με μια συμπεριφορά που να δείχνει ότι λίγος περισσότερος χρόνος είναι καλός και για τους δύο. Αν δε φτάνετε σε οργασμό, μάθετε να βοηθάτε το σύντροφό σας να καταλάβει τι θέλετε, μέσα από τα κανάλια της συμπεριφοράς και όχι με λόγια.

Δε σημαίνει, με όλα αυτά, ότι καταδικάζουμε τη λεκτική επικοινωνία ανάμεσα στους συζύγους, αλλά προτείνουμε ένα τρόπο για να σας φέρονται οι άλλοι όπως θα θέλατε, όταν τα λόγια δεν καταφέρνουν να στείλουν το μήνυμα.

3. Η ΜΑΡΤΥΡΙΚΗ ΣΥΖΥΓΟΣ   Η σωματική κακοποίηση των συζύγων είναι πολύ συχνό φαινόμενο στην εποχή μας, όπως μπορεί να πιστοποιήσει κάθε θεραπευτής που έχει περάσει κάποιο διάστημα στην οικογενειακή θεραπεία. Θα ήταν πολύ σπανιότερη, αν οι γυναίκες μάθαιναν να αντιδρούν σε παρόμοιες τακτικές με πράξεις, αντί για λόγια.

Η Μαρία ήταν επί τρία χρόνια το αντικείμενο των βίαιων επιθέσεων του άντρα της. Είχε εισπράξει μελανιές, χτυπήματα και μερικά σπασμένα κόκαλα. Ύστερα από κάθε επεισόδιο, ο άντρας της τής ζητούσε ταπεινά συγγνώμη και ορκιζόταν να μην το ξανακάνει. Και η Μαρία –εκτός από τα παράπονα, το κλάμα και αρκετές προσευχές– δεν έκανε απολύτως τίποτε και ευχόταν να καλυτερέψουν τα πράγματα. Όταν, όμως, ξαναφούντωνε ο βίαιος θυμός του άντρα της, έτρωγε άλλο ένα χέρι ξύλο.

Η Μαρία πείστηκε τελικά, ύστερα από ένα καυγά που της εξασφάλισε ένα γερό μαύρισμα στο μάτι, να μη γυρίσει σπίτι για τρεις μέρες. Δεν τηλεφώνησε να εξηγήσει πού ήταν, ούτε καν άφησε τον άντρα της να μάθει πού έμενε. Πήρε απλώς τα δυο παιδιά της και έμεινε σ' ένα ξενοδοχείο. Στόχος της ήταν να διδάξει στον άντρα της ότι δεν ήταν πια διατεθειμένη να δεχτεί τη σωματική βία και, αν θα ξαναγινόταν κάτι τέτοιο, θα έφευγε.

Στις τρεις μέρες που έλειψε, μαζί με τα παιδιά της, ο άντρας της ήταν έξαλλος. Όταν γύρισαν είχε πολλά παράπονα να εκφράσει, αλλά είχε πάρει ένα πολύτιμο μάθημα: αν χτυπήσεις τη Μαρία, θα τη χάσεις.

Ο άντρας της Μαρίας τη χτύπησε άλλη μια φορά κι εκείνη έφυγε για μια βδομάδα. Ήταν έτοιμη να χαθεί για πάντα από τη ζωή του, αν αυτό ήταν απαραίτητο, αλλά δεν έχασε τον καιρό της να του το αναλύσει. Απλώς του το ανακοίνωσε. Τώρα πια, όμως, ο άντρας της είχε καταλάβει ότι γι' αυτήν το να μείνει ζωντανή ήταν πιο σημαντικό από το να μείνει παντρεμένη με κάποιον που την ξυλοκοπούσε, όσο κι αν τον αγαπούσε. Έτσι ο άντρας της «αποφάσισε» να συγκρατεί το θυμό του. Υιοθετώντας ριζικές αντιδράσεις απέναντι στην κακομεταχείριση του άντρα της, η Μαρία τον δίδαξε πώς ήθελε να της φέρεται και ποτέ πια δεν ξανάγινε η μαρτυρική σύζυγος.

Αυτές οι τρεις τυπικές περιπτώσεις, που θα τις συναντήσετε ίσως στην καθημερινή σας ζωή, δείχνουν καλά ότι δε χρειάζεται να κάνει κανείς κάτι ανήθικο ή αντίθετο στις προσωπικές του αξίες, όταν χρειάζεται να διδάξει κάτι και τα λόγια έχουν αποδειχτεί άχρηστα. Άλλωστε ο Ίψεν έχει πει: «Χίλιες λέξεις δεν κάνουν τόση εντύπωση, όσο μια μόνη πράξη». Γι' αυτό αρχίστε να κάνετε ουσιαστικά βήματα προς την κατεύθυνση αυτή, διδάσκοντας στους άλλους πώς θέλετε να σας φέρονται, εγκαταλείποντας τα λόγια όταν αποδεικνύονται άχρηστα και αναπτύσσοντας στη θέση τους ένα οπλοστάσιο από αποτελεσματικές συμπεριφορές, κάνοντας έτσι να «μιλήσει» ολόκληρος ο εαυτός σας.

ΤΙ ΝΑ ΠΕΡΙΜΕΝΕΙΣ ΑΠΟ ΕΝΑ ΜΕΘΥΣΜΕΝΟ;

Ένα από τα πιο παράλογα θυματοποιητικά παιχνίδια, που παίζουν στον εαυτό τους οι άνθρωποι, είναι να περιμένουν από τους άλλους πράγματα ανέφικτα – και, βέβαια, όταν οι άλλοι δεν ανταποκρίνονται στις προσδοκίες τους σοκάρονται, προσβάλλονται, εκπλήσσονται και απελπίζονται. Το παιχνίδι περιλαμβάνει την προσδοκία να μάθουν οι άλλοι κάτι που δε διδάσκεται ή κάτι που δεν είναι δική σας δουλειά να διδάξετε. Ένα κλασικό παράδειγμα αυτού του είδους αυτοθυματοποιητικής σκέψης είναι ο τρόπος που αντιμετωπίζουν πολλοί τους μεθυσμένους.

Νά ένας μεθυσμένος. Τον έχεις επισημάνει και χαρακτηρίσει σαν μεθυσμένο και ξέρεις καλά πώς είναι οι μεθυσμένοι. Αν τώρα ενοχληθείς που αυτός ο μεθυσμένος φέρεται σαν μεθυσμένος, τι νομίζεις; Επικοινωνείς καλά με τον κόσμο και με τον τρόπο που λειτουργεί; Ποιος από τους δύο είναι ο τρελός; Ο μεθυσμένος, που φέρεται σαν μεθυσμένος, ή εσύ που ζητάς να φερθεί σαν ξεμέθυστος; Αν το θεωρείς φυσικό ένας μεθυσμένος να είναι καυγατζής, υπερβολικά φλύαρος, να παραπατάει κ.λπ., δε θα 'πρεπε να ξαφνιάζεσαι που και ο αποψινός σου μεθυσμένος τα κάνει όλα αυτά και θα έπρεπε να αντιδράσεις ανάλογα: να τον αγνοήσεις, να απομακρυνθείς ή να κάνεις ό,τι άλλο χρειάζεται. Έτσι αποφεύγεις να τον αφήσεις να κινεί τα νήματά σου μ' αυτόν τον τρόπο.

Νά μερικά παραδείγματα «προσδοκίας ξεμέθυστης συμπεριφοράς από ένα μεθυσμένο», που θυματοποιούν νοητικά τόσους ανθρώπους:

● *«Η γυναίκα μου είναι κλειστός άνθρωπος. Μ' ενοχλεί πολύ το ότι δε μου μιλάει περισσότερο».*

Τι περιμένεις από έναν κλειστό άνθρωπο; Φασαρία; Αν η γυναίκα σου είναι κλειστός τύπος, το να ενοχλείσαι όταν κάνει το αναμενόμενο είναι πολύ παράλογη στάση.

● *«Το παιδί μου δεν ενδιαφέρεται καθόλου για το ποδόσφαιρο. Με ανησυχεί που είναι τόσο αντιαθλητικός τύπος».*

Μα πώς είναι δυνατό να περιμένεις ότι θα είναι καλός στο ποδόσφαιρο κάποιος που δεν το αγαπάει; Ποιος είναι ο τρελός; Το παιδί που κάνει ακριβώς ό,τι είναι αναμενόμενο ή εσύ που περιμένεις από ένα αντιαθλητικό παιδί να φέρεται σαν αθλητής;

171

● *«Ο γαμπρός μου είναι πάντα αργοπορημένος. Νευριάζω πολύ που δεν έρχεται στην ώρα του».*

Είναι φανερό πως αυτός ο κατάλογος δεν έχει τέλος. Το θέμα είναι ότι, ανεξάρτητα από το αν έχεις αρχίσει ή όχι να διδάσκεις στους άλλους την αποφυγή της συμπεριφοράς που σε ενοχλεί, τους διδάσκεις ότι δε θα επιτρέψεις να σε πληγώσουν ή να σε αδρανοποιήσουν, όταν φέρονται όπως ακριβώς έχεις προβλέψει.

Η ΑΠΟΤΕΛΕΣΜΑΤΙΚΗ ΜΑΧΗΤΙΚΟΤΗΤΑ

Πολύς κόσμος πιστεύει πως για να διεκδικήσεις τα δικαιώματά σου πρέπει να γίνεις δυσάρεστος ή ανοιχτά επιθετικός. Αυτό δεν είναι αλήθεια. Το μόνο που χρειάζεται είναι να κάνεις τολμηρές, αποφασιστικές δηλώσεις διεκδίκησης των δικαιωμάτων σου ή της μη-θυματικής θέσης σου.

Μπορείς να μάθεις να διαφωνείς χωρίς να γίνεσαι δυσάρεστος και να υποστηρίζεις τον εαυτό σου χωρίς να είσαι κακότροπος. Αν αληθεύει ότι οι άλλοι σου φέρονται με τον τρόπο πcυ τους έχεις διδάξει να σου φέρονται, τότε να είσαι βέβαιος ότι, αν δεν είσαι μαχητικός, το πιθανότερο είναι να σε αντιμετωπίσουν σαν θύμα.

Οι άνθρωποι που πετυχαίνουν τους στόχους τους, μαθαίνοντας να κινούν μόνοι τους τα νήματά τους, δε φοβούνται να πάρουν θέση και να υποστηρίξουν τα δικαιώματά τους όταν απειλούνται. Έχουν μάθει πώς να καταπολεμούν τους εσωτερικούς τους φόβους. Μπορεί να μην είναι «ατρόμητοι», είναι όμως αποφασιστικοί και ανυποχώρητοι απέναντι στους δυνητικούς θυματοποιούς. Η άλλη όψη του νομίσματος, βέβαια, είναι ότι όσο πιο πολύ αποφεύγει κανείς τη μαχητική συμπεριφορά, τόσο πιο πολύ διδάσκει στους άλλους ότι είναι έτοιμος να γίνει θύμα.

Σας δίνουμε παρακάτω μερικά παραδείγματα «αποτελεσματικής μαχητικότητας», όπως τα διηγήθηκαν πελάτες που βρίσκονταν σε φάση εξάσκησης της μαχητικής συμπεριφορά τους, όταν συνέβησαν αυτά τα γεγονότα.

● Η Λόις έχει πάρει τον πεντάχρονο γιο της μαζί της στην Τράπεζα. Ξαφνικά ο μικρός λέει ότι θέλει να πάει στην τουαλέτα. Η Λόις πλησιάζει τον κλητήρα της Τράπεζας και τον ρωτάει: «Μπορώ να χρησιμοποιήσω την τουαλέτα, παρακαλώ; Ο γιος μου έχει μια ξαφνική ανάγκη». Η απάντηση που εισπράττει είναι: «Λυπάμαι, οι τουαλέτες είναι μόνο για τους υπαλλήλους». Τι να κάνει τώρα η Λόις; Ν' ακούσει αυτό που της λένε και ν' αφήσει το γιο της να τα κάνει πάνω του, να τρέξει να βρει τουαλέτα σε κανένα γκαράζ ή οποιοδήποτε άλλο μέρος, πράγμα που θα την θυματοποιήσει και αυτήν και το γιο τής; Όχι, αποφασίζει να πάει στο διευθυντή και να υπερασπίσει το δίκιο της: «Ο γιος μου έχει μια ξαφνική ανάγκη και χρειάζεται να χρησιμοποιήσω την τουαλέτα σας. Ο κλητήρας σας ήδη μου αρνήθηκε και, αν μου αρνηθείτε και σεις, ποτέ δε θα ξανάρθω στην Τράπεζά σας». Η τουαλέτα διατέθηκε αμέσως στη Λόις, μαζί με πολλές συγγνώμες για την αγένεια του κλητήρα. Συμπέρασμα: οι άνθρωποι σου φέρονται όπως τους διδάξεις να σου φέρονται – αν φερθείς μαχητικά, δε θα είσαι θύμα.

● Ο Τσάρλι μπαίνει σ' ένα κατάστημα και ζητάει να του χαλάσουν ένα κατοστάρικο, για να βάλει στο παρκόμετρο. Ο υπάλληλος του απαντάει εκνευρισμένα: «Και τι νομίζεις ότι είμαστε εδώ, Τράπεζα; Εμείς δουλεύουμε για να κερδίζουμε λεφτά, όχι για να τ' αλλάζουμε». Ο Τσάρλι δεν πτοείται απ' αυτό και του απαντάει: «Σίγουρα είσαι νευριασμένος με κάτι και η χάρη που σου ζήτησα σε πυροδότησε. Θα το εκτιμούσα πολύ αν έκανες μια εξαίρεση και μου άλλαζες το κατοστάρικο· πάντως σου εύχομαι να πάει καλύτερα η μέρα σου». Ο Τσάρλι έμεινε κατάπληκτος με την τελική αντίδραση του υπάλληλου. Όχι μόνο του έκανε ψιλά, αλλά του ζήτησε και συγγνώμη: «Λυπάμαι που σου έβαλα τις φωνές, αλλά έχω κάποιο πρόβλημα. Μην το παίρνεις προσωπικά». Αν ο Τσάρλι είχε φύγει θυμωμένος, θα είχε στενοχωρηθεί, ενώ θα είχε γίνει και θύμα χωρίς ψιλά. Μια απλή πράξη μαχητικότητας ανέτρεψε όλη την κατάσταση. Όταν, μάλιστα, ανέφερε το γεγονός στη συμβουλευτική συνεδρία, ήταν ενθουσιασμένος με τη νεοαποκτημένη ικανότητά του.

● Ο άντρας της Πάτι έφερε στο σπίτι ένα σκυλάκι και την πληροφόρησε ότι τώρα «είχαν» δύο σκύλους. Βέβαια *εκείνη* θα καθάριζε τις βρωμιές του, θα το τάιζε, θα υπέμενε αδιαμαρτύρητα να της δαγκώνει το τραπεζομάντιλο, τα ντουλάπια και τα έπιπλα. Η Πάτι είχε διδάξει με την περασμένη συμπεριφορά της τον άντρα της ότι θα ανεχόταν αυτές τις αγγαρείες, όταν της τις επέβαλλε.

Η λύση της αυτή τη φορά ήταν να πει ήρεμα στον άντρα της ότι πολύ ευχαρίστως θα δεχόταν άλλον ένα σκύλο στο σπίτι, μόνο που ήταν δική του αυτή η απόφαση και δική του θα ήταν και η ευθύνη του σκύλου. Αρνήθηκε, στη συνέχεια, ν' αλλάξει τις εφημερίδες του σκύλου, να τον αφήσει να μπει μέσα στην κουζίνα ή να τον βγάλει βόλτα. Ύστερα από δυο μέρες ο άντρας της επέστρεψε το σκυλάκι στο μαγαζί απ' όπου το είχε πάρει και διδάχτηκε από τη μαχητική συμπεριφορά της γυναίκας του πώς έπρεπε να της φέρεται.

• Ο Μάρεϊ αποφάσισε να κόψει το ποτό. Του είχε τονιστεί στις συμβουλευτικές συνεδρίες ότι κινδύνευε να γίνει αλκοολικός και αποφάσισε να σφίξει μόνος του τα λουριά του. Οι φίλοι του, όμω , του προκαλούσαν δυσκολίες, όπως θα φανεί κι από τον παρακάτω διάλογο σ' ένα νυκτερινό κέντρο.

«Μάρεϊ, έλα να πιεις μια μπίρα».

«Δε θέλω να πιω».

«Έλα, μη μας το χαλάς, πιες μια μπίρα».

«Όχι, ευχαριστώ».

Στο σερβιτόρο: «Δώστου μια μπίρα».

«Όχι, ευχαριστώ».

Πάλι στο σερβιτόρο: «Δώσε μια μπύρα στο φίλο μου το Μάρεϊ! Έλα τώρα Μάρεϊ, πρέπει να την πιεις! Την πλήρωσα κιόλας!».

«Εσύ μπορείς να πληρώνεις ό,τι θέλεις, δεν είμαι υποχρεωμένος να πιω».

Αρνούμενος να συνεχίσει την αυτοκαταστροφική συνήθεια του πιοτού, ο Μάρεϊ χρησιμοποίησε τη νεοαποκτημένη μαχητικότητά του για να διδάξει στους φίλους του πώς ήθελε να του φέρονται, παρά τις επανειλημμένες προσπάθειές τους να τον θυματοποιήσουν.

• Η Αντέλ είχε από χρόνια αναλάβει να ετοιμάζει το δείπνο της Ημέρας των Ευχαριστιών για ολόκληρο το συγγενολόι, χωρίς ποτέ να βοηθηθεί από κανέναν. Ποτέ δεν της άρεσε αυτή η ιστορία, αλλά παρ' όλα αυτά είχε καταλήξει να οργανώνει μια μεγάλη γιορτή. Θυσίαζε όλο το χρόνο της και την ενεργητικότητά της για να ετοιμάσει τα φαγητά, καθάριζε το σπίτι από πάνω ώς κάτω, χάλαγε περισσότερα χρήματα απ' όσα άντεχε το πορτοφόλι της, σερβίριζε το γεύμα, έπλενε και καθάριζε μετά, χωρίς ποτέ να δει την παραμικρή αναγνώριση. Ένιωθε πάντα θύμα σ' αυτές τις περιπτώσεις και, μετά από κάθε γιορτή, περνούσε μια ολόκληρη εβδομάδα σε βαθιά κατάθλιψη, παίρνοντας όρκο να μην το ξανακάνει. Βέβαια, δεν έπαψε ποτέ να το κάνει, επί είκοσι δύο ολόκληρα χρόνια, επειδή το περίμεναν οι άλλοι.

Μια χρονιά, όμως, η Αντέλ έστειλε στις 10 Οκτωβρίου μια επιστολή σε ολόκληρο το συγγενολόι, πληροφορώντας τους για μια αλλαγή στην οικογενειακή παράδοση. Το γεύμα των Ευχαριστιών θα γινόταν σ' ένα ωραίο εστιατόριο. Η κάθε οικογένεια θα αναλάμβανε να κάνει τις δικές της κρατήσεις. Μετά θα πήγαιναν όλοι μαζί σε κονσέρτο. Όλοι θεώρησαν την ιδέα καταπληκτική. Έτσι τα τελευταία τρία χρόνια η Αντέλ απέφυγε την αγγαρεία των προετοιμασιών, ενώ ταυτόχρονα χάρηκε τη γιορτή, που τόσα χρόνια ήταν το άγχος της ζωής της. Η αποφασιστική συμπεριφορά ωφέλησε όχι μόνο την Αντέλ, αλλά και ολόκληρη την οικογένεια.

● Η Αϊρίν και ο Χάρολντ ένιωσαν θυματοποιημένοι από ένα γνωστό τους, που διάλεξε εκείνους και το σπίτι τους σαν καταφύγιο. Ο Σαμ κατέφθασε μια μέρα απρόσκλητος και άρχισε να κάθεται ώρες ολόκληρες και να τους μιλάει για το ναυαγισμένο γάμο του, μαζί με ένα σωρό άλλες θλιβερές ιστορίες.

Στην αρχή η Αϊρίν και ο Χάρολντ δεν ήθελαν να τον πληγώσουν, ομολογώντας του πώς ένιωθαν. Πίστευαν ότι ήταν προτιμότερο να λέει κανείς ψέματα και να θυματοποιείται από τους φίλους του, παρά να προσβάλει ένα φιλοξενούμενο, να προκαλέσει μια σκηνή κ.λπ. Ύστερα, όμως, από δυο μήνες η Αϊρίν έφτασε στο σημείο να μην αντέχει πια αυτή την κατάσταση και είπε τελικά στο Σαμ ότι δεν ήθελε να ακούσει όλες τις θλιβερές λεπτομέρειες της ζωής του και δεν άντεχε την εισβολή του στο σπίτι της, κάθε φορά που εκείνος ζητούσε ακροατήριο.

Από τη στιγμή αυτή ο Σαμ έπαψε να εκμεταλλεύεται τη φιλία τους. Άρχισε να τηλεφωνεί πριν πάει σπίτι τους και αραίωσε τις επισκέψεις του. Η μαχητική συμπεριφορά της Αϊρίν τού δίδαξε πώς ήθελε να της φέρεται, όπως ακριβώς και η υποχωρητική της συμπεριφορά του είχε διδάξει προηγουμένως ότι μπορούσε αδιαμαρτύρητα να την θυματοποιεί, τόσο αυτήν όσο και τον άντρα της.

● Ο Τόνι ήταν πάντα υποχωρητικός με τους πωλητές. Συχνά κατέληγε να αγοράζει πράγματα που δεν ήθελε, γιατί φοβόταν μήπως πληγώσει τον πωλητή. Ενώ είχε ξεκινήσει μια διαδικασία απόκτησης μεγαλύτερης μαχητικότητας, ο Τόνι μπήκε σ' ένα κατάστημα ν' αγοράσει παπούτσια. Του έδειξαν ένα ζευγάρι που του άρεσε και είπε πως θα το πάρει. Καθώς, όμως, το έβαζε ο πωλητής μέσα στο κουτί, ο Τόνι παρατήρησε ένα μικρό γδάρσιμο στο ένα παπούτσι. Κατέπνιξε την τάση του να «το ξεχάσει» και είπε στον υπάλληλο: «Φέρτε μου, σας παρακαλώ, ένα άλλο ζευγάρι. Αυτό είναι γδαρμένο».

Προς μεγάλη του έκπληξη ο υπάλληλος απάντησε: «Μάλιστα κύριε, αμέσως». Ο Τόνι βγήκε απ' αυτή την εμπειρία με ένα τέλειο ζευγάρι παπουτσιών και την επίγνωση ότι είναι εύκολο να αποφύγει κανείς τη θυματοποίηση, αν δείξει μαχητικότητα.

Το μικρό αυτό συμβάν ήταν σταθμός για τον Τόνι. Άρχισε να δοκιμάζει τη μαχητική συμπεριφορά σε όλους τους τομείς της ζωής του, όπου άλλωστε και τα κέρδη ήταν πολύ μεγαλύτερα από ένα ζευγάρι παπούτσια χωρίς γδαρσίματα. Το αφεντικό του, η γυναίκα του, τα παιδιά του και οι φίλοι του μιλούν τώρα για ένα νέο Τόνι, που δεν «κάνει πίσω» πια. Ο Τόνι όχι μόνο παίρνει συχνότερα τώρα αυτό που θέλει, αλλά έχει κερδίσει το σεβασμό των άλλων και του εαυτού του.

ΜΕΡΙΚΑ ΤΥΠΙΚΑ ΔΕΙΓΜΑΤΑ ΑΝΘΡΩΠΩΝ ΠΟΥ ΕΧΕΙΣ ΔΙΔΑΞΕΙ ΝΑ ΣΕ ΘΥΜΑΤΟΠΟΙΟΥΝ

Παρουσιάζουμε εδώ μερικά τυπικά δείγματα δυνητικών θυματο-ποιών, καθώς και λίγα λόγια για το πώς θα τους αναγνωρίσετε και θα τους διδάξετε τη συμπεριφορά που θέλετε. Είναι σχεδόν σίγου-ρο ότι θα βρείτε ανάμεσα στους παρακάτω τύπους κάποιους που σας έχουν θυματοποιήσει στο παρελθόν και, ακόμη, αν είσαστε ειλικρινής με τον εαυτό σας, θα παραδεχτείτε ότι βρεθήκατε κι εσείς σε κάποια τέτοια θέση, να θυματοποιείτε, δηλαδή, τους άλ-λους.

● *Μεθυσμένοι και ντοπαρισμένοι.* Μπορεί να μην είσαι διατε-θειμένος ή ικανός να διδάξεις σε κάποιον «φευγάτο» ένα μάθημα που θα το θυμάται για πάντα, θέλεις όμως βραχυπρόθεσμα να του μάθεις ότι δε θα κερδίσει τίποτε χρησιμοποιώντας ενοχλητικές τακτικές μαζί σου. Οι μεθυσμένοι και οι ντοπαρισμένοι, που έχουν τη συνήθεια να μιλάνε ατέλειωτα, να παραπατάνε ή να πέφτουν πάνω σου, θα φροντίσουν σίγουρα να παραπατήσουν αλλού, αν δεν πάρουν την επιθυμητή απάντηση. Αν βρίσκονται ακόμα σε θέση να διακρίνουν ανάμεσα σε σένα και την πολυθρόνα, όταν προσπαθούν να σε «στριμώξουν», θα φροντίσουν να πάνε παρακάτω να βρουν «παρηγοριά». Κι αν δεν το κάνουν αυτοί, κάντο εσύ.

● *Οι φορτικοί.* Αν κάθεσαι κι ακούς ευγενικά ένα βαρετό τύπο, κουνώντας με κατανόηση το κεφάλι σου, αλλά αγανακτώντας από μέσα σου με τον εγωισμό και την αναισθησία του, τον διδάσκεις να κάνει αυτό ακριβώς που σε ενοχλεί. Οι φορτικοί άνθρωποι, όμως, καταλαβαίνουν σε κάποιο επίπεδο ότι σε έχουν καθηλώσει και θα υποχωρήσουν αν τους δείξεις ότι ξέρεις πώς να ξεγλιστρήσεις από τη «λαβή» τους, κατά προτίμηση με κάποια εύστοχη αλλά ανάλαφρη παρατήρηση, όπως: «Έχεις πάρει είδηση ότι μιλάς ένα ολόκληρο τέταρτο, χωρίς να παρατηρήσεις ότι δε μ' ενδιαφέρει το θέμα;». Είναι καλύτερο να φερθεί κανείς λίγο ψυχρά, παρά να χάσει τ' αυτιά του.

● *Οι κλαψιάρηδες κι οι παραπονιάρηδες.* Οι άνθρωποι, που σε χρησιμοποιούν σαν ένα μεγάλο αυτί για τα παράπονα και τις κλάψες τους, μπορούν να καταλάβουν ότι χωρίς θύματα θα μείνουν άνεργοι. Έτσι μπορείς να τους διδάξεις πολλά, δείχνοντάς τους πόσο ανύπαρκτη στην πραγματικότητα είναι η «λαβή» τους πάνω σου.

● *Οι μπουλντόζες.* Οι άνθρωποι που συνηθίζουν να σπρώχνουν εδώ κι εκεί τους άλλους, είτε «στ' αστεία» είτε στα σοβαρά, σπάνια καταλαβαίνουν από λεπτές υποδείξεις. Για να τους διδάξεις ότι δεν ανέχεσαι τη συμπεριφορά τους χρειάζεται κάποιος πιο δυναμικός τρόπος.

● *Θυματοποιητικοί οικοδεσπότες.* Αν είσαι καλεσμένος σε τέτοιους ανθρώπους μπορεί να σου δυσκολέψουν τη ζωή, πιέζοντάς σε να παίξεις παιχνίδια που δεν παίζεις, να φας φαγητά που δε σου αρέσουν, καθώς και χίλια δυο άλλα πράγματα που απαιτούνται από τον «ευγενικό καλεσμένο». Όμως, η σωστή «αθόρυβα αποτελεσματική» στρατηγική μπορεί να τους διδάξει άμεσα ότι η ευγένεια πρέπει να λειτουργεί και προς τις δύο κατευθύνσεις.

● *Οι καυγατζήδες.* Για να αποφύγεις τις λογομαχίες που δε σου αρέσουν πρέπει να αρνηθείς ολόκληρο το σχέδιο του παιχνιδιού. Οι φιλόνικοι άνθρωποι εκμεταλλεύονται την τάση του θύματός τους να παρασύρεται σε μια συζήτηση και μετά να παγιδεύεται σε ατέλειωτες λογομαχίες. Το μυστικό με τέτοιους ανθρώπους είναι να μένεις συγκινησιακά αμέτοχος, ώστε να αποδυναμώνεις την παραπάνω τακτική.

• *Καυχησιολόγοι και ανεκδοτολόγοι.* Μην αρχίζεις κι εσύ τις *καυχησιολογίες* και *μην παγιδευτείς* σε μια αναμέτρηση για το ποιος θα πει το μακρύτερο ανέκδοτο, που δεν ενδιαφέρει κανένα. Με την αποχή σου θα διδάξεις στους άλλους ό,τι χρειάζεται να ξέρουν, αποδεικνύοντάς τους ότι είναι βαρετοί.

• *Οι επικριτές.* Οι άνθρωποι που αρέσκονται να σου λένε γιατί δεν έπρεπε να φερθείς όπως φέρθηκες ή που σου δίνουν απρόσκλητα ηθικοπλαστικές διαλέξεις, βασισμένες στην πεποίθησή τους ότι θάπρεπε να σκέφτεσαι, να αισθάνεσαι και να φέρεσαι σαν κι αυτούς, δε θα σταματήσουν ποτέ, αν δεν τους διδάξεις ότι δεν τους παραχωρείς το δικαίωμα να σε χειραγωγούν, με τόση μάλιστα υποχωρητικότητα.

• *Οι αντιρρησίες.* Οι συζητητές που δεν περιμένουν να δημιουργηθεί το απαραίτητο κενό και εισβάλλουν διατυπώνοντας την άποψή τους, πρέπει να πάρουν ένα μικρό μάθημα. Αν τους διακόψεις, τότε απλώς επιβεβαιώνεις τον κανόνα ότι «η δυνατότερη και η πιο επίμονη φωνή κερδίζει την προσοχή». Αν αντιδράσεις, όμως, με μια ξαφνική, «σοκαρισμένη σιωπή» μόλις σε διακόψουν, θα τους δώσεις να καταλάβουν τι έκαναν και ίσως να ζητήσουν συγγνώμη. Αν αδιαφορήσουν, μπορεί να χρειαστεί να πεις την επόμενη φορά: «Μ' έχεις διακόψει εκατό φορές! Δεν μπορείς να θυμηθείς αυτό που θέλεις να πεις όταν τελειώσω;». Αν ο συνομιλητής σου δεν έχει σκοπό να σου επιβληθεί (και τότε ξέρεις τι πρέπει να κάνεις), θα προσπαθήσει –κατά κανόνα– να περιορίσει τη συνήθειά του, αν και μπορεί να χρειαστεί να του το ξαναθυμίσεις με καλό τρόπο.

• *Οι ενοχλητικοί.* Αν ενοχλείσαι από ορισμένα λόγια, σεξουαλικές εικόνες, ανέκδοτα, τρομακτικές ιστορίες και τα παρόμοια, οι ενοχλητικοί θα τα χρησιμοποιήσουν για να σε θυματοποιήσουν. Δίδαξέ τους ότι είναι μάταιο, αρνούμενος να ενοχληθείς για δικό τους όφελος και διασκέδαση, δείχνοντάς τους, στην ανάγκη, ότι θεωρείς αυτού του είδους τη συμπεριφορά παιδιάστικη.

• *Απατεώνες και δημαγωγοί.* Η περιφρόνηση είναι, συνήθως, η μοναδική αποτελεσματική μέθοδος με ανθρώπους που δε δίνουν δεκάρα για σένα (όσο κι αν ισχυρίζονται το αντίθετο) και ενδιαφέρονται μόνο για το τι μπορούν να κερδίσουν από σένα.

• *Οι εύθικτοι.* Οι άνθρωποι, που χρησιμοποιούν την ενόχλησή τους από κάτι που έκανες, για να σε χειραγωγήσουν και να σε θυματοποιήσουν, θα παραιτηθούν μόνον αν τους διδάξεις ότι αρνείσαι να επιτρέψεις στην ενόχλησή τους να επηρεάσει τις μελλοντικές σου αποφάσεις. Δοκίμασε να τους το πεις αυτό με λόγια – κι αν δεν φέρει αποτέλεσμα, χρησιμοποίησε τις γνωστές τακτικές για εκείνους που δε σε καταλαβαίνουν.

• *Κουτσομπόληδες και μαρτυριάρηδες.* Στον εκβιασμό υποκύπτει κανείς μόνον όταν πιστεύει ότι η γνώμη κάποιου άλλου είναι πιο σημαντική από τη δική του ή αν κρύβει μέσα του παράλογους φόβους, του είδους: «Τι θα συμβεί αν...». Πάρα πολλές φορές ένα ανασήκωμα των ώμων ή ένα «Και λοιπόν;» θα διδάξει στον κουτσομπόλη ότι δεν υποκύπτεις στον εκβιασμό. Και μην ξεχνάς ότι οι απειλές μιας αποκάλυψης μπορούν να είναι χρήσιμο όπλο, η ίδια όμως η αποκάλυψη είναι συνήθως άχρηστη.

• *Οι ξεροκέφαλοι.* Οι άνθρωποι που επιμένουν ανυποχώρητα στις προσπάθειές τους να σε φέρουν στα νερά τους είναι εξ ορισμού ανεπίδεκτοι λόγων. Ο μοναδικός τρόπος να αντισταθείς στα παρακάλια, τις ικεσίες, τα καλοπιάσματα και τις απαιτήσεις τους είναι να γίνεις κουφός και ν' αρνηθείς κάθε υποχώρηση.

• *Οι έμποροι της ενοχής.* Οι άνθρωποι που θέλουν να σου πουλήσουν ενοχή στη δική τους τιμή (που είναι συνήθως η χειραγώγησή σου), θα μάθουν να μη σου πλασάρουν το εμπόρευμά τους όταν ακούσουν κάποια ηχηρά «Δεν αγοράζω». Αν θέλεις, δοκίμασε να τους εξηγήσεις γιατί η αγορά που σου προτείνουν είναι απάτη, μα μην περιμένεις ότι θ' αλλάξουν τακτική με τα λόγια.

• *Οι κακόκεφοι.* Αν η κατάθλιψη του άλλου ή οποιαδήποτε άλλη «κακή» διάθεση μπορεί να παρασύρει κι εσένα, τότε η ανεξαρτησία σου (για να μη μιλήσουμε για την ευτυχία σου) βρίσκεται σε κίνδυνο και θα καταλήξεις ένα καλό μικρό θύμα. Κράτησε τη δική σου διάθεση, πες στους άλλους ότι η δυστυχία τους δε χρειάζεται την παρέα σου και, αντίστροφα, ρώτησέ τους αν νομίζουν ότι δύο δυστυχισμένοι είναι καλύτεροι από έναν – τελικά, όμως, να είσαι έτοιμος να αγνοήσεις τέτοιες κακόκεφες συμπεριφορές.

• *Οι άπληστοι.* Οι άπληστοι άνθρωποι είναι ίσως οι πρώτοι θυματοποιοί του κόσμου. Αν κάποιος πολύ κοντινός σου άνθρωπος είναι άπληστος και θεωρήσεις ότι οφείλεις να τον τοποθετήσεις πιο πάνω από τις αρχές και την ανεξαρτησία σου, ετοιμάσου να τον δεις να σου παίρνει τα πάντα: το χρόνο σου, τα λεφτά σου ή την ελευθερία σου.

Είναι δυνατό να αγαπάς κάποιον και, παρ' όλα αυτά, να μην υποκύπτεις στην παράνομη ή ανήθικη απληστία του. Αντίθετα, αν υποχωρείς και δίνεις ό,τι σου ζητούν, η αγάπη σου φέρνει αρνητικό αποτέλεσμα. Απληστία, σημαίνει να ζητάς περισσότερα από το μερίδιό σου – και αυτό σε βάρος κάποιου άλλου. Οι επαγγελματίες αχόρταγοι δεν είναι ευτυχισμένοι. Η απληστία από ανθρώπους άγνωστους ή αδιάφορους είναι κάτι αναμενόμενο και εύκολα αντιμετωπίζεται με κάποιες από τις αντιθυματοποιητικές στρατηγικές, που θα τους διδάξουν να σε αφήσουν ήσυχο. Η απληστία, όμως, ενός ανθρώπου που αγαπάς, πρέπει να καταπολεμηθεί με κάθε τρόπο και στρατηγική, που διαθέτει η αντιθυματική προστασία σου.

Οι παραπάνω δεκαεφτά τύποι των κλασικών θυματοποιών είναι πρόθυμοι να κινήσουν ανελέητα τα νήματά σας, εκτός αν τους πείσετε να μην το κάνουν. Πάντοτε έχετε τη δυνατότητα να ασκήσετε περισσότερο έλεγχο, απ' όσο νομίζετε, πάνω στις αντιδράσεις σας και τις συνήθειές τους.

ΜΕΡΙΚΟΙ ΚΛΑΣΙΚΟΙ ΣΤΟΧΟΙ ΤΩΝ ΘΥΜΑΤΟΠΟΙΩΝ

Κανένας δεν είναι άτρωτος στις θυματοποιητικές προσπάθειες των άλλων. Πλούσιοι και φτωχοί, μαύροι και άσπροι, νέοι και γέροι, δίνουμε όλοι μας τις δικές μας μάχες. Όποιος και να είσαι, η σφραγίδα του θύματος μπορεί να εμφανιστεί ξαφνικά στο μέτωπό σου, εκτός κι αν κρατάς πάντα την αντιθυματική σου ομπρέλα κι έχεις τα μάτια σου ανοιχτά στις αλλαγές του καιρού. Υπάρχουν, όμως, ορισμένες κατηγορίες ανθρώπων, που πρέπει να αγωνιστούν σκληρότερα από τους άλλους για ν' αποφύγουν τη θυματοποίηση. Η φιλοσοφία και οι στρατηγικές της αυτοκατεύθυνσης εξακολουθούν να εφαρμόζονται και σ' αυτούς, αλλά οι δικές τους μάχες είναι σκληρότερες και πολύχρονες και το ποσοστό των αναπόφευκτων αποτυχιών τους πολύ μεγαλύτερο. Μερικές φορές η προσπάθεια να πείσουν τους άλλους να μην τους θυματοποιούν στοιχίζει τόσο πολύ, που μοιάζει να ξεπερνάει την αξία της νίκης. Γι' αυτούς, όμως, που επέμειναν και κέρδισαν δεν υπάρχει συμβιβασμός. Όπως το διατύπωσε σωστά ο Τζον Γκάρντνερ, «Οι νίκες δεν είναι ποτέ εύκολες».

Οι μεγάλοι ηγέτες της ανθρωπότητας ήξεραν πολύ καλά ότι οι άνθρωποι διδάσκουν και διδάσκονται τους τρόπους αντιμετώπισης των άλλων με τη συμπεριφορά. Ξεφεύγοντας για λίγο από την εξατομικευμένη προσέγγιση της αντιθυματοποίησης, που χαρακτηρίζει το βιβλίο αυτό, και προχωρώντας σ' ένα ευρύτερο κοινωνικό επίπεδο, ας προσπαθήσουμε να συγκρίνουμε τη φιλοσοφία της αποθυματοποίησης, όπως την είδαμε ώς τώρα, με τις στάσεις πολλών «μεγάλων ανδρών» που αγωνίστηκαν κατά της μαζικής θυματοποίησης –της θυματοποίησης των καταπιεσμένων ομάδων– μέσα στην Ιστορία. Θα διαπιστώσουμε ότι είχαν ήδη ανακαλύψει τη φιλοσοφία της μη-θυματοποίησης.

Ο Αβραάμ Λίνκολν ήξερε ότι με τα λόγια δεν ήταν δυνατό να καταργηθεί ποτέ η δουλεία. Καταλάβαινε ότι οι δουλοκτήτες έπρεπε να διδαχτούν με πράξεις και με μια ανυποχώρητη συμπεριφορά, που θα τους αποδείκνυε ότι ο «θεσμός» αυτός δεν ήταν ανεκτός.

Ο Μάρτιν Λούθερ Κινγκ ήξερε πως ο κόσμος έπρεπε να βγει στο δρόμο, να κάνει φασαρία, πορείες, να ξεσηκώσει τα πνεύματα, να απαιτήσει νομοθετικές ρυθμίσεις, προκειμένου να υλοποιηθεί το όνειρό του.

Τόσο ο Λίνκολν όσο και ο Κινγκ ήξεραν ότι τα πολιτικά δικαιώματα των μειονοτήτων παραβιάζονταν, γιατί δεν ήταν αρκετοί οι άνθρωποι που θα όρθωναν το ανάστημά τους και θα φώναζαν: «Σταθείτε! Εμείς δε θ' ανεχτούμε ούτε για *ένα λεπτό* ακόμα τη δουλεία στη *δική μας κοινωνία!*». Λόγια, λόγια, λόγια... και, τελικά, *δράση*, η μόνη που διδάσκει στους άλλους πώς θέλεις να σου φερθούν.

Ο Τσώρτσιλ κατάλαβε πως δεν υπάρχει περιθώριο *διαπραγμάτευσης* με τους Ναζιστές, πράγμα που συνειδητοποίησε πολύ οδυνηρά και ο Τσάμπερλεν. Ο κόσμος ολόκληρος θα είχε κατακτηθεί από τους Ναζί, αν κάποιοι άνθρωποι δεν είχαν αντισταθεί με τη συμπεριφορά τους, αν δεν είχαν διακινδυνέψει τη ζωή τους, χάνοντάς την πολλές φορές, για να σταματήσουν την παραφροσύνη και την ολική θυματοποίηση, που επέβαλλαν οι Ναζί.

Ο Τζέφερσον και ο Φραγκλίνος ήξεραν ότι οι αμερικανικές α-
ποικίες είχαν διδάξει στους Βρετανούς ότι ήταν πρόθυμες να
αντιμετωπίζονται σαν «υποτελείς» και ότι, αν ήθελαν ν' αλλάξουν
τα πράγματα, έπρεπε οι άποικοι να σταματήσουν τα λόγια και να
κάνουν πράξη την επιθυμία τους για ανεξαρτησία.

Μ' ένα παρόμοιο τρόπο, οι γυναίκες στη σύγχρονη Αμερική
έμαθαν ότι πρέπει να διεκδικήσουν τα δικαιώματά τους με τη συ-
μπεριφορά τους, αντί να τα ζητούν με ακατανόητες λέξεις και
στερεότυπες φράσεις. Οι γυναίκες έχουν θυματοποιηθεί, κυρίως
επειδή δίδαξαν στους άντρες ότι είναι πρόθυμες να υποστούν το
ζυγό τους. Όταν αυτή η ανοχή εξαφανίζεται, εμφανίζεται ως εκ
θαύματος η ισότητα.

Οι Αμερικανοί Ινδιάνοι έμαθαν ότι οι συμφωνίες και οι υποσχέ-
σεις είναι χωρίς νόημα και αρχίζουν μόλις τώρα να γίνονται σεβα-
στοί, γιατί αποφάσισαν να πάψουν να είναι θύματα.

Ατέλειωτα είναι τα παραδείγματα από το χώρο της κοινωνικής
ιστορίας. Ο Ράλφ Νάντερ είναι ένα τυπικό τέτοιο παράδειγμα της
σύγχρονης Αμερικής. Έπεισε τον κόσμο με τη συμπεριφορά του
και τη συμπεριφορά των «επιδρομέων» του ότι δεν ήταν διατεθει-
μένος να αφήνει τους καταναλωτές να θυματοποιούνται. Είναι
ένας ακτιβιστής, που φέρνει αποτελέσματα με το να τραβάει την
προσοχή και ν' αποδεικνύει έμπρακτα την εξυπνάδα του, τη στιγ-
μή που πρέπει. Και ο Ραλφ Νάντερ τα κατάφερε. Είτε συμφωνείτε
μαζί του είτε όχι, έχει υποχρεώσει τους μεγάλους επιχειρηματίες
όλου του κόσμου (συμπεριλαμβανόμενης και της κυβέρνησης των
ΗΠΑ) να δίνουν σημασία στην αντιθυματική του στάση. Αυτός
είναι ένας τρόπος που ενήργησαν πάντα όλοι οι ειδικοί της κοινω-
νικής αλλαγής: έμπρακτα και με τη βαθιά επίγνωση ότι οι άλλοι
σου φέρονται όπως τους διδάσκεις να σου φέρονται.

Είναι φανερό ποιες είναι οι μεγάλες κατηγορίες ανθρώπων, που
έχουν θυματοποιηθεί στη σύγχρονη ιστορία. Οι ηλικιωμένοι, που
αποσύρθηκαν από την ενεργό ζωή, αφήνοντας τις νεότερες γενιές
να πάρουν τη θέση τους, έχουν να προσφέρουν στην κοινωνία πιο
πολλά απ' οποιαδήποτε άλλη ομάδα. Υποβιβάστηκαν, όμως, στη
θέση των πολιτών δεύτερης κατηγορίας, που η κοινωνία απλώς
τους ανέχεται, στην καλύτερη περίπτωση. Αυτό συνέβη, γιατί οι
ίδιοι δίδαξαν από μόνοι τους τούς νέους να τους μεταχειρίζονται
έτσι. Όταν ένας άνθρωπος πάνω από τα εξήντα πέντε δε θέλει να

τον αντιμετωπίζουν σαν κατώτερο και ξοφλημένο, κατά κανόνα τα καταφέρνει. Σαν ομάδα, όμως, οι ηλικιωμένοι άφησαν να γίνουν σχετικά ανίσχυροι στο δυτικό κόσμο. (Αυτό δε σημαίνει ότι δε θα φανούν, όπου να 'ναι, κάποιοι δυναμικοί *Γκρίζοι Πάνθηρες*). Οι *θρησκευτικές μειονότητες* στις ΗΠΑ έχουν υποστεί, επίσης, αρκετούς εξευτελισμούς. Στις ομάδες αυτές συγκαταλέγονται –σε διάφορες εποχές– οι Εβραίοι, οι Καθολικοί, καθώς και τα μέλη κάθε Προτεσταντικής αίρεσης. Οι ομάδες αυτές, που υποστήριξαν το δικαίωμα να πιστεύουν ό,τι θέλουν και αγωνίστηκαν γι' αυτό, κατά κανόνα απέσπασαν τελικά το σεβασμό. Ναι, το τίμημα πολλές φορές ήταν υπερβολικά βαρύ, ωστόσο παραμένει αληθινή η αρχή ότι αν επιτρέπεις να σε βασανίζουν χωρίς ν' αντιστέκεσαι, ποτέ δε θα μπορέσεις να κινήσεις μόνος σου τα νήματά σου.

Είναι γνωστό ότι η ιστορία των φυλετικών μειονοτήτων στην Αμερική είναι γεμάτη από αγώνες. Μαύροι Αμερικανοί, Ιθαγενείς Αμερικανοί, Ασιάτες Αμερικανοί, Πορτορικανοί, Μεξικανοί, υποχρεώθηκαν ή να ξεσηκωθούν και να διεκδικήσουν τα δικαιώματά τους ή να δεχτούν να συνεχίσουν να είναι θύματα. Οι μεγάλοι ηγέτες αυτών των μειονοτήτων ήταν άνθρωποι τολμηροί, που ύψωσαν το ανάστημά τους. Οι φυλετικές διακρίσεις εξακολουθούν να ισχύουν και σήμερα, ενώ πια είναι φανερό ότι η λύση δε βρίσκεται στα λόγια, αλλά σε μια δράση που θα διδάξει στους θυματοποιούς πώς πρέπει ν' αντιμετωπίζονται οι φυλετικές μειονότητες.

Πολλοί φοιτητές των Πανεπιστημίων και των Λυκείων έμαθαν με οδυνηρό τρόπο ότι η συμμετοχή στις αποφάσεις που τους αφορούν δεν εξασφαλίζεται με τις ψεύτικες φοιτητικές αυτοδιαχειρίσεις, που πρόσφερε η διεύθυνση, αλλά με την απαίτησή τους να εισακουστούν στα πραγματικά προβλήματα που τους αφορούν. Εκείνο που διακυβεύεται σ' όλους αυτούς τους αγώνες των θυματικών ομάδων, είναι η ανεξαρτησία τους, το δικαίωμά τους να κινούν μόνοι τους τα νήματά τους. Ο Τόμας Τζέφερσον έγραφε στη *Διακήρυξη της Ανεξαρτησίας* για το δικαίωμα ενός ολόκληρου έθνους, που επιβαρύνεται με μια θυματοποιητική εξουσία, «να την αλλάξει ή να την καταργήσει και να θεσπίσει μια νέα μορφή διακυβέρνησης».

Οι αναλογίες με τις ατομικές θυματοποιήσεις είναι οδυνηρά φανερές, όταν συζητάμε για αλλαγή των κοινωνικών συνθηκών προς μια κατεύθυνση, όπου οι ανθρώπινες ομάδες δε θα θυματοποιούνται από άλλες, που συμβαίνει να κατέχουν θέσεις εξουσίας. Τα μαθήματα της αποτελεσματικής απελευθέρωσης των ομάδων μπορεί κανείς να τα εφαρμόσει και στην προσωπική του ζωή. Οποιοσδήποτε προσπαθεί να σε σπρώξει σε θέσεις ή καταστάσεις που δεν έχεις διαλέξει, δεν είναι λιγότερο υπεύθυνος ή παράνομος από ένα δουλοκτήτη, έναν αποικιοκράτη ή ένα δικτάτορα. Για να είσαι ο εαυτός σου, πρέπει να είσαι ανεξάρτητος· και την ανεξαρτησία σου θα την κερδίσεις μόνο διδάσκοντας στους άλλους τα όρια της ανεκτικότητάς σου.

ΣΤΡΑΤΗΓΙΚΕΣ ΓΙΑ ΝΑ ΔΙΔΑΞΕΙΣ ΣΤΟΥΣ ΑΛΛΟΥΣ ΠΩΣ ΘΕΛΕΙΣ ΝΑ ΣΟΥ ΦΕΡΟΝΤΑΙ

Νά μερικές στάσεις και συμπεριφορές, που μπορείς να εφαρμόσεις, όταν θέλεις να διδάξεις στους άλλους κάποιους μη-θυματικούς τρόπους αντιμετώπισής σου.

• Πάψε να θεωρείς την κακομεταχείρισή σου αυτονόητη. Παραδέξου το γεγονός ότι έχεις κακοποιηθεί ώς τώρα, όχι επειδή σε εκμεταλλεύτηκαν οι άλλοι, αλλά κυρίως επειδή εσύ τους δίδαξες να το κάνουν. Όταν αναλαμβάνεις εσύ την ευθύνη για το μεγαλύτερο μέρος της συμπεριφοράς των άλλων απέναντί σου, αρχίζεις να έχεις απαιτήσεις από τον εαυτό σου, αντί να περιμένεις να θυματοποιηθείς. Κάθε ανθρώπινη αλλαγή αρχίζει μ' αυτή τη στάση.

• Υιοθέτησε για τον εαυτό σου ένα μη-θυματικό κώδικα ηθικής, που θα μπορείς να τον εφαρμόζεις με αθόρυβα αποτελεσματικούς τρόπους – και από τον οποίο θα αρνηθείς να παραιτηθείς. Για παράδειγμα:

1. Δε θ' αφήσω να μου φορτώνονται οι μεθυσμένοι, δε θα τους μιλώ πάνω από πέντε λεπτά, ούτε θα μπω ποτέ σε αυτοκίνητο μεθυσμένου για να με συνοδέψει σπίτι.

2. Θα αρνούμαι να δίνω εξηγήσεις για τον εαυτό μου σε οποιονδήποτε θεωρώ ότι δεν ακούει αυτά που λέω. Μόλις καταλάβω ότι μιλάω σ' ένα τοίχο, θα πάψω να εξηγούμαι.

3. Δε θα συγυρίζω τα πράγματα κανενός.

Αυτοί οι κανόνες συμπεριφοράς είναι σημαντικοί, αλλά δε χρειάζεται (κανονικά: δεν πρέπει) να τους συζητήσεις με τους άλλους, εκτός κι αν οι αποφάσεις σου περιέχουν πρακτικές αλλαγές, για τις οποίες πρέπει οι άλλοι να ενημερωθούν – όπως, π.χ., ότι αρνείσαι να πηγαίνεις τον άντρα σου κι όλους τους φίλους του στο γήπεδο του γκολφ κάθε Κυριακή και, επομένως, πρέπει να ψάξουν να βρουν άλλο οδηγό. Η συζήτηση κινδυνεύει να προκαλέσει άχρηστες λογομαχίες και να σου δώσει τελικά την εντύπωση ότι «κάτι έγινε».

• Μάθε να αντιδράς όσο γίνεται περισσότερο με πράξεις κι όχι με λόγια. Δώσε δυναμική απάντηση στην κακομεταχείριση. Δοκίμασε νέες συμπεριφορές, που θα σοκάρουν τους θυματοποιούς σου. Αν κάποιος σε ενοχλεί με τις βλαστήμιες του, μιμήσου τον· έτσι θα τον αιφνιδιάσεις και θα του δείξεις ότι είσαι ικανή να φερθείς δυναμικά. Σήκω και φύγε, όταν κάποιος σου επιτίθεται λεκτικά. Πάντα μπορείς να πάρεις ένα ταξί και να γυρίσεις μόνη σου σπίτι. Μείνε σταθερή σε μια συγκεκριμένη συμπεριφορά, στην αρχή της νέας «διδακτικής διαδικασίας», ώστε το μήνυμα ότι δε θα δεχτείς άλλη κακομεταχείριση να φτάσει ξεκάθαρα στην άλλη πλευρά.

• Αν στο σπίτι σου κάποιος αποφεύγει τις ευθύνες του και η συνηθισμένη σου τακτική απέναντί του είναι να παραπονιέσαι μεν, αλλά να κάνεις εσύ τη δουλειά, μην ξεχνάς ότι εσύ τον δίδαξες να φέρεται έτσι. Έχεις καιρό να του διδάξεις κάτι διαφορετικό. Αν ο γιος σου έχει αναλάβει να βγάζει τα σκουπίδια και δεν το κάνει, θύμισέ του το μια φορά. Αν σε αγνοήσει, δώστου ένα τελεσίγραφο. Αν αγνοήσει και το τελεσίγραφο, άδειασε ήρεμα τα σκουπίδια πάνω στο κρεβάτι του. Μια τέτοια επίδειξη θα τον πείσει για τη σοβαρότητα των προθέσεών σου πολύ περισσότερο από τις ατέλειωτες εξηγήσεις, που μόνο εσένα ταράζουν.

• Κατάργησε από το λεξιλόγιό σου τα παράπονα. Πάψε να κατηγορείς τους άλλους για την κακή μεταχείριση που σου επιφυλάσσουν. Πάψε να λες κουβέντες, όπως: «Είναι δικό του λάθος», «Αυτή φταίει», «Δεν μπορώ να κάνω αλλιώς», «Κοίτα τι μου έκαναν», «Δε με σέβονται». Αντί γι' αυτά, λέγε στον εαυτό σου: «Εγώ τους έμαθα να μου το κάνουν αυτό» ή «Εγώ φταίω που άφησα να γίνει αυτό». Φυσικά, οι φράσεις αυτές χρησιμεύουν για να τονώσουν την επιθυμία σου να αλλάξεις την κατάσταση και όχι για να ενισχύσουν τη θυματοποίησή σου.

● Πάψε να περιμένεις αορίστως ότι τα πράγματα θα βελτιωθούν. Αν περιμένεις ότι θα πάψουν οι άλλοι να σε κακομεταχειρίζονται, θα περιμένεις αιώνια. *Γίνε αποτελεσματικός δάσκαλος τώρα και μην κάθεσαι αδρανής, νομίζοντας ότι η συμπεριφορά των άλλων θα αλλάξει με τον καιρό.*

● Αποφάσισε να διακινδυνέψεις, όταν έχεις να κάνεις με δυνητικούς θυματοποιούς. *Μάζεψε το κουράγιο σου και χτύπα το δυνάστη σου έστω και μια φορά·* μετά, *κοίταξε καλά τα αποτελέσματα.* Κόψε την κουβέντα του αυταρχικού συνομιλητή σου. *Διατύπωσε τη διαμαρτυρία σου,* όταν σε θυματοποιούν ομαδικά. Παράτησε τις καταστάσεις, όπου βλέπεις ότι δε γίνεται τίποτε και δεν αξίζει τον κόπο να καυγαδίσεις. Σφίξε τα δόντια σου και *κάντο,* έστω και μια φορά, και θα διαπιστώσεις ότι δεν είναι και τόσο δύσκολη η δυναμική συμπεριφορά. Μια πορεία χιλίων μιλίων αρχίζει κι αυτή με το πρώτο βήμα· για να το κάνεις, όμως, χρειάζεται να ξεπεράσεις το φόβο και την αδράνειά σου για μια και μόνο στιγμή.

● Εξασκήσου στη χρησιμοποίηση μαχητικών τρόπων ομιλίας, ακόμα και σε περιπτώσεις όπου κάτι τέτοιο μπορεί να φαίνεται ανόητο. Δες αυτές τις ασκήσεις σαν γενική δοκιμή του κύριου γεγονότος. Διατύπωσε τις απαιτήσεις σου στους σερβιτόρους, τους πωλητές, τους ξένους, τους υπαλλήλους ξενοδοχείων, τους οδηγούς ταξί, στο γαλατά, σ' οποιονδήποτε. Πες τους τι θέλεις απ' αυτούς και θα δεις τι εξυπηρέτηση και σεβασμό θα σου εξασφαλίσει η «εξάσκησή» σου. *Όσο πιο πολύ δοκιμάζεις, τόσο πιο εξοπλισμένος θα είσαι για να φερθείς δυναμικά εκεί που θα έχει σημασία.*

● Πάψε να χρησιμοποιείς εκφράσεις που επιτρέπουν ή προκαλούν τους άλλους να σε θυματοποιήσουν. Αυτο-υποτιμήσεις, όπως: «Ποιος είμαι εγώ, τώρα...», «Δεν είμαι και πολύ έξυπνος», «Δεν τα καταφέρνω στους αριθμούς», «Ποτέ δε βγάζω άκρη με τις νομικές υποθέσεις» ή «Είμαι πολύ ανοργάνωτος», στην πραγματικότητα, απλώς, επιτρέπουν στον άλλον να σε εκμεταλλευτεί. Αν πεις σ' ένα σερβιτόρο ότι είσαι κακός στα μαθηματικά, τη στιγμή που σου κάνει το λογαριασμό, του δείχνεις ότι δε θα πάρεις είδηση το «λάθος» του.

• Αρνήσου τις αγγαρείες που αντιπαθείς και που δεν είναι «α-ναγκαστικά» δική σου δουλειά. Αν δε σ' αρέσει να κουρεύεις το γρασίδι ή να κάνεις μπουγάδα, σταμάτα το για δυο εβδομάδες να δεις τι θα γίνει. Πάρε κάποιον να σου κάνει αυτή τη δουλειά, αν το σηκώνει η τσέπη σου, ή δίδαξε τα υπόλοιπα μέλη της οικογένειάς σου ν' αρχίσουν να φροντίζουν μόνοι τους τον εαυτό τους. Αν έχεις αναλάβει ώς τώρα να πλένεις τα ρούχα των ενήλικων μελών της οικογένειάς σου, που μπορούν θαυμάσια να το κάνουν μόνοι τους, τότε τους έχεις διδάξει να σε χρησιμοποιούν σαν θύμα και σκλάβα. Ο μοναδικός τρόπος να βγείς από την παγίδα είναι να πάψεις να το κάνεις. Έτσι, οι άλλοι, όταν θα θελήσουν καθαρά εσώρουχα, θα πλύνουν τα βρώμικά τους. Με αυτό όχι μόνο θα τους ωφελήσεις, γιατί θα μάθουν να είναι αυτάρκεις, αλλά θα γλιτώσεις κι εσύ από την υποχρέωση να εξυπηρετείς τους άλλους. Το ίδιο ισχύει και για πράγματα, όπως είναι το ψήσιμο του καφέ στο γραφείο, το κράτημα των πρακτικών στα συμβούλια κ.λπ. Συ-νήθως, ο μοναδικός λόγος που φορτώνεται κανείς τις δυσάρεστες δουλειές, είναι γιατί έχει διδάξει στους άλλους ότι θα το κάνει αδιαμαρτύρητα.

• Μην πτοείσαι από τις αρχικές προσπάθειες των θυματοποιών να απορρίψουν αυτά που προσπαθείς να τους διδάξεις. Οι αντι-δράσεις τους μπορεί να είναι ακραίες και προς τις δύο κατευθύν-σεις. Ίσως δεις τους άλλους να θυμώνουν πολύ και να φωνάζουν ή, ίσως, αρχίσουν να σε «δωροδοκούν» με αντικείμενα ή με αυξη-μένες δόσεις σεβασμού. Αντιμετώπισε όλες τις αρχικές αντιδρά-σεις σαν δοκιμασία της αντοχής σου απέναντί τους και άφησε το χρόνο να κρίνει. Μείνε ακλόνητος στην απόφασή σου, ανεξάρτητα από τις αντιδράσεις τους, που, σε μερικές περιπτώσεις, μπορεί να είναι απολύτως αναμενόμενες. Πριν περάσει πολύς καιρός, θα δουν οι άλλοι ότι είσαι αποφασισμένος και θα σου φερθούν όπως θα τους έχεις διδάξει να σου φέρονται: με σεβασμό.

• Μην αφήσεις να σε ενοχοποιήσουν για τη νέα, δυναμική συ-μπεριφορά σου. Μάθε ν' αντιστέκεσαι στον πειρασμό να νιώσεις άσχημα, όταν κάποιος σου ρίχνει ένα πληγωμένο βλέμμα, σου πα-ραπονιέται, σου κάνει ένα δώρο (δωροδοκία) ή θυμώνει. Συνήθως οι άνθρωποι, που έχεις διδάξει να σε θυματοποιούν, δεν ξέρουν πώς να αντιδράσουν στη νέα σου στάση. Αν, όμως, αρχίζουν με τα «Ναι, αλλά» ή «Δεν είναι δίκαιο» ή «Δεν ήσουν έτσι πριν, γιατί το

187

κάνεις αυτό τώρα;», αντιμετώπισέ τους με συμπεριφορές που δηλώνουν ότι είσαι αποφασισμένος να υλοποιήσεις τις πεποιθήσεις σου. Φυσικά, φρόντισε να διακρίνεις τις πραγματικές ενδείξεις απόγνωσης –που θα δεχτείς να τις συζητήσεις–, από τις απόπειρες να σε ξαναβάλουν στη θέση του φρόνιμου θύματος – τις οποίες και θα αρνηθείς να λάβεις υπόψη σου.

● Δίδαξε στους άλλους το δικαίωμά σου να κρατάς ελεύθερο χρόνο, για να κάνεις τα πράγματα που σου αρέσουν. Υπερασπίσου ακλόνητα τα διαλείμματά σου από ένα πολυάσχολο γραφείο, από την κουζίνα κ.λπ. Κάνε άσκοπες βόλτες. Πίστεψε πως είναι σημαντική η χαλάρωση και η διασκέδασή σου και μην επιτρέψεις με κανένα τρόπο στους άλλους να στα καταπατήσουν. Αν σε διακόπτουν συνεχώς, δοκίμασε την ίδια τακτική που σου συστήσαμε για εκείνους που διακόπτουν τη συζήτηση.

● Αρνήσου εξαρχής να αναμειχθείς στην επίλυση των ξένων διαφορών, ιδιαίτερα όσον αφορά τα μικρά παιδιά. Δίδαξε στους άλλους ότι θεωρείς τον εαυτό σου άξιο για σπουδαιότερα πράγματα, κι όχι απλώς για διαιτητή (ή οπαδό) στους καυγάδες τους – εκτός εάν το θέλεις εσύ και νομίζεις ότι μπορείς να κάνεις καλό.

● Σημείωνε πόσες φορές σε θυματοποιούν οι άλλοι με τα λόγια τους. Αν είσαι μια καταταλαιπωρημένη μητέρα, κατάγραψε πόσες φορές την ημέρα ακούς: «Μαμά, μαμά, τι να κάνω;» ή «Κάνε μου αυτό» ή «Εντάξει, θα το κάνει αυτή». Όταν συνειδητοποιήσεις πόσο συχνά χρησιμοποιούν οι άλλοι τα λόγια τους για να επιβεβαιώσουν τη θυματική σου θέση, θα είσαι πιο έτοιμη να τους αντιμετωπίσεις με μια νέα συμπεριφορά· και ένας καθημερινός απολογισμός θα βοηθήσει πολύ.

● Μάθε να μη θυμώνεις με εκείνους που δίδαξες να σε χειραγωγούν μέσω του θυμού σου. Αν έχεις συνηθίσει να σου ανεβαίνει το αίμα στο κεφάλι και να καταλήγεις λέγοντας και κάνοντας πράγματα που μετά τα μετανιώνεις, μάθε να συγκρατείσαι καλύτερα. Τα παιδιά είναι ιδιαίτερα ικανά να προκαλούν το θυμό των γονιών τους, κυρίως αν αυτοί καταλήγουν να τα δέρνουν ή να τα κλείνουν στο δωμάτιό τους. Αυτό που κερδίζουν έτσι, είναι ένας κάποιος έλεγχος της κατάστασης. Αν, όμως, δείξεις αποφασιστικότητα αντί για θυμό, θα διατηρήσεις εσύ τον έλεγχο και μόνον έτσι θα αποφύγεις να σε αδρανοποιήσουν οι άλλοι, πριν τους διδάξεις οτιδήποτε. Όταν σταματήσουν τα ξεσπάσματα του θυμού σου, θα δεις πολύ συχνά να σταματάει και η θυματοποιητική συμπεριφορά των άλλων.

● Βρες ένα σύμμαχο, με τον οποίο θα συζητάς τις νέες στρατηγικές διδασκαλίας. *Δημιούργησε μια σχέση εμπιστοσύνης με κάποιον, που να μπορεί να σκεφτεί μαζί σου τις νίκες και τις ήττες σου. Δείξε ειλικρίνεια.* Η έκφραση των συναισθημάτων σου γύρω από τις νέες σου προσπάθειες σε ένα καλόπιστο ακροατή και φίλο θα σε ενθαρρύνει και, ίσως, θα σου εξασφαλίσει και ένα στήριγμα σε ορισμένες καταστάσεις.

● Μην ξεχνάς να σκέφτεσαι πάντα τις εναλλακτικές σου λύσεις, όταν διδάσκεις στους άλλους να μη σε θυματοποιούν. Ακόμη κι αν μερικές εναλλακτικές λύσεις είναι αδύνατες τη συγκεκριμένη στιγμή, σημείωσέ τες όλες. Τις ιδέες αυτές μπορείς να τις μοιραστείς με το φίλο και έμπιστό σου και να σκεφτείτε μαζί ποια είναι η καλύτερη. Αν τις αναλύεις γραπτά, θα δεις σύντομα ότι η άκαμπτη και μονομερής προσέγγισή σου σε ορισμένες καταστάσεις μπορεί να μοιραστεί σε πολλαπλές βιώσιμες επιλογές.

● Μάθε να λες ΟΧΙ! Είναι μια από τις πιο διδακτικές λέξεις του κόσμου. Ξέχνα τα *ίσως*, τους δισταγμούς και τις αμφιταλαντεύσεις, που δίνουν στους άλλους το περιθώριο να μην καταλάβουν τι εννοείς. Γρήγορα θα διαπιστώσεις ότι όλοι οι φόβοι σου απέναντι σ' αυτή την απλή, βασική λέξη, είναι ψεύτικοι. Ο κόσμος σέβεται το ξεκάθαρο ΟΧΙ πολύ περισσότερο από τις γενικότητες και τις υπεκφυγές, που κρύβουν τα πραγματικά σου συναισθήματα· αλλά κι εσύ θ' αρχίσεις να σέβεσαι πιο πολύ τον εαυτό σου, αν χρησιμοποιείς αυτή τη λέξη όποτε το θέλεις. Στάσου, λοιπόν, μπροστά στον καθρέφτη και εξασκήσου να λες όχι! όχι! όχι! Θα την έχεις αυτή τη δύναμη, αν τολμήσεις να κάνεις το πρώτο βήμα ΤΩΡΑ!

● Όταν βρίσκεσαι μπροστά σε κλαψιάρηδες, αντιρρησίες, καυγατζήδες, καυχησιάρηδες, δημαγωγούς, φορτικούς και λοιπούς θυματοποιούς, γενικότερα, μπορείς να χαρακτηρίσεις ήρεμα τη συμπεριφορά τους, με φράσεις όπως: «Με διέκοψες», «Αυτό το ξανάπες», «Παραπονιέσαι για πράγματα που δε θ' αλλάξουν ποτέ», «Όλη την ώρα καυχιέσαι». Η τακτική αυτή μπορεί να φαίνεται σκληρή, έχει όμως μια καταπληκτική διδακτική αμεσότητα και δείχνει στους άλλους ότι δεν είσαι ακόμα ένα θύμα της ενοχλητικής συμπεριφοράς τους. Όσο πιο ήρεμος είσαι και όσο πιο ξεκάθαρες και εύστοχες είναι οι παρατηρήσεις σου, τόσο λιγότερο καιρό θα περάσεις στη θέση του θύματος.

ΣΥΜΠΕΡΑΣΜΑΤΙΚΑ

Οι άνθρωποι σε αντιμετωπίζουν όπως τους δίδαξες να σε αντιμετωπίζουν. Αν το βάλεις αυτό σαν καθοδηγητική αρχή στη ζωή σου, θα μπεις στο δρόμο που οδηγεί στην αυτοκατεύθυνση. Όσο κι αν η «διδασκαλία» μερικών ανθρώπων παρουσιάζει ιδιαίτερες δυσκολίες, μην υποχωρήσεις από τη βασική ιδέα – γιατί κάθε υποχώρηση σημαίνει ότι εγκαταλείπεις τον έλεγχο του εαυτού σου σε όσους είναι πρόθυμοι να κινήσουν τα νήματά σου, μόλις πάψεις να επαγρυπνείς.

7

Ποτέ Μην Τοποθετείς τους Φορείς της Εξουσίας και τα Αντικείμενα Πιο Πάνω από Σένα

Αν είσαι αυτό που κάνεις, τότε, όταν δεν το κάνεις, παύεις να είσαι ο εαυτός σου.

ΤΕΣΤ ΔΩΔΕΚΑ ΕΡΩΤΗΣΕΩΝ

Οι παρακάτω ερωτήσεις αφορούν τη συμπεριφορά σου απέναντι στους φορείς της εξουσίας και τα αντικείμενα. Θεώρησε το μικρό αυτό ερωτηματολόγιο σαν την προσωπική σου εισαγωγή σ' αυτό το κεφάλαιο, που αναφέρεται στον τρόπο που οι θεσμοί και οι προσωπικές στάσεις μπορούν να σε θυματοποιήσουν, αν τους το επιτρέψεις.

Ναι   *Όχι*

——— ——— 1. Παίρνεις τις ευθύνες της δουλειάς σου πιο σοβαρά από τις προσωπικές και τις οικογενειακές σου ευθύνες;

——— ——— 2. Πιστεύεις ότι είναι δύσκολο να χαλαρώσεις και να βγάλεις απ' το μυαλό σου τα πράγματα της δουλειάς;

——— ——— 3. Βρίσκεις ότι θυσιάζεις το χρόνο σου για να βγάλεις λεφτά ή να αποκτήσεις υλικά αγαθά;

——— ——— 4. Αφιερώνεις τη ζωή σου στην επιδίωξη εξασφαλίσεων, όπως είναι οι συντάξεις κ.λπ.;

——— ——— 5. Βάζεις πιο ψηλά την απόκτηση υλικών αγαθών και κύρους, από την ευχαρίστηση της ανθρώπινης επαφής;

——— ——— 6. Σαστίζεις εύκολα με τα εμπόδια και τα μπερδέματα που δημιουργεί η γραφειοκρατία;

——— ——— 7. Πιστεύεις ότι είναι τρομερό ν' αποτύχεις σε μια δουλειά; Νομίζεις ότι πρέπει να βάζεις πάντοτε τα δυνατά σου;

———   ———   8. Πιστεύεις ότι η ομάδα ή η εταιρεία είναι πιο σημαντική από το άτομο;

———   ———   9. Εκνευρίζεσαι όταν αναγκάζεσαι να μετέχεις σε συμβούλια ή σε ανόητες τυπικότητες, σχετιζόμενες με τη δουλειά;

———   ———   10. Το βρίσκεις δύσκολο να απουσιάσεις από τη δουλειά σου χωρίς να νιώσεις ένοχος;

———   ———   11. Μιλάς και κινείσαι πάντα γρήγορα;

———   ———   12. Νευριάζεις με τους άλλους, όταν δεν κάνουν τα πράγματα όπως νομίζεις εσύ ότι πρέπει;

Αν έχεις απαντήσει *ναι* σε οσεσδήποτε απ' αυτές τις ερωτήσεις, ανήκεις κατά πάσα πιθανότητα στο είδος των θυμάτων, που είναι περισσότερο αφοσιωμένα σ' ένα θεσμό, παρά στον εαυτό τους και στην προσωπική τους ολοκλήρωση. Για άλλη μια φορά πρέπει να τονίσουμε πόσο σημαντικός είναι ο καθένας μας – σαν ένα ζωντανό, ανθρώπινο πλάσμα. Τίποτε δεν αξίζει να του αφιερώσεις τη ζωή σου, σε βάρος της ευτυχίας σου. Η θεωρία ότι οφείλεις πίστη και αφοσίωση στους φορείς της εξουσίας είναι μια άποψη θυματοποιητική και μπορείς να την αμφισβητήσεις και να τη βγάλεις από τη ζωή σου.

Η ελευθερία, όπως είπαμε στο κεφάλαιο της εισαγωγής, δεν περιορίζεται στην απαλλαγή μας από την κυριαρχία των άλλων ανθρώπων. Εξίσου σημαντικό είναι να μην εξουσιάζεται κανείς από τα υλικά αγαθά, την εργασία, τις επιχειρήσεις κ.λπ. Μερικοί άνθρωποι αγωνίζονται σκληρά για να κερδίσουν την ελευθερία τους στις σχέσεις τους με την οικογένεια και τους φίλους τους. Απαιτούν να τους σέβονται οι άλλοι σαν άτομα και να μην τους υποδεικνύουν πώς να ζήσουν. Κατά τραγική ειρωνεία, όμως, είναι σκλάβοι της δουλειάς τους και των θεσμών, που, στην πραγματικότητα, προορίζονται να τους υπηρετούν, έναντι κάποιας α-μοιβής. Συχνά βρίσκονται σε αδυναμία να ρυθμίσουν μόνοι το χρόνο τους κι έτσι δεν έχουν σχεδόν καμιά δυνατότητα παρέμβασης στη διαμόρφωση της καθημερινής ζωής τους. Σπάνια έχουν εσωτερική ηρεμία. Το μυαλό τους τρέχει συνεχώς. Ποτέ δεν έχουν αρκετή ενεργητικότητα για οτιδήποτε άλλο, εκτός από τα καθήκοντά τους. Κι όμως, αυτοί οι άνθρωποι ισχυρίζονται ότι κατέκτησαν την ανεξαρτησία τους και ότι δεν τους εξουσιάζει κανείς. Ψάξτε καλά μέσα σας, καθώς διαβάζετε το κεφάλαιο αυτό. Αν είσαστε δούλοι κάποιων θεσμών, οποιοιδήποτε κι αν είναι αυτοί –δουλειά, οργάνωση, χόμπι, σχολείο ή σπουδές– και δε σας μένει χρόνος για τον εαυτό σας, αν βάζετε το καθήκον σας πιο ψηλά από την ευτυχία σας, τότε αφήσατε να σας θυματοποιήσουν – ή θυματοποιήσατε τον εαυτό σας, με τους διάφορους θεσμούς της ζωής σας.

Η ΚΑΚΗ ΧΡΗΣΗ ΤΗΣ ΕΝΝΟΙΑΣ ΤΟΥ ΚΑΘΗΚΟΝΤΟΣ

Πίστη στο καθήκον δε σημαίνει σκλαβιά. Μπορεί κανείς να είναι πιστός σε μια οργάνωση και να αφιερώσει τον εαυτό του στα καθήκοντά του με τιμιότητα και ακεραιότητα, χωρίς να χρειάζεται απαραίτητα να γίνει υπηρέτης της. Ο σημαντικότερος άνθρωπος στον κόσμο, στον οποίο οφείλει κανείς αιώνια πίστη, είναι ο εαυτός του. Δεν έχεις παρά μια ζωή – και είναι ανόητο να αφήνεις τη δουλειά ή οποιοδήποτε άλλο θεσμό να κυριαρχεί πάνω της, κυρίως αν σκεφτείς πόσες άλλες εναλλακτικές λύσεις υπάρχουν. Εκμετάλλευση της αφοσίωσης στο καθήκον γίνεται κάθε φορά που κάποιοι δίνουν μεγαλύτερη αξία στα κέρδη παρά στον άνθρωπο, καθώς και κάθε φορά που θυσιάζεται το ανθρώπινο πνεύμα στο όνομα του πάντα μεταβαλλόμενου «κοινού καλού».

Το πώς θα χρησιμοποιήσει κανείς την αφοσίωσή του, είναι εντελώς δική του υπόθεση. Πρέπει να πιστέψεις ότι η ευτυχία σου και η υποχρέωσή σου να βοηθάς και να αγαπάς τα μέλη της οικογένειάς σου είναι το σημαντικότερο πράγμα στη ζωή σου. Αυτό δε χρειάζεται να το εξηγήσεις σε κανέναν, αλλά μπορείς ν' αρχίσεις να οργανώνεις τη ζωή σου γύρω από την έννοια του καθήκοντος προς τον εαυτό σου. Είναι πολύ πιθανό να ανακαλύψεις ότι έτσι γίνεσαι τελικά πιο παραγωγικός στη δουλειά σου και πιο ευχάριστος στους άλλους.

Ένας διευθυντής, που δεν μπορεί να εγκαταλείψει το γραφείο του, δε θάπρεπε να κάθεται καν στο γραφείο αυτό. Εσύ, όμως, είσαι ο διευθυντής της ζωής σου και μπορείς να αποφασίσεις ενεργά να χρησιμοποιήσεις το χρόνο σου με τρόπους που, χωρίς να προδίδουν την πίστη σου στους φορείς που έχεις διαλέξει, εξυπηρετούν ταυτόχρονα την υγεία σου, την ευτυχία και, το πιο σημαντικό, την αυτοεκπλήρωσή σου. Η κακή χρήση της έννοιας του καθήκοντος σκοτώνει. Γεμίζει τη ζωή σου με στρες, ένταση, άγχος και ανησυχία και σε οδηγεί στον τάφο πολύ πριν της ώρας σου. Τα πράγματα που είναι πραγματικά σημαντικά για σένα θα παραμερίζονται πάντα, μπροστά σε κάποιο καθήκον που «πρέπει» οπωσδήποτε να γίνει – κι όλο αυτό το αιώνιο τράβηγμα, το πήγαιν' έλα, οι ατέλειωτες ταλαιπωρίες, θα δικαιολογούνται στο όνομα του καθήκοντος. Στο τέλος, εκείνο ακριβώς, στο οποίο διάλεξες να αφιερώσεις τη ζωή σου, θα είναι ο δολοφόνος σου. Κι εσύ θα το έχεις υποστηρίξει με τις κλασικές εκλογικεύσεις όλων των ηλιθίων, που έζησαν πριν από σένα και που ισχυρίστηκαν ότι η λατρεία του «κοινού καλού» είναι πιο σημαντική από τους ανθρώπους που την υπηρετούν.

Συνέχισε να υπηρετείς αυτές τις ανοησίες, αν δεν μπορείς να κάνεις αλλιώς· κατάλαβε, όμως, ότι γίνεσαι το μεγαλύτερο θύμα του κόσμου, όταν αφοσιώνεσαι σε πράγματα όπως η δουλειά, τα κέρδη ή το καθήκον. Ο Ράντγιαρντ Κίπλιγκ έγραψε κάποτε: «Οι άνθρωποι, που σκοτώνονται από την υπερβολική δουλειά, είναι περισσότεροι απ' όσο δικαιολογεί η σημασία που αναγνωρίζει στη δουλειά ο κόσμος».

Πραγματικά, οι οργανισμοί και οι υπηρεσίες θάπρεπε να φτιάχνονται για να υπηρετούν τον άνθρωπο – και όχι το αντίστροφο. Η αλήθεια είναι, βέβαια, ότι οι εταιρείες δεν υπάρχουν καθόλου στον *πραγματικό* κόσμο, τον κόσμο του ανθρώπου. Βγάλε το ανθρώπινο δυναμικό από την Τζένεραλ Μότορς και τι θα απομείνει; Ένας σωρός από άχρηστα μηχανήματα, άδεια εργοστάσια και γραφεία, συρτάρια γεμάτα άχρηστα χαρτιά: ένας άχρηστος εξοπλισμός. Οι άνθρωποι είναι αυτοί που κάνουν τους οργανισμούς να λειτουργούν και, μια και είσαι ένας απ' αυτούς τους ανθρώπους, πρέπει ολόκληρη η συμμετοχή σου στο κατεστημένο να έχει σαν προσανατολισμό τη βελτίωση της ζωής των ανθρώπων – και πάνω απ' όλα του εαυτού σου και των ανθρώπων που αγαπάς.

ΑΝΤΑΓΩΝΙΣΜΟΣ ΚΑΙ ΣΥΝΕΡΓΑΣΙΑ

Οι άνθρωποι που θυματοποιούνται από το κατεστημένο είναι συνήθως οπαδοί του συνθήματος: *ανταγωνισμός μέχρις εσχάτων.* Έμαθαν να θεοποιούν το ιερό «ανταγωνιστικό πνεύμα» και προσπαθούν να μεταδώσουν την ιερή νεύρωση του ανταγωνισμού σ' όποιον συναντούν. Ρίξε μια δεύτερη ματιά στον ανταγωνισμό. Ρώτησε τον εαυτό σου μήπως είσαι θύμα αυτού ακριβώς που τόσο δυναμικά υποστηρίζεις. Οι εταιρείες και οι οργανισμοί τρέφονται από τον ανταγωνισμό. Στόχος τους είναι το «ξεπέρασμα του άλλου» και γι' αυτό προσπαθούν με κάθε μέσο να παρασύρουν όποιον μπορούν στον ανταγωνιστικό τρόπο σκέψης. Οι οργανισμοί στήνουν τους κατάλληλους μηχανισμούς, ώστε να εμφυσήσουν το απαιτούμενο ανταγωνιστικό πνεύμα στους δέσμιους του καθήκοντος οπαδούς τους. Δημιουργούν συστήματα ανταμοιβών και αναγκάζουν τους ανθρώπους να θυσιάζουν τον εαυτό τους, ανταγωνιζόμενοι ο ένας τον άλλον, με κέρδος τις προαγωγές και το «στάτους». Τα άτομα διδάσκονται να κοιτάζουν πάντα πίσω τους, γιατί «ο άλλος είναι έτοιμος να τους φάει τη θέση».

Η λειτουργία ενός οργανισμού στην καπιταλιστική κουλτούρα, απαιτεί μεγάλη ανταγωνιστικότητα. Ναι, οπωσδήποτε ζούμε σ' ένα κόσμο ανταγωνιστικό. Αλλά εσύ, σαν άτομο, μπορείς να λειτουργείς αποτελεσματικά μέσα στο υπηρεσιακό πλαίσιο, χωρίς να φτάνεις την έννοια της ανταγωνιστικότητας στα άκρα και, κυρίως, χωρίς να την εισάγεις στην προσωπική σου ζωή. Αν σε παρασύρει το πνεύμα του ανταγωνισμού, καταλήγεις να ασκείς τεράστιες πιέσεις στην οικογένειά σου, ζητώντας τους να είναι όπως είσαι εσύ και να ανταγωνίζονται όλους τους άλλους. Τα κέρδη από το σκληρό ανταγωνισμό τα βλέπουμε καθαρά στους σύγχρονους ουρανοξύστες, στους τεράστιους αυτοκινητόδρομους και στην προωθημένη ηλεκτρονική. Ρίξε, όμως, ένα βλέμμα στο κόστος που πληρώνουμε για όλα αυτά, σαν άνθρωποι.

Στη χώρα μας τα διευθυντικά στελέχη ζουν συνήθως υπό το κράτος της έντασης και του στρες. Οι καρδιακές προσβολές, τα έλκη και η υπέρταση θεωρούνται φυσικά στις επιχειρησιακές βαθμίδες «υψηλής τάσης», όπου οι υπάλληλοι διαθέτουν ελάχιστο χρόνο για την οικογένειά τους και «φυσιολογικά» γίνονται πότες, καπνιστές, καταναλωτές ηρεμιστικών ή μόνιμα άυπνοι, χωρίς να τους μένει καθόλου καιρός για αγάπη ή για έρωτα.

Το παρακάτω σύντομο απόσπασμα, από το *Ευαγγέλιο της Σχολής Επιχειρήσεων του Χάρβαρντ,* του Πίτερ Κόεν, δείχνει πολύ καλά πώς διεισδύουν οι ανταγωνιστικές πιέσεις στα σχολειά και στα πανεπιστήμιά μας.

8 Απρίλη: Η σκηνή ήταν πολύ γνωστή. Πρώτα ήρθε η αστυνομία, μετά ο πρύτανης και μετά, δυο ώρες αργότερα, –όταν τρώγαμε– ήρθε το μικρό μαύρο φορτηγάκι. Δυο άντρες, που ήταν μέσα στο φορτηγάκι, μπήκαν μ' ένα δίτροχο φορείο σε μια από τις πτέρυγες των κοιτώνων – κι όταν ξαναβγήκαν κουβάλαγαν αυτό το πράγμα δεμένο στο φορείο... Έτσι τέλειωσε ο Τζέιμς Χίνμαν την πρώτη του χρονιά στη Σχολή Επιχειρήσεων του Χάρβαρντ – δηλητηριασμένος.

Είναι ο τρίτος που φεύγει έτσι. Ο Θεός μόνο ξέρει πόσες φορές σου έχουν πει ότι ο ανταγωνισμός είναι ο αμερικάνικος τρόπος ζωής – και ο μόνος, άλλωστε. Πόσες φορές το άκουσες από τις έδρες και τους άμβωνες, ώστε να φτάσεις σχεδόν να το πιστέψεις... Και ξαφνικά βλέπεις ένα μικρό φορείο να παίρνει μαζί του «κάτι», που θα μπορούσε να είναι ένας άνθρωπος γεμάτος γέλιο και τρυφερότητα και σπουδαίες ιδέες. Ξαφνικά βλέπεις τα προβλήματα, το κόστος κι αναρωτιέσαι αν πραγματικά δεν υπάρχει άλλος τρόπος. Γιατί, όταν το εξετάσεις ρεαλιστικά, ο ανταγωνισμός τι άλλο είναι α- πό μια συμπεριφορά; Μια συμπεριφορά, που χτίζεται πάνω στην ανάγκη των ατόμων να είναι πιο γρήγορα, πιο έξυπνα, πιο πλούσια από το διπλανό τους. Όλοι ξεχνούν ότι, παρά τα αναμφισβήτητα πλεονεκτήματά του, ο ανταγωνισμός είναι μια διαδικασία αφάνταστα δαπανηρή. Ότι για κάθε έναν που πετυχαίνει υπάρ- χουν εκατό, χίλιοι, εκατό χιλιάδες χαμένοι. Κι αυτό είναι το πρόβλημα της αμερικάνικης κοινωνίας: μιλάει για ανταγωνισμό, σαν να μην έχει ακούσει ποτέ τη λέξη *συνεργασία*. Αρνείται να δει ότι η υπερβολική πίεση δεν κινητοποιεί τους ανθρώπους – τους σκοτώνει.

Πιστεύω ότι το δοκίμιο του Κόεν μας μεταφέρει ένα πολύ εύγλωττο μήνυμα. Μπορείς πραγματικά να θυματοποιήσεις τον εαυτό σου, το σύντροφό σου ή τα παιδιά σου, αν δώσεις στον ακραίο ανταγωνισμό την πρώτη θέση στη φιλοσοφία σου ή τη συμπεριφορά σου. Οι σχολές που απαιτούν παντού άριστα από τους φοιτητές και τους σπρώχνουν σε απάνθρωπο, συχνά, ανταγωνισμό μεταξύ τους, μπορεί τελικά να παράγουν μερικά "αστέρια" πρώτου μεγέθους. Αλλά αυτό είναι που θέλεις εσύ για τον εαυτό σου; Την υπερθέρμανση και την υπερσυμπίεση ενός "αστέρα"; Και τι νομίζεις ότι θα γίνει, αν τελικά όλοι σε θεωρούν πραγματικά τον καλύτερο; Αν χρειάζεσαι αυτή την αναγνώριση για να δυναμώσει το εγώ σου, τότε επιβεβαιώνεσαι από τα χειροκροτήματα των άλλων κι όχι από μέσα σου – κι αυτό είναι ένα από τα πιο σίγουρα σημάδια της ανασφάλειας και της έλλειψης αυτοεκτίμησης. Το χειρότερο, όμως, είναι το άλλο: αν η αξία σου ως ανθρώπινου πλάσματος στηρίζεται στην επιτυχία σου σε κάποιο τομέα ή στο γεγονός ότι βρίσκεσαι στην κορυφή και ξεπερνάς όλους τους άλλους, τι θα κάνεις όταν θα πάψουν τα χειροκροτήματα και δε θα είσαι πια στην κορυφή; Θα καταρρεύσεις, γιατί τότε δε θα έχεις πια κανένα λόγο να αισθάνεσαι σπουδαίος.

Ο ανταγωνισμός αποτελεί μια από τις κυριότερες αιτίες αυτοκτονιών στη χώρα μας. Θύματά του είναι κυρίως οι άνθρωποι που ένιωθαν σπουδαίοι, όσο ξεπερνούσαν το διπλανό τους. Όταν «απέτυχαν» σ' αυτό, έχασαν την αίσθηση της προσωπικής τους αξίας και αποφάσισαν πως δεν άξιζε να ζουν τη θλιβερή ζωή τους.

Το ποσοστό αυτοκτονιών στα παιδιά μεταξύ οκτώ και δώδεκα χρόνων μεγάλωσε κατά τετρακόσια τοις εκατό από το 1967. Φανταστείτε: μικρά παιδιά να αυτοκτονούν, πιστεύοντας πως η ζωή τους δεν έχει αξία, τις περισσότερες φορές μόνο και μόνο επειδή πιστεύουν ότι πρέπει να ξεπεράσουν τα άλλα παιδιά για να έχουν αξία. Το άγχος να μπουν στη σχολική ομάδα, να πάρουν μεγάλους βαθμούς, να ικανοποιήσουν τους στόχους των γονιών τους και να ευχαριστήσουν τους πάντες: όλα αυτά δεν είναι αξίες ζωής, που θα έκαναν έναν υγιή άνθρωπο, να βάλει σε κίνδυνο τη ζωή του –κι ακόμα λιγότερο να την αφαιρέσει ηθελημένα–, για χάρη τους.

Όλα τα ανθρώπινα πλάσματα αξίζει να ζήσουν και μπορούν να ζήσουν με ευτυχία και αυτοεκπλήρωση, χωρίς να κοιτάζουν συνεχώς τους άλλους για να βρουν την αξία τους. Αντίθετα, μάλιστα, οι άνθρωποι που λειτουργούν αρμονικά δεν επιδιώκουν να είναι καλύτεροι από τον καθένα. Ψάχνουν μέσα τους να βρουν τους στόχους της ζωής τους και ξέρουν ότι ο ανταγωνισμός θα εκτρέψει μάλλον τις προσπάθειές τους, παρά θα τους βοηθήσει να καταφέρουν αυτό που επιθυμούν. Μην ξεχνάς ότι όταν βρίσκεσαι στην κατάσταση που ονομάζεται «ανταγωνισμός», έχεις κάποιον άλλον μπροστά σου για σύγκριση. Κι όταν χρειάζεται να κοιτάξεις έξω από σένα για να εκτιμήσεις την αξία σου, αυτό σημαίνει ότι δεν κατευθύνεις εσύ τη ζωή σου. Είναι προτιμότερο να κοιτάζεις μέσα σου, παρά να μετριέσαι με το διπλανό σου.

ΟΙ ΣΥΝΕΠΕΙΕΣ ΤΟΥ ΥΠΕΡΒΟΛΙΚΟΥ ΑΝΤΑΓΩΝΙΣΜΟΥ

Είναι οπωσδήποτε αλήθεια ότι με τον ανταγωνισμό φτιάχνει κανείς καλύτερες ποντικοπαγίδες και ότι η βελτίωση της ποιότητας της ζωής είναι μια ευγενής φιλοδοξία· υπάρχει, όμως, και μια άλλη όψη στο νόμισμα αυτό. Η συνεργασία είναι ένας πολύ πιο αποτελεσματικός τρόπος για να ανεβάσεις την ποιότητα της δικής σου ζωής, αλλά και της ζωής των άλλων. Όταν οι άνθρωποι ενώνουν τις δυνάμεις τους για να βοηθήσουν ο ένας τον άλλο, βγαίνουν όλοι κερδισμένοι.

Στα σχολεία, αν οι μαθητές ανταγωνίζονται για μερικά "Α", που μοιράζονται από αδιάφορους δασκάλους ή καθηγητές, το συνολικό αποτέλεσμα είναι καταστροφικό. Οι μαθητές γίνονται παρανοϊκοί, αρχίζουν να κλέβουν, να ψεύδονται και να κανουν οποιαδήποτε απάτη, για να εισπράξουν την «ανταμοιβή». Οι συνεργατικές τάξεις, αντίθετα, δημιουργούν σωστά παιδιά, που θέλουν να μοιραστούν τη χαρά τους, αντί να την κρατούν για τον εαυτό τους.

Έχουμε, στην Αμερική, πάνω από δώδεκα εκατομμύρια αλκοολικούς. Πάνω από 100 εκατομμύρια συνταγές το χρόνο δίνονται για αντικαταθλιπτικά και ηρεμιστικά φάρμακα, ενώ περίπου είκοσι πέντε εκατομμύρια δίνονται για αμφεταμίνες, που εξασφαλίζουν το χάσιμο βάρους. Τα χωρίς συνταγή φάρμακα, που προκαλούν ύπνο ή αϋπνία, που ανακουφίζουν από το άγχος, τους πόνους, τις κράμπες κ.λπ. καταναλώνονται σε αφάνταστες ποσότητες. Έχουμε γίνει ένα έθνος από χαπάκηδες και θύματα ψυχολογικού εθισμού. Η αϋπνία, η ανικανότητα και τα καταθλιπτικά επεισόδια έχουν πάρει αστρονομικές διαστάσεις και οι άνθρωποι που αναζητούν κάποιο είδος θεραπείας έφθασαν σε αριθμούς ρεκόρ. Μικρά παιδιά παραδίνονται κατευθείαν στους κοινωνικούς λειτουργούς, τους ψυχολόγους και τους ψυχίατρους. Ο εφηβικός αλκοολισμός είναι μεγάλο πρόβλημα και οι αυτοκτονίες, ιδίως ανθρώπων κάτω από τα είκοσι ένα, είναι πολύ συχνές.

Όλα τα παραπάνω είναι άμεσες συνέπειες μιας κουλτούρας, που υιοθετεί τον ανταγωνισμό σε βάρος της συνεργασίας. Ο Άλβιν Τόφλερ ανέπτυξε αναλυτικά τα προβλήματα στο *Σοκ του Μέλλοντος*, όπου περιγράφει μερικές δραματικές συνέπειες, που δε θα αποφύγουμε, αν δεν κάνουμε κάτι από τώρα. Εσύ, όμως, δεν είσαι αναγκασμένος να γίνεις θύμα αυτής της εξοντωτικής νοοτροπίας, αν δεν το θέλεις. Είναι απόλυτα εφικτό για σένα να λειτουργήσεις πολύ αποτελεσματικά, μέσα σε οποιαδήποτε χύτρα ταχύτητας, χωρίς να σε διαλύσει ο ατμός. Έχεις την ικανότητα να χαλαρώνεις τις εντάσεις, που αποτελούν μέρος της ζωής σου. Όπως, όμως, και με τα άλλα προβλήματα, που αναφέραμε σ' αυτό το βιβλίο, πρέπει να συνειδητοποιήσεις τις θυματικές σου συνήθειες, να διακινδυνέψεις λίγο και να ασκήσεις τη συμπεριφορά σου, αν θέλεις ν' απελευθερωθείς απ' αυτό το είδος της εκμετάλλευσης.

ΕΝΑΣ ΥΠΕΡΒΟΛΙΚΑ ΑΝΤΑΓΩΝΙΣΤΙΚΟΣ ΔΙΕΥΘΥΝΤΗΣ

Ο Άλεξ ήταν γύρω στα σαράντα πέντε. Ήρθε να με συμβουλευτεί ύστερα από μία μέτριας σοβαρότητας καρδιακή προσβολή και δύο γαστρορραγίες. Ήταν το τέλειο παράδειγμα του επιχειρησιακού διευθυντή που πέτυχε εντυπωσιακά, αλλά σε βάρος της ψυχικής, σωματικής και κοινωνικής του υγείας. Ο γάμος του καταστράφηκε, γιατί η γυναίκα του αρνήθηκε να είναι παντρεμένη μ' ένα φάντασμα. Η υγεία του βρισκόταν σε σοβαρό κίνδυνο και, παρ' όλα αυτά, ο ίδιος έσπρωχνε τα πράγματα στα άκρα. Είχε γίνει ένας χρόνιος «κοινωνικός» πότης (αλκοολικός), ενώ παράλληλα ζούσε δυο ή τρεις εξίσου άδειες ερωτικές ιστορίες με νεότερες γυναίκες. Ο Άλεξ ήταν μαχητικός τύπος και είχε επιδιώξει με μανία την ακαδημαϊκή επιτυχία, στα πανεπιστημιακά του χρόνια. Ήταν ένας από τους νεότερους προέδρους μιας πολύ μεγάλης εταιρείας. Και, παρ' όλα αυτά, αν συζητούσες αρκετή ώρα μαζί του, θα έβλεπες καθαρά ότι μόνο κερδισμένος δεν ήταν. Είχε ποτιστεί με το πνεύμα του ανταγωνισμού κι αυτό τον είχε φέρει επικίνδυνα κοντά στην αυτοκτονία, ανεξάρτητα αν θα τη διέπραττε άμεσα, με χάπια ή με περίστροφο, ή μέσα από ένα τρόπο ζωής, που θα τον οδηγούσε στον τάφο. Ο τόνος της συμβουλευτικής μας επαφής ήταν άμεσος και αποφασιστικός. Επισήμανα στον Άλεξ ότι σκότωνε τον εαυτό του, επειδή είχε βάλει την επιτυχία στον κόσμο των επιχειρήσεων πάνω απ' οτιδήποτε, ακόμα και από την ίδια του τη ζωή. Είχε αγνοήσει συστηματικά όλα τα πράγματα που έλεγε ότι είχαν αξία γι' αυτόν. Περνιόταν για τολμηρός, αλλά όσο καλός «διευθυντής» κι αν ήταν, έδειχνε ιδιαίτερη απροθυμία ή φόβο να διευθύνει τη ζωή του προς την κατεύθυνση της ευτυχίας. Έλεγε πως ήθελε αγάπη, αλλά αγνοούσε αυτούς που τον αγαπούσαν. Έλεγε πως ζητούσε την ηρεμία, αλλά σπαταλούσε όλες τις στιγμές του σε μια πυρετώδη δραστηριότητα. Έλεγε πως ήθελε να είναι καλός πατέρας, αλλά ποτέ δεν πέρασε πάνω από λίγα λεπτά τη μέρα με τα παιδιά του. Έλεγε πως ήθελε την υγεία και την ασφάλεια, αλλά πέρα από την καρδιακή προσβολή και τα δυο του έλκη, είχε ανεβάσει την πίεσή του στα ύψη. Στην πραγματικότητα, όλα όσα έλεγε ο Άλεξ έρχονταν σε άμεση αντίθεση με τη συμπεριφορά του.

Η πρώτη μου κίνηση ήταν να παροτρύνω τον Άλεξ να βάλει μικρούς καθημερινούς στόχους στον εαυτό του, αποφεύγοντας προσωρινά την άμεση και ολοκληρωτική επανατοποθέτηση της ζωής του. Θα αποφάσιζε να φεύγει από το γραφείο μια συγκεκριμένη ώρα κάθε μέρα, ανεξάρτητα από το πόσο σημαντικό ήταν το συμβούλιο στο οποίο μετείχε. Αυτό του δίδαξε πως η δουλειά δεν απαιτούσε τελικά την παρουσία του σε κάθε συμβούλιο. Παράλληλα, μπορούσε να κανονίσει να περνάει ένα απόγευμα με τα δυο παιδιά του, θεωρώντας τη συνάντηση αυτή απαράβατη.

Ύστερα από λίγο διάστημα ο Άλεξ ανέπτυξε νέες, μη-ανταγωνιστικές και ηρεμότερες συμπεριφορές. Έμαθε να επιβραδύνει το ρυθμό του, να μην απαιτεί από τον εαυτό του πράγματα που προϋπόθεταν υπεράνθρωπη δύναμη και να πάψει να επιμένει να γίνει η οικογένειά του όπως ήθελε αυτός. Μπόρεσε να φτάσει σε μια δοκιμαστική συμφιλίωση με τη γυναίκα του και ήρθαν μαζί στη συμβουλευτική συνεδρία. Ο Άλεξ έμαθε σιγά σιγά να χαλαρώνει, μέσα από την απόκτηση νέου τρόπου σκέψης και συμπεριφορών επιβράδυνσης του ρυθμού του, να μειώνει την υπερβολική αφοσίωσή του στη δουλειά και να ζει αυτά που θεωρούσε στόχους ζωής.

Δυο χρόνια αργότερα, ενώ ο Άλεξ και η οικογένειά του είχαν πάψει από καιρό να έρχονται στις συμβουλευτικές συνεδρίες, παραιτήθηκε τελικά από τη δουλειά του και εγκατέλειψε το καμίνι της Νέας Υόρκης, πηγαίνοντας στη Μοντάνα, σε μια κτηνοτροφική φάρμα. Είχε το θάρρος να εγκαταλείψει ένα πολύ μεγάλο εισόδημα, εισπράττοντας όμως πολύ πιο σημαντικά κέρδη, δηλαδή μια πιο ήρεμη ζωή, που τον γέμιζε εσωτερικά.

Η παραπάνω ιστορία δεν είναι φανταστική. Ο Άλεξ είναι ένα αληθινό πρόσωπο, που έκανε μια σωτήρια μεταβολή στη ζωή του. Πρώτα, όμως, του χρειάστηκε να ξανασκεφτεί θέματα, που κάποτε ήταν εκτός συζήτησης, και να μάθει πως ο ανταγωνισμός δεν είναι η ουσία της ζωής. Έμαθε μια βασική αλήθεια, που την επαναλαμβάνουν οι φιλόσοφοι δια μέσου των αιώνων: *ουκ εν τω πολλώ το ευ.*

ΟΙ ΑΝΘΡΩΠΟΙ ΕΙΝΑΙ ΠΙΟ ΣΗΜΑΝΤΙΚΟΙ ΑΠΟ ΤΑ ΠΡΑΓΜΑΤΑ

Μερικές φορές χρειάζεται να φάει κανείς μια δυνατή κλωτσιά, σαν αυτή που έφαγε ο Άλεξ, για να συνειδητοποιήσει ότι οι άνθρωποι είναι πιο σημαντικοί από τα πράγματα. Κινδυνεύεις να γίνεις ένα θύμα πρώτης γραμμής, αν έχεις σε μεγαλύτερη προτεραιότητα την απόκτηση υλικών αγαθών και όχι την ανθρώπινη ζωή, ιδιαίτερα τη δική σου. Αν αφιερώσεις τον εαυτό σου σε πράγματα, γεγονότα ή χρήματα, το πιο πιθανό είναι να απογοητευτείς βαθιά.

Εκείνοι που προσανατολίζονται αποκλειστικά και μόνο στα πράγματα, έχουν μεγάλες δυσκολίες στις σχέσεις τους με τους άλλους. Βρίσκουν ότι η κουβέντα *με* τους άλλους ανθρώπους είναι αγγαρεία – και γι᾽ αυτό τις περισσότερες φορές προτιμούν να μιλούν στους άλλους αντί *με* τους άλλους, να τους διατάζουν και να τους χρησιμοποιούν, προκειμένου ν᾽ αποκτήσουν πράγματα. Οι άνθρωποι που εισπράττουν τις διαταγές ενοχλούνται από τις προσπάθειες του άλλου να τους μεταβάλλει σε συναισθηματικούς δούλους και προτιμούν να μένουν μακριά από τον «άνθρωπο των αντικειμένων», που στρέφεται έτσι όλο και πιο πολύ στα πράγματα, επαναλαμβάνοντας αιώνια τον κύκλο αυτό. Τελικά, ο άνθρωπος των αντικειμένων μένει μόνος του, μη έχοντας παρά τα αντικείμενα για παρηγοριά. Όμως τα πράγματα δεν μπορούν να σε παρηγορήσουν: είναι στείρα, νεκρά, χωρίς αγάπη. Τα πράγματα δεν μπορούν να ανταποδώσουν την αγάπη σου – κι έτσι, οι τελικές απολαβές της υπερβολικής αφοσίωσης στην επιτυχία και την απόκτηση αγαθών, είναι η μοναξιά και η απογοήτευση.

Το σημαντικότερο στον κόσμο είναι οι άνθρωποι και τα ζωντανά πλάσματα. Αν δε νιώθεις γύρω σου τη ζωή να σφύζει κι εσύ να συμμετέχεις σ᾽ αυτή, δεν έχεις καμιά δυνατότητα χαράς. Αν χανόταν η ζωή από τη γη, τίποτε στον κόσμο δε θα είχε και δε θα έδινε νόημα. Η ζωή είναι το μόνο πράγμα που μετράει.

Αν βλέπεις ότι θυσιάζεις καθημερινά τις ανθρώπινες σχέσεις, με αντάλλαγμα τον υλικό πλούτο, τα χρήματα και την κοινωνική θέση, ρώτησε τον εαυτό σου τι πραγματικά θα σου εξασφαλίσει η κατοχή τέτοιων πραγμάτων. Αν δεν έχεις ανθρώπους ν᾽ αγαπήσεις και να σ᾽ αγαπήσουν, αν έχεις χάσει κάθε συναίσθημα απέναντι στη ζωή, τότε όλα τα αποκτήματά σου είναι στάχτη.

Δες κριτικά την αντίληψη, που σου υπαγορεύει ότι χρειάζεσαι όλο και περισσότερα πράγματα, για να βελτιώσεις την ποιότητα της ζωής σου. Πολλοί πλούσιοι άνθρωποι μιλούν με νοσταλγία για τις φτωχές, στερημένες εποχές της ζωής τους, τότε που ήξεραν να απολαμβάνουν τα απλά πράγματα, τότε που μπορούσαν ακόμη να πιστέψουν σε μια αγάπη, που να μη φέρει πάνω της τη σφραγίδα του χρήματος.

Δε χρειαζόμαστε μεγάλα πλούτη για να νιώσουμε ευτυχισμένοι. Κοιτάξτε τα μικρά παιδιά, όταν δεν τα έχουν χαλάσει. Δε χρειάζονται ούτε χρήματα, ούτε παιχνίδια, ούτε τίποτε. Άφησέ τα μόνα τους και θα δεις πώς χαίρονται που είναι ζωντανά. Το ίδιο μπορείς κι εσύ, φτάνει να είσαι πρόθυμος να αντιστρέψεις τις προτεραιότητές σου και να δώσεις έμφαση σ' αυτό που πραγματικά αξίζει: στη ζωή.

Η Λουίζα ήταν γύρω στα σαράντα πέντε και 6ρισκόταν στη διαδικασία του διαζυγίου. Ο άντρας της δυσκόλευε τα πράγματα, προσπαθώντας να την εμποδίσει να πετύχει μια δίκαιη οικονομική εξασφάλιση. Μου παραπονέθηκε για την αδικία αυτή, λέγοντας ότι κόντευε να τρελαθεί από ανησυχία και κατάθλιψη μ' αυτόν τον περιουσιακό διακανονισμό, που αφορούσε ένα σπίτι, μερικά έπιπλα, ένα αυτοκίνητο, μερικές χιλιάδες δολάρια και κάποια κοσμήματα.

Στη συμβουλευτική θεραπεία η Λουίζα γρήγορα παραδέχτηκε ότι την είχε απορροφήσει εντελώς η «μεγάλη αξία» αυτών των πραγμάτων και ότι είχε δώσει πολύ μεγαλύτερη σημασία στην α- πόκτησή τους, απ' ό,τι στην προσωπική της ευτυχία. Ήταν πρόθυ- μη να θυσιάσει την ευτυχία της, ακόμα και την ψυχική της υγεία, γι' αυτά τα λίγα πράγματα.

Η Λουίζα ήταν πάντα προσανατολισμένη στα αντικείμενα, ό- πως και ο άντρας της. Το διαζύγιό της ήταν το πεδίο μάχης, στο οποίο ένιωθε ότι έπρεπε να αποδειχτεί ο ισχυρότερος αντίπαλος, αποσπώντας όσα πιο πολλά μπορούσε. Η Λουίζα είχε μάθει από μικρό κορίτσι ότι το να έχεις περισσότερα παιχνίδια από τα άλλα παιδιά ήταν σημαντικό. Απέδιδε στα πάντα αξίες χρηματικές. Η ομιλία της αναφερόταν συνέχεια σε τιμές, τεκμήρια και εισοδήμα- τα και συζητούσε τα πάντα με βάση τη χρηματική τους αξία. Είχε μια χρηματικά προσανατολισμένη προσωπικότητα και το χρήμα είχε γίνει κυρίαρχο στη ζωή της.

Η Λουίζα έμαθε σύντομα πως οι αξίες της μπορούσαν να την υπηρετούν, αντί να την υποδουλώνουν, αφού πρώτα πίστεψε ότι το σπουδαιότερο ήταν η δική της ολοκλήρωση. Της απέδειξα ότι θυσίαζε την ευτυχία της με την αδιάκοπη ανησυχία γύρω από τον «περιουσιακό διακανονισμό» του διαζυγίου, όταν υπήρχαν τόσες άλλες βιώσιμες εναλλακτικές λύσεις, μεταξύ των οποίων και το να αγνοήσει τις προσπάθειες του συζύγου της και να αναθέσει το όλο ζήτημα σε ένα δικηγόρο. Συμφώνησε μαζί μου ότι η έλλειψη εσω- τερικής ηρεμίας της οφειλόταν στην ανάγκη της να κερδίζει τις μάχες για τα αντικείμενα και αποφάσισε να δοκιμάσει νέους τρό- πους σκέψης και συμπεριφοράς. Το αποτέλεσμα ήταν να πει στο δικηγόρο της να προσπαθήσει να την εξασφαλίσει όσο γινόταν καλύτερα, χωρίς όμως να την πληροφορεί πια για όλες τις λεπτομέρειες της υπόθεσης. Συμφώνησε, επίσης, να πάψει να συζητάει το θέμα με τον πρώην σύζυγό της και να μην τον αφήνει πια να τη θυματοποιεί, στις τακτικές τους συναντήσεις γι' αυτά τα θέματα. Ανέθεσε σε κάποιον ειδικό την τακτοποίηση των περιουσιακών της στοιχείων και έστρεψε το μυαλό της προς άλλες, πιο ικανοποιητικές δραστηριότητες, όπως το να ξαναρχίσει τις σπουδές της, να κάνει διακοπές, να βγαίνει με άντρες και, πάνω απ' όλα, να διασκεδάζει και να χαίρεται τη ζωή.

Σε μια από τις συναντήσεις μας είχα ρωτήσει τη Λουίζα: «Τι θα καταφέρεις, αν κερδίσεις τη μάχη για τα περιουσιακά και πάρεις όλα όσα θέλεις; Θα είσαι ευτυχισμένη;». Την απάντηση την ήξερε πριν μιλήσει και σ' αυτό ακριβώς το σημείο η συμβουλευτική θεραπεία άρχισε να δίνει καρπούς και να τη βοηθάει, αλλάζοντας την αυτοκαταστροφική αυτή στάση, που οπωσδήποτε θυματοποιεί τον άνθρωπο. Ποτέ μην το ξεχνάτε: οι άνθρωποι είναι πιο σημαντικοί από τα πράγματα.

ΚΕΡΔΙΖΩ ΚΑΙ ΧΑΝΩ

Αν χάσεις σ' ένα παιχνίδι τένις, τι πραγματικά έχεις χάσει; Απλώς δε χτύπησες τη μπάλα και δεν έμεινες μέσα στα δεδομένα όρια, τόσο καλά όσο κάποιος άλλος. Είναι, όμως, πραγματικά εντυπωσιακό πόσο πολλοί Αμερικανοί πιστεύουν ότι τα παιχνίδια δεν αξίζουν *όταν τα «χάνεις»*.

Η τρομακτική σημασία που δίνει ο πολιτισμός μας στην επιτυχία στον αθλητισμό ή στα παιχνίδια δημιουργεί τόσα θύματα της υποτιθέμενης «ψυχαγωγίας», όσα και το ανταγωνιστικό πνεύμα στις επιχειρήσεις και αλλού. Τι ακριβώς κερδίζει, όμως, κανείς κάτω απ' αυτές τις συνθήκες; Τρέχεις πιο γρήγορα, χτυπάς μια μπάλα πιο εύστοχα, είσαι πιο πονηρός σε μια παρτίδα χαρτιά. Και λοιπόν; Φυσικά το να κερδίζεις μπορεί να είναι *διασκεδαστικό*, πιο διασκεδαστικό οπωσδήποτε από το να χάνεις. Αν χρειάζεσαι, όμως, να κερδίζεις για ν' αποδείξεις την αξία σου, τότε έχεις χάσει κάθε υγιή προσανατολισμό. Όταν το παιχνίδι γίνεται σπουδαιότερο από τη ζωή, αντί να μένει ακριβώς «παιχνίδι», όταν καταλήγεις να αισθάνεσαι αδρανοποιημένος, θυμωμένος ή λυπημένος, τότε έχεις θυματοποιήσει τον εαυτό σου. Και η τραγική ειρωνεία είναι ότι όσο πιο πολλή σημασία δίνεις στις νίκες, τόσο λιγότερο πιθανό είναι να νικήσεις.

Ωστόσο αυτή η παράλογη αντίληψη, ότι δηλαδή το να «κάνεις σκόνη» τον άλλον είναι αυτό που δίνει αξία στο παιχνίδι, έχει γίνει μια επιδημία, που εξαπλώνεται συστηματικά μέσα στην κουλτούρα μας. Έχω δει προπονητές να μοιράζουν στους νεαρούς αθλητές διεγερτικά χαπάκια, τα «πράσινα» όπως τα λένε, τη μέρα του αγώνα, για να κερδίσουν. Έχω δει νέα παιδιά εκτεθειμένα στην πιο ανατριχιαστική και χονδροειδή γελοιοποίηση, μόνο και μόνο επειδή «έχασαν μια πάσα» ή επειδή κάποια αστοχία τους τούς «κόστισε το παιχνίδι». Έχω δει με τα μάτια μου απίστευτες συμπεριφορές, εκ μέρους εκείνων που στρατολογούν τους αθλητές: τους δωροδοκούν, τους προσφέρουν πόρνες ή παράνομες πληρωμές και οτιδήποτε άλλο, προκειμένου να κερδίσει η ομάδα.

Αν αυτό είναι το τίμημα, που πρέπει να πληρώσει κανείς για να κερδίσει, τότε η ήττα είναι προτιμότερη. Δε χρειάζεται να νικάς τους άλλους ανθρώπους για να κατευθύνεις εσωτερικά τον εαυτό σου και να νιώθεις ολοκληρωμένος. Μόνο οι χαμένοι έχουν ανάγκη να νικούν, αφού η ανάγκη της νίκης προϋποθέτει ότι δεν μπορείς να νιώσεις ευτυχισμένος αν δε νικήσεις κάποιον άλλον. Αν δεν μπορείς να είσαι ευτυχισμένος χωρίς την ύπαρξη κάποιου άλλου, που θα τον νικάς, τότε στην πραγματικότητα αυτός ο άλλος κατευθύνει τη ζωή σου και καταλήγεις τελικά να είσαι χαμένος, γιατί οι άνθρωποι που κατευθύνονται από τους άλλους είναι ψυχικά δούλοι.

Όχι, κύριοι προπονητές, η νίκη δεν είναι ούτε το παν, ούτε το κυριότερο. Είναι, απλώς, *ένα πράγμα.* Μπορεί να είναι ευχάριστη, μπορεί να είναι θαυμάσια, ποτέ όμως δεν πρέπει να επιδιώκεται σε βάρος της ανθρώπινης ζωής, που είναι το πολυτιμότερο αγαθό. Αν είναι απαραίτητο να ντοπάρεσαι, να κάνεις ανέντιμα πράγματα, να εξευτελίζεις άλλους ανθρώπους, προκειμένου να νικήσεις, τότε η νίκη δεν αξίζει την παρουσία σου στο βάθρο του νικητή. Ο πραγματικά γνωστικός άνθρωπος επιδιώκει τη νίκη σαν να ήταν σημαντική γι' αυτόν – αλλά μόλις τελειώσει το παιχνίδι δε θεωρεί τη νίκη του σαν κάτι που αξίζει να το θυμάται. Ξέρει ότι αυτό που τέλειωσε δεν μπορεί να ξαναβιωθεί κι έτσι διαλέγει μια άλλη εμπειρία και τη ζει μ' όλη του τη δύναμη.

Όταν διδάσκουμε στον εαυτό μας ότι πρέπει πάση θυσία να νικήσουμε, γινόμαστε θύματα των προκαταλήψεών μας. Δεν επιτρέπουμε στον εαυτό μας να χάσει, παρά το γεγονός ότι η αποτυχία είναι ένα φυσικό και απαραίτητο μέρος της διδακτικής διαδικασίας. Η αποτυχία αντιμετωπίζεται συνήθως με αυτο-περιφρόνηση και θυμό προς τον εαυτό μας και τους άλλους. Μπορεί να θεωρείς τη νίκη μια σημαντική επιδίωξη, θα πρέπει όμως να είσαι απόλυτα σίγουρος ότι η ουσιαστική σου αξία, ως άτομο, δεν εξαρτάται από το κατόρθωμα αυτό.

ΧΑΡΑΚΤΗΡΙΣΤΙΚΑ ΤΩΝ ΘΥΜΑΤΩΝ ΠΟΥ ΒΑΖΟΥΝ ΤΑ ΑΝΤΙΚΕΙΜΕΝΑ ΚΑΙ ΤΟΥΣ ΦΟΡΕΙΣ ΤΗΣ ΕΞΟΥΣΙΑΣ ΠΑΝΩ ΑΠΟ ΤΟΝ ΕΑΥΤΟ ΤΟΥΣ

Όπως περιγράψαμε και πιο πριν, στο κεφάλαιο αυτό, οι άνθρωποι που αφοσιώθηκαν περισσότερο στη δουλειά τους και στα αντικείμενα, απ' ό,τι στον εαυτό τους, έχουν θυματοποιήσει τόσο τον ίδιο τον εαυτό τους όσο κι εκείνους που αγαπούν. Ο Δρ. Μέγιερ Φρίντμαν και ο Δρ. Ρέι Χ. Ρόζενμαν αφιέρωσαν ένα ολόκληρο βιβλίο στη σχέση ανάμεσα στην «αγωνιστική προσωπικότητα» και στις καρδιακές προσβολές. Το βιβλίο τους ονομάζεται *Η Συμπεριφορά Α τύπου και η Καρδιά σας*.

Οι άνθρωποι με συμπεριφορά Α τύπου φέρονται με κάποιους τυπικούς τρόπους: βάζουν εκρηκτική έμφαση σε λέξεις-κλειδιά, ενώ δεν υπάρχει καμιά ανάγκη τονισμού, επιζητούν πάντα να έχουν την τελευταία λέξη σε μια συζήτηση, βρίσκονται πάντα σε κίνηση, περπατάνε και τρώνε γρήγορα. Είναι ανυπόμονοι, πιέζουν συνέχεια τους άλλους (και τον εαυτό τους) να κάνουν γρήγορα και να «τελειώνουν». Συνήθως εξοργίζονται υπέρμετρα για πράγματα όπως η κυκλοφοριακή συμφόρηση, ενώ δυσκολεύονται πολύ να σταθούν στην ουρά χωρίς να πηδούν γύρω γύρω ή να κάνουν συνεχώς παράπονα. Είναι σχεδόν ανίκανοι να κάνουν ένα πράγμα κάθε φορά: ενώ ακούν κάποιον, μουτζουρώνουν ακατάπαυστα ένα χαρτί ή διακόπτουν τη συνομιλία για να κάνουν τηλεφωνήματα. Τους είναι σχεδόν αδύνατο να προσέξουν τα ενδιαφέροντα των άλλων, χωρίς να παρεμβάλουν τις δικές τους απόψεις και να γυρίσουν τη συζήτηση γύρω από τον εαυτό τους. Αισθάνονται ένοχοι όταν χαλαρώνουν ή όταν «δεν κάνουν τίποτε». Δεν είναι σε θέση να προσέξουν την ομορφιά των φυσικών πραγμάτων, γιατί είναι διαρκώς απασχολημένοι. Ζουν τη ζωή τους με το ρολόι και το πρόγραμμα. Δεν αφήνουν σχεδόν καθόλου χρόνο για απρόβλεπτα συμβάντα. Συνήθως είναι προκλητικοί απέναντι στους άλλους ανθρώπους τύπου Α, αντί να τους καταλαβαίνουν. Συχνά έχουν σφιγμένες γροθιές, γελούν νευρικά, το σώμα τους είναι σφιγμένο, συνηθίζουν να χτυπούν το χέρι τους και χρησιμοποιούν διάφορες άλλες εμφαντικές μη-λεκτικές συμπεριφορές.

Οι άνθρωποι αυτοί, σύμφωνα με πολύ εκτεταμένες ιατρικές έρευνες, είναι οι κυριότεροι υποψήφιοι για τις καρδιακές παθήσεις, την υπέρταση και άλλες σωματικές ασθένειες. Για φανταστείτε το αυτό! Σκεφτείτε ότι οι επιλογές και η συμπεριφορά σας μπορεί να ευθύνονται για τα καρδιακά νοσήματα και άλλες σωματικές παθήσεις, περισσότερο, ίσως, από το κάπνισμα, το υπερβολικό φαγητό ή την κακή διατροφή. Ο Φρίντμαν και ο Ρόζενμαν απέδειξαν, πέρα από κάθε αμφιβολία, ότι περισσότερο από το ενενήντα τοις εκατό των ανδρών κάτω από τα εξήντα, που παθαίνουν καρδιακές προσβολές, ανήκουν στον τύπο Α. Και το μεγαλύτερο μέρος από τις αυτοκαταστροφικές τους συμπεριφορές είναι αποτέλεσμα των θυματικών επιλογών που κάνουν, όταν αφοσιώνονται σε οργανισμούς και τοποθετούν τα χρήματα και τα πράγματα πάνω από τους ανθρώπους.

Οι έξι συμπεριφορές που περιγράφονται παρακάτω αποτελούν τα πιο τυπικά είδη θυματικών καταστάσεων, που κινδυνεύουν τελικά να σε «σκοτώσουν», αν τις υιοθετήσεις σαν ουσιαστικό μέρος της ζωής σου.

1. *Έντονος αγώνας.* Είναι το είδος της εντατικής συμπεριφοράς που περιγράφεται στο μυθιστόρημα *Τι κάνει τον Σάμι να τρέχει.* Ωθείς συνέχεια τον εαυτό σου προς τα εμπρός, ζητάς περισσότερα και δεν είσαι ποτέ ικανοποιημένος από το παρόν. Ο αγώνας αυτός δεν κατευθύνεται οπωσδήποτε σε κάποιους στόχους – είναι ο αγώνας για τον αγώνα και σκοτώνει, τόσο σωματικά όσο και ψυχικά.

2. *Ανταγωνιστικότητα.* Η προσπάθεια να ξεπερνάς πάντα τους άλλους, «έστω κι ένα σκαλί», σε κάνει να μην ψάχνεις ποτέ την ικανοποίηση μέσα σου, αλλά να κρίνεις την αξία σου από το πώς κρίνεσαι σε σχέση με τους άλλους.

3. *Ρυθμοί τελεσίγραφου.* Όταν κανονίζεις τη ζωή σου με βάση την ατζέντα και το ρολόι και είσαι συνέχεια βιαστικός για να προλάβεις κάποιες προθεσμίες, που μόνος σου έβαλες στον εαυτό σου, καταλήγεις να νιώθεις πολύ μεγάλη πίεση και νευρικότητα, όταν πλησιάζει το τέλος της προθεσμίας και το έργο δεν έχει γίνει. Η συνεχής αναφορά στο ρολόι, το τρέξιμο να προλάβεις το προγραμματισμένο ραντεβού και η αυτόματη οργάνωση της ζωής σου, σύμφωνα με ένα «ασφυκτικό» πρόγραμμα, δε σου αφήνουν καιρό να χαρείς το χρόνο σου και την οικογένειά σου.

4. *Ανυπομονησία.* Εδώ ζητάς συνεχώς από τους άλλους να βιαστούν, επιβάλλεις στον εαυτό σου μέτρα –που δεν καταφέρνεις πάντοτε να τα φτάσεις– και μετά τον τιμωρείς γιατί δε στάθηκε αντάξιος των «συμφωνιών» σας. Νευριάζεις εύκολα με την κυκλοφοριακή συμφόρηση, τους αργούς ομιλητές, τα «άτακτα» παιδιά, τους «βολεμένους» γείτονες και τους «αναποτελεσματικούς» συναδέλφους.

5. *Απότομες κινήσεις και λόγια.* Οι κοφτοί τρόποι ομιλίας (που περιλαμβάνουν πολλά ναι, ναι, χμ, χμ, ξέρεις τώρα) και άλλες επιταχυντικές συνήθειες, που δείχνουν μια στάση βιασύνης απέναντι στην επικοινωνία, έχουν το αντίστοιχό τους και σε χειρονομίες, που σκοπεύουν να βιάσουν τους άλλους. Συγγενική είναι και η χρήση υπερβολικής έμφασης, ώστε να φτάσει το μήνυμα πιο γρήγορα.

6. *Υπερβολικός ζήλος και αφοσίωση στη δουλειά.* Είναι η συμπεριφορά που περιγράψαμε σε προηγούμενα σημεία του κεφαλαίου, μιλώντας για τα άτομα που δίνουν μεγαλύτερη σημασία στα καθήκοντα, τη δουλειά, τα λεφτά και τα πράγματα, παρά στις σχέσεις τους με τους ανθρώπους.

Αν αναγνωρίζετε χαρακτηριστικά της δικής σας συμπεριφοράς σ' αυτές τις θανάσιμες έξι κατηγορίες, τότε είναι πολύ πιθανό ότι θυματοποιείτε τον εαυτό σας, υπονομεύοντας τις προσωπικές σας σχέσεις, πιέζοντας επικίνδυνα τον εαυτό σας και καταστρέφοντας νευρωτικά το ίδιο σας το κορμί.

ΠΩΣ ΔΟΥΛΕΥΟΥΝ ΟΙ ΟΡΓΑΝΙΣΜΟΙ ΚΑΙ ΟΙ ΥΠΗΡΕΣΙΕΣ

Οι επιχειρήσεις υπάρχουν για ένα και μοναδικό λόγο: για να βγάζουν κέρδη. Δεν επιδιώκουν παρά τη διαιώνιση της ύπαρξής τους.

ώστε να δίνουν χρήματα σ' εκείνους που διέτρεξαν τον κίνδυνο της χρηματοδότησής τους ή της κατασκευής των προϊόντων και της παροχής των υπηρεσιών. Δε δουλεύουν από φιλανθρωπία, ούτε ισχυρίζονται κάτι τέτοιο. Επομένως, οποιαδήποτε θυματοποίηση νιώθετε, σαν συνέπεια της σχέσης σας με κάποια επιχείρηση, την έχετε, κατά πάσα πιθανότητα, επιτρέψει εσείς οι ίδιοι.

Αν πιστεύεις ότι μια επιχείρηση σου οφείλει κάποιο είδος πίστης και ότι είναι υποχρεωμένη να ανταμείψει τις πολύχρονες υπηρεσίες σου, χαρίζοντάς σου κάποια προσωπικά κέρδη, τότε τρέφεις πολύ μεγάλες αυταπάτες. Η εταιρεία θα σε χρησιμοποιήσει όσο καλύτερα μπορεί. Θα σε πληρώνει για τις υπηρεσίες σου, αλλά, όταν πια δε θα μπορείς να αντεπεξέλθεις στις απαιτήσεις της, τότε θα σε διώξει με τον πιο ανέξοδο τρόπο.

Δε σας παρουσιάζουμε μια παραμορφωμένη εικόνα του κόσμου των επιχειρήσεων στο δυτικό πολιτισμό: έτσι είναι τα πράγματα, στ' αλήθεια. Αυτή είναι η σιωπηρή συμφωνία που κάνεις, όταν γίνεσαι υπάλληλος μιας επιχείρησης. Ακόμη κι αν χρησιμοποιεί κόλπα, όπως ταμείο σύνταξης, συμμετοχή στα κέρδη, πρόγραμμα κινήτρων κι άλλα παρόμοια, που έχουν σκοπό να κρατήσουν τους υπαλλήλους, το γεγονός είναι ότι όταν η εταιρεία δε σε χρειάζεται πια, θα σε αντικαταστήσει και θα κάνει ό,τι μπορεί για να σε ξεφορτωθεί με το μικρότερο κόστος.

Οι επιχειρήσεις και οι οργανισμοί κάνουν αυτό που είναι προορισμένοι να κάνουν και δε διαμαρτυρόμαστε για το έργο τους στις σελίδες αυτές. Εσύ, όμως, δεν είσαι η επιχείρηση. Είσαι ένα ανθρώπινο πλάσμα, που ανασαίνει, αισθάνεται και βιώνει τη ζωή. Δε χρειάζεται να θυμώνεις με τον τρόπο που λειτουργούν οι εταιρείες, ούτε χρειάζεται να αφοσιώνεσαι δουλικά σ' αυτές, μόνο και μόνο γιατί παρασύρεσαι από τους επαγγελματίες υποστηρικτές τους, που κερδίζουν από την αυτοθυματική σου αφοσίωση. Ο άνθρωπος, που φεύγει από την εταιρεία ύστερα από πενήντα χρόνια πιστής υπηρεσίας και παίρνει σαν δώρο για την τυφλή του αφοσίωση ένα χρυσό ρολόι και μια μικρή σύνταξη, δεν είναι θύμα της επιχείρησης. Η επιχείρηση δεν του οφείλει τίποτε και πρέπει να νιώθει ευγνωμοσύνη για το ρολόι. Έκανε τη δουλειά του, έπαιρνε το μισθό του και η εταιρεία κέρδιζε από τις υπηρεσίες του. Αυτή ήταν η συμφωνία. Ο άνθρωπος αυτός, όμως, έχει θυματοποιηθεί, αν έχει αφιερώσει τον εαυτό του, πέρα από τις φυσιολογικές απαιτήσεις, ή αν θυσίασε τους προσωπικούς του στόχους και τις οικογενειακές του δραστηριότητες. Οι επιχειρήσεις αδιαφορούν για σένα και συνεχίζουν το έργο τους, ανεξάρτητα από το αν εσύ σκοτώνεσαι γι' αυτές ή τις βλέπεις απλώς σαν ένα τρόπο να κερδίσεις το ψωμί σου.

ΜΕΡΙΚΑ ΚΛΑΣΙΚΑ ΘΥΜΑΤΙΚΑ ΠΑΙΧΝΙΔΙΑ ΤΩΝ ΕΠΙΧΕΙΡΗΣΕΩΝ

1. Η ΠΡΟΣΩΠΟΠΟΙΗΣΗ ΤΗΣ ΕΤΑΙΡΕΙΑΣ Ο πιο χαρακτηριστικός ίσως τρόπος να θυματοποιήσεις τον εαυτό σου, μέσα από τη δουλειά ή τη συνεργασία σου με μία επιχείρηση, είναι να την προσωποποιείς και να την αντιμετωπίζεις σαν εραστή ή φίλο.

Όταν σκέφτεσαι την εταιρεία σου σαν άνθρωπο που σε χρειάζεται ή, ακόμα χειρότερα, που δεν μπορεί να λειτουργήσει χωρίς εσένα, τότε έχεις σοβαρό πρόβλημα. Οι επιχειρησιακοί εκπρόσωποι θέλουν να σκέφτεσαι μ' αυτόν τον τρόπο, γιατί ξέρουν ότι έτσι θα προσφέρεις τις υπηρεσίες σου είκοσι τέσσερις ώρες το εικοσιτετράωρο και θα στερήσεις τον εαυτό σου από οποιαδήποτε προσωπική ζωή. Αν πραγματικά πιστεύεις πως η εταιρεία είναι μια ανθρώπινη ύπαρξη, ρώτησε τον εαυτό σου: «Θα συνέχιζε να υπάρχει η επιχείρηση, αν έφευγα;», «Θα πέθαινε αύριο;», «Θα ταραζόταν, θα κατέρρεε;», «Θα έκλαιγε;». Την απάντηση στις ερωτήσεις αυτές την ξέρεις ήδη. Γιατί, λοιπόν, δε βάζεις την επιχείρηση (ή οποιονδήποτε άλλο οργανισμό) στη σωστή του θέση, αντιμετωπίζοντάς την, *στην καλύτερη περίπτωση*, σαν ένα μηχανισμό που σε πληρώνει για την ευχάριστη, ενδιαφέρουσα, παραγωγική και ικανοποιητική χρήση των ταλέντων σου; Κι αυτό, γιατί κανείς και τίποτα δεν μπορεί να σου πληρώσει τη θυσία του μεγαλύτερου αγαθού που διαθέτεις: της ζωής σου.

2. ΟΡΚΟΙ ΑΙΩΝΙΑΣ ΠΙΣΤΗΣ Ένας άλλος τρόπος αυτοθυματοποίησης είναι να ορκιστείς αιώνια πίστη στη *δική σου* εταιρεία, φροντίζοντας στη συνέχεια να κάνεις την υποχρέωση αυτή, που επινόησες μόνος σου, πιο σημαντική από τις υποχρεώσεις σου προς τον εαυτό σου και την οικογένειά σου. Το είδος αυτό της

αφοσίωσης είναι παράλογο από πολλές απόψεις. Κατ' αρχήν, γιατί, εννιά φορές στις δέκα, με μεγάλη ευχαρίστηση θα πήγαινες αλλού, αν σου πρόσφεραν καλύτερους όρους και, αν δεν το έκανες, ο χειρότερος λόγος στον κόσμο θα ήταν επειδή θα πίστευες ότι πρόδιδες έτσι κάποιο είδος άγραφου νόμου πίστης. Στα ομαδικά αθλήματα, όπου το «ομαδικό πνεύμα» και η πίστη μπορούν πραγματικά να έχουν ζωτική σημασία για την επιτυχία, σπάνια συναντάμε τέτοια μπερδέματα. Οι αθλητές παίζουν φανατικά με την ομάδα τους τη μια μέρα, ενώ, ταυτόχρονα, παζαρεύουν μεγαλύτερες αμοιβές. Αν μπορούν να κερδίσουν περισσότερα αλλού, προσχωρούν στην άλλη ομάδα και αυτόματα ορκίζονται πίστη στην ομάδα που, πριν από λίγο, απειλούσαν ότι θα σβήσουν από το γρασίδι, τον πάγο ή οτιδήποτε άλλο. Οι αρχηγοί επαγγελματικών ομάδων αλλάζουν συνεχώς θέσεις και είναι γνωστό σε όλους ότι η αφοσίωσή τους διαρκεί όσο και το συμβόλαιό τους. Σε παρόμοια θέση βρίσκεσαι κι εσύ με τη δουλειά σου. Αν σου παρουσιαστεί κάποια καλύτερη ευκαιρία θα είσαι ανόητος αν την αφήσεις να χαθεί. Αν διαπιστώσεις ότι δυσκολεύεσαι να προδώσεις την πίστη σου στον εργοδότη σου, θυμήσου ότι η επχείρηση δεν έχει το ίδιο πρόβλημα απέναντι σε σένα.

3. Παραδοχή των Κανόνων και των Συλλογικών Διαδικασιών σαν να Ηταν Ιεροι   Όταν ακολουθείς απαράβατα την ι- δεολογία της επιχείρησής σου και την αντιμετωπίζεις σαν κανόνα ρύθμισης της ζωής σου, καταλήγεις και πάλι στη θυματοποίηση. Καλύτερο είναι να θεωρείς τους κανόνες και τις διαδικασίες σαν επινοήσεις ανθρώπων, που δεν έχουν τίποτε άλλο να κάνουν.

Κοίτα πώς λειτουργούν τα πανεπιστήμια. Μην ξεγελιέσαι. Τα ιδρύματα αυτά είναι μεγάλες επιχειρήσεις, που δουλεύουν για να βγάλουν χρήματα και να διαιωνίσουν την ύπαρξή τους. Διευθύνονται από διαχειριστές, που υποφέρουν από τη «νεύρωση των επιτροπών» και συστήνουν επιτροπές για να μελετήσουν ό,τι έχει έστω και την πιο αμυδρή σχέση με το πανεπιστήμιο. Υπάρχουν επιτροπές που μελετούν το πρόγραμμα, που διαλύουν το πρόγραμμα, που ξαναφτιάχνουν το πρόγραμμα, που μελετούν τη δυνατότητα σύστασης ενός νέου προγράμματος και ούτω καθεξής.

Αν μια καμήλα είναι στην πραγματικότητα ένα άλογο συναρμολογημένο από μια επιτροπή, η καθημερινή λειτουργία των πανεπιστημίων είναι ένα ατέλειωτο καραβάνι από καμήλες, που παρελαύνουν επισήμως γύρω γύρω. Μεγάλοι άνθρωποι, άντρες και γυναίκες, συναντιούνται κάθε 6δομάδα για να καθίσουν γύρω από κάποιο τραπέζι και να συζητήσουν δυνατότητες και προτεραιότητες, ανατοποθετήσεις, προαγωγές και μετακινήσεις, κτιριακές βελτιώσεις, γλωσσικές απαιτήσεις, μεθόδους 6αθμολόγησης, αξιολόγησης, εναλλακτικές μεθόδους και πάει λέγοντας. Σπάνια διεκπεραιώνεται κάτι το ουσιαστικό. Οι καθηγητές, οι πρυτάνεις, οι α- ντιπρόεδροι, συναντιούνται ευλαβικά κάθε 6δομάδα. Όταν μιλούν μεταξύ τους, κατ' ιδίαν, παραδέχονται την ανοησία ολόκληρου αυτού του παιχνιδιού και συμφωνούν ότι όλες οι αποφάσεις, που χρειάζονται είκοσι 6δομάδες για να παρθούν στις επιτροπές, θα μπορούσαν εύκολα να παρθούν μέσα σε είκοσι λεπτά από ένα έξυπνο και λογικό άτομο.

Όπως, όμως, συμβαίνει συχνά με τα ιδρύματα, οι διαδικασίες που σχεδιάστηκαν για να υπηρετούν τα άτομα, γίνονται σπουδαιότερες από τα πρόσωπα. Το τρομερό είναι πως οι περισσότεροι από τους ανθρώπους, που παγιδεύονται στη νεύρωση των επιτροπών, δείχνουν να τους αρέσει. Στο κάτω κάτω αν δεν είχαν να πάνε στο συμβούλιο της επιτροπής τους, να διαβάσουν και να ξαναδιαβάσουν τα πρακτικά τους, την ημερήσια διάταξη και τους κανονισμούς, τι θα έκαναν το χρόνο τους;

Οι άνθρωποι που κερδίζουν τη ζωή τους με το να κάθονται και να μιλάνε, σπάνια ενεργούν. Γίνονται διαχειριστές, που μπερδεύονται στα ίδια τους τα λόγια, επαληθεύοντας την Αρχή του Πίτερ, ότι δηλαδή *η κρέμα φουσκώνει ώσπου να ξινίσει.* Οι άνθρωποι που θέλουν αποτελέσματα αρνούνται να καθίσουν και να συζητήσουν τι θα *μπορούσε* να γίνει αν οι άνθρωποι σηκώνονταν από την καρέκλα τους και έπαυαν να αναμασούν ατέλειωτα όλες τις δυνατές προεκτάσεις των προτάσεών τους.

Η Γκέιλ Θέιν Πάρκερ, μία πρώην πρόεδρος Κολεγίου, έγραψε στο *Atlantic Monthly* περιγράφοντας ως εξής τα συμβούλια των επιτροπών στο Χάρβαρντ, το 1969:

Ήταν σαν να βλέπεις έναν αγώνα μπάσκετ, όπου ο στόχος ήταν περισσότερο το τάιμ-άουτ παρά το παιχνίδι. Το πιο ενεργητικό μέλος ήταν ένας κυβερνητικός, που στην παραμικρή ευκαιρία ανέβαινε στη σκηνή για να συσκεφθεί με τον πρόεδρο, ενώ ο πρόεδρος, με τη σειρά του, καθόταν ήρεμος πίσω από μια τεράστια κόκκινη σημαία που έγραφε VERITAS (Αλήθεια).

Έχοντας πληρώσει την εμπειρία μου με την εξάχρονη θητεία μου ως καθηγητή, μπορώ να βεβαιώσω προσωπικά ότι τα πράγματα είναι ακριβώς έτσι. Οι καθηγητές παίρνουν μέρος σε μια συνέλευση απαιτώντας να ακουστούν πάνω σ' ένα ασήμαντο θέμα. Ακολουθεί μια ανοιχτή συζήτηση επί τριάντα λεπτά, με αποτέλεσμα να σχηματιστεί μια *ειδική* επιτροπή για να μελετήσει το εφικτό του πράγματος – κι αυτό σημαίνει ότι θα χρειαστούν δύο τουλάχιστον χρόνια για να δοθεί το πόρισμα για ψήφισμα. Όταν φθάσει αυτή η στιγμή θα συζητηθεί ατέλειωτες ώρες, ώσπου, αφού το μασήσουν όλοι καλά καλά, θα το φτύσουν σε μιαν άλλη επιτροπή. Θα γίνουν, δηλαδή, τα πάντα ώστε να μην υπάρξει λύση ή υλοποίηση οποιουδήποτε θέματος, ακόμη κι αν είναι τόσο ασήμαντο, ώστε να αρκεί μια τυπική υπαλληλική απάντηση.

Οι αργόσχολοι αντλούν την αυτοεκτίμησή τους με τέτοιους ακατανόητους τρόπους, διατηρούν το κατεστημένο υιοθετώντας αόριστα σχέδια και ονομάζουν ολόκληρη αυτή τη διαδικασία δημοκρατική συμμετοχή στη λήψη των αποφάσεων. Τα παρακάτω λόγια ενός γερουσιαστή από τη Βόρεια Ντακότα δείχνουν καλά πώς η τεράστια, άδεια σαπουνόφουσκα, που βγαίνει συχνά από τις υποτιθέμενες συσκέψεις για λήψη αποφάσεων, φθάνει στα όρια του κωμικοτραγικού.

Αυτό που μένει να κάνουμε τώρα, προφανώς, είναι να αναστείλουμε κάθε δραστηριότητα ώσπου να μπορέσουμε, μέσα από ένα δημοψήφισμα, να εκλέξουμε, την ομάδα που θα διορίσει μια επιτροπή εντεταλμένη να προσλάβει μια νέα ομάδα ειδικών, που θα ξαναμελετήσουν τη δυνατότητα συγκέντρωσης ενός καταλόγου όλων των επιτροπών που, στο παρελθόν, εξέτασαν και κατέγραψαν τις διάφορες μελέτες, που είχαν σκοπό να διερευνήσουν τι έγιναν όλα αυτά τα προγράμματα, που καταργήθηκαν όταν μερικοί άλλοι θέσπισαν κάποια νέα προγράμματα.

Αν συμμετέχεις σε μια τέτοια δραστηριότητα ή αν νιώθεις πως κάτι τέτοιο σε εκνευρίζει, έστω και στο ελάχιστο, τότε θυματοποιείς τον εαυτό σου. Αυτό το είδος της αοριστολογίας συνεχίζεται χρόνια και χρόνια, από τότε που ο άνθρωπος πρωτόφτιαξε συμβούλια, επιτροπές, κυβερνήσεις κ.λπ. Θα συνεχίζεται πάντα, όσο κι αν κάποιοι σηκώνονται και μιλούν για το πώς θα καταργηθεί. Η μοναδική λύση σωτηρίας είναι να αρνηθείς να συμμετάσχεις, ε- φαρμόζοντας μια αθόρυβα αποτελεσματική συμπεριφορά και α- διαφορώντας για το χαμό που γίνεται γύρω σου. Μπορείς να αρνηθείς όποτε θέλεις τη συμμετοχή σου σε επιτροπές και, αν δεν μπορείς να κάνεις αλλιώς, διάλεξε ένα βουβό ρόλο, που γίνεται η φωνή της λογικής όποτε αποφασίζει να διακόψει τη σιωπή του. Μπορείς να πάψεις να εκνευρίζεσαι με τη λειτουργία των επιτροπών και να εκτελείς τα καθήκοντά σου ελαχιστοποιώντας δραστικά την ανοησία των άλλων. Όποιο κι αν είναι το επάγγελμά σου –μηχανικός, δάσκαλος, οδοντογιατρός, ταξιτζής ή ανθοπώλης–, δεν είσαι προφυλαγμένος από τις θυματοποιητικές προσπάθειες, που θα κάνουν εναντίον σου τα διάφορα συλλογικά όργανα, στο όνομα της προόδου, της δημοκρατίας ή της βελτίωσης της αποτελεσματικότητας. Κάθε φορά, όμως, που θα βλέπεις να βγαίνει στην επιφάνεια η νεύρωση των επιτροπών, εσύ μπορείς να διαλέξεις μια αθόρυβα αποτελεσματική στάση, που δε θα σε θυματοποιήσει.

4. Ο ΕΓΚΛΩΒΙΣΜΟΣ ΣΤΟ ΓΡΑΦΕΙΟΚΡΑΤΙΚΟ ΛΑΒΥΡΙΝΘΟ   Το μέγεθος των οργανισμών δημιουργεί μια απόσταση ανάμεσα στους φορείς και τους ανθρώπους, τους οποίους προορίζονται να εξυπηρετήσουν. Όσο μεγαλύτερος είναι ο οργανισμός τόσο πιο καλολαδωμένος πρέπει να είναι ο γραφειοκρατικός μηχανισμός, προκειμένου να λειτουργεί. Η κυβέρνηση των ΗΠΑ είναι ένα τυπικό παράδειγμα. Στηρίζεται σ' έναν ατέλειωτο κατάλογο επιτροπών, τμημάτων, φορέων, τομέων και άλλων υπο-ομάδων. Η κάθε ομάδα έχει κλαδικούς προέδρους, διευθυντές τμημάτων και άλλους γραφειοκράτες, που θέλουν να διατηρήσουν τη δουλειά και την ισχυρή τους θέση. Επιπλέον, ολόκληρο το γραφειοκρατικό οικοδόμημα συντηρεί χιλιάδες ανθρώπους, που δε θέλουν να κουνήσουν υπερβολικά τη βάρκα, βάζοντας σε κίνδυνο τη δουλειά τους. Έτσι, βρίσκεσαι ξαφνικά αντιμέτωπος με φοβισμένους υπαλλήλους, που αποφεύγουν να σου δώσουν ευθείες απαντήσεις, γιατί είναι πιστοί στους ανωτέρους τους, που μπορεί να τους επιπλήξουν.

Θύμα γίνεσαι από τη στιγμή που προσπαθείς να εξασφαλίσεις κάποια εξυπηρέτηση. Δοκίμασε να πάρεις έστω και μια ίσια απάντηση από πολιτικούς που έζησαν μια ζωή σαν γραφειοκράτες. Μιλούν σαν να έχουν μπαμπάκι στο στόμα τους και αντιμετωπίζουν τις πιο απλές ερωτήσεις με απαντήσεις σαν κι αυτές: «Εξέτασα τις εναλλακτικές λύσεις και θα προβώ σε περαιτέρω μελέτη», «Με λύπη μου διατυπώνω ένα οριστικό ναι, αλλά από την άλλη μεριά δεν αποκλείω τη δυνατότητα μιας αρνητικής απάντησης, αν παρουσιαστούν άλλα στοιχεία, που δεν έχουν πέσει στην αντίληψή μου ώς τώρα».

Οι γραφειοκράτες είναι βασικά αργόμισθοι, που στέλνουν συνήθως τα θύματά τους από γραφείο σε γραφείο, χωρίς ποτέ μια ίσια απάντηση. Έχω δει ανθρώπους να ταλαιπωρούνται μια ολόκληρη μέρα απλώς και μόνο για να καταχωρήσουν το αυτοκίνητό τους σε μια άλλη πολιτεία. Ξέρετε τι σημαίνει μια επίσκεψη στα γραφεία ευρέσεως εργασίας ή σε κρατικό νοσοκομείο. Τα έντυπα που πρέπει να συμπληρώσεις είναι αμέτρητα και οι υπάλληλοι έχουν ένα δικό τους τρόπο για να προσπαθούν να θυματοποιήσουν οποιονδήποτε ζητάει να εξυπηρετηθεί με αξιοπρέπεια και αποτελεσματικότητα.

5. Η ΠΑΓΙΔΑ ΤΟΥ ΕΙΔΙΚΟΥ ΛΕΞΙΛΟΓΙΟΥ Το ειδικό λεξιλόγιο της γραφειοκρατίας είναι μεγάλο μυστήριο. Οι γραφειοκράτες έχουν φτιάξει μια δική τους γλώσσα, που χρησιμεύει για να κρατάει μακριά την πράξη και να διαιωνίζει την αοριστολογία, με βάση την οποία λειτουργεί ολόκληρο το σύστημα.

Οι ψυχολόγοι μιλούν για τους ανθρώπους με όρους που σε τρομάζουν. Μοιράζουν ταμπέλες με ψυχολογικές ορολογίες και ξεχνούν ότι αναφέρονται σε ανθρώπους. Έτσι, μιλούν για μανιοκαταθλιπτικούς, ψυχοπαθητικούς, κοινωνιοπαθητικούς, σχιζοφρενείς, εγκεφαλικά διαταραγμένους (ή με εγκεφαλικές δυσλειτουργίες) και τα παρόμοια. Οι ετικέτες αυτές εξυπηρετούν ίσως το θεραπευτή, είναι όμως επικίνδυνες γιατί συχνά θυματοποιούν τα άτομα – που δεν αντιμετωπίζονται πια σαν ανθρώπινα πλάσματα, αλλά σαν συλλογή συμπτωμάτων.

Μόλις ένα άτομο πάρει την ετικέτα του, χάνει την ανθρώπινη ιδιότητά του. Αν χαρακτηρίσεις ένα παιδί «αυτιστικό» και πιστεύεις ότι ο αυτισμός είναι ανίατος, τότε έχεις χάσει κάθε ελπίδα για το ανθρώπινο πλάσμα. Στο έργο του *Σήκω γιε μου* ο Μπάρι Κάουφμαν διηγείται την ιστορία δυο αφοσιωμένων γονιών, που αρνήθηκαν να δεχτούν τη διαγνωστική ταμπέλα του αυτισμού για το μικρό τους γιο και αφιερώθηκαν ολοκληρωτικά στην προσπάθεια να τον βγάλουν από το μυστηριώδες ζωντανό κώμα, όπου βρισκόταν. Όταν τον ξαναπήγαν στους διάφορους γιατρούς, που τον είχαν χαρακτηρίσει «αυτιστικό», αυτοί τους είπαν ότι είχε γίνει λάθος διάγνωση, γιατί ο αυτισμός είναι ανίατος. Αυτή είναι η λογική του Κατς-22, που εφαρμόζεται ξανά και ξανά από αυτούς που χρησιμοποιούν τις ετικέτες για να προστατέψουν τις θεωρίες τους, αδιαφορώντας όμως για τα ανθρώπινα πλάσματα. Όσο κι αν δεν το προτιμούν οι επαγγελματίες, είναι πολύ πιο λειτουργικό να χαρακτηρίζει κανείς τις *συμπεριφορές* αντί για τα άτομα. Για παράδειγμα, το «Χαρακτηρίζεται από μια διάθεση παραμονής στο κρεβάτι ή μια διάθεση μη-ομιλίας» είναι προτιμότερο από το χαρακτηρισμό κάποιου ως καταθλιπτικού ή βωβού.

Η νομική ορολογία είναι ένα άλλο εντυπωσιακό παράδειγμα. Οι δικηγόροι έχουν φροντίσει ώστε οι νόμοι να είναι γραμμένοι με τρόπο που να μην μπορεί ο καθένας να καταλάβει τους όρους ενός συμβολαίου. Έτσι ο πολίτης αναγκάζεται να μισθώσει τις υπηρεσίες ειδικά εκπαιδευμένων αποκρυπτογράφων, προκειμένου να διαλευκάνει το νόημα των συμβολαίων, των συμφωνητικών μισθώσεως, των διαθηκών και των ασφαλιστικών συμβολαίων. Κάθε προσπάθεια απλοποίησης των νόμων προσκρούει στην αντίσταση των νομικών. Οι οργανώσεις πολιτών, που προσπαθούν να απλοποιήσουν τις διαδικασίες του διαζυγίου ή των ασφαλιστικών συμβολαίων, βρίσκονται αντιμέτωπες με το νομικό κατεστημένο, που χρησιμοποιεί αυτό ακριβώς το είδος των ακατανόητων γρίφων. Όλα αυτά γίνονται προκειμένου να προστατευθούν τα «συμφέροντα» των ανθρώπων, που κερδίζουν τη ζωή τους χάρη στο ότι είναι οι μόνοι που ξέρουν να χειρίζονται αυτούς τους γρίφους – και, βέβαια, θα κάνουν τα πάντα για να κρατήσουν τα «ανειδίκευτα» χέρια μακριά από την πίτα.

Οι κυβερνητικές υπηρεσίες είναι ειδικές στη χρησιμοποίηση λεξιλογίου που συσκοτίζει το νόημα, θυματοποιώντας έτσι τον κόσμο που ζητά να εξυπηρετηθεί. Οι στρατιωτικοί είναι το πιο κλασικό παράδειγμα. Το Πεντάγωνο, μια από τις μεγαλύτερες γραφειοκρατίες μέσα στην κυβέρνηση, έχει δημιουργήσει το δικό του ακατανόητο υποκώδικα, με κανονισμούς εις τετραπλούν για την κάθε περίπτωση, διατυπωμένους σε τόσο περίπλοκη και ακατανόητη γλώσσα, που είναι αδύνατο στο μέσο άνθρωπο να βγάλει το παραμικρό νόημα.

Ύστερα από χρόνια περιπλάνησης στη γραφειοκρατική γλωσσολογική ζούγκλα της Υπηρεσίας Δημόσιας Υγείας της Αμερικής, ένας εξηντάχρονος δημόσιος υπάλληλος, ο Φίλιπ Μπρόουτον, βρήκε τελικά μια σίγουρη μέθοδο μετατροπής της ταλαιπωρίας του σε ικανοποίηση – από γλωσσική άποψη. Ονομαζόμενο κατ' ευφημισμό Σύστημα Προβολής Αερολογικών Φράσεων, το σύστημα του Μπρόουτον χρησιμοποιεί ένα λεξιλόγιο από 30 προσεκτικά διαλεγμένες «αερολογίες». Το αντιγράφουμε από το περιοδικό *Times*, της 9ης Φεβρουαρίου 1976, σελίδα 27 (συμπλήρωμα στο *Army Times / Navy Times / Air-Force Times):*

Στήλη 1	Στήλη 2	Στήλη 3
0. Απαρτιωμένος	0. Διεύθυνση	0. Επιλογή
1. Ολικός	1. Οργανωτικός	1. Ευκαμψία
2. Συστηματοποιημένος	2. Ελεγχόμενος	2. Ικανότητα
3. Παράλληλος	3. Αμοιβαίος	3. Κινητικότητα
4. Λειτουργικός	4. Ψηφιακός	4. Προγραμματισμός
5. Ανταποκρινόμενος	5. Λογιστικός	5. Έννοια
6. Επιλογικός	6. Μεταβατικός	6. Χρονική φάση
7. Συγχρονισμένος	7. Αυξητικός	7. Προβολή
8. Συμβιβάσιμος	8. Τρίτη γενιά	8. Μηχανικός εξοπλισμός
9. Ισοζυγισμένος	9. Στρατηγική	9. Συγκυρία

Ο Γ. Τζ. Φάρκαρσον εξηγεί στο περιοδικό *Times* πώς μπορούν οι γραφειοκράτες να απλοποιήσουν το έργο της συσκότισης των γεγονότων. «Σκεφτείτε οποιοδήποτε τριψήφιο αριθμό και μετά διαλέξτε την αντίστοιχη αερολογία από την κάθε στήλη. Για παράδειγμα, ο αριθμός 736 μας δίνει το «συγχρονισμένη αμοιβαία χρονική φάση», μια φράση που μπορείς να την χώσεις σε οποιαδήποτε αναφορά, σίγουρος ότι θα της προσδώσει τον απαιτούμενο ήχο της αυθεντίας. Κανείς δε θα καταλάβει ποτέ τι είναι δυνατό να εννοείς μ' αυτό, το σημαντικό όμως είναι ότι κανένας δε θα το παραδεχτεί».

219

Αυτό το γλωσσικό παιχνίδι μπορεί να παιχτεί σε οποιοδήποτε οργανισμό ή υπηρεσία, που έχει το δικό της λεξιλόγιο – στις μεγάλες επιχειρήσεις, την ιατρική, τη νομική, την ψυχιατρική, τις ασφάλειες, τους λογιστές, τις δημόσιες υπηρεσίες κ.λπ. Ο μοναδικός τρόπος να γλιτώσεις τη γραφειοκρατική θυματοποίηση είναι να την αποφεύγεις όποτε είναι δυνατό. Κι όταν αυτό δε γίνεται, πρέπει να την πλησιάζεις έχοντας πλήρη επίγνωση του πώς δουλεύει. Έτσι θα αποφύγεις τον εκνευρισμό γι' αυτά που σου τυχαίνουν. Άλλωστε μπορείς να αρνηθείς να μπερδευτείς με γραφειοκράτες υπαλλήλους, όποτε είναι δυνατό. Πρέπει να αγνοήσεις το λεξιλόγιο και τα άλλα γραφειοκρατικά εμπόδια και να μην αφήσεις να σε παρασύρουν τέτοιες παράλογες συμπεριφορές.

6. Ο ΚΑΘΑΡΟΣ ΠΑΡΑΛΟΓΙΣΜΟΣ ΤΗΣ ΓΡΑΦΕΙΟΚΡΑΤΙΚΗΣ ΛΟΓΙΚΗΣ Πέρα από το γεγονός ότι χρησιμοποιούν τον ευθύ τρόπο όσο πιο σπάνια γίνεται, οι γραφειοκράτες δε λειτουργούν λογικά. Απλώς ακολουθούν ορισμένους κανόνες και δημιουργούν προηγούμενα, ακόμη κι όταν όλα αυτά είναι απολύτως παράλογα. Νά δύο χαρακτηριστικά παραδείγματα που συνέβησαν πραγματικά.

• *Το φορτηγάκι του γαλατά.* Ο Τζο ήταν ένας γαλατάς, που είχε δικό του φορτηγάκι. Μια μέρα, προς μεγάλη του θλίψη, του το έκλεψαν. Το βρήκε όμως η αστυνομία και ο Τζο πήγε να το ζητήσει στο τμήμα της περιοχής του. Δεν είχε άλλη πηγή εισοδήματος και γι' αυτό έδινε μεγάλη σημασία στο φορτηγό του. Εκεί, όμως, του είπαν ότι το φορτηγάκι έπρεπε να το κρατήσουν σαν αποδεικτικό στοιχείο για τη δίκη, που θα γινόταν σε τρεις περίπου μήνες.

Σ' όποιο γραφειοκρατικό φορέα κι αν απευθύνθηκε, ο Τζο εισέπραξε την ίδια απάντηση. Δεν μπορούσαν να του δώσουν πίσω το φορτηγάκι του, όσο κι αν του ήταν απαραίτητο στη δουλειά του – εκτός κι αν απέσυρε τη μήνυση κατά του κλέφτη! Αν επέμενε στη μήνυση, τότε ήταν υποχρεωμένος να θυματοποιηθεί, χάνοντας το φορτηγάκι του για τρεις μήνες.

Ο Τζο αρνήθηκε να γίνει διπλό θύμα: απέσυρε τη μήνυση και ο κλέφτης αφέθηκε ελεύθερος. Βλέπουμε, λοιπόν, ότι οι γραφειοκρατίες του κόσμου μας συχνά λειτουργούν εις βάρος των ανθρώπων, που υποτίθεται ότι εξυπηρετούν. Σε όσους κι αν απευθύνθηκε ο Τζο, του είπαν όλοι ότι ήταν ανίσχυροι να κάνουν οτιδήποτε και τον έστελναν από τον ένα στον άλλο, μέχρι που βαρέθηκε κι αποφάσισε να τα παρατήσει όλα, πριν γίνει θύμα κι αυτός της δικής τους παραφροσύνης.

● *Η χήρα.* Ο σύζυγος της Νάνσι πέθανε ξαφνικά. Όπως συμβαίνει συχνά σ' αυτές τις περιπτώσεις, απαγορεύτηκε στη Νάνσι να αγγίξει τα κοινά τους περιουσιακά στοιχεία, που περιλάμβαναν και δικά της χρήματα, πριν να τελειώσει η διαδικασία της κληρονομιάς. Χρειάστηκε στη Νάνσι να περιμένει τέσσερα ολόκληρα χρόνια μέχρι να κανονιστούν τα πράγματα. Όλοι οι γραφειοκράτες που τη θυματοποιούσαν της εξηγούσαν ότι λυπόντουσαν πολύ, αλλά έτσι είχαν τα πράγματα. Ακόμη κι ο δικός της τραπεζικός λογαριασμός είχε δεσμευθεί μαζί με τις κοινές καταθέσεις, μόνο και μόνο επειδή κάποιοι ανόητοι γραφειοκράτες, με τα γκρίζα κουστουμάκια τους, ήθελαν να περάσουν τέσσερα χρόνια συζητώντας πώς θα διακανονιζόταν το εισόδημα της Νάνσι. Εξαιτίας των μεγάλων καθυστερήσεων και των διαφόρων δικηγόρων, που είχαν χώσει τα αρπακτικά τους νύχια στην περιουσία της Νάνσι, φτάνοντας να διεκδικήσουν το εξήντα τοις εκατό για έξοδα και αμοιβές, η Νάνσι αναγκάστηκε τελικά να βρει κι άλλη μια δουλειά, για να πληρώνει τους λογαριασμούς της.

Ο μοναδικός τρόπος να αντιμετωπίσει κανείς αυτές τις θυματοποιητικές καταστάσεις είναι να γίνει παράνομος και να μην αναφέρει ένα θάνατο ή να κρύψει την περιουσία του από την άπληστη γραφειοκρατία. Έτσι ο νόμος, που υποτίθεται ότι πρέπει να εξυπηρετεί τους ανθρώπους, τους ενθαρρύνει τελικά να τον παραβαίνουν, προκειμένου να επιβιώσουν.

Ο Ονορέ ντε Μπαλζάκ έγραψε κάποτε: «Η γραφειοκρατία είναι ένας γιγάντιος μηχανισμός, που τον χειρίζονται πυγμαίοι». Αν δεν είσαι άγρυπνος, επίμονος και αποφασισμένος να μη σε θυματοποιήσουν με μια χούφτα στρατηγικές, τότε θα βρεθείς παγιδευμένος από τα θεσμικά, ανθρωποφάγα πλοκάμια της γραφειοκρατίας, που θα σε καταβροχθίσουν πριν το καταλάβεις. Δίνουμε παρακάτω μερικά από τα τυπικά σχήματα, που χρησιμοποιούν οι οργανισμοί και οι εκπρόσωποί τους, προκειμένου να σε θυματοποιήσουν – καθώς και μερικές ειδικές συμβουλές για να γλιτώνεις από τα νύχια τους.

ΣΤΡΑΤΗΓΙΚΕΣ ΑΠΟΦΥΓΗΣ
ΤΗΣ ΓΡΑΦΕΙΟΚΡΑΤΙΚΗΣ ΘΥΜΑΤΟΠΟΙΗΣΗΣ

● Πρώτα απ' όλα πρέπει ν' αλλάξεις το σύστημα των αξιών σου και να ξεφορτωθείς κάθε είδους ιδέα, που λέει ότι η εταιρεία μετράει πιο πολύ από σένα ή ότι οι υπηρεσίες και οι οργανισμοί μπορεί να είναι πιο σημαντικά πράγματα από το άτομο. Κάθε φορά που διαπιστώνεις ότι θυσιάζεις το χρόνο σου για έναν οργανισμό ή θεσμό, σκέψου αν αυτό πραγματικά θέλεις για τον εαυτό σου. Θα είναι αρκετά δύσκολο να εξαλείψεις την υπόσταση του δούλου, που κέρδισες με τη συμπεριφορά σου. Πρώτα, όμως, πρέπει να πραγματοποιήσεις την κρίσιμη ιδεολογική αλλαγή, που θα φέρει εσένα στην κορυφή των πραγμάτων που αξίζουν την πίστη και την αφοσίωσή σου.

● Σκέψου καλά τις προτεραιότητες της ζωής σου, μαζί με τους ανθρώπους που μετράνε πιο πολύ για σένα. Μίλησε στην οικογένειά σου για τη συμπεριφορά σου και τη συμπεριφορά που ζητάς. Ρώτησε να μάθεις τη γνώμη τους για τις ευθύνες της δουλειάς σου και για το αν αισθάνονται παραμελημένοι. Κάνε ένα κατάλογο των πραγμάτων που θέλεις πραγματικά να πετύχεις, βάζοντας και το γιατί. Μετά ρίξε μια ματιά στη συμπεριφορά σου. Προχωράς πράγματι προς την προσωπική ολοκλήρωση που επιδιώκεις ή χώνεσαι απλώς σε μια βαθύτερη τρύπα; Δε θα μπορέσεις να αλλάξεις τα πράγματα, παρά μόνο αν εξετάσεις συνολικά τη ζωή και τις επιδιώξεις σου, αρχίζοντας να ζεις τη ζωή σου καθημερινά και ζητώντας την ευτυχία και όχι τη νεύρωση.

● Αύξησε προοδευτικά τον ιδιωτικό σου χρόνο, την ησυχία σου και τις ευκαιρίες σου να κάνεις πράγματα αληθινά σημαντικά για σένα. Ίσως να χρειάζεται στην αρχή να πιέσεις τον εαυτό σου, να προγραμματίσεις διαλείμματα από τη δουλειά σου, να περάσεις κάποιο χρόνο με τη γυναίκα σου και τα παιδιά σου, να κοιμηθείς, να φας έξω με αγαπημένα σου πρόσωπα ή να κουβεντιάσεις με κάποιον που έχεις παραμελήσει. Αν, όμως, παραχωρείς στον εαυτό σου τέτοια μικρά διαλείμματα στην αρχή, αργότερα θα εδραιωθούν και θα γίνουν τακτικές, ευχάριστες και υγιεινές συνήθειες.

● Εφάρμοσε την αθόρυβη αποτελεσματικότητα στην ανακούφιση του μυαλού σου από τις εντάσεις της γραφειοκρατικής δουλειάς. Μη μιλήσεις σε κανένα για την καινούρια σου στάση ή το πρόγραμμά σου. Απλώς λειτούργησε με τρόπους αυτοπροωθητικούς. Πάψε να αφιερώνεις χρόνο σε συμβούλια, ταξίδια ή απλώς επίβλεψη της δουλειάς. Μάθε ν' αφήνεις μισοτελειωμένη δουλειά, όταν φεύγεις από το γραφείο ή το εργαστήριο. Πάψε να ξανασκέφτεσαι όλα όσα συνέβησαν μέσα στην ημέρα και πάψε ν' απασχολείσαι με την αυριανή δουλειά ή με τη δουλειά του επόμενου χρόνου. Αντί να μιλάς συνέχεια για τα προβλήματα της δουλειάς σου, μάθε να μιλάς για τα συναισθήματα των δικών σου, τις επιτυχίες τους, τις *δικές τους* φιλοδοξίες. Μάθε να ηρεμείς το πνεύμα σου, αφήνοντάς το κενό για μερικά λεπτά. Διώξε τις σκέψεις της δουλειάς, όταν τις αισθάνεσαι να σε πιέζουν. Στις διακοπές, δοκίμασε να χαρείς αυτή την ανάπαυλα από τη δουλειά, που δούλεψες τόσο σκληρά για να την κερδίσεις, αντί να ξοδεύεις τον καιρό σου με ανησυχίες για το μέλλον ή με αναβίωση του παρελθόντος. Μια από τις πιο υγιεινές τεχνικές για μια επιτυχημένη σταδιοδρομία είναι να μάθεις να την ξεχνάς ολοκληρωτικά, κατά διαστήματα, πράγμα που θα σου επιτρέψει να ξαναγυρίσεις σ' αυτήν ανανεωμένος, αποτελεσματικότερος και ικανότερος να εργαστείς σε νέες και καλύτερες προοπτικές.

• Βγάλε τη λέξη *σύνταξη* από το λεξιλόγιό σου. Μπορείς να αποφασίσεις να μην αποσυρθείς ποτέ και, όταν αφήσεις τη δουλειά που κάνεις τώρα, θα εξακολουθήσεις να είσαι παραγωγικός και χρήσιμος και η ζωή σου θα είναι γεμάτη ευχαρίστηση. Πάψε να σκέφτεσαι το μέλλον και ασχολήσου με την αξιοποίηση του σήμερα. Όποια ηλικία κι αν έχεις τώρα, αν νομίζεις πως κάποια μέρα θα πάρεις σύνταξη και τότε θα κάθεσαι να θαυμάζεις τα πουλιά και το ηλιοβασίλεμα, κάνεις μεγάλο λάθος. Αυτή η «δραστηριότητα» θα σε κάνει να νιώθεις άχρηστος, όσο κι αν την διαφημίζουν οι οίκοι ευγηρίας. Μπορείς να ζήσεις με ελευθερία και πληρότητα κάθε λεπτό σου πάνω σ' αυτόν τον πλανήτη και η ηλικία δε θα σου σταθεί ποτέ εμπόδιο, εκτός και αν της το επιτρέψεις εσύ. Αν ζεις τώρα την κάθε στιγμή, δε θα υπάρξει ποτέ ο καιρός της «σύνταξης». Βγάλε, λοιπόν, την ιδέα αυτή από το μυαλό σου. Και αν έχεις μια δουλειά που απεχθάνεσαι και την κάνεις μόνο για να συμπληρώσεις τα χρόνια της σύνταξης, κάθισε και σκέψου ξανά αν θέλεις πραγματικά να σπαταλήσεις τη ζωή σου μ' αυτόν το στείρο τρόπο. Πάψε να αναβάλεις τις ικανοποιήσεις σου. Θυμήσου ότι το μέλλον δεν είναι σίγουρο. Μπορεί να πεθάνεις τη στιγμή ακριβώς που θα αποσύρεσαι στη σύνταξη, έχοντας θυσιάσει ολόκληρη τη ζωή σου γι' αυτό το σκοπό.

● Αν αντιπαθείς τη δουλειά σου σε κάποια υπηρεσία, παραιτήσου. Μη φοβάσαι να διακινδυνεύεις. Αν είσαι άνθρωπος με φιλότιμο, που εκπληρώνει τις υποχρεώσεις του σε μια δουλειά που τον γεμίζει, ποτέ μην ανεχθείς κάτι διαφορετικό και θα βρεις σύντομα μια νέα θέση. Δεν είσαι υποχρεωμένος να μείνεις για πάντα εκεί που βρέθηκες, απλώς και μόνο επειδή είσαι εκεί σήμερα και είναι πιο εύκολο να μείνεις από το να ψάχνεις. Η τόλμη είναι απαραίτητη, αν θέλει κανείς να μη θυματοποιείται από τις υπηρεσίες και τις γραφειοκρατίες.

● Ζήσε τη ζωή σου σαν να σου έμεναν μόνον έξι μήνες ζωής. Όταν σκέφτεσαι πραγματικά το χρόνο και τα άπειρα εκατομμύρια χρόνια, η ζωή σού φαίνεται ξαφνικά τρομακτικά σύντομη. Έξι μήνες είναι σαν έξι λεπτά. Αν είχες μόνον έξι λεπτά να ζήσεις, τι θα έκανες διαφορετικά; Θέσε μετά στον εαυτό σου την πολύ ρεαλιστική ερώτηση: «Γιατί στην οργή δεν το κάνω;». Τώρα... Κάντο!

● Πάψε να χρησιμοποιείς τη δικαιολογία «Έχω αναλάβει την ευθύνη να....», εξηγώντας στον εαυτό σου γιατί δεν μπορείς να ζήσεις μια ικανοποιητική ζωή. Όταν οι θυματοποιοί προσπαθούν να σε κάνουν να πιστέψεις ότι οφείλεις να θυσιάσεις τον εαυτό σου στη δουλειά σου, πέρα από το χρόνο και τον κόπο που σου πληρώνουν, θυμήσου ότι *αυτοί* –συνειδητά ή όχι– κάνουν απλώς αυτό για το οποίο πληρώνονται: σε ξεζουμίζουν όσο γίνεται περισσότερο. Μπορείς σχεδόν πάντα να απαλλαγείς από τις νόμιμες ευθύνες σου *και* να ζήσεις μια ευτυχισμένη ζωή, ιδίως αν πάψεις να εκλογικεύεις τη δυστυχία σου και αποφασίσεις να κάνεις τα πράγματα διαφορετικά.

● Ανάλυσε προσεκτικά τα χαρακτηριστικά της συμπεριφοράς τύπου Α, που αναφέραμε παραπάνω. Ξεκίνησε κάποια άσκηση με σκοπό να εξαλείψεις τη βιασύνη, τη γρήγορη ομιλία κ.λπ. Επιβράδυνε το ρυθμό σου και μάθε να χαίρεσαι τις στιγμές της ζωής.

● Μην παρασύρεσαι από υποσχέσεις εξουσίας, όπως είναι οι τίτλοι που θα σου δοθούν αν εργαστείς σκληρά, οι προαγωγές, τα σήματα για το κράνος σου, τα παράσημα, ένα μεγαλύτερο γραφείο, το όνομά σου στην πόρτα και τα παρόμοια. Όλα αυτά τα σύμβολα γοήτρου τα σείουν μπροστά στα μάτια σου για να σε πείσουν ότι θα είσαι πιο σπουδαίος αν τα πάρεις. Αν εσύ θυμάσαι ότι η αξία σου είναι εσωτερική, δε θα παρασυρθείς από την ανάγκη να συλλέγεις όλο και πιο πολλά εμβλήματα εξουσίας, που δε σημαίνουν τελικά παρά περισσότερες «στιγμιαίες επιδοκιμασίες» από τον κόσμο που συναντάς. Αν δεν είσαι εντάξει με τον εαυτό σου, τότε κανένα από τα εμβλήματα δε θα έχει την παραμικρή αξία, γιατί η ζωή σου θα είναι χαμένη κι εσύ θα το ξέρεις.

• Αρνήσου κατηγορηματικά να λάβεις μέρος σε συμβούλια, που ξέρεις ότι είναι άχρηστα. Μη δεχτείς να γίνεις μέλος ή, αν σε έχουν διορίσει, λάβε μέρος χωρίς να συμμετέχεις ενεργά. Θα διαπιστώσεις πόσο διασκεδαστικό είναι να αποφεύγεις τη συμμετοχή σε ανόητες επιτροπές και ομάδες εργασίας ή μελέτης και πόσο δημιουργικά μπορείς να εξαλείψεις τέτοιους μπελάδες από τη ζωή σου.

• Κατάργησε τις υπερβολικές σου απαιτήσεις για εξαιρετική επίδοση σε οτιδήποτε κάνεις και πάψε να απαιτείς παρόμοια επίδοση απ' αυτούς που αγαπάς. Άφησε στον εαυτό σου την ευχαρίστηση να κάνεις απλώς κάτι. Ζωγράφισε μια εικόνα, έτσι, από κέφι. Μη σκέφτεσαι να «γίνεις ζωγράφος» – απλώς ζωγράφισέ την. Υιοθέτησε μια ανάλογη, μη-ανταγωνιστική στάση, σε όσο περισσότερες δραστηριότητες μπορείς αντί να πιέζεις τον εαυτό σου να είναι τέλειος. Αναρωτήσου γιατί πιέζεις έτσι τον εαυτό σου, ή και την οικογένειά σου. Θα διαπιστώσεις ότι η ανταγωνιστικότητά σου θα βελτιωθεί στους τομείς όπου είναι απαραίτητη ή χρήσιμη, όταν πάψεις να ανταγωνίζεσαι παντού, πράγμα που είναι άχρηστο και καταστροφικό.

• Βάζε κατά μέρος το ρολόι και την ατζέντα σου όσο πιο συχνά μπορείς. Δες αν μπορείς να ζήσεις μια ζωή που δεν είναι πλήρως προσχεδιασμένη. Ακολούθησε την τάση να ζήσεις τη ζωή σου ενάντια στο ρολόι, κάνοντας πράγματα όπως το φαγητό, ο ύπνος, η κουβέντα κ.λπ., όποτε τα θέλεις κι όχι όποτε «πρέπει».

ΣΥΜΠΕΡΑΣΜΑΤΙΚΕΣ ΠΑΡΑΤΗΡΗΣΕΙΣ

Η δουλειά μπορεί να είναι πηγή ευχαρίστησης, αλλά και μια θανάσιμη πηγή θυματοποίησης. Ελάχιστοι είναι εκείνοι που πέφτουν νεκροί από σωματική εξάντληση, όπως γινόταν με τους δούλους σε διάφορα μέρη του κόσμου, πριν από έναν αιώνα· αλλά πολλοί Αμερικανοί σήμερα πεθαίνουν από την υπερβολική ανησυχία και το υπερβολικό άγχος. Αν είσαι κατά οποιοδήποτε τρόπο θύμα του γραφειοκρατικού κατεστημένου, ανεξάρτητα αν τη σκλαβιά σου την έχεις προκαλέσει εσύ, με την υπερβολική σου αφοσίωση, ή αν προέρχεται από τις ιδεολογίες που επιβάλλουν οι διάφορες υπηρεσίες, τις οποίες εσύ αντιμετωπίζεις σαν επίσημους νόμους, έχεις τη δυνατότητα να αντιδράσεις, αποφασίζοντας να αλλάξεις στάσεις και συμπεριφορές. Μια μόνο φορά ζει κανείς, γιατί λοιπόν να ζήσεις στο έλεος των ανθρώπινων οργανισμών; Είναι φανερό ότι δεν πρέπει να συμβεί αυτό – και δε θα συμβεί αν αποφασίσεις να πάψεις να είσαι θύμα.

8

Μάθε να Ξεχωρίζεις τις Κρίσεις από την Πραγματικότητα

Οτιδήποτε υπάρχει σ' αυτόν τον κόσμο,
υπάρχει ανεξάρτητα
από τη γνώμη σου γι' αυτό.

ΚΡΙΣΕΙΣ ΚΑΙ ΠΡΑΓΜΑΤΙΚΟΤΗΤΑ

Όσο παράλογο κι αν φαίνεται αυτό σε πρώτη ματιά, πολλοί άνθρωποι θυματοποιούνται γιατί στηρίζονται περισσότερο στις πεποιθήσεις τους και τις στάσεις τους απέναντι στην πραγματικότητα, παρά στην ίδια την πραγματικότητα.

Πριν αρνηθείς οποιαδήποτε πιθανότητα να ανήκεις σ' αυτό το είδος των ανθρώπων, εξέτασε τα φαινόμενα – το γεγονός δηλαδή ότι όλοι χρησιμοποιούμε καθημερινά λέξεις και προτάσεις, που αποτελούν *κρίσεις* πάνω στην πραγματικότητα, σαν να ήταν αντανακλάσεις της ίδιας της πραγματικότητας. Για παράδειγμα, λέμε συχνά: «Σήμερα είναι φριχτή μέρα». Η φράση αυτή μπορεί να φαίνεται εντελώς φυσική και ασήμαντη, ωστόσο δε βασίζεται στην πραγματικότητα. Η μέρα είναι «φριχτή» ή «όμορφη» ανάλογα με την κρίση σου πάνω σ' αυτήν. Αν παραδέχεσαι ότι βροχερός ίσον φριχτός, τότε θα εκφράζεις την κρίση αυτή κάθε βροχερή μέρα και οι περισσότεροι άνθρωποι στον κόσμο (εκτός από τους αγρότες κ.λπ.) θα συμφωνήσουν μαζί σου. Στην πραγματικότητα, όμως, η μέρα απλώς *υπάρχει* – και το να θέλεις εσύ να τη χαρακτηρίσεις φριχτή ή όχι δεν έχει καμιά σημασία για την ίδια τη μέρα, που θα συνεχίσει να είναι αυτό που είναι, όπως κι αν την έχεις ονομάσει.

Όλες αυτές οι κουβέντες περί κρίσεων και πραγματικότητας μπορεί να φαίνονται άσχετες με τα πρακτικά προβλήματα της θυματοποίησής σου και να βρίσκεις σχολαστική ασημαντολογία την αναφορά σε τόσο ανώδυνες εκφράσεις, όπως είναι «η φριχτή μέρα». Το ίδιο σχήμα όμως γίνεται κρίσιμο, όταν εφαρμόζεται σε περιοχές της ζωής σου όπου η σύγχυση ανάμεσα στις κρίσεις και στην πραγματικότητα μπορεί να σε θυματοποιήσει – άλλωστε, για σκέψου λίγο τι σημαίνει ν' αφήνεις τη βροχή να σου χαλάει, χωρίς σοβαρό λόγο, τη μέρα σου. Αν ζεις τη ζωή σου σύμφωνα με την άποψη ότι κρίσεις και πραγματικότητα είναι το ίδιο πράγμα, έχεις φορτωθεί –χωρίς να το καταλάβεις– ένα σωρό άχρηστα βάσανα. Η σύγκρουση δημιουργείται όταν περιμένεις από τον κόσμο να είναι όπως τον θέλεις εσύ και ενοχλείσαι που δεν είναι τα πράγματα όπως τα περιμένεις ή όπως ήταν παλιά ή, ακόμη χειρότερα, όπως επιμένεις πως πρέπει να είναι. Η σύγκρουση λύνεται μόνον όταν δεις την πραγματικότητα όπως ακριβώς είναι και πάψεις να πληγώνεις τον εαυτό σου, μόνο και μόνο γιατί η γη γυρίζει όπως γυρίζει.

Νά ένα μικρό απόσπασμα από το ποίημα του Στέφεν Κρέην *Ο πόλεμος είναι καλός*, που γράφτηκε το 1899:

> Ένας Άνθρωπος είπε στο Σύμπαν:
> «Κύριε, υπάρχω».
> «Παρ' όλα αυτά», απάντησε το Σύμπαν,
> «Το γεγονός αυτό δε μου δημιουργεί
> καμιά αίσθηση υποχρέωσης».

Αυτή είναι η ουσία της πραγματικότητας. Ο κόσμος δε σου χρωστάει *ούτε* μια ευτυχισμένη ζωή *ούτε* καν τη ζωή σου· και όσο περισσότερο πιστεύεις κάτι τέτοιο, τόσο περισσότερο δυσκολεύεσαι να τ' αποκτήσεις. Η πραγματικότητα απλώς υπάρχει, ανεξάρτητα από το τι ζητάς ή διεκδικείς εσύ, ανεξάρτητα από το πόσο σε αδρανοποιούν οι κρίσεις σου γύρω από το πώς θα 'πρεπε να είναι.

Αυτό δε σημαίνει ότι δεν πρέπει να αγωνιστείς για την κατάργηση των αδικιών και την αλλαγή των καταστάσεων που δε σου αρέσουν. Η αλλαγή βρίσκεται στην καρδιά της προόδου και της ανάπτυξης. Μπορείς, όμως, να δεχτείς τα πράγματα που έχουν ήδη γίνει σαν τελειωμένα και, επομένως, ικανά να σε διδάξουν, αλλά όχι να σε στενοχωρήσουν. Κι όσο για τα πράγματα που συμβαίνουν τώρα και δεν μπορείς να τα αλλάξεις, δεν αξίζουν ούτε κι αυτά τη λύπη σου – γι' αυτό και δεν πρέπει να τα κρίνεις σαν καλά ή κακά, αλλά να δεις απλώς ότι υπάρχουν. Τα πράγματα που προβλέπεις ότι μπορεί να συμβούν και είσαι ικανός να τα επηρεάσεις, προσπάθησε να τα βελτιώσεις. Μην *απαιτείς*, όμως, να γίνουν όπως τα θέλεις, νιώθοντας απογοήτευση αν δε γίνουν.

Οι άνθρωποι, που κατηγορούν συνεχώς την πραγματικότητα, καταδικάζονται μόνοι τους σε μια ζωή γεμάτη ανώφελη οργή και

απογοήτευση. Θυματοποιούν τον εαυτό τους λέγοντας πράγματα όπως τα παρακάτω:
• *«Αυτό δε θα 'πρεπε να συμβαίνει τώρα».* Λέγοντας ότι κάτι που *συμβαίνει* δε θα 'πρεπε να συμβαίνει, θυματοποιείς τον εαυτό σου γιατί στενοχωριέσαι. Όσο πιο πολύ στενοχωριέσαι εξαιτίας της απαίτησής σου να είναι η πραγματικότητα διαφορετική απ' αυτό που είναι, τόσο πιο σφιχτά σε δένουν οι αλυσίδες της νεύρωσης. Αντί γι' αυτό, πες στον εαυτό σου: «Αυτό συμβαίνει τώρα και θα κάνω ό,τι μπορώ να το εμποδίσω ή να φροντίσω να μην ξανασυμβεί».
• *«Ο κόσμος είναι σκληρός».* Οι άνθρωποι που κρίνουν ότι ο κόσμος είναι σκληρός, αντί να τον αποδέχονται, αγνοούν το γεγονός ότι ο ίδιος ο κόσμος δεν είναι σκληρός· ακόμη μια φορά ο κόσμος απλώς είναι ό,τι είναι. «Σκληρός» είναι μια ετικέτα, που τη χρησιμοποιούμε για να κατηγορήσουμε τον κόσμο ότι δεν είναι όπως θα θέλαμε να είναι. Μπορείς να χαρακτηρίσεις όπως θέλεις τον κόσμο και να στενοχωρηθείς μ' αυτούς τους χαρακτηρισμούς, αυτό όμως δε θα τον αλλάξει σε τίποτα. Ένας πιο ρεαλιστικός τρόπος σκέψης θα ήταν ο εξής: «Υπάρχουν πράγματα σ' αυτόν τον κόσμο που θέλω να τα αλλάξω και θα κάνω ό,τι μπορώ γι' αυτό. Τα πράγματα που δεν μπορώ να αλλάξω και που αντιπαθώ θα πάψω να ελπίζω ότι θα γίνουν διαφορετικά, αφού είναι μοιραίο οι προσδοκίες μου να διαψεύδονται πάντα κι εγώ να καταλήγω να στενοχωριέμαι».
• *«Οι άνθρωποι είναι κακοί και αδιάφοροι».* Για άλλη μια φορά οι λέξεις «κακοί» και «αδιάφοροι» είναι χαρακτηρισμοί που τους χρησιμοποιούμε για να αποδοκιμάσουμε ορισμένες συμπεριφορές των άλλων.
Το γεγονός είναι ότι πολλοί άνθρωποι κάνουν συχνά πράγματα που δε θ' αποφάσιζες να κάνεις εσύ και που συχνά τα βρίσκεις αξιόμεμπτα (ή κάτι χειρότερο).
Αν είναι έτσι, μην κάνεις εσύ αυτές τις επιλογές. Μάθε να μην αφήνεις τέτοιου είδους συμπεριφορές να καταπατούν τα δικαιώματά σου ή τα δικαιώματα των άλλων. Αν αυτό έχει γίνει, κάνε ό,τι μπορείς να το σταματήσεις. Μην ξοδεύεις, όμως, την ενεργητικότητά σου μοιράζοντας χαρακτηρισμούς και αφήνοντάς τους να σε στενοχωρήσουν και να σε αδρανοποιήσουν, μόνο και μόνο επειδή υπάρχουν. Και, πάνω απ' όλα, μην ανεβαίνεις στην εξέδρα

και φωνάζεις ότι *όλοι* οι άνθρωποι είναι κακοί και αδιάφοροι, γιατί αυτό σημαίνει ότι έχεις απελπιστεί από τα πάντα –*και από τον εαυτό σου*– και, επομένως, παραιτείσαι από την ίδια τη ζωή σου. Αυτό αποδεικνύει ακριβώς γιατί είναι πιο χρήσιμο να χαρακτηρίζει κανείς συμπεριφορές και όχι ανθρώπους. Οι άνθρωποι αλλάζουν και δεν ταιριάζουν πάντα στα έτοιμα καλούπια. Μπορεί η φράση «Έχουν μια συμπεριφορά κλεψιάς και αλητείας και δεν είμαι διατεθειμένος να το ανεχτώ» να σου φαίνεται ασυνήθιστη, είναι όμως ένας πολύ πιο αποτελεσματικός τρόπος να βλέπεις τους *ανθρώπους, των οποίων αποδοκιμάζεις τη συμπεριφορά.*

● *«Τι φοβερό πράγμα ήταν αυτό».* Τα πράγματα δεν είναι φοβερά, παρά μέσα στο μυαλό του ανθρώπου. Το «φοβερός» δεν ανταποκρίνεται σε κάποια πραγματικότητα του κόσμου, εκφράζει απλώς μια ανθρώπινη κρίση πάνω σε κάτι. Μπορεί αυτό που συνέβη να μη σου αρέσει, είναι όμως μάταιο να το χαρακτηρίζεις *φοβερό* και μετά να κολλάς το μυαλό σου στη λέξη, λες και αυτή είναι το γεγονός. Μπορείς να επισημάνεις το γεγονός που δε σου αρέσει (μια ληστεία, μια χρεοκοπία, ένα ατύχημα) και να διδαχτείς απ' αυτό. Μην ξεχνάς, όμως, ότι ο κόσμος δεν αξιολογεί τα γεγονότα – απλώς του συμβαίνουν. Εσύ μπορείς να χρησιμοποιείς όποιο χαρακτηρισμό θέλεις για να αξιολογήσεις τα γεγονότα, *φτάνει μόνο να μη σε θυματοποιεί.* Αλλά το να ονομάζεις τα πράγματα *φοβερό* σε κρατάει συνήθως σε αδράνεια, μέσα στο παρόν, ενθαρρύνοντάς σε να ξαναφέρεις στη μνήμη σου το «φοβερό». Έτσι, εάν το γεγονός έχει συμβεί σε σένα, γίνεσαι αντικείμενο οίκτου κι αυτό σε θυματοποιεί.

Οι κρίσεις μας μάς θυματοποιούν όταν μας εμποδίζουν να χαιρόμαστε το παρόν ή όταν μας προσφέρουν έτοιμες δικαιολογίες για αυτοκαταστροφικές συμπεριφορές. Όσες κρίσεις πάνω στην πραγματικότητα δε μας θυματοποιούν και μας ευχαριστούν, αξίζουν να τις κρατάμε, φτάνει μόνο να μην ξεχνάμε ότι είναι κρίσεις και όχι η ίδια η πραγματικότητα. Για παράδειγμα, η λέξη *όμορφος* χρησιμοποιείται για κρίσεις πάνω στην πραγματικότητα. Το να χαρακτηρίζουμε ένα λουλούδι όμορφο ή αρωματικό και να το χαιρόμαστε, είναι κάτι θαυμάσιο. Κατά παρόμοιο τρόπο ο χαρακτηρισμός μιας συμπεριφοράς ως καλής, ενδιαφέρουσας, συμπαθητικής λαμπρής, θαυμάσιας, εντυπωσιακής, εξαίσιας, φανταστικής κ.λπ. δε μας θυματοποιεί κατά κανένα τρόπο. Οι κρίσεις όμως που μας αδρανοποιούν, που συγχέονται με την πραγματικότητα ή που φορτώνουν το φταίξιμο γι' αυτό που είμαστε εμείς στους άλλους, στο Θεό ή στον κόσμο, πρέπει να εντοπιστούν και να εξαλειφθούν.

ΠΟΤΕ ΜΗ ΘΥΜΑΤΟΠΟΙΕΙΣΑΙ ΑΠΟ ΤΗΝ ΠΡΑΓΜΑΤΙΚΟΤΗΤΑ

Κοίτα καλά τον κόσμο και τους ανθρώπους. Δες πώς λειτουργεί ο κόσμος, παρατήρησε προσεκτικά όλα τα στοιχεία που αποτελούν αυτό που ονομάζουμε πραγματικότητα. Ό,τι κι αν είναι αυτό που βλέπεις, μάθε να μην αφήνεις τον εαυτό σου να θυματοποιείται απ' αυτό. Ο πλανήτης μας λειτουργεί με κάποιους αρκετά προβλεπόμενους τρόπους, όπως και οι άνθρωποι που τον κατοικούν. Οι μόνοι άνθρωποι που δε θυματοποιούνται είναι αυτοί που δεν ε- μπλέκονται σε ανώφελες συγκρούσεις, που συμπλέουν με τα γεγονότα αντί να αντιστέκονται, και που χαίρονται και απολαμβάνουν ειρηνικά την παραμονή τους σ' αυτή τη γη.

Η πραγματικότητα που βλέπεις είναι απίστευτα γοητευτική, αν καθίσεις να την απολαύσεις. Η έρημος είναι γεμάτη ζέστη και άμμο. Το γεγονός αυτό μπορείς να το ανταγωνιστείς νοητικά, μπορείς να διαμαρτυρηθείς εναντίον του – η έρημος όμως δε θα πάψει να είναι καυτή. Μπορείς, όμως, να διαλέξεις μια άλλη στάση: να κοιτάξεις γύρω σου με άλλα μάτια και ν' αρχίσεις να χαίρεσαι την έρημο γι' αυτό που είναι. Μπορείς ν' αφήσεις τη ζέστη να τυλίγει το σώμα σου, να διαποτίζει το δέρμα σου. Μπορείς ν' ακούσεις και να δεις τις μικρές σαύρες που τρέχουν εδώ κι εκεί, να θαυμάσεις το άνθος του κάκτου, να κοιτάξεις το γεράκι που πλανιέται στα ύψη. Υπάρχουν χιλιάδες τρόποι να χαρείς την έρημο, αν δεν έχεις προαποφασίσει να τη βρεις βαρετή, να παραπονεθείς για τη ζέστη, να ευχηθείς να μη βρισκόσουν εκεί και, γενικά, αν δεν έχεις προαποφασίσει ανόητες στάσεις, που προκαλεί η θυματοποίηση από την πραγματικότητα.

Μια καταιγίδα μπορείς να τη ζήσεις με χίλιους διαφορετικούς τρόπους. Μπορείς να τη φοβηθείς, να κρυφτείς, να την καταδικάσεις, να την καταραστείς· όλες αυτές οι επιλογές θα σου στερήσουν την ευκαιρία να ζήσεις αυτή τη στιγμή της ζωής σου συναρπαστικά και με πληρότητα. Αντίθετα, μπορείς, αν θέλεις, να χαλαρώσεις, να αισθανθείς την καταιγίδα με ολόκληρο το σώμα σου, να τη μυρίσεις, να τη χαϊδέψεις και να μαγευτείς από τη μοναδικότητά της. Όταν η καταιγίδα περάσει, μπορείς να συντονιστείς με το ξαστέρωμα και τα νέα σύννεφα που σχηματίζονται, μπορείς να τα χαζέψεις, να παρατηρήσεις πώς τα κινούν οι άνεμοι, να απολαύσεις τις αλλαγές των σχημάτων τους και να χαρείς την πραγματικότητα της κάθε στιγμής.

Κατά παρόμοιο τρόπο μπορείς να διαλέξεις να ζήσεις απολαυστικά την πραγματικότητα μιας γιορτής, ενός συμβουλίου, μιας μοναχικής βραδιάς, ενός μπαλέτου, ενός ποδοσφαιρικού αγώνα ή ενός φαγητού.

Οτιδήποτε κι αν είναι μια πραγματικότητα –και μπορείς να δεις τις περισσότερες πραγματικότητες σαν αποτέλεσμα της επιλογής σου– μπορείς να την κάνεις ένα συναρπαστικό βίωμα ή μπορείς να θυματοποιηθείς, αποφεύγοντάς την και κρίνοντάς τη με μη ρεαλιστικά κριτήρια. Σκέψου τον παραλογισμό της όλης κατάστασης. Πόσο είναι ανόητο να επιτρέπεις στον εαυτό σου να στενοχωριέται ή να αδρανοποιείται από κάποια πράγματα, όταν η στενοχώρια σου δεν πρόκειται να τα αλλάξει. Την ίδια απάντηση θα σου έδινε η πραγματικότητα, ακόμη κι αν δε στενοχωριόσουν. Το συμπέρασμα φαίνεται αυτονόητο για ένα λογικό άνθρωπο. Αν μπορείς είτε να στενοχωρηθείς είτε να μη στενοχωρηθείς από την πραγματικότητα, ενώ καμιά από τις στάσεις αυτές δεν πρόκειται να την επηρεάσει, το να διαλέξεις να στενοχωρηθείς είναι καθαρή τρέλα.

Ο Χένρι Ντέιβιντ Θορώ έγραψε στη *Λίμνη Γουόλντεν*: «Ποτέ δε βοήθησα πρακτικά τον ήλιο ν' ανατείλει, αλλά το να είμαι εκεί το θεώρησα πάντα απόλυτα σημαντικό». Αυτή είναι η στάση του μη-θύματος. Να είναι εκεί και να απολαμβάνει. Χαλάρωσε περισσότερο. Αναγνώρισε ότι είναι παράλογο να στενοχωριέσαι γιατί τα πράγματα είναι όπως είναι. Πάψε να πιστεύεις ότι υπάρχουν καλές ή κακές μέρες. Μην ξεγελάς τον εαυτό σου. Οι μέρες είναι αυτό που είναι. Η Τετάρτη δεν ενδιαφέρεται να σου αρέσει ή όχι – θα συνεχίσει έτσι κι αλλιώς να είναι Τετάρτη. Η γνώμη σου θα την κάνει κακή *μόνο για σένα*.

ΠΩΣ ΖΗΜΙΩΝΕΣΑΙ ΑΠΟ ΤΙΣ ΠΕΠΟΙΘΗΣΕΙΣ ΣΟΥ

Έχω την πεποίθηση, Γουότσον, εδραιωμένη πά-
νω στην πείρα μου, ότι τα πιο σκοτεινά και ύπο-
πτα στενά του Λονδίνου δεν έχουν να παρουσιά-
σουν φοβερότερο ποσοστό αμαρτιών από την ό-
μορφη και χαμογελαστή ύπαιθρο.

Σερ Άρθουρ Κόναν Ντόυλ
Οι περιπέτειες του Σέρλοκ Χολμς

Ο διάσημος ιδιωτικός ντέτεκτιβ διατυπώνει μια βασική αλήθεια στο μικρό αυτό απόσπασμα. Τα πράγματα που ανήκουν στη σφαίρα των πεποιθήσεων, όπως συμβαίνει με τις «αμαρτίες», υπάρχουν εκεί που τα βρίσκεις εσύ. Αμαρτάνεις μόνο όταν πιστεύεις ότι αμαρτάνεις και ο κάθε άνθρωπος στον κόσμο μπορεί να κρίνει την «αμαρτία» όπως θέλει εκείνος.

Οι πεποιθήσεις σου θα σε θυματοποιήσουν αν σε εμποδίσουν, με κάποιο τρόπο, να λειτουργήσεις αποτελεσματικά μέσα στο παρόν. Πολλές από τις πεποιθήσεις σου, σχετικά με την πραγματικότητα, είναι σωστές και σε βοηθούν να λειτουργείς ομαλά σαν άτομο. Άλλες, όμως, είναι παραπλανητικές και μπορεί να γίνουν καταστροφικές. Περιγράφουμε παρακάτω τρία από τα πιο τυπικά και γενικά είδη πεποιθήσεων, γύρω από την πραγματικότητα, που είναι θυματοποιητικά γιατί ακριβώς δεν αντικαθρεφτίζουν την πραγματικότητα όπως είναι.

1. ΚΑΛΟ ΕΝΑΝΤΙΟΝ ΚΑΚΟΥ Αν πιστεύεις ότι η πραγματικότητα περιέχει πράγματα που είναι καλά ή κακά, όπως περιέχει άλλα πράγματα που είναι πράσινα ή κόκκινα, και σπαταλάς το χρόνο σου κρίνοντας ή προσπαθώντας να διακρίνεις τι είναι το καθένα, τότε έχεις μπει, το λιγότερο, σ' ένα αδιέξοδο μάταιης απογοήτευσης. Το καλό και το κακό είναι κρίσεις απέναντι στα πράγματα του κόσμου και βασίζονται, κατά κανόνα, στις δικές σου προσωπικές προτιμήσεις. Τα πράγματα που σου αρέσουν ή που συμφωνείς μ' αυτά τα ονομάζεις καλά και τα υπόλοιπα κακά. Έτσι, όταν συναντάς κάποιον διαφορετικό από σένα, αντί να τον χαρακτηρίσεις απλώς διαφορετικό, μπορεί να τον χαρακτηρίσεις κακό και να

235

δικαιολογήσεις έτσι το μίσος, την επιθετικότητα ή και τη στενοχώρια σου. Όταν συναντάς εμπόδια στο δρόμο σου, ελαττώματα στα ανθρώπινα έργα, λακκούβες στους δρόμους κ.λπ. μπορείς, αν θέλεις, να τα χαρακτηρίζεις κακά, να βλέπεις μικρούς θύλακες «κακότητας» παντού και να δικαιολογείς την απογοήτευση και την απαισιοδοξία σου. Μπορείς, επίσης, να θυματοποιηθείς από τις απόψεις των άλλων γύρω από το καλό και το κακό, όταν εφαρμόζονται σε σένα. Αν κάποιος πιστεύει ότι η συμπεριφορά σου είναι κακή και σε πιέζει να την αλλάξεις γι᾽ αυτό το λόγο και μόνο, να είσαι βέβαιος ότι έχεις να κάνεις μ᾽ ένα πρόθυμο θυματοποιό.

Ο κόσμος πάντα χαρακτηρίζει τα πράγματα καλά ή κακά, σχεδόν σαν να θέλει να τα κρίνει και να τα ξεχάσει, αντί να τα ζήσει σε βάθος. «Αυτό έχει πολύ κακή μυρωδιά». Ας σκεφτούμε λιγάκι την έννοια της κακής μυρωδιάς. Μπορεί μια μυρωδιά να μη σ᾽ αρέσει κι αυτό ίσως να συμβαίνει γιατί το σώμα σου σε ειδοποιεί, π.χ., πως αυτό που μυρίζεις δεν είναι καλό να το φας. Στην πραγματικότητα, όμως, η ίδια η μυρωδιά δεν είναι ποτέ κακή. Κατά τον ίδιο τρόπο ο κόσμος λέει ότι οι γάτες είναι κακές, γιατί κυνηγούν τα πουλιά. Οι γάτες όμως δεν ξέρουν να είναι τίποτε άλλο από γάτες. Η λέξη *κακός* είναι άστοχη, όταν αναφέρεται σε ζώα, μια και τα ζώα δεν κάνουν παρά μόνον αυτό που ξέρουν να κάνουν. Οι γάτες κυνηγούν από ένστικτο και, αν εσύ τις χαρακτηρίσεις κακές επειδή κυνηγούν, δεν αλλάζεις απολύτως τίποτε. Το μόνο που καταφέρνεις είναι να θυματοποιήσεις τον εαυτό σου με προσδοκίες για μια πραγματικότητα που δε θα υπάρξει ποτέ, ανεξάρτητα από το πώς την χαρακτηρίζεις. Αν έχεις θυματοποιηθεί από το σχήμα *καλός/κακός*, αντικατέστησέ το με σχήματα όπως *υγιεινό/ανθυγιεινό, νόμιμο/παράνομο, αποτελεσματικό/αναποτελεσματικό, λειτουργικό/μη-λειτουργικό*, ζευγάρια αντιθέτων, δηλαδή, που βασίζονται στην πραγματικότητα και μπορούν να έχουν πραγματικό νόημα στη ζωή σου.

2. ΣΩΣΤΟ ΕΝΑΝΤΙΟΝ ΛΑΘΟΥΣ   Κι εδώ πάλι ο άνθρωπος έχει επινοήσει όρους, που χαρακτηρίζουν τη μια συμπεριφορά σωστή και την άλλη λανθασμένη, αυτό το γεγονός σωστό και το άλλο λανθασμένο. Η πραγματικότητα, όμως, δεν έχει καμιά σχέση με τέτοιες κρίσεις. Αν κάποιος σε πείσει πως σφάλλεις (από ηθική ή οποιαδήποτε άλλη άποψη), μπορεί να σε πιέζει ώσπου να φερ-

θείς σωστά, με τον τρόπο δηλαδή που φέρονται οι περισσότεροι άνθρωποι. Αυτό, όμως, δεν αποδεικνύει τη μαγική «ορθότητα» ή το «λάθος» της δικής σου θέσης. Ένας αντικειμενικός παρατηρητής εύκολα διαπιστώνει πως ό,τι είναι «σωστό» για ένα άτομο μπορεί να είναι «λάθος» για ένα άλλο και αντίστροφα. Πρόκειται, δηλαδή, καθαρά για μια κρίση.

Πολλοί άνθρωποι πήγαν και σκοτώθηκαν σε ηλίθιους πολέμους γιατί «αυτό ήταν το σωστό», ακόμη κι αν στο τέλος οι δυο αντίπαλες πλευρές σφίγγουν τα χέρια. Ο κόσμος συχνά πιστεύει ότι η πίστη σε μια χώρα, μια ομάδα, μια σχολή, είναι πάντα σωστή και ότι το να έχεις αντίθετη γνώμη είναι πάντα λάθος. Οι άνθρωποι θυματοποιούν ο ένας τον άλλον λέγοντας ότι η αφοσίωση στην οικογένεια είναι *πάντα σωστή* και ότι πρέπει να λέει κανείς την αλήθεια, γιατί αυτό είναι το σωστό. Κατά ανάλογο τρόπο δεν είναι σωστό να βλαστημάς, να χασμουριέσαι, να φταρνίζεσαι, να κάνεις γκριμάτσες και να βάζεις το δάχτυλο στη μύτη σου. Γιατί; Επειδή ο κόσμος αποφάσισε να αποθαρρύνει τέτοιου είδους συμπεριφορές και όχι επειδή αυτές καθαυτές οι δραστηριότητες έχουν κάτι το βασικά κακό ή λανθασμένο. Εσύ πρέπει να αποφασίσεις μόνος σου αν η συμπεριφορά σου είναι, όχι σωστή ή λανθασμένη, αλλά αποτελεσματική ή αναποτελεσματική, σχετικά με κάποιο νόμιμο στόχο. Ένας τρόπος να αποκαλύψεις τη θυματοποιητική πρόθεση εκείνου που χαρακτηρίζει τη συμπεριφορά σου ως όχι σωστή, είναι να τον καλέσεις να αντικαταστήσει το χαρακτηρισμό με κάποια άλλη περιγραφή, που να αποδεικνύει ότι θυματοποιείς κάποιον άλλον. Αν δεν μπορεί, τότε ή έχει απλώς παραπλανηθεί από το «σωστό» και το «λάθος» ή προσπαθεί να σε θυματοποιήσει.

3. ΟΜΟΡΦΟ ΕΝΑΝΤΙΟΝ ΑΣΧΗΜΟΥ   Όταν εφαρμόζονται στους ανθρώπους οι κρίσεις αυτές, είναι εντελώς εξωπραγματικές. Στην πραγματικότητα κανείς δεν είναι ομορφότερος ή ασχημότερος από τον άλλον: είναι απλώς διαφορετικός. Μια μεγάλη μύτη δεν είναι άσχημη, εκτός κι αν αποφασίσεις να τη θεωρείς έτσι. Οι τριχωτοί άνθρωποι δεν είναι άσχημοι, όπως δεν είναι άσχημοι και οι κοντοί, οι ψηλοί, οι χοντροί, οι κοκαλιάρηδες, οι λευκοί ή οι μαύροι. Όταν η ομορφιά γίνεται κάτι που ή το έχει κανείς ή δεν το έχει, μπορεί να χρησιμοποιηθεί από αυτούς που θα προσπαθούν να

πείσουν όσο γίνεται περισσότερο κόσμο ότι είναι όμορφοι, για να υποβιβάσουν και να θυματοποιήσουν τους υπόλοιπους. Δεν είσαι όμως υποχρεωμένος να συμφωνήσεις σε τίποτε, αν δεν το θέλεις. Μπορείς να διαφωνήσεις στη χρησιμοποίηση όρων, που τοποθετούν μια τάξη ανθρώπων πάνω από μια άλλη, με κριτήρια την «ομορφιά» και την «ασχήμια».

Αν θυματοποιείς τον εαυτό σου με λανθασμένες πεποιθήσεις για το παρουσιαστικό σου, που στην πραγματικότητα είναι πεποιθήσεις άλλων, πέτα μακριά αυτές τις ετικέτες και θα γλιτώσεις από μία «εξωπραγματική» όψη του κόσμου, που είναι σχεδόν πάντα καταστροφική για σένα.

Ο Μαρκ Τουαίν έγραψε κάποτε: «Ο άνθρωπος είναι το μόνο ζώο που κοκκινίζει ή που νιώθει τέτοια ανάγκη». Νομίζετε πως ήξερε ότι το κοκκίνισμα είναι μια αντίδραση σε μια κρίση πάνω στην πραγματικότητα και, δεδομένου ότι μόνο τα ζώα ξέρουν να παίρνουν την πραγματικότητα όπως είναι, χωρίς να την κρίνουν, είναι ανίκανα να νιώσουν ντροπή για κάτι; Δε θα θέλαμε φυσικά να περιοριστούμε στα στενά πλαίσια του ζώου, ίσως όμως αξίζει να παρατηρήσουμε από πιο κοντά τη συμπεριφορά τους και να μάθουμε να μη θυματοποιούμε τον εαυτό μας με κρίσεις πάνω στην πραγματικότητα.

ΕΝΑΣ ΚΑΤΑΛΟΓΟΣ ΠΡΑΓΜΑΤΩΝ, ΠΟΥ ΔΕΝ ΥΠΑΡΧΟΥΝ ΣΤΗΝ ΠΡΑΓΜΑΤΙΚΟΤΗΤΑ

Ρίξτε, έτσι γι' αστείο, μια ματιά στον παρακάτω κατάλογο λέξεων και φράσεων. Αποτελούν κρίσεις που δεν υπάρχουν στην πραγματικότητα, αλλά χωρίς τις οποίες πολλοί άνθρωποι θα θεωρούσαν αδύνατη την ύπαρξή τους. Βρίσκετε πως σας είναι στ' αλήθεια απαραίτητες;

καταστροφές	ένας τέλειος άνθρωπος
τύχη	ένα κουτό πουλί
«λαϊκή απαίτηση»	μια φυσιολογική στάση
λάθη	μια εξασφάλιση
απολύτως	ένα απαίσιο ρούχο
μια άσχημη μυρωδιά	ένα καταπληκτικό χτένισμα
το καλύτερο κρασί	δε θα 'πρεπε

για πάντα
μια ωραία μέρα
μια πετυχημένη σταδιοδρομία
μια όμορφη γυναίκα
ένα φριχτό θέαμα
ο σωστός τρόπος
ένα καλό παιδί
ένα ηλίθιος
ένας άδικος θάνατος
ένα κακό ατύχημα

φοβερή γλώσσα
κακή γραμματική
ένας υπέροχος άνθρωπος
υπερβολικό γούστο
κακοί τρόποι
λίγο έγκυος
ένα καταθλιπτικό παιχνίδι
ένα κατώτερο είδος
μια ρηχή προσωπικότητα
μια αηδιαστική επίδειξη.

Μην ξεχνάτε ότι δεν κρίνω τη χρήση αυτών των εννοιών· υποστηρίζω, απλώς, ότι δεν μπορεί να υπάρχουν στην πραγματικότητα. Εκπροσωπούν όλες μια κρίση πάνω στην πραγματικότητα και, αν αυτή η κρίση δεν είναι αυτοϋπονομευτική, τότε χρησιμοποιήστε την· αν, όμως, σας θυματοποιεί –έστω και λίγο– τότε σκεφτείτε μήπως πρέπει να αναθεωρήσετε τις πεποιθήσεις σας και να υιοθετήσετε νέες, που δεν είναι μόνο βασισμένες στην πραγματικότητα, αλλά βοηθούν και την προσωπικότητά σας.

Η ΓΑΛΗΝΕΥΣΗ ΤΟΥ ΠΝΕΥΜΑΤΟΣ ΣΑΝ ΤΡΟΠΟΣ ΑΠΟΚΤΗΣΗΣ ΜΙΑΣ ΡΕΑΛΙΣΤΙΚΗΣ ΠΡΟΟΠΤΙΚΗΣ

Ακριβώς όπως το σώμα, έτσι και το μυαλό σου χρειάζεται μια σωστή εναλλαγή άσκησης και ανάπαυσης, για να λειτουργεί με τρόπο πλήρη και υγιή. Η ικανότητα να ηρεμείς το πνεύμα σου και να το ελευθερώνεις από τις διαδικασίες της σκέψης, της ανάλυσης, της πρόβλεψης και της αδιάκοπης επανατοποθέτησης του παρελθόντος, είναι πολύ σημαντική και πρέπει να την καλλιεργήσεις, προκειμένου να ελαχιστοποιήσεις τις αυτοϋπονομευτικές σου κρίσεις πάνω στην πραγματικότητα.

Η υπερβολική σκέψη μπορεί να καταντήσει αρρώστια. Συνάντησα πολλούς αρρώστους, που υπέφεραν από το «σύνδρομο του ανήσυχου μυαλού»· ανέλυαν, δηλαδή, τον κόσμο μέχρις εξαντλήσεως και δε χάριζαν ποτέ στον εαυτό τους την ελευθερία μιας γαλήνιας στιγμής, δίχως σκέψη. Ο καλύτερος τρόπος ν' απολαύσει

239

κανείς την πραγματικότητα είναι με τη βίωση και την αίσθηση, μακριά από τη σκέψη. Προσπάθησε να θυμηθείς την ωραιότερη εμπειρία που έχεις ζήσει. Τι είναι εκείνο που την έκανε τόσο εξαιρετική; Το γεγονός ότι ήσουν τόσο πολύ δοσμένος στο βίωμα αυτό, που δεν είχες καν συνείδηση τι σκεφτόσουνα γι' αυτό *όση ώρα συνέβαινε.* Ποια ήταν η συγκλονιστικότερη σεξουαλική εμπειρία της ζωής σου; Όποιες και να ήταν οι περιστάσεις, στη διάρκεια της εμπειρίας σου ήσουν τόσο πολύ απορροφημένος από την πράξη, από τον έρωτα, που το μυαλό σου δε σκεφτόταν πώς θα τα περάσεις καλύτερα, αλλά ήταν κενό από κάθε σκέψη και ανάλυση. Άφηνες το σώμα σου να κάνει αυτό που ήξερε, δηλαδή να ζει μια όμορφη ερωτική εμπειρία – χωρίς να αναλύεις το πώς και το γιατί ή όποια άλλη διαδικασία «ενεργητικής σκέψης».

Η μεγάλη σημασία που δίνεται, τα τελευταία χρόνια, στο διαλογισμό είναι μια ένδειξη της φυσικής μας επιθυμίας να μάθουμε πώς να ξεκουράζουμε το μυαλό μας μέσα στην ξέφρενη δραστηριότητα του σημερινού κόσμου, χωρίς να πάψουμε να λειτουργούμε. Ο διαλογισμός δεν είναι μια μυστικιστική διαδικασία, που απαιτεί να ξοδέψεις χρόνο (και χρήματα) με έναν ειδικευμένο γκουρού, που θα σου παραδώσει τα μυστικά των μεγάλων διδασκάλων. Ο διαλογισμός είναι μια πολύ απλή διαδικασία, που σου επιτρέπει να ανακουφίσεις το κουρασμένο μυαλό σου από την ένταση και το άγχος του στρες, χαλαρώνοντας και κάνοντάς το να σωπάσει. Για να πετύχεις αυτό πρέπει να συγκεντρώσεις την προσοχή σου σ' ένα χρώμα, χωρίς να σκέφτεσαι τίποτε, ή να επαναλαμβάνεις αργά έναν ήχο, αποκλείοντας κάθε άλλη σκέψη. Όταν νιώθεις ότι το πνευματικό σου πεδίο πολιορκείται από κάποια κυριαρχική σκέψη, μην την αφήνεις να περάσει – διώξε την κυριολεκτικά από το μυαλό σου, λέγοντάς της ότι πρέπει να περιμένει να τελειώσει η περίοδος του διαλογισμού σου. Η περίοδος αυτή μπορεί να είναι δεκαπέντε δευτερόλεπτα για τους αρχάριους, ενώ φτάνει ώς τα είκοσι λεπτά, ύστερα από εξάσκηση. Αυτό το είδος της πνευματικής χαλάρωσης είναι εξίσου σημαντικό με την τακτική χαλάρωση του σώματός σου και μπορείς να την εφαρμόζεις όποτε θέλεις.

ΜΑΘΕ ΝΑ ΖΕΙΣ, ΑΝΤΙ ΝΑ ΣΚΕΦΤΕΣΑΙ ΤΗ ΖΩΗ

Για να μάθεις να ζεις χρειάζεται στην πραγματικότητα να μάθεις να *μη* σκέφτεσαι. «Ζω» σημαίνει, απλώς, αφήνω τον εαυτό μου να συμμετέχει σε μια δραστηριότητα και κάνω αυτό που μου έρχεται φυσικά, χωρίς παρέμβαση ή έλεγχο από μέρους του αναθεωρητικού, αναλυτικού και σχεδιαστικού μυαλού. Έτσι, για παράδειγμα, όταν έχουμε διδάξει το σώμα μας πώς να κάνει μια πράξη, το μυαλό μας θα παρεμποδίσει την άνετη εκτέλεση αυτής της πράξης, αν τη σκεφτόμαστε συνεχώς. Σκέψου λίγο τις καθημερινές δραστηριότητες, όπως είναι η οδήγηση του αυτοκινήτου. Όταν μάθεις καλά να οδηγείς μέσα από τη σκέψη και την εξάσκηση, παύεις πια να σκέφτεσαι τι κάνεις την ώρα που οδηγεί το σώμα σου. Το αφήνεις απλώς να κάνει αυτό που έμαθε να κάνει. Όταν θέλεις να στρίψεις, το πόδι σου μετακινείται από το γκάζι στο φρένο για να κόψει ταχύτητα και τα χέρια σου γυρίζουν το τιμόνι, έτσι που το αυτοκίνητο στρίβει μαλακά στη γωνία, χωρίς να αλλάξει λωρίδα ή να φύγει από τη στροφή. Μετά αφήνεις το τιμόνι να ξαναπάρει τη θέση του, αλλάζοντας τη λαβή σου, πατάς ξανά γκάζι κ.λπ. Αν άρχιζες να σκέφτεσαι και να ανησυχείς για την παραμικρή κίνηση που κάνεις, θα διέκοπτες τη φυσική ροή των κινήσεών σου, θα έχανες το συντονισμό σου και θα τα 'κανες θάλασσα. Θα ήταν σαν να ξαναγύριζες στα αρχικά, διστακτικά στάδια της εκπαίδευσης. Σίγουρα έχεις δει οδηγούς, που σκέφτονται συνεχώς την οδήγησή τους. Μοιάζουν να μην έχουν πάψει ποτέ να προσπαθούν, αδέξια και διστακτικά, να «συναρμολογούν κάθε φορά τις γνώσεις τους». Φαίνονται να κατευθύνουν το αυτοκίνητό τους ελέγχοντας νευρικά τις κινήσεις του, σαν να φοβούνται ότι με την παραμικρή ευκαιρία το αυτοκίνητό τους θα πηδήσει έξω από το δρόμο. Ανησυχούν με την κάθε στροφή, με την ταχύτητά τους, με το να μην βγουν απ' τη λωρίδα τους· με δυο λόγια δεν οδηγούν άνετα, γιατί δεν έμαθαν πώς να οδηγούν χωρίς να σκέφτονται.

Το ίδιο ισχύει και για τα αθλήματα, όπως είναι το τένις, το μπάσκετ ή το πιγκ-πογκ. Τα καλύτερα χτυπήματα στο τένις τα κάνεις όταν δε σκέφτεσαι. Αν γαληνέψεις το μυαλό σου και αφήσεις το σώμα σου να κάνει αυτό που ξέρει, τότε θα δεις ότι θα ρίξεις μακρινές μπαλιές, εύστοχα σερβίς κ.λπ. Άλλωστε το τένις θεωρείται ανέκαθεν πνευματικό παιχνίδι και οι προπονητές μιλούν πάντα για πνευματικές στάσεις. Οι καλύτεροι παίχτες είναι αυτοί που χαλαρώνουν πνευματικά, όσο χρειάζεται για να μην τους απασχολεί η επίδοσή τους. Πετυχαίνουν, γιατί κατορθώνουν να αφήνουν το σώμα τους να κάνει αυτό που ξέρει.

Έχω παρακολουθήσει πολλούς αγώνες τένις ανάμεσα σε πρωταθλητές και σε δεύτερους παίχτες, όπου οι τελευταίοι έχουν επιτυχία στην αρχή, κυρίως επειδή ρίχνονται με άνεση στο παιχνίδι. Μέσα στο μυαλό τους δεν ελπίζουν στη νίκη και, επομένως, δεν ανησυχούν. Έτσι στρέφονται προς τη μπάλα κι αφήνουν το σώμα τους να λειτουργήσει. Στη συνέχεια, όμως, καθώς έχουν κερδίσει αρκετούς πόντους, αρχίζουν να σκέφτονται. Έχουν πιθανότητες να κερδίσουν τώρα. Έχουν κάτι να προστατεύσουν. Έτσι αρχίζουν να πιέζονται, να σφίγγονται· το μυαλό τους αναλαμβάνει τον έλεγχο. Προσπαθούν να ελέγξουν τα χτυπήματά τους, να «κατευθύνουν» τη μπάλα – και, πριν καλά καλά το καταλάβουν, έχουν χάσει. Αν είχαν μπορέσει να είναι ώς το τέλος χαλαροί, με αμέτοχο μυαλό, αφήνοντας το σώμα τους να παίξει τένις, ίσως μπορούσαν να διατηρήσουν το προβάδισμα που είχαν εξασφαλίσει μ' αυτόν ακριβώς τον τρόπο. Όπως είδαμε και πιο πάνω, γίνεται φανερό ότι αν θέλεις να κερδίσεις πρέπει ακριβώς να μη σκέφτεσαι τη νίκη.

Οι πρωταθλητές (σ' όλα τα αθλήματα) κάνουν τα πράγματα φυσικά, χωρίς σκέψη, γιατί έχουν ασκήσει το σώμα τους να ανταποκρίνεται αυτόματα στις ακριβείς ανάγκες του παιχνιδιού, στη δεδομένη στιγμή και χωρίς δισταγμό. Λέγεται πως το πετυχαίνουν αυτό με την αυτοσυγκέντρωση, αλλά, αν είναι έτσι, η αυτοσυγκέντρωση αποδεικνύεται το αντίθετο της απασχόλησης με το θέμα, της ανάλυσης, της διερεύνησης όλων των πλευρών ενός ζητήματος και μοιάζει πιο πολύ με το διαλογισμό, παρά με τη σκέψη ή το συλλογισμό. Ο Ρικ Μπάρρυ είναι ικανός να σκοράρει με το ενενήντα τοις εκατό των ελεύθερων βολών του στον ασφυκτικό χώρο του επαγγελματικού μπάσκετ, όχι γιατί σκέφτεται ποια κίνηση πρέπει να κάνει την κάθε στιγμή, αλλά ακριβώς γιατί μπορεί να *μη* σκέφτεται το πρεσάρισμα ή οτιδήποτε άλλο. Ο Τζόνι Γιούνιτας δε σκεφτόταν πού θα βάλει τα χέρια ή τα πόδια του κάθε φορά που έριχνε μια πάσα. Οι μεγάλοι αθλητές δεν κάθονται να εξετάσουν με ποιους τρόπους κινδυνεύουν να αποτύχουν, όπως δεν το εξετάζεις κι εσύ όταν πετάς απλώς ένα χαρτί στο καλάθι των αχρήστων.

Αυτή την προσέγγιση της πνευματικής ηρεμίας μπορείς κι εσύ να την εφαρμόσεις στα αθλήματα που κάνεις, αλλά και σε όλα γενικά τα παιχνίδια της ζωής, μεγάλα ή μικρά. Αν στο τένις δεν είσαι καλός στις ανάποδες, αλλά κάπου κάπου ένα «ασυνείδητο» χτύπημά σου ταξιδεύει άνετα πάνω από το δίχτυ, κατ' ευθείαν στη γωνία του αντιπάλου σου, τότε να ξέρεις ότι κάτι μέσα στο σώμα σου ξέρει πώς να παίζει σωστά και θα κέρδιζε αν δεν το διέκοπτες συνέχεια. Με το να είσαι «ασυνείδητος», αφήνεις την πραγματική, φυσική σου επιδεξιότητα να εκφραστεί. «Ασυνείδητος» σημαίνει πραγματικά να μη σκέφτεσαι τον τρόπο που παίζεις, σημαίνει ν' αφήνεις το σώμα σου να παίζει.

Η σεξουαλική δραστηριότητα είναι άλλος ένας τομέας, όπου χρειάζεται να γαληνέψεις το μυαλό σου και να αφεθείς σε μια απλή, άσκεφτη συμμετοχή στην πραγματικότητα. Άκουσες ποτέ να χρειάζεται να διδάξει κανείς ένα δεκατετράχρονο αγόρι πώς να έχει στύση; Φυσικά και όχι. Είναι όμως πιθανό να έχεις ακούσει ότι χρειάζεται να διδάξει κανείς σε σαραντάχρονους ανώτερους υπαλλήλους πώς να θυμούνται τι είναι στύση. Η ανικανότητα, όπως και οι άλλες διαταραχές της φυσικής συμπεριφοράς, προκαλείται από απασχολήσεις, σκοτούρες ή περισπασμούς, άγχη ή συγκρούσεις. Όλα τα προβλήματα οφείλονται στο μυαλό, που δε σταματάει να σκέφτεται άλλα πράγματα, όπως είναι τα προβλήματα της δουλειάς, και δεν επιτρέπει έτσι στο σώμα να κάνει αυτό που ξέρει καλύτερα από όλους. Η ειρωνεία των περισσότερων σεξουαλικών θεραπειών είναι ότι εστιάζονται στην προσπάθεια να διδάξουν τους ανθρώπους να πάψουν να σκέφτονται και να ανησυχούν για τις σεξουαλικές τους επιδόσεις, ελαφρώνοντας έτσι το σώμα τους από τις πιέσεις που ασκεί πάνω του το δραστήριο και πολυάσχολο μυαλό, πράγμα που μπορεί τελικά να έχει μπλοκάρει τη σωματική τους λειτουργία. Για να ζήσεις την πιο καταπληκτική σεξουαλική εμπειρία της ζωής σου δε χρειάζεσαι τίποτε άλλο από το να βρίσκεσαι με το σύντροφό σου και να απολαμβάνεις το σεξ, αντί να αφήνεις το μυαλό σου να σε παρασύρει προς όλες τις κατευθύνσεις.

Είναι γνωστό σε όλους ότι παύοντας να σκέφτεσαι συνεχώς τα συμπτώματα ορισμένων σωματικών ασθενειών μειώνεις τα ίδια τα συμπτώματα – φτάνει να μην κάνεις παράλληλα κάτι που τα επιδεινώνει. Ο διαλογισμός χρησιμοποιείται όλο και περισσότερο, στη θέση των φαρμάκων και, σε συνδυασμό με τις σωστές ασκήσεις, έχει σαν σκοπό να διακόψει το φαύλο κύκλο των χρόνιων πόνων της πλάτης, που ακολουθούν το ρυθμό: πόνος – σφίξιμο – περισσότερος πόνος – περισσότερο σφίξιμο. Το ίδιο συμβαίνει και με το κοινό κρυολόγημα. Με το να σκέφτεσαι το κρυολόγημα, να μιλάς γι' αυτό, να του «παραδίνεσαι», το πιο πιθανό είναι ότι θα αυξήσεις τα συμπτώματά του (συμπτώματα, που το σώμα σου θα φρόντιζε να τα εξαφανίσει αυτόματα, αν είχε κάτι το σπουδαιότερο να κάνει).

Ο Χάουαρντ έπρεπε να κάνει το πρώτο του άλμα με αλεξίπτωτο. Έφυγε από το σπίτι του με γερό κρυολόγημα – καταρροή, βήχα, βουλωμένη μύτη. Έφτασε στο αεροδρόμιο κι εκεί απορροφήθηκε εντελώς από το άλμα που θα έκανε. Έπρεπε να ακούσει ξανά τον εκπαιδευτή, να ξαναφέρει στο μυαλό του όλες τις οδηγίες, να μπει στο αεροπλάνο, να φορέσει το αλεξίπτωτο, να μετρήσει τα δευτερόλεπτα, να βγει στην πλατφόρμα, να δώσει στο σώμα του τη σωστή θέση και ούτω καθεξής. Πέρασε δύο ώρες ολοκληρωτικά απορροφημένος από τη διέγερση και το ενδιαφέρον της διαδικασίας του άλματος. Όταν γύρισε τελικά στο αυτοκίνητο και ξεκίνησε για το σπίτι του, έχοντας αφήσει πίσω του τον ενθουσιασμό και την έντονη δραστηριότητα, διαπίστωσε ξαφνικά ότι έτρεχε η μύτη του, πρώτη φορά μέσα σε δύο ώρες. Στη διάρκεια της απόλυτης απορρόφησής του από τη διαδικασία της πτώσης με το αλεξίπτωτο, το μυαλό του είχε ξεχάσει το κρυολόγημα και το σώμα του, χωρίς να πάψει να «αντιμετωπίζει» το κρυολόγημα, «γιάτρευε» ταυτόχρονα και τα συμπτώματά του, περίπου όπως κάνουν και τα φάρμακα.

Είχα κάποτε μια πελάτισσα που πάθαινε συχνά διάρροια. Ήξερε καλά πως η αρρώστια της ήταν ψυχοσωματική, γιατί δεν την έπιανε παρά όταν είχε να κάνει κάτι δυσάρεστο. Ήταν όμως αναγκασμένη να οργανώνει κυριολεκτικά τις μέρες της γύρω από τις τουαλέτες και φοβόταν ακόμα και να ταξιδέψει με το αυτοκίνητό της, μήπως και δε βρει εγκαίρως τουαλέτα. Ύστερα από αρκετούς μήνες, όταν έμαθε να ηρεμεί το μυαλό της και να μην το εστιάζει στο πρόβλημά της, προσπαθώντας να το καταπολεμήσει, πράγμα που απλώς αύξαινε την ένταση και χειροτέρευε την κατάστασή της, ξεπέρασε το πρόβλημά της.

Αυτή η στρατηγική αποφυγής της σκέψης (όταν η σκέψη είναι αυτο-υπονομευτική), μπορεί να μας βοηθήσει να απαλλαγούμε α- πό πολλές αναπηρίες. Φυσικά δεν μπορεί να αντικαταστήσει τη σωστή ιατρική περίθαλψη, αλλά όταν η αιτία του προβλήματος είναι στο μυαλό μας ή όταν το μυαλό μας μπορεί να επιδεινώσει τα συμπτώματα ενός σωματικού προβλήματος, πέρα από την πραγ- ματική σοβαρότητά τους, τότε, το να μάθει κανείς να χαλαρώνει, να παύει να σκέφτεται και απλώς να ζει, μπορεί να γίνει ισχυρό αντίδοτο στις σωματικές παθήσεις.

Το υπερβολικό φαγητό και η δίαιτα είναι φυσικά τα καλύτερα παραδείγματα για το πώς μπορεί να σε θυματοποιεί η σκέψη σου. Το σώμα σου ξέρει πώς να βρει το φυσιολογικό του βάρος. Αν είσαι παχύς, είναι σχεδόν σίγουρο πως αυτό οφείλεται στο μυαλό σου κι όχι σε κάποια σωματική βλάβη. Αν πάψεις να θεωρείς το φαγητό πολύτιμο και αποφασίσεις να πάψεις να τρώς τη στιγμή ακριβώς που το σώμα σου δεν πεινάει άλλο, τότε δε χρειάζεται καν να κάνεις δίαιτα. Το σώμα σου συνήθως ικανοποιείται με λίγες μπουκιές. Τα σωματικά συμπτώματα της πείνας εξαφανίζο- νται. Εσύ, όμως, συνεχίζεις να τρως, επειδή έχεις ένα μυαλό που σκέφτεται προσανατολισμένο στην τροφή. Μπορεί να λες στον εαυτό σου ότι «πρέπει» να φας όλο το φαγητό που είναι στο πιάτο σου, ότι είναι ώρα φαγητού, ότι αν δεν φας καλά τώρα θα ξανα- πεινάς σε μισή ώρα, ότι το ψητό είναι υπέροχο, το παγωτό εξαίσιο και όλα τα παρόμοια. Το βρίσκεις φυσικό να πεινάς διαρκώς, έχεις ένα παράλογο φόβο απέναντι στην πείνα. Ακόμα κι όταν έχει ικανοποιηθεί η πείνα σου, εσύ «πεθαίνεις από την πείνα». Στην πραγματικότητα, όμως, έχεις παραγεμίσει με τροφές το σώμα σου και το ξέρεις.

Ένας από τους καλύτερους τρόπους να χάσεις βάρος είναι να βάζεις μια κουταλιά φαγητό τη φορά μέσα στο πιάτο σου. Ύστερα από κάθε μπουκιά, ρώτησε το *σώμα* σου αν πεινάει ακόμη. Αν δεν πεινάει, πάψε να τρως ώσπου να το ξαναζητήσει το *σώμα* σου. Δίνε του μόνο όση τροφή χρειάζεται για να ικανοποιηθεί. Το σώ- μα δεν έχει καμιά διάθεση να είναι παραγεμισμένο και παραφου- σκωμένο. Η υπερτροφία είναι δυσάρεστη για το σώμα σου· αν, λοιπόν, κάνεις να σωπάσει το λαίμαργο μυαλό σου και, συντονι- σμένος με τα σήματα που στέλνει το σώμα σου, προσπαθήσεις να σταματήσεις το υπερβολικό φαγητό, θα συμφιλιωθείς μαζί του.

Τότε το σώμα σου θα σε ανταμείψει, αποκτώντας το σωστό του βάρος. Αυτή η δυσκινησία που νιώθεις, οι κράμπες, η δυσφορία όταν ανεβαίνεις σκάλες και οι πόνοι στην κοιλιά από τα αέρια είναι προειδοποιήσεις του σώματός σου ότι θέλει να το αφήσεις να φάει τόσο μόνον, όσο χρειάζεται για να λειτουργήσει. Πάψε να υπακούς το μυαλό σου σχετικά με την τροφή που θα καταναλώσεις και σύντομα θα βγει στην επιφάνεια το γερό και ικανό σώμα, που κρύβεται πίσω από το υπερτροφικό και αυτο-υπονομευτικό μυαλό.

Το ψεύδισμα και το τραύλισμα προσφέρουν ένα εντυπωσιακό παράδειγμα για το τι μπορεί να κάνει η τεχνική του γαλήνιου μυαλού. Αυτό το είδος διαταραχής της φυσιολογικής συμπεριφοράς είναι, σε όλες σχεδόν τις περιπτώσεις, πρόβλημα ψυχικό μάλλον παρά σωματικό. Το τραύλισμα δημιουργείται όταν μιλάς στον εαυτό σου με τρόπους που οδηγούν σε αφύσικες μορφές επικοινωνίας.

Ο Σέλντον τραύλιζε από πάντα. Ένιωθε ένα φόβο, που ξεκινούσε από τα παιδικά του χρόνια, *ότι δε θα μιλήσει σωστά*, όπως συμβαίνει με τους περισσότερους τραυλούς. Οι υπερβολικά κριτικοί και «τελειοθήρες» γονείς του δεν ανέχονταν «λάθη» και «ανοησίες» από το παιδί τους. Όταν ήταν μικρός, συνεχώς τον διόρθωναν – κι αυτός τους εκδικήθηκε με το να γίνει τραυλός. Το μοναδικό πράγμα που δε θα *τους επέτρεπε* να κατευθύνουν, ήταν η ομιλία του.

Ο Σέλντον κράτησε τη συνήθεια του τραυλίσματος ώς τα σαράντα δύο του χρόνια. Σ' ό,τι αφορούσε το τραύλισμά του, ήταν η κλασική περίπτωση του δυναστευτικού μυαλού. Σκεφτόταν πάντα πριν μιλήσει και, κατά συνέπεια, δεν άφηνε το σώμα του να κάνει αυτό που ήξερε να κάνει – και που ήταν να μιλάει φυσιολογικά, χωρίς δισταγμούς και ελαττώματα. Η πρώτη του κίνηση, επομένως, ήταν να πάψει να σκέφτεται πριν μιλήσει και να επιτρέψει στον εαυτό του την πολυτέλεια του τραυλίσματος, αν το ζητούσε το σώμα του, χωρίς να απασχολεί το μυαλό του με το τι θα σκεφτούν οι άλλοι. Στόχος του ήταν να χαρίσει στον εαυτό του το ψυχικό δώρο της δυνατότητας να τραυλίζει χωρίς να κρίνει τον εαυτό του, λέγοντας ότι απέτυχε ή ότι έκανε κάτι κακό. Χρειάστηκε να μάθει ότι *όπως* και να μιλάς είναι *το ίδιο*, καθώς και ότι η ιδέα ότι η ομιλία πρέπει να γίνεται *σωστά* ήταν απλώς μια κρίση πάνω στην ομιλία.

246

Όταν ο Σέλντον έμαθε να γαληνεύει το μυαλό του και να αφή-- νεται να μιλάει όπως του ερχόταν, έκανε εντυπωσιακές προόδους. Όταν πια έπαψε να ενδιαφέρεται για το πώς θα μιλούσε, το τραύλισμα εξαφανίστηκε. Ταυτόχρονα το γαλήνεμα του μυαλού του τον απάλλαξε από την αυτοϋποτίμηση, που δεν είχε πάψει να τον βασανίζει από την ηλικία των τριών χρόνων.

Σε όλες σχεδόν τις καταστάσεις της ζωής, αφού διδάξει κανείς καλά το σώμα του πώς να φέρεται μέσα από τη διαδικασία της σκέψης, της αναθεώρησης, της εφαρμογής και της διόρθωσης, πρέπει να χαλαρώσει την επίβλεψη και να αφήσει το σώμα του να κάνει αυτό που του έχει διδάξει, χωρίς τις παρεμβολές των πιέσεων από την επίμονη σκέψη. Όσο κι αν φαίνεται περίεργο, η χαλάρωση της επίβλεψης θα βελτιώσει την επίδοσή σου, αντί να την κάνει χειρότερη. Όλοι οι μεγάλοι δάσκαλοι ξέρουν ότι ο άνθρωπος πρέπει να αφεθεί να κάνει τα πράγματα φυσικά, αν θέλει να τα κάνει επιδέξια. Όταν ένας οργανισμός πιέζεται, είτε αυτό γίνεται από μέσα είτε απ' έξω, το μυαλό δουλεύει ενάντια στα πράγματα που θέλει να πετύχει. «Το στρες είναι σαν ο μισός οργανισμός να αγωνίζεται ενάντια στον άλλο μισό». Ο Άγγλος μυθιστοριογράφος Τσαρλς Κίγκσλεϋ έγραψε κάποτε αυτά τα εύστοχα λόγια για την σκέψη, σαν ένα καταστροφικό αίτιο και σύμπτωμα της ανθρώπινης αθλιότητας:

Αν θέλεις να γίνεις δυστυχής, σκέψου τον εαυτό σου, σκέψου τι θέλεις, τι σου αρέσει, τι σκέπτονται οι άλλοι για σένα, πώς πρέπει να σε σέβονται. Ύστερα απ' αυτό τίποτε δε θα ξαναείναι για σένα καθαρό. Θα χαλάς οτιδήποτε αγγίζεις. Θα οδηγείς στην αμαρτία και στη δυστυχία σου οτιδήποτε σου στέλνει ο Θεός. Θα είσαι τόσο δυστυχής, όσο διάλεξες.

Νά που ξαναβρίσκουμε πάλι το ρήμα «διαλέγω». Έχεις την ικανότητα να πάψεις να διαλέγεις ένα μυαλό, που η λειτουργία του έχει σκοπό να σ' εμποδίσει να χαρείς την πραγματικότητα.

ΜΕΡΙΚΕΣ ΤΕΧΝΙΚΕΣ ΧΡΗΣΙΜΟΠΟΙΗΣΗΣ
ΤΗΣ ΠΡΑΓΜΑΤΙΚΟΤΗΤΑΣ
ΓΙΑ ΤΗΝ ΕΞΑΛΕΙΨΗ ΑΥΤΟ-ΥΠΟΝΟΜΕΥΤΙΚΩΝ ΚΡΙΣΕΩΝ

Είτε αποφασίσεις ν' αλλάξεις τα πιστεύω σου είτε όχι, η πραγματικότητα θα συνεχίζει να είναι αυτή ακριβώς που είναι. Αν μπορέσεις να συνειδητοποιήσεις τι ακριβώς σημαίνει μια κρίση πάνω στην πραγματικότητα κι αν διαπιστώσεις ότι οι κρίσεις σου σε βλάπτουν, με οποιοδήποτε τρόπο, τότε μπορείς να τις αλλάξεις και να δεχτείς την πραγματικότητα, αντί να χάνεις τον καιρό σου αξιολογώντας, κρίνοντας και νιώθοντας δυστυχισμένος. Νά μερικές κινήσεις που μπορείς να κάνεις, για να κατανοήσεις πιο βαθιά την πραγματικότητα.

● Ξεκίνα με την πεποίθηση ότι έχεις τη δύναμη να κατευθύνεις εσύ τις στάσεις σου απέναντι στα πάντα. Αν οι στάσεις σου ανήκουν μόνο σε σένα, τότε εσύ τις κάνεις ό,τι θέλεις και δεν είσαι υποχρεωμένος να κρατάς όσες σε υπονομεύουν. Αν επιμείνεις στην ιδέα πως δεν μπορείς ν' αλλάξεις τις σκέψεις και τα αισθήματά σου, γιατί έτσι είσαι φτιαγμένος, τότε έχεις κολλήσει εκεί που βρίσκεσαι και δε σε ξεκολλάει τίποτε. Αποφάσισε να καθορίζεις εσύ τις στάσεις σου, αντί να είσαι δούλος τους.

● Κάνε ασκήσεις εκτίμησης της πραγματικότητας σε καθορισμένα διαστήματα. Προσπάθησε να μελετήσεις ό,τι υποπίπτει στην αντίληψή σου, αντί να το αφήνεις απλώς να σε προσπερνάει. Καταχώρησε όση περισσότερη πραγματικότητα μπορείς μέσα στη συνείδησή σου. Μην αισθάνεσαι υποχρεωμένος να *την κάνεις* κάτι, πέρα από το να τη ζεις. Αν βρίσκεσαι μέσα στο αυτοκίνητο, παρατήρησε το ρυθμό της κυκλοφορίας, δες ποιος βρίσκεται μπροστά σου, κοίταξε το εσωτερικό του αυτοκινήτου σου ή το τοπίο που προσπερνάς, τα κιγκλιδώματα ασφάλειας, τα σύννεφα, τα κτίρια, την κατεύθυνση του ανέμου κι οτιδήποτε άλλο μπορείς να παρατηρήσεις. Κάνε τις ασκήσεις αυτές και, τότε, όχι μόνο θα βγάλεις απ' τη ζωή σου την ανία, αλλά θα αναπτύξεις *συνήθειες*, που θα σε βοηθήσουν τελικά να κάνεις απολαυστική κάθε στιγμή της ζωής σου.

● Αναθεώρησε το λεξιλόγιό σου και τον τρόπο που μιλάς για την πραγματικότητα. Βρες πόσες φορές την ώρα χρησιμοποιείς εκφράσεις που αντανακλούν πεποιθήσεις και όχι πραγματικότητες. Πόσες φορές λες ότι τα πράγματα είναι άσχημα, η μέρα φριχτή ή ότι κάποιος είναι ασήμαντος, άσχημος κ.λπ.; Μάθε να διορθώνεις τον εαυτό σου, όταν γίνεται καταστροφικά κριτικός. Αλλάζοντας τον τρόπο ομιλίας σου, θα αλλάξεις και τη στάση σου απέναντι στην αποδοχή της πραγματικότητας και θα διαπιστώσεις έτσι ότι ξαλαφρώνεις τη ζωή σου από πολλές περιττές στενοχώριες.

● Όταν ακούς κάποιον να λέει κάτι με το οποίο διαφωνείς έντονα, εξάλειψε τη βία από την εσωτερική σου αντίδραση. Γιατί να στενοχωριέσαι, επειδή κάποιος δε βλέπει τον κόσμο σαν κι εσένα; Στην πραγματικότητα, κάθε άνθρωπος είναι διαφορετικός και όσο λιγότερο ασχολείσαι και στενοχωριέσαι με το γεγονός αυτό, τόσο πιο υγιής θα είσαι και τόσο περισσότερο θα κινείς μόνος σου τα νήματά σου. Αν έχεις στενοχωρηθεί με κάτι και ξέρεις ότι θα σου περάσει, φρόντισε να σου περάσει όσο γίνεται πιο γρήγορα. Αυτή η «τεχνική μείωσης του χρόνου» θα σε βοηθήσει να μάθεις να μην αφήνεις να σε αδρανοποιεί ό,τι έχει πια περάσει. Τελικά θα αποκτήσεις τη συνήθεια να μη στενοχωριέσαι ποτέ για πράγματα που δεν μπορείς να αλλάξεις και θα μάθεις να ενεργείς αντί να λυπάσαι.

● Αντιμετώπισε την πραγματικότητά σου με τρόπο προσωπικό. Μάθε να βλέπεις τα πράγματα με τρόπους που *δεν* τα βλέπουν οι άλλοι. Αν οι άλλοι προτιμούν να στενοχωριούνται μ' αυτό που εσύ έχεις διαλέξει να εκτιμάς, τόσο το χειρότερο. Άστους να βράζουν στη δυστυχία τους, αν αυτό προτιμούν· εσύ, όμως, μπορείς να κάνεις τη συνειδητή εκλογή (που ενδεχόμενα θα γίνει ασυνείδητη εκλογή) να χαίρεσαι την κάθε στιγμή της ζωής σου. Θυμήσου το γνωστό στίχο του Γουόλτ Ουίτμαν: «Για μένα κάθε ώρα του φωτός και του σκοταδιού είναι ένα θαύμα. Κάθε κυβικό εκατοστό του διαστήματος είναι ένα θαύμα».

● Μετρίασε την τάση σου να αξιολογείς, να ζυγίζεις, να αναλύεις και να ερμηνεύεις τον κόσμο και αντικατέστησε αυτή την ανώφελη δραστηριότητα με δράση, χαρά, ζωή κι αγάπη. Μάθε να συλλαμβάνεις τον εαυτό σου τη στιγμή που επιδίδεται σ' αυτή τη διαδικασία της αξιολόγησης και αποφάσισε ότι δε χρειάζεται να αναλύσεις το συγκεκριμένο πράγμα. Το καλύτερο που έχεις να κάνεις, είναι να το απολαύσεις.

Έμαθες εδώ και πολλά χρόνια να δίνεις σημασία στα βραβεία και στην αξιολογική διαδικασία. Σαν φοιτητής διδάχτηκες ότι τα πράγματα έχουν αξία, μόνο αν οι καθηγητές σου συμφωνούσαν σ' αυτή την αξιολόγηση· αλλιώς, ήταν άχρηστα. Στην πραγματικότητα, όμως, αυτή η αξιολογική διαδικασία είναι ανόητη, αφού στο χώρο της πραγματικότητας τίποτε δεν παρουσιάζεται με την ετικέτα του καλύτερου ή του χειρότερου. Αν έχεις μάθει να μετράς τη ζωή συνειδητά ή ασυνείδητα, με «όρους σχολικούς», όπως, π.χ., «Αυτή η μέρα παίρνει άριστα», θα καταλήξεις να εξαρτάσαι πάντοτε από την αξιολόγηση της επίδοσης ή της δραστηριότητας. Ξέχνα αυτή τη νευρωτική ενασχόληση με τη βαθμολογία, που έμαθες σαν παιδί, και προχώρησε στην πράξη. Αν διατηρήσεις τη «βαθμολόγηση» σαν μέρος της λειτουργίας σου, ένα από τα επακόλουθα θα είναι να συνηθίσεις να στέκεσαι μακριά από οτιδήποτε δε σου εξασφαλίζει το «άριστα» – και να χάσεις, έτσι, όλα σχεδόν τα ευχάριστα γεγονότα της ζωής. Ίσως κάποτε να είχες πειστεί ότι το «άριστα» έδινε στα πράγματα την αξία τους. Αν είναι έτσι, τότε σε ξεγέλασαν και ίσως να στενοχωρήθηκες όταν δε συνάντησες το «άριστα» παντού – δε χρειάζεται, όμως, να ξεγελιέσαι και τώρα.

● Ζύγισε όλες τις σχέσεις σου όχι σαν μόνιμες καταστάσεις, αλλά σαν συνεχώς αναθεωρούμενες αποφάσεις ανανέωσης αυτού που γίνεται μέχρι τώρα. Για την ακρίβεια, ξέχασε τη λέξη *σχέσεις*. Αναγνώρισε ότι δεν μπορείς να ζήσεις με ένα πρόσωπο παρά μόνο στο παρόν και, επειδή θέλεις αυτό το παρόν να είναι απολαυστικό, θα φροντίσεις να γίνει. Όλες σου οι κουβέντες περί μονιμότητας μπορεί να σβήσουν σ' ένα λεπτό, με το θάνατο του συντρόφου σου ή με την απόφασή του να μη συνεχίσει μαζί σου. Γιατί, όμως, να στενοχωριέσαι επειδή δεν υπάρχει «ιδανική» μονιμότητα, όταν μπορείς να ζήσεις ευτυχισμένα τη συγκεκριμένη στιγμή;

● Δέξου το γεγονός ότι θα υπάρχουν πάντοτε εκκεντρικοί, τρελοί, ηλίθιοι, εγκληματίες, προκατειλημμένοι – κι ένα σωρό άλλοι άνθρωποι που αντιπαθείς. Αντί να τους χαρακτηρίζεις σαν κακούς και να τα βάζεις με τον κόσμο που ανέχεται τέτοια «κακά στοιχεία», θυμήσου ότι μπορεί κι αυτοί να σε βλέπουν σαν κακό και, αν περνούσε από το χέρι τους (που δεν περνάει), θα φρόντιζαν να εξαφανίσουν το είδος σου από προσώπου γης. Παραχώρησέ τους, λοιπόν, την ξεχωριστή τους πραγματικότητα και μην αφήνεις την ύπαρξη τέτοιων ανθρώπων να κινεί τα συγκινησιακά σου νήματα.

250

● Πάψε να πιστεύεις ότι κατέχεις τους άλλους. Βγάλε από το μυαλό σου την αυταπάτη ότι τα παιδιά σου, ο σύντροφός σου, οι φίλοι σου ή οποιοσδήποτε άλλος σου χρωστάνε κάτι, μόνο και μόνο επειδή ζουν μαζί σου, εργάζονται με σένα ή για σένα κ.λπ. Ποτέ δε θα μπορείς να τους κατέχεις και, ευτυχώς, ποτέ δε θα μπορέσεις να τους κάνεις να σκέφτονται όπως εσύ, μόνο και μόνο επειδή καταφέρνεις να τους εκβιάζεις. Οπλισμένος με τη γνώση αυτή μπορείς να ξεφορτωθείς ένα σωρό δυσάρεστους πονοκεφάλους και μια αυτοπροκαλούμενη θυματοποίηση· άφησέ τους, απλώς, να *είναι* αυτό που είναι. Μπορείς να προσφέρεις τις συμβουλές σου στους νέους και να βοηθήσεις όσους το ζητούν, ποτέ όμως δε θα μπορέσεις να τους κατέχεις και τίποτα δεν αλλάζει το γεγονός αυτό, όσο κι αν στενοχωριέσαι.

● Μην επιτρέπεις στους άλλους να σε διορθώνουν και εξάλειψε κάθε δική σου ενδεχόμενη τάση να διορθώνεις τους άλλους, προσπαθώντας να τους κάνεις να δουν το «σωστό» – όπως νομίζεις εσύ πως είναι το «σωστό». Η συνήθεια π.χ. να διορθώνεις συνεχώς την ομιλία των άλλων ή να ελέγχεις τις αφηγήσεις τους, εντοπίζοντας την παραμικρή υπερβολή ή ανακρίβεια, είναι μια πολύ βάρβαρη θυματοποιητική συνήθεια. Όταν διορθώνεις συνεχώς τους άλλους, στέλνεις το μήνυμα ότι εσύ ξέρεις πώς θα έπρεπε να φέρονται και ότι πρέπει πάντα να σε ρωτούν πριν κάνουν κάτι. Αν κάποιος άλλος διορθώνει συνεχώς την ομιλία σου, σταμάτησέ τον λέγοντας: «Με ξαναδιόρθωσες πάλι χωρίς λόγο. Μήπως νομίζεις ότι ξέρεις πώς πρέπει να μιλάω εγώ;» ή «Κατάλαβες τι ήθελα να πω; Αν ναι, τότε σε τι νομίζεις ότι χρειάζεται η γλώσσα; Για να επικοινωνούμε ή για να παίζουμε το "σωστό ή λάθος";». Η στάση σου αυτή θα δείξει στον άλλο ότι δεν έχεις καμιά διάθεση να αφήσεις τους άλλους να κατευθύνουν τη ζωή σου και δε χρειάζεσαι να αξιολογούν άλλοι την πραγματικότητά σου. Όπως είδαμε και στην περίπτωση του τραυλίσματος, τα παιδιά που οι μεγάλοι τα διορθώνουν συνέχεια καταλήγουν να κλείσουν το στόμα τους –με τον ένα ή τον άλλο τρόπο–, γιατί δεν ανέχονται τέτοιες θυματοποιητικές επεμβάσεις στη ζωή τους. Έχω συναντήσει πολλούς καλοπροαίρετους γονείς που πιστεύουν ότι, διορθώνοντας συνεχώς τα παιδιά τους, δείχνουν πόσο ενδιαφέρονται για την επικοινωνία – στην πραγματικότητα, όμως, δεν κάνουν τίποτε άλλο από το να βασανίζουν αδιάκοπα τα παιδιά, διδάσκοντάς τα να μη σκέφτονται ή να μη μιλούν από μόνα τους.

● Εφάρμοσε ασκήσεις γαλήνευσης του μυαλού, όπως είναι ο διαλογισμός – ιδιαίτερα στις πιο πολυάσχολες μέρες σου. Διώξε όλες σου τις σκέψεις και άφησε απλώς το σώμα και το μυαλό σου να χαλαρώσουν και να επιβραδύνουν την κίνησή τους. Όταν πάψεις να ασχολείσαι τόσο πολύ με την ανάλυση της ζωής και αρχίσεις να τη ζεις, τότε θα μάθεις να την εκτιμάς πραγματικά και να την απολαμβάνεις.

ΣΥΜΠΕΡΑΣΜΑ

Η πραγματικότητα απλώς υπάρχει. Αυτό το φιλοσοφικό αξίωμα και η στάση ζωής που το συνοδεύει είναι τόσο σημαντικά για την απελευθέρωσή σου από τη θυματοποίηση, όσο και τα πιο συγκεκριμένα μαθήματα των προηγούμενων κεφαλαίων. Στην πραγματικότητα σ' αυτό καταλήγουν, κατά κάποιο τρόπο. Το να μάθεις να απολαμβάνεις τη ζωή, χωρίς να τα βάζεις με την πραγματικότητα, καταστρέφοντας έτσι τη μοναδική σου ευκαιρία για ευτυχία, μπορεί να γίνει το πρώτο και τελευταίο βήμα στην αναζήτηση της απόλυτης αυτο-ολοκλήρωσης.

9

Πώς να Είσαι Δημιουργικά Ζωντανός μέσα σε Κάθε Κατάσταση

Δεν υπάρχει δρόμος για την ευτυχία·
η ευτυχία είναι ο δρόμος.

Επιλογές έχεις πάντα. Κάθε κατάσταση μπορείς να διαλέξεις πώς θα την αντιμετωπίσεις και πώς θα τη ζήσεις. Η λέξη *επιλογή* είναι πολύ σημαντική σ' αυτό το κεφάλαιο, γιατί θα σε παρακινήσει να ξαναδείς με πιο ανοιχτό μυαλό ορισμένες στάσεις, που πιθανόν να σε εμπόδιζαν να είσαι δημιουργικά ζωντανός. Σ' όποια στιγμή της ζωής σου και να βρίσκεσαι, όποιες και να 'ναι οι συνθήκες, μπορείς να χρησιμοποιήσεις τις περιστάσεις για να διδαχτείς και να ωριμάσεις, διαλέγοντας να μην αδρανοποιηθείς συγκινησιακά. Είτε βρίσκεσαι σ' ένα κρεβάτι νοσοκομείου, σε μια φυλακή, σε μια δουλειά ρουτίνας, στο κέντρο της πρωτεύουσας ή στην επαρχία, είτε είσαι καθηλωμένος είτε κάνεις ένα μακρύ ταξίδι, το πού βρίσκεσαι δεν έχει σημασία. Μπορείς να είσαι ζωντανός και να κερδίσεις κάτι από το βίωμά σου· μπορείς είτε να απολαύσεις αυτό που έχεις είτε να αγωνιστείς για να βρεθείς σ' ένα άλλο, πιο δημιουργικό μέρος.

Η ΕΝΝΟΙΑ ΤΗΣ ΔΗΜΙΟΥΡΓΙΚΗΣ ΖΩΝΤΑΝΙΑΣ

Με τη λέξη «δημιουργικός» δεν εννοώ να έχει κανείς κάποια συγκεκριμένη επιδεξιότητα στις τέχνες ή να είναι σε θέση να δημιουργήσει πολιτιστικά. Η «δημιουργικότητα» εδώ δεν έχει καμιά σχέση με τη λογοτεχνία, τη ζωγραφική, τις επιστήμες ή κάποιον άλλον από τους κλασικούς ορισμούς της. Σε συνδυασμό με τη ζωντάνια, η «δημιουργικότητα» αναφέρεται στην ικανότητα του ατόμου να αναλάβει οποιοδήποτε έργο μέσα στη ζωή. Αν προτιμήσεις να συμβουλευτείς τον εαυτό σου αντί για ένα βιβλίο ή τις ιδέες κάποιου άλλου, για το πώς πρέπει να γίνουν τα πράγματα, μπορείς να είσαι δημιουργικός κάνοντας οτιδήποτε. Το μη-θυματικό άτομο συμμετέχει δημιουργικά σε κάθε κατάσταση της ζωής και δεν αφήνει να το θυματοποιήσουν καταστάσεις, στις οποίες μόνο του αποφάσισε να μπει.

Δημιουργική ζωντάνια είναι να κοιτάς γύρω σου, τον περίγυρο μέσα στον οποίο βρέθηκες, και να λες: «Πώς μπορώ να τον μετατρέψω σε καταπληκτική εμπειρία; Τι μπορώ να πω, να αισθανθώ ή να κάνω, που θα μου προσφέρει μάθηση και ολοκλήρωση;». Τη στάση αυτή μπορείς να την έχεις όποτε θέλεις και όποτε αποφασίσεις να πάψεις να θυματοποιείσαι από τον εαυτό σου και από τους γύρω σου.

Ένα αποτυχημένο πάρτι αποτελεί την κλασική περίπτωση όπου όλοι θυματοποιούν τον εαυτό τους, επειδή τους λείπει η δημιουργική ζωντάνια. Οι συζητήσεις είναι άτονες και στρέφονται γύρω από ασήμαντα θέματα, όπως το χρώμα των κουρτινών ή το κούρεμα του γρασιδιού. *Οι περισσότεροι* καλεσμένοι είναι θύματα, που κάθονται σε μια γωνιά και σκέφτονται –ίσως θυμωμένα– πόσο βαρετοί είναι όλοι. Αυτός, όμως, *που δεν είναι* θύμα βάζει το μυαλό του να δουλέψει και προσπαθεί ν' αλλάξει τα πράγματα ή, τουλάχιστον, να μη θυματοποιείται από τον περίγυρο. Ξέρει ότι έχει εκατοντάδες επιλογές και αρχίζει να επινοεί ευχάριστες εναλλακτικές λύσεις.

Μπορεί να σηκωθεί όρθιος και να μείνει έτσι, ενώ όλοι οι άλλοι είναι καθιστοί, μέχρι που να παραξενευτούν όλοι από τη συμπεριφορά του. Μπορεί να κάνει την ερώτηση: «Πόσο κοντά φτάνει μια μύγα στο ταβάνι πριν γυρίσει ανάποδα, δεδομένου ότι δεν μπορεί να πετάξει ανάποδα;». Ή μπορεί να καλέσει κάποιον ενδιαφέροντα τύπο να πάνε μια βόλτα, ακόμα και στη μέση της νύχτας. Μπορεί να ζητήσει από κάποιον να χορέψουν με τη μουσική του ραδιοφώνου ή να ρωτήσει τι άρωμα προτιμά ο καθένας. Μπορεί ν' αφήσει το μυαλό του ελεύθερο να πλανηθεί στη δική του δημιουργική Οδύσσεια. Μπορεί ν' αρχίσει να σκαρώνει ένα μυθιστόρημα επί τόπου. Υπάρχουν χιλιάδες άλλες συζητήσεις εκτός απ' τις κουρτίνες – γιατί ένα δημιουργικό άτομο δε θα δεχτεί να γίνει δέσμιος των περιστάσεων.

ΜΑΘΕ Ν' ΑΓΑΠΑΣ ΤΗ ΘΕΣΗ ΣΟΥ

Πόσες φορές έχεις ακούσει τον κόσμο να μιλάει για βαρετές πόλεις, βαρετά γεγονότα, απαίσια μέρη; Ο δημιουργικά ζωντανός άνθρωπος αγαπάει πάντα τη θέση του, αφού η στάση του είναι: «Αυτή είναι η θέση που βρίσκομαι τώρα. Είναι προτιμότερο να τη συμπαθήσω αντί να την αντιπαθήσω και να θυματοποιηθώ α- πό τη στενοχώρια μου».

Ο κόσμος βάζει συνεχώς ερωτήματα σαν κι αυτό: «Σου αρέσει η Νέα Υόρκη;». Και βέβαια σου αρέσει, κυρίως αν ζεις στη Νέα Υόρκη. Αν πας στο Μπίσμαρκ, στο Μπέρμιγχαμ ή στη Μπίθεσδα θα σου αρέσει εκεί. Οι γεωγραφικές τοποθεσίες είναι απλώς μέρη, κομμάτια γης με ορισμένα διακριτικά χαρακτηριστικά – και φυσικά θα θυμάσαι από το Κεφάλαιο 8 ότι τα μέρη δεν μπορεί να είναι αντιπαθητικά, αλλά ότι κρίνονται έτσι από τους ανθρώπους.

Μπορεί να σου αρέσει ο δρόμος που μένεις, το σπίτι που ζεις, το πάρτι που πας, η παρέα που έχεις – κυρίως όταν αναγνωρίσεις ότι τα μέρη όπου βρίσκεσαι είναι κατά ενενήντα εννιά τοις εκατό επιλογή σου και μόνο το ένα τοις εκατό οφείλεται στις περιστάσεις. Σχεδόν πάντα εσύ αποφασίζεις πού θα βρεθείς. Τι κέρδος έχεις, λοιπόν, πηγαίνοντας σε μέρη που δε σου αρέσουν; Αν βρεθείς σ' ένα μέρος που δε θα 'θελες να βρεθείς, αλλά απ' όπου δεν μπορείς να φύγεις, όπως είναι η φυλακή ή ένα συμβούλιο, τότε τι νόημα έχει να το αντιπαθείς, αφού δεν έχεις καμιά πιθανότητα να πας κάπου αλλού;

Προσπάθησε με όλη σου τη δύναμη να κόψεις την αυτοθυματο- ποιητική συνήθεια να αντιπαθείς τα μέρη που έχεις διαλέξει να βρεθείς. Δώσε στον εαυτό σου ευκαιρίες να είσαι δημιουργικά ζωντανός, αντί να τον πληγώνεις με παράπονα που δεν οδηγούν παρά σε μεγαλύτερη αντιπάθεια για τη θέση σου.

Η ΖΩΗ ΕΙΝΑΙ ΜΙΑ ΑΔΙΑΚΟΠΗ ΣΕΙΡΑ ΕΜΠΕΙΡΙΩΝ ΚΙ ΟΧΙ ΜΙΑ ΜΟΝΑΔΙΚΗ ΕΜΠΕΙΡΙΑ

Πολλοί άνθρωποι θυματοποιούν τον εαυτό τους, βλέποντας τη ζωή σαν μια εμπειρία που πρέπει να κριθεί συνολικά σαν καλή ή κακή. Αν ένα τέτοιο άτομο ζήσει μια σειρά από κακές εμπειρίες, βλέπει τη ζωή του σαν κακή.

Η ζωή, όμως, δεν είναι μια ενιαία εμπειρία. Η ζωή αλλάζει συνέχεια και η κάθε μέρα –η κάθε στιγμή τής κάθε μέρας– αντιπροσωπεύει κάτι εντελώς καινούριο, που δεν υπήρχε προηγουμένως και που μπορεί να χρησιμοποιηθεί με αμέτρητους καινούριους τρόπους, αν αποφασίσεις να το δεις έτσι.

Εκείνοι που βλέπουν τη ζωή τους ενιαία δεν είναι ποτέ ευτυχισμένοι, γιατί –συνειδητά ή ασυνείδητα– αναθεωρούν συνεχώς και κρίνουν τη ζωή τους, πράγμα που τους φέρνει σε αντίθεση με την πραγματικότητα και καταστρέφει το παρόν. Πιστεύουν, κατά κανόνα, ότι οι άλλοι είναι τυχεροί που ζουν ευτυχισμένοι, ενώ στους ίδιους έτυχε μια ζωή γεμάτη στενοχώριες. Είναι μπλοκαρισμένοι, επειδή πιστεύουν πως δεν έχουν κανέναν έλεγχο πάνω στη μοίρα τους.

Οι υποστηρικτές της εξελισσόμενης εμπειρίας, όμως, ζουν τα πράγματα πολύ διαφορετικά. Βλέπουν τη ζωή σαν κάτι που αλλάζει διαρκώς και, επομένως, σαν κάτι που μπορούν να το κατευθύνουν σε μεγάλο ποσοστό. Αναζητούν νέους τρόπους ζωής, αντί να μένουν κολλημένοι στους παλιούς. Η αλλαγή δεν τους τρομάζει. Αντίθετα, την περιμένουν με ανοιχτές αγκάλες.

Μια από τις πιο αποφασιστικές στιγμές της ζωής μου μού έτυχε εδώ και πολλά χρόνια, όταν χρειάστηκε να επιτηρήσω επί σαράντα πέντε λεπτά ένα αμφιθέατρο, σαν αντικαταστάτης καθηγητής. Στον πίνακα ανακοινώσεων της αίθουσας ήταν γραμμένη η φράση: «Η επιτυχία είναι ταξίδι, όχι προορισμός».

Μελέτησα τα λόγια αυτά επί σαράντα πέντε λεπτά και τα άφησα να διαποτίσουν το μυαλό μου. Ώς τη μέρα εκείνη έβλεπα τη ζωή σαν μια σειρά από προορισμούς – γεγονότα, αν το προτιμάτε. Τα απολυτήρια, τα πτυχία, οι βαθμοί, ο γάμος, τα παιδιά, η προαγωγή, όλα αυτά τα γεγονότα ήταν προορισμός – κι εγώ πήγαινα από σταθμό σε σταθμό, αντί να βλέπω τον εαυτό μου σαν ταξιδιώτη.

Τη μέρα εκείνη ορκίστηκα μέσα σ' εκείνη την αίθουσα να πάψω να αξιολογώ την ευτυχία με κριτήριο το φτάσιμο στους προορισμούς και να δω ολόκληρη τη ζωή μου σαν ένα συνεχές ταξίδι, που την κάθε στιγμή του μπορούσα να την απολαύσω απόλυτα. Αυτή η επιτήρηση στο φοιτητικό αμφιθέατρο χάρισε στον πρώην καθηγητή ένα από τα σημαντικότερα μαθήματα της ζωής: Μην αξιολογείς τη ζωή σου, με βάση τις ασήμαντες ή εντυπωσιακές επιτυχίες σου στην πορεία τής. Αν το κάνει αυτό, θα είσαι καταδικασμένος να αναζητάς συνεχώς νέους προορισμούς, χωρίς να επιτρέπεις ποτέ στον εαυτό σου να ικανοποιηθεί. Ό,τι κι αν πετύχεις, θα είσαι υποχρεωμένος να προγραμματίζεις την επόμενη επιτυχία, για να έχεις ένα νέο μέτρο του πόσο πετυχημένος και ευτυχής είσαι. Αντί γι᾽ αυτό, ξύπνα και άρχισε να χαίρεσαι οτιδήποτε συναντάς στο δρόμο σου. Απόλαυσε τα λουλούδια, που βρίσκονται εδώ για να τα χαίρεσαι. Συντονίσου με την ανατολή, τα μικρά παιδιά, το γέλιο, τη βροχή, τα πουλιά. Ρούφηξέ τα όλα, αντί να περιμένεις να φτάσεις σε κάποια μελλοντική στιγμή, όπου θα σου είναι επιτρεπτό να χαλαρώσεις. Και, στ᾽ αλήθεια, η επιτυχία –ακόμη κι η ίδια η ζωή– δεν είναι τίποτα παραπάνω από στιγμές που απολαμβάνεις, μία κάθε φορά. Όταν καταλάβεις την αρχή αυτή, θα έχεις πάψει σε μεγάλο βαθμό να είσαι θύμα. Θα πάψεις να αξιολογείς την ευτυχία σου με βάση την επιτυχία και θ᾽ αρχίσεις να βλέπεις το ταξίδι της ζωής σαν πηγή χαράς. Για να το πούμε με μια φράση, *δεν υπάρχει δρόμος για την ευτυχία· η ευτυχία είναι ο δρόμος.*

ΜΕΤΑΤΡΕΨΕ ΤΗΝ ΑΤΥΧΙΑ ΣΕ ΕΥΚΑΙΡΙΑ

Η ικανότητά σου να είσαι δημιουργικά ζωντανός σε όλες σχεδόν τις περιστάσεις της ζωής θα εξαρτηθεί, σε μεγάλο βαθμό, από τη στάση που θα επιλέξεις. Και η πιο κρίσιμη δοκιμασία των επιλογών σου θα γίνει στις αναποδιές και όχι όταν όλα τα πράγματα πηγαίνουν καλά.

Ίσως να το βρίσκεις πιο εύκολο, όσο κι αν είναι καταστροφικό, να υποχωρείς στην ατυχία και να γίνεσαι θύμα των αρνητικών σου συναισθημάτων. Αν, όμως, είσαι αρκετά αποτελεσματικός στην εξάλειψη των θυματικών προσδοκιών σου, μπορείς να προσπαθήσεις να αντιστρέψεις την κατεύθυνση της ατυχίας, κάνοντάς τη να δουλέψει για λογαριασμό σου. Το κρίσιμο χαρακτηριστικό της στάσης σου πρέπει να είναι η ετοιμότητα να εκμεταλλευτείς τις καταστάσεις σου. Αυτό σημαίνει να εστιάζεις τις προσδοκίες σου στην επιθυμία σου να βγεις από την κατάσταση σαν μη-θύμα και να 'χεις τα μάτια σου ανοιχτά, ψάχνοντας την ευκαιρία. Ακόμα κι αν η ευκαιρία δε δοθεί, μπορείς να κρατήσεις τη θετική σου στάση, ώστε η κατάθλιψή σου να μη σου κρύβει τα πιθανά πλεονεκτήματα.

Όταν ήσουν παιδί δε σου περνούσε ποτέ από το μυαλό ότι η ζωή θα μπορούσε να είναι για σένα μια μεγάλη δυστυχία. Έτσι μπορούσες θαυμάσια να αγνοείς τις αναποδιές και να εκμεταλλεύεσαι τις καταστάσεις. Όταν μια χιονοθύελλα ματαίωνε κάτι που είχες προγραμματίσει, δεν έχανες τον καιρό σου θρηνώντας γι' αυτό που έχασες. Αντίθετα, γινόταν για σένα μια ευκαιρία να παίξεις, να φτιάξεις πύργους και χιονάνθρωπους, να παίξεις χιονοπόλεμο, να κερδίσεις χρήματα φτυαρίζοντας χιόνι κ.λπ. Τότε δεν είχες χρόνο για παράπονα· ήσουν ολόκληρος δοσμένος στη ζωή με δημιουργική ζωντάνια.

Κάποτε ήξερες πώς να κάνεις ανεκτή μια βαρετή μέρα στην τάξη, επινοώντας απρόοπτες διακοπές. Μπορούσες να διασκεδάσεις με οτιδήποτε, γιατί είχες τη φυσική ικανότητα να είσαι δημιουργικά ζωντανός σε κάθε περίσταση.

Ίσως να έχεις χάσει λίγη απ' αυτή την ικανότητα, έχοντας αφήσει τον εαυτό σου να θυματοποιείται από μια στάση παραίτησης, όταν τα πράγματα δεν πάνε όπως τα θέλεις. Και ίσως, κατά συνέπεια, νιώθεις ξεγελασμένος, επειδή δεν έχεις αυτή τη στάση και συμπεριφορά της γρήγορης μεταστροφής, που είχες σαν παιδί.

Για να στρέψεις τις αναποδιές προς όφελός σου απαιτείται να αναγνωρίζεις εγκαίρως τα ειδικά εμπόδια, που χρησιμοποιούν τακτικά οι άλλοι για να σε κάνουν να νομίσεις ότι είσαι παγιδευμένος, ώστε να υποχωρήσεις τελικά και να δεχτείς πρόθυμα την τιμωρία σου, επειδή είσαι ζωντανός. Αν ένα θύμα έχει πειστεί πως δεν μπορεί να κάνει τίποτε απέναντι στη δυστυχία, τότε κινδυνεύει να καθηλωθεί για πάντα. Μερικά παραδείγματα τέτοιων κλασικών αποτρεπτικών κόλπων είναι τα εξής:

1. *«Θα σας ειδοποιήσουμε όταν έρθει η ώρα.»* Αυτό είναι ίσως η πιο καθαρή απόπειρα να σε ξεφορτωθούν. Σου λένε καθαρά να καθίσεις και να περιμένεις και είναι σαν να σε συμβουλεύουν: «Φύγε τώρα και φέρσου σαν ένα καλό θυματάκι». Τέτοιου είδους αναβολές πρέπει φυσικά να τις καταπολεμήσεις, επινοώντας αθόρυβα δικές σου στρατηγικές, για να πετύχεις το σκοπό σου. Ο-

ποιος κι αν είναι ο τρόπος σου (να αναφερθείς στον ανώτερο, να γράψεις ένα γράμμα ή να γλιστρήσεις κρυφά και να πάρεις αυτό που θέλεις χωρίς να το ξέρει κανείς), απλώς αρνήσου να αποθαρρυνθείς, έστω κι αν υπάρχουν πολλοί άλλοι που το δέχονται.

2. *«Το έμβασμα είναι στο ταχυδρομείο.»* Αυτή η παροιμιώδης πλέον φράση σού υπόσχεται πως αυτό που περιμένεις έρχεται – εσύ, όμως, φυσικά δεν το λαβαίνεις, γιατί έχει γίνει κάποιο μπέρδεμα στο ταχυδρομείο, για το οποίο φυσικά δεν ευθύνεται αυτός που σου χρωστάει. Κι εσύ δεν έχεις κανένα τρόπο να μάθεις αν «το έμβασμα» έχει σταλεί πραγματικά. Αυτή η στρατηγική έχει στόχο να σε κρατήσει σε απόσταση, ελπίζοντας ότι τελικά θα τα παρατήσεις. Αν αυτό που περιμένεις είναι κυριολεκτικά μια επιταγή, α-ντιμετώπισε την κατάσταση απαιτώντας να σου στείλουν μια άλλη (η εξαργύρωση εκείνης που είναι «στο ταχυδρομείο» μπορεί πάντα να ματαιωθεί), απαιτώντας απόδειξη αποστολής από το λογιστή-ριο, ζητώντας να δεις τον ανώτερο ή οποιονδήποτε αρμόδιο. Μην αφήσεις, όμως, την αποτρεπτική φράση να σε κρατήσει σ' αυτή τη θέση.

3. *«Δεν είναι δικό μου το λάθος, τι θέλεις από μένα;»* Με το να βάζει εσένα σε θέση άμυνας και να απαλλάσσει τον εαυτό του, ο θυματοποιός προσπαθεί, σ' αυτή την δύσκολη κατάσταση, να σε κάνει να φύγεις. Μπορείς, όμως, να τον εμποδίσεις να σε ξεφορ-τωθεί, ακόμα και να σε καθυστερήσει, λέγοντάς του ότι δεν ψά-χνεις ποιος φταίει· το μόνο που σ' ενδιαφέρει είναι το αποτέλε-σμα.

4. *«Φταίει ο ηλεκτρονικός υπολογιστής.»* Η υπηρεσία πάντα υ-ποσχόταν να σε «ειδοποιήσει εγκαίρως». Μερικά εμβάσματα «εί-ναι στο ταχυδρομείο» από την εποχή του σιδήρου και σίγουρα κάποιος προϊστορικός άνθρωπος ανακάλυψε πως αν «δεν ήταν δικό του λάθος», μπορούσε να αποφύγει άνετα κάθε υποχρέωση. Αλλά ο υπολογιστής έχει γίνει κυριολεκτικά και μεταφορικά η ειδική προσφορά του εικοστού αιώνα στον κατάλογο των αποδιο-πομπαίων τράγων της ανθρωπότητας, για κάθε είδους ταλαιπω-ρία και θυματοποίηση. Ο κόσμος ξεχνάει συνήθως ότι μπορείς να παρακάμψεις ένα υπολογιστή, πηγαίνοντας κατευθείαν σ' αυτούς που τον τροφοδοτούν, όσο κι αν οι θυματοποιοί προσπαθούν –για δικό τους όφελος– να μας πείσουν ότι βρίσκονται και οι ίδιοι στο έλεος του άκαρδου και ξεροκέφαλου μηχανικού τέρατος. «Σκουπί-

δια βάζεις, σκουπίδια βγάζεις», λέει η παροιμία του υπολογιστή· αν, λοιπόν, ο υπολογιστής σε κατακλύζει με σκουπίδια, ψάξε να βρεις αυτόν που τα 'βαλε μέσα. Θύμισέ του πως ισχύει πάντα η ακλόνητη αλήθεια ότι αν κάποιος σε χτυπήσει μ' ένα σφυρί, δε φταίει το σφυρί.

Αυτοί είναι τέσσερις βασικοί τύποι ειδικών εμποδίων – και υπάρχει φυσικά μια ατέλειωτη ποικιλία για τον καθένα. Όταν, όμως, βλέπεις τα πράγματα να σου πηγαίνουν ανάποδα, αρκεί να είσαι άγρυπνος, έτοιμος και, πάνω απ' όλα, δημιουργικά ζωντανός και πρόθυμος να αναλάβεις διορθωτική δράση, για να μη γίνεις θύμα κανενός.

Ο ΤΡΟΠΟΣ ΝΑ ΚΑΝΕΙΣ ΚΑΤΙ ΔΕΝ ΕΙΝΑΙ ΠΟΤΕ ΕΝΑΣ

Η τέχνη να είσαι δημιουργικά ζωντανός απαιτεί να απαλλαγείς, όσο γίνεται περισσότερο, από την ακαμψία σου. Αν πιστεύεις ότι υπάρχει ένας σωστός τρόπος για το κάθε πράγμα και ότι πρέπει να φέρεσαι με έναν ειδικό τρόπο, την κάθε στιγμή, τότε δε σου λείπει μόνον η δημιουργικότητα, αλλά και ο αυθορμητισμός. Αν «κολλάς» και κάνεις πάντα τα πράγματα με ορισμένους τρόπους και επιβάλλεις τα μονολιθικά αυτά κριτήρια και στους άλλους, θα γίνεσαι θύμα κάθε φορά που οι συνθήκες αλλάζουν και απαιτούν εναλλακτικές συμπεριφορές. Αν, όμως, έχεις ανοιχτό μυαλό και αντιμετωπίζεις πολλούς πιθανούς τρόπους να εκτελέσεις το ίδιο έργο, μπορείς να διατηρήσεις την προτίμησή σου σε ορισμένους, αλλά δε θα τυφλωθείς αναγάγοντάς τους σε απόλυτες επιταγές.

Ο Στιούαρτ είναι μόνον είκοσι έξι χρονών, αλλά έχει ήδη αναπτύξει τη «μονόδρομη» στάση. Ενώ είναι εξαιρετικά ικανός λογιστής, δυσκολεύεται όλο και πιο πολύ στις σχέσεις του με τη γυναίκα του και τους συναδέλφους του.

Ο Στιούαρτ μού εμπιστεύτηκε, σε μια συμβουλευτική συνεδρία, πως πίστευε ακράδαντα ότι δεν υπάρχει καμιά δικαιολογία να μην κάνει κανείς τα πράγματα «σωστά». Χρησιμοποιούσε πολύ τις λέξεις «σωστό», «άψογο», «ακριβές», στο καθημερινό του λεξιλόγιο και ήταν αποφασισμένος να αποδείξει ότι η γυναίκα του και τα παιδιά του έκαναν συνεχώς λάθη. Μου παραπονέθηκε ότι περνούσε ώρες ολόκληρες διδάσκοντας το μικρό του γιο να κάνει κάποιες απλές δουλειές και ότι, στη συνέχεια, γινόταν έξω φρενών όταν έβλεπε το παιδί να τις κάνει με εντελώς διαφορετικούς τρόπους – κατά τη γνώμη του, «επίτηδες». Κατά ανάλογο τρόπο η γυναίκα του τον νευρίαζε με την απροθυμία της να ακολουθήσει τους δικούς του κανόνες για το πώς έπρεπε να διευθύνει το σπιτικό τους. Ο Στιούαρτ, όμως, επέμενε να την κάνει να ενεργεί με το δικό του τρόπο: το *σωστό* τρόπο. Έφτασε, μάλιστα, να της υποδεικνύει πώς πρέπει να κρατάει το βιβλιάριο των επιταγών της και γινόταν έξω φρενών όταν δεν έγραφε σωστά μια επιταγή, έκανε λάθος στην ημερομηνία ή κάποιο άλλο από από τα εκατό κλασικά πράγματα, που τρέλαιναν το Στιούαρτ.

Η συμβουλευτική μας θεραπεία βοήθησε το Στιούαρτ να εξετάσει τη δική του ακαμψία, αντί να κατηγορεί τη γυναίκα του για το πείσμα της. Σύντομα ο Στιούαρτ ανακάλυψε ότι ζούσε τη ζωή του με βάση «μονόδρομες» αρχές και συνειδητοποίησε ότι λίγοι άνθρωποι τον ήθελαν για παρέα, εξαιτίας ακριβώς της μονομανίας του να κάνουν οι άλλοι τα πράγματα όπως ήθελε εκείνος. Πάντα αυτός διάβαζε τους κανόνες, όταν έπαιζαν παιχνίδια, όπως κροκέ ή Μονόπολη, και επέμενε στην απαράβατη τήρησή τους, σε σημείο να χαλάει η διασκέδαση των παιδιών. Μια φορά μάλιστα παραδέχτηκε ότι συμφωνούσε με τη διασκέδαση, φτάνει να γινόταν σωστά, ακολουθώντας τους κανόνες. Δεν μπορούσε να καταλάβει πώς γίνεται να διασκεδάζει κανείς παραβαίνοντας τους κανόνες ή και φτιάχνοντας δικούς του πότε πότε.

Ο Στιούαρτ άρχισε να κάνει ασκήσεις για να απαλλαγεί από την αδρανοποιητική ακαμψία του. Άργησε πολύ να συνέλθει, όπως συμβαίνει συχνά (και είναι ευνόητο γιατί) με πολλούς άκαμπτους ανθρώπους, ύστερα όμως από μερικούς μήνες άρχισε να χαλαρώνει και να επιτρέπει στον εαυτό του και στην οικογένειά του περισσότερο αυθορμητισμό και περισσότερες επιλογές. Οι ανελαστικές του στάσεις τροποποιήθηκαν τελικά και στο επίπεδο της δουλειάς, όπου παραδέχτηκε ότι τα λογιστικά βιβλία δεν τηρούνται απαραίτητα μόνο με το δικό του τρόπο – αν και όταν τέλειωσε η θεραπεία του, πέντε μήνες αργότερα, δεν έδειξε πρόθυμος να αλλάξει τη δική του λογιστική συμπεριφορά.

Ο Φρειδερίκος Νίτσε είπε κάποτε:

Αυτός είναι ο τρόπος μου...
Ποιος είναι ο δικός σου;
Ο τρόπος δεν υπάρχει.

Αυτό είναι ένα πολύ κατάλληλο σύνθημα για ανθρώπους που θέλουν να βελτιώσουν τη δημιουργική τους ζωντάνια και να εξαλείψουν την αυτοϋπονομευτική ακαμψία από τη ζωή τους. Αν έχεις επαγγελματική σχέση με κάποιον που σε θυματοποιεί με την άκαμπτη νοοτροπία του, θα είσαι ανόητος αν δεν εξετάσεις τις δυνατότητές σου να διακόψεις αυτή τη σχέση. Φαντάσου για μια στιγμή πόσο επικίνδυνος είναι ένας δικηγόρος που αρνείται να μεταβάλει τη στρατηγική του κάτω από το φως νέων στοιχείων ή ένας χειρούργος που, ακόμα κι αν έχει καινούριες ενδείξεις, επιμένει ότι το πρόβλημά σου είναι η σκωληκοειδίτιδα και προχωρεί στην εγχείρηση που έχει «προγραμματίσει». Ένας ξεροκέφαλος άνθρωπος δεν είναι ποτέ καλός επαγγελματίας και αποτελεί έναν δυνητικό κίνδυνο, που αξίζει να τον βγάλεις από τη ζωή σου.

Ας εξετάσουμε λίγο περισσότερο την ακαμψία, που θα μπορούσε να ονομαστεί και «θανατηφόρα αντιδημιουργικότητα» στο κρίσιμο πεδίο της ιατρικής. Έχουν γραφτεί πολλά, τον τελευταίο καιρό, για τον τρομακτικό αριθμό των περιττών εγχειρήσεων που γίνονται στη χώρα μας. Πολλές γυναίκες, ιδιαίτερα, θυματοποιούνται κάθε χρόνο με περιττές υστερεκτομές, ωοθηκεκτομές και άλλες γυναικολογικές επεμβάσεις, που θα μπορούσαν να αποφευχθούν. Αν δεν πιστεύετε πως πρόκειται για σοβαρό πρόβλημα, ρίξτε μια ματιά στην παρακάτω διαφήμιση του Κυανού Σταυρού / Κυανής Ασπίδας της Νέας Υόρκης, που δημοσιεύθηκε στις 10 Νοέμβρη 1976 στο *Newsday*. Ο τίτλος της καταχώρησης είναι Α-ΧΕΙΡΟΥΡΓΙΚΗ. Η ΘΕΡΑΠΕΙΑ ΧΩΡΙΣ ΣΗΜΑΔΙΑ. Η διαφήμιση λέει στη συνέχεια: «Αχειρουργική. Η ουλή που δεν υπάρχει, γιατί δε σας άγγιξε το μαχαίρι. Αχειρουργική. Η γνώμη του δεύτερου χειρούργου που επισκεφτήκατε και που είπε ότι η εγχείρηση δεν ήταν απαραίτητη. Αχειρουργική. Η χειρουργική γνώμη που δε σας κοστίζει, γιατί είναι ένα δώρο από τον Κυανό Σταυρό και την Κυανή Ασπίδα». Η διαφήμιση περιγράφει στη συνέχεια τι πρέπει να κάνει κανείς για να εξασφαλίσει μια δωρεάν δεύτερη γνώμη από έναν χειρούργο και ακολουθεί το μεγάλο επιχείρημα (απόδειξη ότι πολλοί γιατροί είναι αποφασισμένοι να λύσουν το πρόβλημα μόνο με το δικό τους τρόπο και αντιπαθούν τη δεύτερη και τρίτη γνώμη): *Ο πρώτος σας χειρούργος δε χρειάζεται να μάθει τίποτα.*

Για ποιο λόγο φτάνει μια εταιρεία ιατρικής περίθαλψης να διαφημίζει ότι πληρώνει τη δεύτερη χειρουργική γνώμη και υπόσχεται ότι θα κρατήσει τη γνώμη αυτή κρυφή από τον πρώτο γιατρό του αρρώστου; Απλώς, γιατί πολλοί γιατροί έχουν τόσο άκαμπτη γνώμη που δε δέχονται ούτε ν' ακούσουν για δεύτερη γνωμάτευση. Βλέπουν τα πράγματα μονολιθικά, ακόμα κι αν η *δική τους* περιορισμένη ματιά καταδικάζει *εσένα* να χάσεις μερικά όργανα από το σώμα σου.

Φυσικά, πάρα πολλοί χειρούργοι θέλουν και, κατά κανόνα εξασφαλίζουν πάντα, μια δεύτερη, μια τρίτη ή και μια τέταρτη ακόμη γνώμη – και είναι απόλυτα λογικό κάθε ικανός γιατρός, *που* παραδέχεται ότι είναι άνθρωπος, να θέλει να επιβεβαιώσει τη διάγνωσή του για εγχείρηση από όσο γίνεται περισσότερους ειδικούς. Ο κόσμος, όμως, χρειάζεται προστασία από τα «μονολιθικά» μυαλά της ιατρικής. Ο δρ. Άρνολντ Χ. Χάτσνέκερ αφού μελέτησε την φιλολογία γύρω από τις χειρουργικές εξελίξεις στις ΗΠΑ, συμπέρανε, στο βιβλίο του *Η θέληση να ζήσεις:* «Σήμερα παραδεχόμαστε πως τα θύματα των βιαστικών διαγνώσεων των χειρούργων είναι εκατομμύρια».

Κανένας άνθρωπος, που αρνείται να είναι θύμα, δε θα δίσταζε να μαζέψει όσες ιατρικές γνώμες τού είναι απαραίτητες για να σχηματίσει τη δική του γνώμη, πριν συμφωνήσει να χειρουργηθεί. Και αν ο γιατρός του δείξει την παραμικρή επιφύλαξη, ο μη-θυματικός άρρωστος θα φροντίσει να βρει έναν άλλο γιατρό, που να βάλει τη ζωή και την υγεία του αρρώστου του πιο πάνω από την προσωπική του ματαιοδοξία και ακαμψία. Η ακαμψία βασιλεύει και στο χώρο της εκπαίδευσης, όπου τα παραδείγματα ξεκινάνε από τους δασκάλους –που πιστεύουν ότι υπάρχει ένας μόνον τρόπος να διδάξεις την αριθμητική, να οργανώσεις εργαστήρια, να συντάξεις εκθέσεις και αναλύσεις– ώς τους καθηγητές πανεπιστημίου, που απαιτούν να γράφονται οι εργασίες σύμφωνα με συγκεκριμένους κανόνες ύφους. Οπωσδήποτε τα έχετε υποστεί όλα αυτά, στα χρόνια του σχολείου – και τις περισσότερες φορές ακολουθήσατε, κι ακόμα ακολουθείτε, τη λογική τους, γιατί το αντίθετο θα σας θυματοποιούσε με κακούς βαθμούς ή με «καθυστερήσεις»· με δυο λόγια: με «αποτυχία». Σήμερα, όμως, δεν είσαστε υποχρεωμένοι να ακολουθείτε αυτή τη λογική και, κατά τον ίδιο τρόπο, δε χρειάζεται να επιβάλετε τη μονολιθική νοοτροπία μάθησης στα παιδιά σας.

Κάθε φορά που κάποιος διδάσκει στους άλλους πως δεν υπάρχει παρά ένας τρόπος να κάνουν κάτι, τους προετοιμάζει για θύματα. Κανένας δημιουργικός συγγραφέας δε συμβουλεύεται τη γραμματική για να δει πώς θα χρησιμοποιήσει τη φυσική του γλώσσα. Παρόμοια, κανένας μεγάλος καλλιτέχνης δεν πιστεύει ότι υπάρχει μόνον ένας δρόμος στη ζωγραφική, τη γλυπτική ή τη σύνθεση. Η μεγαλοσύνη σ' οποιονδήποτε τομέα είναι πάντα μοναδική, δε θυμίζει κανέναν άλλον και δεν μπορεί να επιβληθεί σε κανέναν άλλον – αν και μπορεί να καλλιεργηθεί από άλλους. Γι' αυτό δίδαξε τον εαυτό σου και τους άλλους να είσαι ευέλικτος και ανοιχτός στους άπειρους τρόπους εκτέλεσης ενός πράγματος, χωρίς ποτέ να ξεχνάς πως αύριο μπορεί να είναι καταλληλότερος ένας άλλος δρόμος.

Ο Σόμερσετ Μωμ περιέλαβε αυτή τη λακωνική περιγραφή ενός «άκαμπτου» χαρακτήρα στο μυθιστόρημά του *Ανθρώπινη Δουλεία*: «Όπως όλοι οι αδύναμοι άνθρωποι, έδινε υπερβολική σημασία στο να μην αλλάζει γνώμη».

Τόσο τα θύματα, όσο και οι θυματοποιοί, ακολουθούν αυτήν τη στενή δίοδο προσέγγισης στη ζωή, που τους εμποδίζει να ωριμάσουν και να επιτρέψουν την ωρίμανση στους άλλους.

Η ΣΗΜΑΣΙΑ ΤΗΣ ΕΠΙΜΟΝΗΣ

Τα θύματα συνήθως παραιτούνται, επηρεασμένα από τη συναισθηματική καθήλωση. Αν θέλεις να μην είσαι θύμα, πρέπει να παραιτηθείς από την παραίτηση και να βάλεις στη θέση της μια στέρεη επιμονή.

Όπως εξηγήσαμε και πιο πάνω, πολλοί θυματοποιοί ξεκινούν υπολογίζοντας ότι αν αποθαρρύνουν ένα διαμαρτυρόμενο θύμα με αρκετές αναβολές, στο τέλος το θύμα θα εγκαταλείψει τη μάχη. Πολλές δίκες γίνονται πάνω σ' αυτό ακριβώς το σενάριο. Οι δικηγόροι των θυματοποιών ξέρουν καλά πως αν το «ανθρωπάκι», που έχουν απέναντί τους, δεν μπορεί να δει τη νίκη του μέσα στον ίδιο χρόνο –ή το πολύ στον επόμενο– είναι πολύ πιθανό να πει: «Δεν πάει στο διάβολο...». Και ένα από τα κυριότερα στοιχεία του νομοθετικού μας συστήματος είναι ακριβώς να αποθαρρύνει τον κόσμο να ζητάει «καθημερινή δικαιοσύνη», βαραίνοντάς το με δυσανάλογο κόστος. Γι' αυτό και πρέπει πάντα ν' αποφασίζεις μόνος σου αν αξίζει τον κόπο να επιμείνεις, στο δικαστικό στίβο ή αλλού, ή αν η επιμονή αυτή κινδυνεύει να σε θυματοποιήσει περισσότερο. Με αρκετή φαντασία, όμως, μπορείς αρκετά συχνά να βρίσκεις τρόπους να επιμένεις χωρίς να μπαίνεις σε περιττά μπερδέματα ή, αν έχεις τα μέσα, μπορείς να αναθέσεις σε άλλους να επιμένουν για λογαριασμό σου.

Η απόφασή σου να μη θυματοποιηθείς απαιτεί συνήθως να επιλέξεις ποιες μάχες θα δώσεις, αντί να τις αποφύγεις, και μετά να στείλεις το μήνυμα ότι είσαι πρόθυμος να φτάσεις όσο μακριά χρειάζεται, προκειμένου να κερδίσεις. Σπάνια θα σε ωφελήσει, συχνά μάλιστα θα σε βλάψει, το να αναγγείλεις ότι θα πολεμήσεις για κάτι μ' έναν ορισμένο τρόπο, χωρίς να είσαι αποφασισμένος να κρατήσεις το λόγο σου. Στη ζωή –όπως και στο πόκερ– η μπλόφα δεν αξίζει παρά μόνον αν έχεις τη φήμη ότι δεν μπλοφάρεις. Ο Ραλφ Τσάρελ, στο βιβλίο του *Πώς μετατρέπω τα Συνηθισμένα Παράπονα σε χιλιάδες Δολάρια: Το Ημερολόγιο ενός Δύσκολου Πελάτη*, μας παρουσιάζει ένα χρονικό για το πώς κερδίζει η επιμονή, πώς η αποφασιστικότητά του και η επιμονή του να φτάσει τον πόλεμο ώς το τέλος τού χάρισε τη νίκη ενάντια στους επαγγελματίες θυματοποιούς του καταναλωτή, που θεωρούνται παγκοσμίως οι πιο δύσκολοι. Είναι κάτι που μπορείς να το κάνεις κι εσύ, αν θέλεις να αποφύγεις να είσαι θύμα.

Ίσως το σημαντικότερο μυστικό της μη-θυματικής επιμονής είναι να κάνεις αυτό που έχεις να κάνεις χωρίς να ταράζεσαι, χωρίς κακίες ή άλλες καταστροφικές συγκινήσεις, που σπαταλούν το χρόνο σου και κλονίζουν την υπομονή και την αποφασιστικότητά σου. Δες τις αναμετρήσεις αυτές σαν παιχνίδια και χρησιμοποίησε τη φαντασία σου, ορίζοντας τους δικούς σου κανόνες επιτυχίας του στόχου σου, αντί να ακολουθείς τους κανόνες των άλλων. Ο Ραλφ Τσάρελ μιλάει για τις συγκρούσεις του με μισθωτές, διευθυντές θεάτρων, τραπεζίτες και πολλούς άλλους. Το μήνυμά του είναι ξεκάθαρο: Αν επιμείνεις και ακολουθήσεις τα πράγματα ώς το τέλος, χωρίς να λυγίσεις στη μέση του δρόμου, τότε θα διαπιστώσεις ότι στο τέλος όχι μόνον θα έχεις πετύχει τους στόχους σου, αλλά θα έχεις ξεπεράσει κατά πολύ τις προσδοκίες σου.

Είναι γεγονός ότι οι εταιρείες και τα άτομα που θυματοποιούν κατ' επάγγελμα δεν είναι αρκετά καλά εξοπλισμένα για την αντιμετώπιση αποφασισμένων ανθρώπων, δεδομένου ότι συναντούν πολύ λίγους τέτοιους κι όταν τελικά συμβαίνει αυτό, επειδή είναι από τη φύση του θρασύδειλοι, το βρίσκουν ευκολότερο και σοφότερο να υποχωρήσουν και να στραφούν προς ευκολότερα θύματα. Πολλοί άνθρωποι φέρονται σαν τα πρόβατα, όταν χρειαστεί να υπερασπίσουν τον εαυτό τους. Πρίν καλά καλά αρχίσουν τη μάχη αυτοθυματοποιούνται, πιστεύοντας ότι δεν είναι ικανοί να τα βάλουν με τους «μεγάλους», τον «άντρα» ή την «κυβέρνηση». Εσύ, όμως, ξέρεις τώρα πως όλα αυτά είναι μύθοι, που δεν έχουν κανένα βάρος για το δημιουργικά ζωντανό άτομο. Δεν είναι απλώς εφικτό να νικήσεις, αλλά και πολύ πιθανό – αν, απλώς, υπερπηδήσεις τα πρώτα εμπόδια που θα παρουσιαστούν στο δρόμο σου και μείνεις πιστός στο πρόγραμμά σου. Αυτά τα αρχικά εμπόδια βρίσκονται εκεί, ακριβώς για να αποθαρρύνουν τους πολλούς. Όταν, όμως, τα ξεπεράσεις, θα μείνεις κατάπληκτος με το πόσα λίγα εμπόδια μένουν μπροστά σου.

Δε χρειάζεται να είσαι ξεροκέφαλος για να επιμείνεις. Η επιμονή σου μπορεί να πάρει τη μορφή μιας απλής και εύκολης απόφασης να μη θυματοποιηθείς. Έτσι θα κάνεις απλώς ό,τι χρειάζεται για να έχεις το αποτέλεσμα που επιδιώκεις, αντί να θυματοποιείς τον εαυτό σου με άχρηστη ανησυχία και ταραχή. Ο Χένρι Γουόρντ Μπήτσερ έγραψε κάποτε:

Η διαφορά ανάμεσα στην επιμονή και το πείσμα είναι ότι συχνά η πρώτη προέρχεται από μία ισχυρή θέληση, ενώ το δεύτερο από ένα ισχυρό «δε θέλω».

Τα μικρά παιδιά, που υιοθετούν τη συμπεριφορά της παρενόχλησης, ξέρουν πως είναι πολύ αποτελεσματικός τρόπος επιτυχίας του στόχου τους, με τους συγκεκριμένους γονείς: «Αν επιμείνω αρκετή ώρα και ζαλίσω αρκετές φορές τη μαμά για την τσιχλόφουσκα, στο τέλος θα υποχωρήσει και θα μου τη δώσει». Οι γονείς αυτοί αγνοούν ότι δίδαξαν στα παιδιά τους να αδιαφορούν για το πρώτο, για το δεύτερο ή το τρίτο «όχι» – συχνά επειδή θυματοποιούν τα παιδιά τους, λέγοντας μηχανικά «όχι» σε *όλες* σχεδόν τις απαιτήσεις τους, με την ελπίδα ότι θα γλιτώσουν κάποιο μπελά ή θα ασκήσουν την εξουσία τους. Τα παιδιά αυτά ξέρουν πως αν παραιτηθούν, έστω και για μια στιγμή, θα χάσουν το στόχο τους. Πολλοί θυματοποιοί, ιδιαίτερα οι γραφειοκράτες, φέρονται σαν κι αυτούς τους γονείς – και ενώ σίγουρα είναι εξευτελιστικό να τους πλησιάζεις σαν ένα κλαψιάρικο, απαιτητικό παιδί, σου δίνουν ξεκάθαρα να καταλάβεις ότι πρέπει να εφαρμόσεις μαζί τους την τακτική της παρενόχλησης. Χωρίς να σημαίνει ότι συστήνουμε ιδιαίτερα την τακτική αυτή, είναι φανερό ότι συχνά είναι πολύ αποτελεσματική. Αν δε θέλεις να σου φέρονται παρενοχλητικά, πάψε να ενισχύεις τέτοιες συμπεριφορές. Από την άλλη μεριά, μπορείς να γίνεις ένας ενοχλητικός, ένα τσιμπούρι, ένα αγκάθι στα πλευρά ενός μεγάλου οργανισμού. Μην εγκαταλείπεις. Στο πρώτο δείγμα υποχώρησης, θα σε ξαναστείλουν από εκεί που ήρθες και θα προσθέσεις τ' όνομά σου στον κατάλογο των θυμάτων.

Πιστεύω σε μια αρχή, στην οποία δε χρωστάω πολλά, αλλά χρωστάω όλα τα λιγοστά που απόκτησα ποτέ· κι αυτή είναι πως, με μέτριο ταλέντο και εξαιρετική επιμονή, μπορείς να πετύχεις τα πάντα.

Σερ Τόμας Φόουελ Μπάξτον

ΠΡΑΞΗ ΚΑΤΑ ΑΠΡΑΞΙΑΣ

Δημιουργική ζωντάνια σημαίνει να εγκαταλείψεις τη στάση της απραξίας, σε περιστάσεις που κατά κανόνα σε αδρανοποιούσαν. Το όνομα του παιχνιδιού είναι δράση. Πράξη. Το ξεπέρασμα της αδράνειάς σου και η *πράξη* θα σου δείξουν ένα νέο δρόμο να είσαι δημιουργικά ζωντανός.

Η δράση είναι το μοναδικό αποτελεσματικό αντίδοτο της κατάθλιψης, του άγχους, του στρες, του φόβου, της ανησυχίας, της ενοχής και, φυσικά, της ακινησίας. Είναι σχεδόν αδύνατο να ενεργείς και να έχεις κατάθλιψη ταυτόχρονα. Ακόμη κι αν το προσπαθούσες θα δυσκολευόσουν πολύ να συνεχίσεις να κλαψουρίζεις, να παραπονιέσαι και να μουσκεύεις στην αυτολύπη-

ση, αντί να αποφασίσεις να κινηθείς και να κάνεις κάτι. Οτιδήπο-
τε! Απλώς, το να κάνεις κάτι είναι σημαντικό μέρος της πλήρους
λειτουργίας ενός ανθρώπου.

Ακόμα, πρέπει να καταλάβεις ότι η έλλειψη πράξης δεν είναι το
αποτέλεσμα της κατάθλιψης: είναι η αιτία. Και η αδράνεια είναι,
τις περισσότερες φορές, μάλλον μια επιλογή, παρά κάτι το αναπό-
δραστο. Παράλληλα, η πράξη είναι και ένας σίγουρος τρόπος α-
ποφυγής θυματοποίησης – από τον εαυτό σου και τους άλλους. Αν
αποφασίσεις να κάνεις κάτι για το πρόβλημά σου, αντί να γκρινιά-
ζεις γι' αυτό, σίγουρα βρίσκεσαι στο δρόμο ν' αλλάξεις τα πράγ-
ματα.

Αν βάζεις το ερώτημα: «Ναι, αλλά τι μπορώ να κάνω;», η απά-
ντηση είναι πραγματικά πολύ απλή: *Οτιδήποτε*. Το «οτιδήποτε»
είναι χίλιες φορές πιο αποτελεσματικό από το τίποτα.

Η Τζούλια παραπονιόταν ότι ήταν πάντα σε κατάθλιψη. Υπε-
ράσπιζε την κατάθλιψή της σαν να ήταν ο καλύτερος σύμμαχός της
κι όχι ο χειρότερος εχθρός. Οι αντιδράσεις της στις προσπάθειές
μου να την κάνω πιο ενεργητική ήταν πάντα οι ίδιες: «Μπα, αυτό
το δοκίμασα και δεν έγινε τίποτε» ή «Σαχλαμάρες, το πρόβλημά
μου έχει βαθιές ρίζες και το να γίνω πιο ενεργητική δε θ' αλλάξει
πολλά πράγματα».

Η Τζούλια ήθελε να βρίσκει βαθιές ψυχολογικές εξηγήσεις για
την καταθλιπτική συμπεριφορά της. Οι απαντήσεις, όμως, δεν ή-
ταν ούτε αρκετά βαθιές ούτε πολύ μπερδεμένες. Απλώς, είχε συνη-
θίσει να λυπάται τον εαυτό της. Ήταν εξήντα επτά χρονών και την
τρόμαζε το γεγονός ότι θα γερνούσε περισσότερο· έτσι, προσπά-
θησε να το αποφύγει μένοντας στο κρεβάτι τη μισή μέρα, αρνούμε-
νη να βγει από το σπίτι, γκρινιάζοντας στα παιδιά της και παρα-
πονούμενη για ένα πόνο στο στομάχι, που φοβόταν μήπως ήταν
έλκος.

Η Τζούλια αντιδρούσε κάθε φορά που της σύστηνα την πράξη
σαν τον αποτελεσματικότερο τρόπο απαλλαγής της από την αυ-
τοθυματική θέση της. Της εξήγησα ότι η απορρόφησή της από
οποιαδήποτε δραστηριότητα της ζωής θα τη βοηθούσε πολύ, αλ-
λά ότι, πριν αρχίσει να στρέφεται προς την πράξη, έπρεπε να
αναθεωρήσει τη στάση της. Έπρεπε να πάψει να επιθυμεί την
καταθλιπτική της συμπεριφορά και να συνειδητοποιήσει ότι ή-
ταν η μόνη που υπέφερε από αυτήν την εκλογή της. Κανείς

άλλος δε νοιαζόταν πραγματικά και κανείς δε θα τη συντρόφευε στις ψυχολογικές της περιπλανήσεις στα σκοτάδια της μελαγχολίας.

Όταν τελικά αναγνώρισε ότι εκείνη τα προκαλούσε όλα αυτά στον εαυτό της, δήλωσε ότι ήταν έτοιμη να ξεκινήσει οποιαδήποτε δράση, που θα τη βοηθούσε να συμμετάσχει δημιουργικά στη ζωή. Ξανάρχισε, όμως, να καταφεύγει στην κατάθλιψη, όταν την ενθάρρυνα να διαλέξει κάποιο συγκεκριμένο πεδίο δράσης. Παραπονέθηκε πως δεν ήξερε τι να κάνει κι έτσι δεν έκανε τίποτα. Της έδωσα, λοιπόν, αυτόν τον κατάλογο πράξεων, που θα μπορούσε να κάνει:

Κάνε το γύρο του τετραγώνου με γρήγορο βήμα.

Παίξε με μια μπάλα.

Πήγαινε σε μια βιβλιοθήκη και μίλησε με τον βιβλιοθηκάριο.

Γνωρίσου με πέντε αγνώστους.

Άρχισε μαθήματα γιόγκα.

Μάθε χορό.

Άρχισε μαθήματα για ενήλικες.

Γίνε εθελόντρια νοσοκόμα.

Πήγαινε σ' ένα αεροδρόμιο και παρατήρησε τις αντιδράσεις του αποχωρισμού.

Οργάνωσε στη γειτονιά σου ένα λαχείο, μια ομάδα παιχνιδιού κ.λπ.

Καβάλησε ένα ποδήλατο.

Πήγαινε στο κολυμβητήριο για μπάνιο.

Πήγαινε να σου κάνουν μασάζ.

Δες δέκα φιλμ και κριτικάρησέ τα.

Κάνε πάρτι και κάλεσε είκοσι ανθρώπους.

Παίξε ένα παιχνίδι.

Γράψε ένα ποίημα ή ένα διήγημα.

Απάντησε σε δέκα αγγελίες για εργασία.

Ξεκίνα δική σου δουλειά στο σπίτι.

Ξεκίνα μια εφημερίδα της γειτονιάς, μια υπηρεσία διαφημίσεων ή μια λέσχη του τετραγώνου.

Γίνε πλασιέ για οποιοδήποτε προϊόν.

Μάθε σκάκι, τάβλι, κανάστα ή άλλο παιχνίδι με χαρτιά.

Φρόντισε πληγωμένα ζώα.

Γράψε δέκα γράμματα.
Φύλαξε επί πληρωμή μικρά παιδιά.
Γράψου σε μια λέσχη μοναχικών ανθρώπων.
Παρακολούθησε διάφορες τοπικές διαλέξεις.
Επισκέψου τα μουσεία της πόλης.
Μάθε μια νέα τέχνη, όπως είναι η ταπετσαρία, η τακτοποίηση των λουλουδιών ή η επισκευή αυτοκινήτων.
Γνώρισε μια νέα πόλη.
Άρχισε να γράφεις την ιστορία της ζωής σου.
Βοήθησε άρρωστα παιδιά.

Οποιοδήποτε δημιουργικά ζωντανό άτομο μπορεί να σκεφτεί ένα παρόμοιο κατάλογο επιλογών, που θα μετατρέψουν την ακινησία σε πράξη.

Η Τζούλια άρχισε να πιάνει το νόημα. Καθώς αφοσιωνόταν σε καινούριες δραστηριότητες, αντί να προσπαθεί συνεχώς να εξηγήσει γιατί της ήταν αδύνατο να το κάνει, είδε να εξαφανίζεται η κατάθλιψη από τη ζωή της. Τελικά κατάφερε να απαλλαγεί από τα αντικαταθλιπτικά, που έπαιρνε επί τρία χρόνια. Κάθε φορά που αισθανόταν ότι ξέφευγε προς τα παλιά καταθλιπτικά της σχήματα, αντιμετώπιζε με νέους τρόπους τον εαυτό της. Αντί να σκέφτεται μέσα της: «Πόσο δυστυχισμένη είμαι, που είμαι γριά και ακινητοποιημένη από την κατάθλιψη», έλεγε: «Δε θα το ρίξω στην αυτολύπηση και θα πάρω μερικά πρακτικά μέτρα για να πάψω να κάθομαι εδώ, νιώθοντας λύπη για τον εαυτό μου». Αυτό που έβγαλε την Τζούλια από την κατάθλιψή της δεν ήταν ένα θαύμα, αλλά η δράση.

Οι άνθρωποι που διαλέγουν τη δράση σπάνια θυματοποιούνται. Το άτομο που είναι προσανατολισμένο στην πράξη καταφέρνει στο τέλος να επανορθώνει τις αδικίες, ενώ ο αδρανής ή ο παθητικός παρατηρητής καταλήγει να θυματοποιείται από όλους, παραπονιέται σε όλους και βρίσκεται σε απόγνωση. Υπάρχει πολλή αλήθεια στην παροιμία, που λέει:

Ακόμα κι αν βρίσκεσαι στο σωστό δρόμο, θα σε πατήσουν αν κάθεσαι ακίνητος.

Η ΛΟΓΙΚΗ ΤΩΝ ΑΝΘΡΩΠΩΝ
ΠΟΥ ΔΕΝ ΕΙΝΑΙ ΔΗΜΙΟΥΡΓΙΚΑ ΖΩΝΤΑΝΟΙ

Οι δύο παρακάτω προτάσεις εκφράζουν τρόπους σκέψης, που ε-
μποδίζουν να είναι κανείς δημιουργικά ζωντανός σε οποιαδήποτε
κατάσταση. Προμηθεύουν και οι δύο ανεδαφικές δικαιολογίες,
που σε προτρέπουν να παραιτηθείς μπροστά σε κάποια μικρή ανα-
ποδιά, αντί να σκέφτεσαι και να πράττεις με δημιουργικά νέους
τρόπους.

1. ΔΕΝ ΜΠΟΡΩ ΝΑ ΚΑΝΩ ΑΠΟΛΥΤΩΣ ΤΙΠΟΤΑ! Μόλις το πεις
αυτό, εξαφανίζεις κάθε ελπίδα, για όσον καιρό θα ΄το πιστεύεις.
Υπάρχει *πάντα κάτι* που μπορείς να κάνεις και η θέση τού μη-
θύματος είναι να ερευνά, να δοκιμάζει και να βρίσκει εναλλακτι-
κές λύσεις. Αντίστρεψε τη φράση αυτή και πες στον εαυτό σου:
«Όσο κι αν δεν ΄ξέρω τι ακριβώς να κάνω, εγώ θα κάνω *κάτι*,
οτιδήποτε, αντί να κάθομαι έτσι και να γίνομαι θύμα». Με αυτό το
είδος της στάσης, αντιμετωπίζεις ένα μέρος του προβλήματος του-
λάχιστον και αναπτύσσεις μια νέα συνήθεια δράσης, αντί για την
παθητικότητα και την αδράνεια. Μη ζητάς αμέσως ή συνεχώς μια
εύστοχη απάντηση από τον εαυτό σου. Επέμενε απλώς στη δράση
και τον πειραματισμό. Δοκιμάζοντας αρκετές φορές, θα πέσεις
τελικά πάνω σε κάτι ουσιαστικό. Ποτέ, όμως, δε θα βρεις το παρα-
μικρό, αν λες απ' την αρχή στον εαυτό σου ότι δε γίνεται τίποτα.

2. ΕΤΣΙ ΕΙΝΑΙ ΤΑ ΠΡΑΓΜΑΤΑ   Αυτό το είδος της καρτερικής
αποδοχής ξεκινάει από τη λανθασμένη εντύπωση ότι, επειδή τα
πράγματα είναι έτσι τώρα, δεν έχεις καμιά δυνατότητα να τα αλ-
λάξεις. Πάρα πολλές, όμως, από τις συνθήκες που θυματοποιούν
τους ανθρώπους έχουν δημιουργηθεί κι αυτές από ανθρώπους –
και μπορούν με κάποιο τρόπο να αλλάξουν. Και, αν υπάρχει η
παραμικρή πιθανότητα μιας τέτοιας αλλαγής, εσύ την εκμηδενί-
ζεις λέγοντας πως τα πράγματα «έτσι είναι». Αν στέκεσαι μια ώρα
στην ουρά των ταμείων, στο σούπερ-μάρκετ, λέγοντας: «Έτσι εί-
ναι τα πράγματα και δε γίνεται τίποτα!», εξασφαλίζεις με τον
τρόπο αυτό την ίδια σου τη θυματοποίηση. Αν, όμως, πεις: «Τι
γίνεται εδώ πέρα! Είμαι πελάτισσα στο μαγαζί αυτό και δεν είναι

δυνατό να χάνω μια ώρα απ' τον πολύτιμο χρόνο μου, μόνο και μόνο επειδή θέλω να ψωνίζω εδώ! Δε με νοιάζει γιατί το δέχονται οι άλλοι. Εγώ θα κοιτάξω να δω πώς γίνεται ν' αλλάξει αυτό», τότε ανοίγονται ξαφνικά μπροστά σου ένα σωρό εναλλακτικές λύσεις. Μπορείς να πας στον επόπτη να του πεις ότι δεν μπορείς να περιμένεις και νά 'ρθει αυτός στο ταμείο. Ή να του πεις ότι θα χάσει πολλούς από τους πελάτες του, μαζί μ' εσένα, αν δε βάλει κι άλλα ταμεία. Αν δεν πάρεις την απάντηση που θέλεις, μπορείς να του αναγγείλεις ότι θ' αφήσεις το καροτσάκι σου εκεί που βρίσκεται, θα φύγεις, θα γράψεις ένα γράμμα στα κεντρικά γραφεία μιλώντας για την κακή εξυπηρέτηση και θα παρακινήσεις και άλλους πελάτες να κάνουν το ίδιο. Ή μπορείς να πας στην έξοδο και να βοηθήσεις να βάζουν τα πράγματα στις σακούλες, ώστε να κινηθεί πιο γρήγορα η ουρά. Όμως δε θα εξετάσεις καν όλες αυτές τις προοπτικές, αν από την αρχή λες στον εαυτό σου: «Τι να γίνει, έτσι είναι τα πράγματα σήμερα». Από τη στιγμή που θα αλλάξει αυτή σου η στάση, θα είσαι σε θέση ν' αναλάβεις δράση και να προκαλέσεις διάφορα πράγματα.

ΜΕΡΙΚΑ ΠΑΡΑΔΕΙΓΜΑΤΑ ΔΗΜΙΟΥΡΓΙΚΑ ΖΩΝΤΑΝΗΣ ΣΥΜΠΕΡΙΦΟΡΑΣ

Αναφέρω παρακάτω μερικά παραδείγματα από πελάτες, φίλους, προσωπικές εμπειρίες ή από τη λογοτεχνία, όπου η δημιουργικά ζωντανή συμπεριφορά υπερνίκησε τη θυματοποίηση. Δίνουν μια γενική εικόνα διαφόρων πραγματικών καταστάσεων, που μπορούν να εφαρμοστούν στη ζωή οποιουδήποτε αποφασίσει να παραιτηθεί από την παραίτηση και να δραστηριοποιηθεί.

ΨΑΞΙΜΟ ΓΙΑ ΔΟΥΛΕΙΑ   Στον τομέα αυτό –και ιδιαίτερα στην εποχή μας, με τη μεγάλη ανεργία– πολλοί άνθρωποι θυματοποιούνται γιατί σκέφτονται πολύ περιορισμένα και ψάχνουν με παραδοσιακούς μόνο τρόπους για δουλειά, στηριζόμενοι στις επιθυμίες τους, στο βιογραφικό, στις τηλεφωνικές επαφές και στις ατέλειωτες επισκέψεις στα ίδια μέρη. Δεν είναι, όμως, αυτός ο καλύτερος τρόπος να βρεις δουλειά, γιατί αυτό το δρόμο παίρνουν οι περισσότεροι. Αν όταν ψάχνεις για δουλειά φέρεσαι σαν τους άλλους, δεν έχεις πολλές πιθανότητες να πείσεις ότι είσαι μοναδικός.

Η Σάντρα ήρθε στη συμβουλευτική θεραπεία με τον πολύ συγκεκριμένο στόχο να μάθει πώς να παρουσιάζεται στους πιθανούς εργοδότες, ώστε να βρει δουλειά. Μου διηγήθηκε την κλασική θλιβερή ιστορία της – πώς είχε στείλει εκατοντάδες βιογραφικά, πώς κατάφερε να εξασφαλίσει κάποιες συνεντεύξεις, που ποτέ δεν κατέληξαν πουθενά. Ενδιαφερόταν για μια δουλειά στον τομέα των δημοσίων σχέσεων, αλλά δεν ήξερε πώς να φανεί αποτελεσματική στην αγορά εργασίας. Της εξήγησα ότι το να βρεις δουλειά είναι κι αυτό μια επιδεξιότητα που μαθαίνεται, όπως ακριβώς και η ίδια η δουλειά. Την ενθάρρυνα να εγκαταλείψει τις κλασικές μεθόδους αναζήτησης εργασίας, να ξεκινήσει μια πλήρη αναθεώρηση των στόχων της και να προσπαθήσει να εφαρμόσει νέες συμπεριφορές για να τους πετύχει.

Ήταν Νοέμβρης, όταν η Σάντρα μού μίλησε για κάποια θέση που θα άδειαζε στα τέλη του Μάρτη, στη διεύθυνση δημοσίων σχέσεων ενός μεγάλου πολυκαταστήματος. Μου είπε, όμως, ότι δεν μπορούσε να βάλει υποψηφιότητα, γιατί ο τωρινός διευθυντής δε θα έφευγε παρά τον Φεβρουάριο και δεν ήθελε να τον προσβάλει. Την παρακίνησα να πετάξει στα σκουπίδια αυτή τη θυματική στάση της καλής κυρίας και ν' αρχίσει να σκέφτεται τον εαυτό της, ζυγίζοντας την κατάσταση. Αποτέλεσμα ήταν να κάνει η Σάντρα την πρώτη της κρούση τη δεύτερη βδομάδα της συμβουλευτικής θεραπείας: πήγε στο κατάστημα και συζήτησε με τον διευθυντή των δημοσίων σχέσεων για την επιθυμία της να τον αντικαταστήσει.

Αυτός ξαφνιάστηκε και δεν την ενθάρρυνε. Έτσι η Σάντρα είπε στην επόμενη συνάντησή μας πως φοβόταν μήπως είχε μειώσει τις πιθανότητές της με την πιεστική της στάση.

Κάθε άλλο, όμως. Η επόμενη κίνησή της ήταν να μιλήσει με το διευθυντή προσωπικού και να συμπληρώσει μια αίτηση, δείχνοντας έτσι σε όλους ότι όχι μόνον ενδιαφερόταν, αλλά ήταν αποφασισμένη. Τα τελικά βήματα της ανορθόδοξης προσέγγισής της στην αναζήτηση δουλειάς ήταν να γράψει στον πρόεδρο της εταιρείας, εξηγώντας όχι τα προσόντα της, αλλά το τι είχε σκοπό να κάνει για να βελτιώσει το γόητρο του καταστήματος στην κοινότητα και να οργανώσει ένα δυναμικό φάκελλο σχεδίων δημοσίων σχέσεων για τον επόμενο χρόνο.

Η Σάντρα όχι μόνο πήρε τη δουλειά, αλλά και ένα μισθό που ξεπερνούσε και τις πιο αισιόδοξες προσδοκίες της. Απέδειξε την αξία της, εγκαταλείποντας το «σωστό» τρόπο αντιμετώπισης του ζητήματος και επινοώντας μια δημιουργική, εξατομικευμένη προσέγγιση, που έφερε αποτελέσματα.

ΥΠΑΛΛΗΛΟΣ ΔΕΝ ΕΙΝΑΙ Η ΜΟΝΗ ΛΥΣΗ   Υπάρχουν χιλιάδες τρόποι να κερδίσει κανείς το ψωμί του, χωρίς να είναι υπάλληλος κάποιου άλλου ή μιας εταιρείας. Τα θύματα της δουλειάς μπλοκάρονται συχνά, γιατί δεν μπορούν να φανταστούν πολλούς τρόπους να βγάλουν χρήματα. Αν σε όλη σου τη ζωή ήσουν μισθωτός, είναι ίσως η στιγμή να σκεφτείς κι άλλους τρόπους να κερδίσεις χρήματα, κυρίως αν σ' ενοχλεί να κινούν τα νήματά σου οι εργοδότες σου ή το γεγονός ότι πρέπει να ζεις τη ζωή σου σύμφωνα με το πρόγραμμα κάποιου άλλου. Μπορείς ν' απαλλαγείς από τον στερεότυπο τρόπο σκέψης σου και να αναζητήσεις κάποιες εναλλακτικές λύσεις, να λογαριάσεις καλά τους κινδύνους και μετά, αφού διαλέξεις την καλύτερη πιθανότητα, να βάλεις μπρος και να το *κάνεις*, αντί να μιλάς ατέλειωτα για το «αν», το «ίσως» και το «δεν είμαι τόσο σίγουρος». Κανείς δεν μπορεί να είναι σίγουρος για κάτι πριν το κάνει. Αν, όμως, *πιστεύεις* πως δεν μπορείς να το κάνεις, τότε ξέχνα το – γιατί η πεποίθησή σου θα νικήσει την πραγματικότητα.

Η πιο αποτελεσματική τεχνική απαλλαγής από τη θυματοποίηση της δουλειάς είναι να γίνεις εσύ ο ειδικός πωλητής των ιδεών σου. Μπορείς να πακετάρεις μια ιδέα και να την πουλήσεις όπου είναι δυνατό να αποδείξεις ότι λειτουργεί. Ή μπορείς να μετατρέψεις την ερασιτεχνική σου απασχόληση σε επάγγελμα.

ΜΕΤΑΤΡΕΨΕ ΤΟ ΧΟΜΠΙ ΣΟΥ ΣΕ ΔΟΥΛΕΙΑ   Νά μερικά παραδείγματα δημιουργικών προσεγγίσεων σε δουλειές, που μπορεί να κάνει οποιοσδήποτε – με κέρδος, το να γίνει αφεντικό του εαυτού του.

● Η Μαίριλιν ενδιαφερόταν για το μακραμέ. Το έκανε σαν χόμπι, μέχρι που είδε ότι υπήρχαν κάποιες δυνατότητες δουλειάς. Οι φίλες της ήθελαν να έχουν χειροποίητα πράγματα και ήταν πρόθυμες να την πληρώσουν. Ύστερα από ένα χρόνο είχε μετατρέψει το χόμπι της σε μια διασκεδαστική πλήρη απασχόληση και κέρδιζε αρκετά χρήματα.

● Η Λουίζα είχε καλλιτεχνική κλίση και της άρεσε να ζωγραφίζει μπλουζάκια. Οι φίλοι της ζητούσαν συνέχεια να τους φτιάχνει μερικά για γενέθλια, γιορτές και παρόμοια. Αποφάσισε, λοιπόν, να οργανώσει το χόμπι της, κάνοντάς το κανονική δουλειά. Οι φίλοι της βρήκαν εύκολα παραγγελίες. Μέσα σε έξι μήνες η Λουίζα κέρδιζε πολλά χρήματα ζωγραφίζοντας μπλουζάκια. Εγκατέλειψε τη δουλειά της σαν ταμίας, τριπλασίασε το εισόδημά της και διασκεδάζει πολύ.

● Ο Τζόελ ήταν μανιώδης τενίστας κι έπαιζε τένις όποτε μπορούσε να ξεφύγει από τη μισητή του δουλειά στο εργοστάσιο. Καθώς βελτιωνόταν όλο και πιο πολύ, άρχισε να δίνει μαθήματα στους φίλους του. Μετά, με συμβουλή του θεραπευτή του, έβαλε μια αγγελία ότι δίνει ομαδικά μαθήματα τα πρωινά του Σαββάτου. Τρεις μήνες αργότερα είχε στήσει δική του δουλειά και είχε παραιτηθεί από το εργοστάσιο. Η πελατεία του ξεπέρασε τους εκατό. Ο Τζόελ χαίρεται τώρα την κάθε στιγμή της ζωής του, γιατί συνδυάζει τα ενδιαφέροντά του με το κέρδος: κατάφερε να διπλασιάσει το εισόδημά του μέσα σ' ένα χρόνο.

● Ο Μπεν είναι ανάπηρος του Δευτέρου Παγκοσμίου Πολέμου. Η αναπηρία του τον υποχρέωσε να μείνει κατάκοιτος. Εκείνος όμως αποφάσισε ότι δε θα περνούσε την υπόλοιπη ζωή του νιώθοντας λύπη για τον εαυτό του. Έτσι ξεκίνησε ένα γραφείο αποκομμάτων. Γράφτηκε συνδρομητής σε είκοσι εφημερίδες, άρχισε να κόβει αποκόμματα και τα έστελνε σε ιδιώτες, εταιρείες κ.λπ., που αναφέρονταν σ' αυτά, ζητώντας σε αντάλλαγμα μια μικρή πληρωμή. Σε λίγο καιρό είχε τακτικούς πελάτες και ύστερα από κάποιο διάστημα βρέθηκε να διευθύνει μια τεράστια επιχείρηση από το κρεβάτι του. Ο Μπεν έγινε κυριολεκτικά εκατομμυριούχος, διαλέγοντας την εξασφάλιση της ζωής του και τη δημιουργικά ζωντανή προσέγγιση απέναντι στην ατυχία.

● Η Σάρα ήταν μια άνεργη βιολίστρια, άφραγκη και απελπισμένη. Εγκαταστάθηκε, λοιπόν, έξω από ένα θέατρο της Νέας Υόρκης και άρχισε να παίζει όμορφη μουσική για τους θεατές που μπαινόβγαιναν ή περίμεναν στην ουρά. Τα χρήματα που της έριξαν στη θήκη του βιολιού της στο διάστημα δύο βδομάδων ήταν περισσότερα απ' όσα είχε κερδίσει σε έξι μήνες. Έχουμε εδώ, για άλλη μια φορά, μια δημιουργική προσέγγιση στην ανεργία, αντί για μια παθητική, θυμωμένη αντίδραση.

277

Αν είσαι επαγγελματίας τού ΟΧΙ, σίγουρα θα πεις ότι προσεγγίσεις σαν κι αυτές μπορεί να είναι θαυμάσιες για τους άλλους, εσένα όμως δε θα σου πετύχουν. *Όλα, όμως, μπορούν να πετύχουν, αν είσαι έτοιμος να απομακρύνεις τις θυματοποιητικές αμφιβολίες σου και να προχωρήσεις στην πράξη.* Αν πιστεύεις ότι χρειάζεσαι ειδική άδεια για να κάνεις αυτό που θέλεις ή ότι οι περιορισμοί είναι πολύ μεγάλοι, αναζήτησε μια δημιουργικά ζωντανή προσέγγιση. Οι γενικοί νόμοι της εργασίας έχουν πάντοτε εξαιρέσεις. Στο χώρο της ψυχολογίας πολλοί από τους πιο σημαντικούς ανθρώπους δεν έχουν καμιά ειδική εκπαίδευση. Δύο τέτοια παραδείγματα συγχρόνων μας είναι η Γκέιλ Σήχυ, που έγραψε ένα μπεστ-σέλερ πάνω στην ανάπτυξη των ενηλίκων, με βάση τα ενδιαφέροντά της σαν δημοσιογράφου, και ο Βέρνερ Έρχαρτ, ο ιδρυτής και επικεφαλής του κινήματος *est* στην Αμερική. Αλλά και σε άλλους τομείς, τα παραδείγματα «ανειδίκευτων» ανθρώπων που πέτυχαν σε «ξένους» τομείς, είναι χιλιάδες. Ο Λάρι Ο' Μπράιαν από πρόεδρος του Δημοκρατικού Κόμματος έγινε πρόεδρος του Εθνικού Συνδέσμου Καλαθοσφαίρισης. Καθηγετές φυσικής έγραψαν μυθιστορήματα με μεγάλη επιτυχία, δικηγόροι έγιναν τηλεπαρουσιαστές κ.λπ. Αν θέλεις να κατορθώσεις κάτι –και είσαι πρόθυμος να αγνοήσεις τον τρόπο που «πρέπει να γίνει» ή τον τρόπο που το «κάνουν όλοι»– και αρχίσεις να το κάνεις με το *δικό σου* τρόπο και με την προσδοκία να πετύχεις, τότε θα τα καταφέρεις. Αλλιώς θα μείνεις καθηλωμένος εκεί που είσαι και απλώς θα υπερασπίζεσαι τη θυματική σου θέση, λέγοντας πως δε γίνεται διαφορετικά.

Η Αντιμετωπιση της Διοικησης του Πανεπιστημιου   Ο Γκόρντον χρεώθηκε με το ποσό των είκοσι πέντε δολαρίων από το πανεπιστήμιό του, γιατί άργησε να κάνει την εγγραφή του. Αντί να το πληρώσει, πήρε την πιο δημιουργικά ζωντανή στάση για την αποφυγή του πρόστιμο. Έβαλε τον επικεφαλής του τμήματός του να γράψει μια ειδική επιστολή, που εξηγούσε ότι η αργοπορία δεν ήταν λάθος του Γκόρντον και ζητούσε να του αφαιρεθεί το πρόστιμο, πράγμα που έγινε.

Αντιμετωπιζοντας τον Ηλεκτρονικο Υπολογιστη   Από το δωμάτιο του Νικ, στο ξενοδοχείο που έμενε, του έκλεψαν ταξιδιωτικές επιταγές αξίας διακοσίων δολαρίων. Αυτές τις επιταγές τις είχε αγοράσει πριν τρία χρόνια από μια γερμανική Τράπεζα και έτσι δεν ήξερε ούτε τους αριθμούς τους ούτε από πού ακριβώς τις είχε αγοράσει. Έγραψε στην εταιρεία των ταξιδιωτικών επιταγών και έλαβε μια απάντηση, γραμμένη από υπολογιστή, που του έλεγε πως έπρεπε να βρει τους αριθμούς, αλλιώς δεν ήταν δυνατό να του δώσουν πίσω τα χρήματα. Ήταν φανερό πως ο υπολογιστής δεν είχε διαβάσει πολύ προσεκτικά το γράμμα του. Έτσι ο Νικ έγραψε ένα πολύ συγκεκριμένο γράμμα στον πρόεδρο της ε- ταιρείας, εξηγώντας και πάλι τις ειδικές περιστάσεις που τον α- φορούσαν και ξεκαθαρίζοντας ότι δε θα δεχόταν ένα ακόμα γράμμα που θα του έλεγε «Η εταιρεία λυπάται, αλλά...». Ζητούσε από τον πρόεδρο να εξετάσει το γράμμα προσωπικά, αλλιώς ο Νικ θα έβαζε το δικηγόρο του να χειριστεί την υπόθεση. Την επόμενη βδομάδα ο Νικ έλαβε μία επιταγή διακοσίων δολαρίων, μαζί με ένα γράμμα συγγνώμης. Επειδή αρνήθηκε να θυματοποιηθεί από τη στερεότυπη απάντηση και χάρη στη δυναμική, δημιουργική συμπεριφορά του, έλαβε τελικά αυτό που του ανήκε.

Η ΦΡΙΚΗ ΜΙΑΣ ΜΕΡΑΣ ΣΤΟ ΔΙΚΑΣΤΗΡΙΟ ΤΡΟΧΑΙΩΝ ΑΤΥΧΗΜΑΤΩΝ

Ο Γιουτζίν αναγκάστηκε να περάσει μια ολόκληρη μέρα στο δικαστήριο, όπου τον έσερναν αποδώ κι αποκεί και τον ταλαιπωρούσαν κάποιοι αγενέστατοι «δημόσιοι λειτουργοί» για μια κατηγορία που τη θεωρούσε άδικη. Αναρωτήθηκε μέσα του: «Πώς γίνεται να μετατρέψω αυτή την εμπειρία σε κάτι θετικό;». Σκέφτηκε να γράψει ένα άρθρο για την εμπειρία του, περιγράφοντας τη φρίκη μιας μέρας στο δικαστήριο τροχαίων ατυχημάτων και να το πουλήσει σε μια εφημερίδα. Αυτό ακριβώς και έκανε. Ένα περιοδικό μεγάλης κυκλοφορίας τού πλήρωσε 1.500 δολάρια για να δημοσιεύσει τις εντυπώσεις του από μια μέρα στο δικαστήριο, σε τρεις συνέχειες. Αμέσως μετά ήρθαν σ' επαφή μαζί του κι άλλοι εκδοτικοί οργανισμοί – και αυτή η μέρα του στο δικαστήριο στάθηκε για το Γιουτζίν η αφετηρία μιας ενδιαφέρουσας δημοσιογραφικής καριέρας. Με το να είναι δημιουργικά ζωντανός και να ψάχνει για ευκαιρίες, ακόμα και σε μια φρικτή μέρα στο δικαστήριο, ο Γιουτζίν έγινε από θύμα, νικητής.

ΜΙΑ ΜΕΓΑΛΗ ΚΑΘΥΣΤΕΡΗΣΗ ΣΤΟ ΑΕΡΟΔΡΟΜΙΟ   Ο Γουέσλεϊ έφτασε στο αεροδρόμιο, όπου πληροφορήθηκε ότι όλες οι πτήσεις είχαν αναβληθεί για έξι ώρες. Κοιτάζοντας γύρω του είδε ότι όλοι ήταν εκνευρισμένοι και παραπονιόντουσαν για τη χιονοθύελλα, που είχε διακόψει το ταξιδιωτικό τους πρόγραμμα. Συνειδητοποίησε ότι ήταν αναγκασμένος να μείνει εκεί ώς το άλλο πρωί, μια και ήθελε οπωσδήποτε να βρίσκεται σε μια άλλη πόλη την επόμενη μέρα. Αποφάσισε να εκμεταλλευτεί όσο καλύτερα μπορούσε την κατάσταση, αντί να αφήσει τα γεγονότα να τον θυματοποιήσουν. Είδε μια γυναίκα που του άρεσε και, παίρνοντας θάρρος, συστήθηκε στην Πένι που κι αυτή ήταν καθηλωμένη εκεί. Έφαγαν μαζί στο εστιατόριο του αεροδρομίου και πέρασαν τις επόμενες έξι ώρες τριγυρνώντας το αεροδρόμιο. Ο Γουέσλεϊ τα πέρασε θαυμάσια. Τελικά η Πένι κι αυτός έγιναν στενοί φίλοι και τρία χρόνια αργότερα βλεπόντουσαν όσο μπορούσαν πιο συχνά. Όλοι σχεδόν οι υπόλοιποι επιβάτες εκείνης της νύχτας προτίμησαν να θυμώσουν, να ακινητοποιηθούν και να θυματοποιηθούν από τον καιρό, ενώ ο Γουέσλεϊ δημιούργησε από τις ίδιες συνθήκες ένα νέο ανθρώπινο δεσμό.

ΓΡΑΦΟΝΤΑΣ ΜΙΑ ΣΧΟΛΙΚΗ ΕΡΓΑΣΙΑ   Η Ελίζαμπεθ ήταν φοιτήτρια και είχε καταλάβει από καιρό ότι οι περισσότερες εργασίες που της έβαζαν ήταν ανόητες. Την υποχρέωναν να κάνει έρευνες πάνω σε θέματα χωρίς ενδιαφέρον, που ικανοποιούσαν τους καθηγητές της, αντί να αναλαμβάνει πράγματα που θα προωθούσαν το στόχο της να γίνει ωκεανογράφος. Αποφάσισε, με τη βοήθεια ενός ικανού θεραπευτή, να κάνει ό,τι μπορούσε για ν' αλλάξει τα πράγματα. Στην αρχή του επομένου εξαμήνου φρόντισε να συναντηθεί με όλους τους καθηγητές της και πρότεινε στον καθένα εναλλακτικές εργασίες, που δεν ξέφευγαν από τις απαιτήσεις τού συγκεκριμένου μαθήματος. Τα 'χασε όταν είδε ότι από τους πέντε καθηγητές της οι τέσσερις δεν είχαν καμιά αντίρρηση να πραγματοποιήσει τις εργασίες που είχε προτείνει η ίδια. Έτσι, χάρη στην δημιουργική της προσέγγιση, πέρασε το εξάμηνό της κάνοντας πράγματα που της άρεσαν και συνδέονταν με τους προσωπικούς της στόχους, χωρίς να παρεκκλίνει ταυτόχρονα από τις απαιτήσεις των σπουδών της.

ΤΟ ΜΟΙΡΑΣΜΑ ΤΩΝ ΕΞΟΔΩΝ   Ο Άντριου και η Μπάρμπαρα έτρωγαν για πρώτη φορά στο εστιατόριο μ' ένα άλλο ζευγάρι. Το άλλο ζευγάρι παράγγειλε ένα σωρό ακριβά πράγματα: άφθονα ποτά πριν από το δείπνο, στη διάρκειά του και μετά, καθώς και τα πιο ακριβά πιάτα του καταλόγου. Ο Άντριου και η Μπάρμπαρα δεν πίνουν και παράγγειλαν φαγητά λιγότερο ακριβά. Όταν τέλειωσε το φαγητό, ο ένας από το άλλο ζευγάρι είπε ανέμελα (όπως γίνεται συνήθως): «Λοιπόν, με το φιλοδώρημα φθάνουμε στα 120 δολάρια. Στη μέση, μας κάνουν 60 δολάρια ο καθένας».

Ο Άντριου κι η Μπάρμπαρα είχαν μείνει επί πολλά χρόνια σιωπηλοί σε τέτοιες περιπτώσεις, γιατί ντρεπόντουσαν να επισημάνουν στους άλλους αυτή τη φανερή εκμετάλλευση. Αυτή τη φορά, όμως, η Μπάρμπαρα δήλωσε απλά: «Το μερίδιό μας στο λογαριασμό είναι 30 δολάρια κι αυτό θα πληρώσουμε. Το δικό σας είναι 90 δολάρια». Το άλλο ζευγάρι τα 'χασε, αλλά δεν έφεραν αντίρρηση. Αντίθετα, συμφώνησαν πως αυτός ήταν ο πιο δίκαιος τρόπος να μοιράσουν τα έξοδα.

ΑΓΟΡΑΖΟΝΤΑΣ ΕΝΑ ΕΛΑΤΤΩΜΑΤΙΚΟ ΠΡΟΪΟΝ   Η Κέι αγόρασε ένα πακέτο τσιγάρα, που περιείχαν σκληρά κοτσάνια καπνού με άσχημη μυρωδιά. Δεν μπορούσε να τα καπνίσει κι έτσι έγραψε στην εταιρεία λέγοντάς τους τι συνέβη. Δέκα μέρες αργότερα έλαβε τα χρήματά της πίσω, τρεις κούτες τσιγάρα δώρο και ένα γράμμα συγγνώμης.

ΠΩΣ ΝΑ ΠΑΡΑΜΕΝΕΙΣ ΔΗΜΙΟΥΡΓΙΚΑ ΖΩΝΤΑΝΟΣ ΚΑΤΩ ΑΠΟ ΚΑΤΑΣΤΑΣΕΙΣ ΕΝΤΟΝΗΣ ΔΟΚΙΜΑΣΙΑΣ   Στο μυθιστόρημά του *Μια Μέρα του Ιβάν Ντενίσοβιτς* ο Αλεξάντρ Σολτζενίτσιν ξεναγεί τον αναγνώστη του σ' ένα στρατόπεδο καταναγκαστικών έργων της Σιβηρίας. Το μυθιστόρημα μιλάει για τη μέρα του Ιβάν Ντενίσοβιτς Σούχοβ, που είναι γεμάτη με τον αγώνα για την επιβίωση και με ιστορίες σχεδόν ακατανόητης απανθρωπιάς, απέναντι στους αιχμαλώτους αυτού του στρατοπέδου των πάγων. Η στάση του Σούχοβ είναι γεμάτη από δημιουργική ζωντάνια, ακόμα και κάτω από τις χειρότερες συνθήκες. Το βιβλίο κλείνει μ' αυτές τις γραμμές:

Ο Σούχοβ πήγε για ύπνο απόλυτα ικανοποιημένος. Η τύχη τον είχε βοηθήσει πολύ εκείνη την ημέρα: δεν τον είχαν κλείσει στα κελιά, δεν είχαν στείλει την ομάδα του στα παραπήγματα, είχε καταφέρει να βγάλει μια παραπανιστή μερίδα κατσαμάκι στο μεσημεριανό, ο ομαδάρχης τα βόλεψε μια χαρά στα ποσοστά τους, είχε χτίσει έναν τοίχο κι αυτό του άρεσε, είχε κρύψει ένα κομμάτι από τη λάμα του σιδεροπρίονου, είχε χρεώσει τον Τσέζαρ με μία χάρη, είχε αγοράσει αυτόν τον καπνό. Και δεν είχε αρρωστήσει. Είχε περάσει μια ευτυχισμένη μέρα. Είχε μπροστά του άλλες τρεις χιλιάδες εξακόσιες πενήντα τρεις τέτοιες μέρες. Από το πρώτο χτύπημα της καμπάνας ώς το τελευταίο χτύπημα της καμπάνας. Τρεις χιλιάδες εξακόσιες πενήντα τρεις μέρες. Οι τρεις ήταν για τα δίσεκτα χρόνια.

Η επιβίωση σ' αυτά τα απάνθρωπα στρατόπεδα συγκέντρωσης εξαρτιόταν από το αν θα έπαιρνες μια δημιουργικά ζωντανή στάση απέναντι στο παρόν, αποφασίζοντας να το ζήσεις για ό,τι άξιζε, αντί να κρίνεις την εμπειρία αυτή ή, ακόμα χειρότερα, να επιτρέπεις στον εαυτό σου την τιμωρία της αυτολύπησης και της παραίτησης.

Οι ιστορίες των ανθρώπων που επέζησαν ύστερα από τρομακτικές εμπειρίες που τους επέβαλαν διάφοροι τύραννοι είναι σχεδόν πάντα ίδιες. Είτε πρόκειται γι' αυτούς που βασανίστηκαν στα ναζιστικά στρατόπεδα συγκέντρωσης, είτε πρόκειται για τον Πεταλούδα, όταν γράφει τις εμπειρίες του από τη Νήσο του Διαβόλου, όλοι λένε, με το δικό του τρόπο ο καθένας, πως χρησιμοποίησαν το μυαλό τους για να αντιμετωπίσουν με δημιουργική ζωντάνια την κάθε στιγμή. Το να καθορίζεις με το δικό σου κώδικα αξιών τον τρόπο αντιμετώπισης της κάθε στιγμής, μην επιτρέποντας στις ίδιες σου τις στάσεις να σε υπονομεύουν, αυτά είναι όπως φαίνεται τα βασικά συστατικά της επιβίωσης στα στρατόπεδα συγκέντρωσης, αλλά και στο ηπιότερο κλίμα της καθημερινής ζωής, όπου τα κάγκελα της φυλακής συχνά τα βάζουμε εμείς οι ίδιοι.

ΣΥΜΠΕΡΑΣΜΑΤΙΚΑ

Είσαι αυτό που διαλέγεις να είσαι, στην κάθε κατάσταση της ζωής. Έχεις την ικανότητα να κάνεις υγιείς επιλογές για τον εαυτό σου, αντικαθιστώντας τη στάση σου με μια στάση δημιουργικής ζωντάνιας. Κρατώντας τα μάτια σου ανοιχτά, έτοιμος να αντιστρέψεις προς όφελός σου τις ατυχίες, να βελτιώσεις τις στάσεις σου και τις προσδοκίες από τον εαυτό σου και προχωρώντας άφοβα σε τολμηρές εναλλακτικές λύσεις, σύντομα θα δεις με χαρά να παίρνει η ζωή σου μια στροφή προς το καλύτερο. Ζήσε ελεύθερα τη ζωή, όσο βρίσκεσαι πάνω σ' αυτή τη γη· θα έχεις ολόκληρη την αιωνιότητα να γνωρίσεις την άλλη πλευρά, όταν... θ' αποδημήσεις.

Μιά ἔρευνα
γιά τήν ἀνθρώπινη συμπεριφορά
πού ξάφνιασε
μέ τήν πρωτοτυπία της
καί πέρασε
στήν Ἱστορία σάν βιβλίο-φαινόμενο

Δρ. Γουαίην Ντύερ

ΟΙ ΠΕΡΙΟΧΕΣ ΤΩΝ ΣΦΑΛΜΑΤΩΝ ΣΑΣ

Λέο Μπουσκάλια

Να ζεις
N'αγαπάς
και να μαθαίνεις

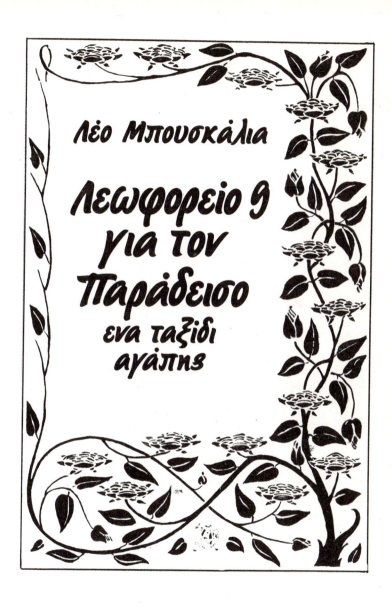

Λέο Μπουσκάλια

Λεωφορείο 9 για τον Παράδεισο

ενα ταξίδι
αγάπης